U0648957

选题策划：郭洁

咨询方式：（0411）84710519 / 13322255985@163.com

21世纪新概念教材

高等学校金融学教材新系

NEW CONCEPT TEXTBOOK TOWARDS THE 21ST CENTURY

NEW TEXTBOOK SERIES IN FINANCE

刘玉操

辽宁丹东人。1965年毕业于北京大学经济系世界经济专业；1980年以前在南开大学经济研究所从事国际金融研究工作；1981年留学于日本神户大学研究生院经济研究科，研读国际金融理论与政策，回国后转南开大学金融学系任教；1995年赴日本早稻田大学系统科学研究所任外籍研究员；1997年赴日本神户大学经济经营研究所任客座教授。之后一直担任南开大学金融系教授、博士生导师。主要讲授国际金融、国际金融实务、金融制度比较研究、国际金融专题研究等课程，教学质量优秀，曾获南开大学、天津市教学质量、教学成果优秀奖。

著有《日本金融制度》《日本金融制度研究》《国际贸易实务与金融》，参编《国际金融市场》《社会主义金融市场》《证券市场及其交易所》《社会主义股份经济问答》等，并在国内外刊物上发表学术论文60余篇。

曹 华

山西代县人，南开大学经济学博士，副教授。主要研究方向：货币政策、国际金融、金融分析。2000—2002年获日本文部省奖学金资助，在日本早稻田大学经济学研究科留学，主要从事通货膨胀目标制的研究；2015—2016年美国哥伦比亚大学访问学者。

主持或参与国家社科基金项目、教育部项目等纵向横向课题数十项，在《经济学（季刊）》《南开经济研究》等权威或核心刊物发表学术论文多篇。已出版的著作及教材主要有《通货膨胀目标制研究》《金融分析：原理与应用》《国际金融管理》《中央银行学》等。

FINANCE

21世纪新概念教材

高等学校金融学教材新系

教育部推荐教材·省级优秀图书

国际金融实务

INTERNATIONAL FINANCE TRANSACTIONS

（第六版）

刘玉操 曹华 编著

东北财经大学出版社 · 大连
Dongbei University of Finance & Economics Press

图书在版编目（CIP）数据

国际金融实务 / 刘玉操，曹华编著. —6版. —大连：东北财经大学出版社，2021.8（2023.6重印）
（21世纪新概念教材·高等学校金融学教材新系）
ISBN 978-7-5654-4286-5

Ⅰ. 国… Ⅱ. ①刘… ②曹… Ⅲ. 国际金融-高等学校-教材
Ⅳ. F831

中国版本图书馆CIP数据核字（2021）第149171号

东北财经大学出版社出版
（大连市黑石礁尖山街217号 邮政编码 116025）
网 址：http://www.dufep.cn
读者信箱：dufep@dufe.edu.cn
大连天骄彩色印刷有限公司印刷 东北财经大学出版社发行

幅面尺寸：185mm×260mm 字数：404千字 印张：20.5 插页：1
2021年8月第6版 2023年6月第2次印刷

责任编辑：郭 洁 张晓鹏 石建华 责任校对：喜多多
封面设计：张智波 版式设计：钟福建

定价：49.00元

教学支持 售后服务 联系电话：（0411）84710309

如有印装质量问题，请联系营销部：（0411）84710711

第六版前言

本书自出版以来，已历经五次修订，受到广大读者的广泛好评。本次修订是本书的第六版，第五版距今虽只有4年的时间，但世界格局和国际经济形势已经发生了翻天覆地的变化。2020年伊始，席卷全球的新冠肺炎疫情彻底改变了人们的生活方式甚至工作方式，昔日喧闹的旅游景区、商业街日渐冷清，线上交易、无接触交易逐渐成为人们的习惯。国际航空业、旅游业遭受重挫，世界各国在疫情的冲击下反应不一，至今有些国家的疫情仍然十分严重，对未来的不确定性使得国际金融市场的行情跌宕起伏，比特币交易价格屡屡突破人们的心里底线，而美国股市在疫情死亡人数不断增加的情况下却创了新高。可以说，这一次疫情影响范围之广、影响时间之长，是大多数人始料未及的。自2016年美国特朗普政府上台之后，中美贸易摩擦已经演变为全方位的竞争。2021年拜登政府上台后，短短几个月的时间，对中国的制裁和打压有增无减，作为对应的措施，我国已经开始在数字货币的推出、人民币跨境结算方面进行了实质性的改革。作为一本国际金融实务教材，我们无法一一反映这些事件，但力求对一些重大的变化在本次修订中有所体现。

与前五版一样，本次修订摈弃了一些过时的交易方式，除最大限度地进行了数据的更新之外，也做了其他一些重要的调整。其主要体现在：

1. 数据的更新。对原书中的数据进行了大量更新，尽量采用2020年的最新数据。只是考虑到部分例题设计上的合理性与复杂性，在完全不影响读者知识理解的前提下，对其中的原有数据仍予保留。

2. 内容的更新。对较为陈旧的内容进行更新，力求反映实务中的最新操作规则与方法，同时补充更新了参考文献。本次修订中，加入了金融科技在国际金融领域的应用部分。

3. 案例的扩充。在教学使用过程中，发现学生对金融期权部分的理解较为困难，原版内容较为抽象，本次以中国50ETF期权交易作为真实案例，来详细说明期权交易策略。

4. 字句的勘误。对原书文字、专有名词的表述、格式标点等都进行了订正，使内容更为严谨流畅。

党的二十大报告对金融领域的工作给予了多方面关注，指出了金融高质量发展对推进中国式现代化的意义，内容包括深化金融体制改革和扩大金融制度型开放、金融赋能科技成果转化、金融服务经济实体、金融安全与国家安全的关系等等，对我国金融工作提出了更高水平、更现代化的要求，为未来金融事业的发展提供了根本遵循和行动指南。二十大精神，是时代对于金融学子的要求，也是本书的写作主旨，我们的目的正在于培养高品质的金融人才，为国家的金融事业服好务。

本次修订是在刘玉操、曹华编著的第五版的基础上进行的，由曹华负责修订，张贵婷同学在案例扩充及区块链资料搜集方面做了大量的工作，在此表示感谢。虽然在此次修订过程中，作者力图反映国际金融实务的最新变化，但疏漏与不足仍在所难免，热切期望各界人士在本书的使用过程中及时提出宝贵意见，以便使本书的内容更加充实和完善。

作 者
2021年4月
2023年6月修改

第五版前言

本书的这次修订距离第四版的出版已经四年。在这四年间，国际金融市场仍旧处在美国金融危机阴影的笼罩之下，全球陷入流动性极度宽松、负利率盛行的境地，宏观经济形势错综复杂。一方面，不同的经济体面临的主要问题出现了分化的迹象。如美国财政赤字规模突破历史上限，逐渐进入缓步加息阶段；中国经济步入新常态，经济增速放缓，国内企业面临融资渠道亟待拓宽的问题；英国脱离欧盟，欧元区经济前景不明。另一方面，互联网+的兴起，使得货币的概念发生变化，虚拟货币如比特币的发展势头迅猛；影子银行的迅速发展，衍生品的泛滥使得金融风险的传染更加直接也更加敏感。

一本好的国际金融实务教材既要反映出国际金融市场新的变化，也要摈弃那些已经在实践中过时的交易及惯例。本书的第四版较好地做到了后面一点，如替换掉了使用意大利里拉、德国马克等货币的大量例题和习题。[1]第五版则希望在前一点做得更好。本次的修订主要体现在：

1. 充实并增加国际金融实务与管理的新做法，如电子交易、欧洲货币市场的发展变化等。

2. 在外汇市场部分增加最新的数据及交易方式，以数据说话，以引起读者的兴趣及对现实问题的关注。

3. 删除某些过时或者容易引起读者误解的表述。

4. 延续之前的做法，对于第四版中尚存的问题进行逐字逐句的勘误。

本次修订是在刘玉操、曹华编著的第四版的基础上进行的，由曹华负责修订。虽然在此次修订过程中，作者力图反映国际金融实务的最新变化，但疏漏与不足仍在所难免，热切期望各界人士在本书的使用过程中及时提出宝贵意见，以便使本书的内容更加充实和完善。

编　者

2017年3月

① 书中使用的汇率，在无具体时间点时均为假设模拟汇率。各种换算、计算过程中可能因点位取舍的缘故产生些许误差，请忽略。

其他版次前言

目录

第1章　外汇交易的一般原理

◇学习目标

- 了解外汇交易的货币、时间、参加者，掌握交易规则
- 熟悉外汇交易的战略和技巧
- 了解外汇交易的组织与管理，掌握外汇交易的程序
- 了解外汇交易的种类

1.1　外汇交易惯例

外汇交易是指在不同国家的可兑换货币间进行买卖兑换的行为。具体来说，就是以约定的汇率将一种货币转换为另一种货币，并在约定的日期进行资金的交割，其中既包括在国际金融市场上通过现代通信设备进行的金额庞大的批发性买卖行为，也包括银行等金融机构以柜台交易方式进行的零售性买卖行为。下面对外汇交易中的交易货币、交易时间、交易参加者、交易规则等做简要介绍。

1.1.1　主要交易货币

无论使用何种外汇交易方式，其交易金额都是用某一国家的货币来表示的。各种各样的外汇交易和其他金融活动，经常会遇到多种货币名称，随着国际贸易和国际金融业务的发展，各国货币表示方法上的不一致给国际贸易、国际金融活动带来了越来越多的不便。为了准确而简洁地表示各国货币的名称，1970年，联合国欧洲经济委员会首先提出了制定一套用于国际贸易、国际金融业务和信息交换的货币代码的要求。1973年，国际标准化组织技术委员会制定了一套适合贸易、商业和银行使用的货币和资金代码。在这两个机构和其他有关国际组织的通力合作下，国际标准ISO 4217三字符货币代码诞生了。1978年2月，联合国贸发会议和欧洲经济委员会将三字符货币代码作为国际通用的货币代码或货币名称缩写向国际上推荐。ISO 4217货币代码的三个字符，前两个表示这种货币所属国家和地区，第三个表示货币单位，如美元为USD、英镑为GBP、人民币为CNY。下面是外汇市场中一些交易活跃的货币的标准写法：

美元	USD	澳元	AUD
日元	JPY	丹麦克朗	DKK
欧元	EUR	加拿大元	CAD
英镑	GBP	新西兰元	NZD
瑞士法郎	CHF	港元	HKD
新加坡元	SGD	韩元	KRW

另外，除使用国际标准货币符号以外，在一些国际贸易、国际金融活动中，货币符号还有其他习惯表示法，如美元为$、日元为￥、英镑为£、欧元为€、瑞士法郎为SF等。在一些外汇交易中，有些货币按俚语或俗称来表示，如Greenback、Buck代表美元，Cable代表英镑，Funds代表加拿大元，The Wire代表爱尔兰镑，TT代表港元，Stocky代表瑞典克朗，Osls代表挪威克朗，Copey代表丹麦克朗，Ozzie代表澳元，Swissy代表瑞士法郎。

1.1.2 交易时间

对每一个外汇交易的参加者来说，常会提到外汇市场的开市和收市两个概念，但是这并不意味着外汇交易者只能在开市后、收市前进行交易。因为，所谓开市和收市，仅仅是相对于单个外汇市场什么时候开始营业、什么时候结束营业而言的，如东京外汇市场上午8：00开市、下午14：30收市，即表明东京外汇市场的营业时间从上午8：00到下午14：30。但是，对全球外汇市场而言，即使一个外汇市场收市了，外汇交易仍可继续在其他外汇市场进行。由于世界各地存在时差，全世界外汇市场的交易或顺承相连或相互交错，使亚太地区、欧洲地区和北美地区的外汇市场能够24小时不停地进行交易。全球主要外汇市场的交易时间见表1-1和图1-1。

表1-1 **全球主要外汇市场的交易时间**

市场	北京时间
惠灵顿	04：00—12：00（冬令时） 05：00—13：00（夏时制）
悉尼	06：00—14：00（冬令时） 07：00—15：00（夏时制）
东京	08：00—14：30
中国香港	09：00—16：00
法兰克福	15：00—22：00（夏时制） 16：00—23：00（冬令时）
伦敦	16：30—23：30（夏时制） 17：30—00：30（冬令时）
纽约	20：00—03：00（夏时制） 21：00—04：00（冬令时）

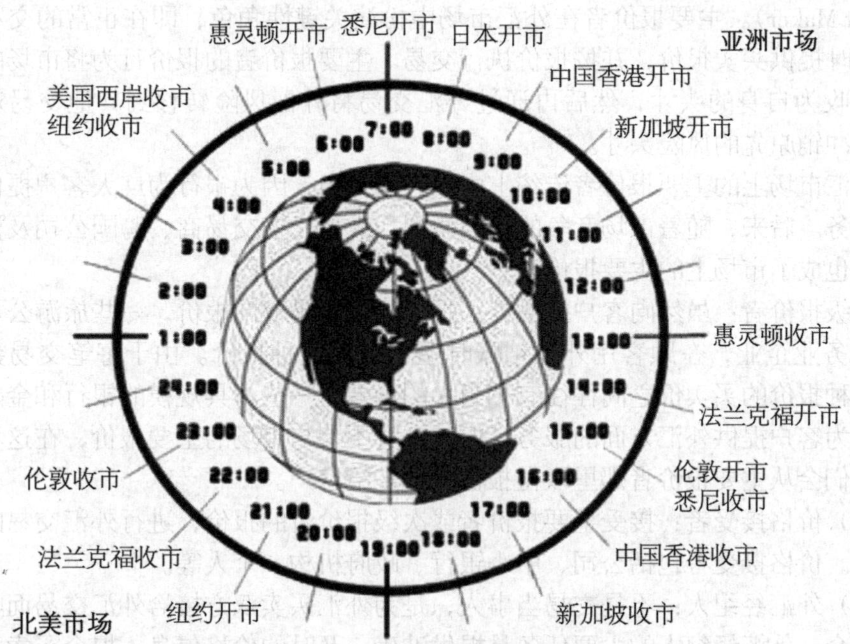

图1-1　世界主要汇市交易时间表（北京时间）

如果以北京时间为参照，每天早上4点，亚太地区的惠灵顿开市，欧洲则在下午2—3点先是法兰克福、苏黎世开市，1小时后是伦敦开市，晚上9点纽约开市直到第二天凌晨4点收市，从而构成一天24小时交易。外汇市场上的交易在一个交易日中，如果以格林威治标准时间GMT（冬天为GMT+1）为参照，欧洲时间为t+2，伦敦为t+1，东京为t+9，悉尼为t+10，纽约为t−4。外汇交易者在一个交易日中应特别关注的交易时间有：早上亚洲市场的开盘、下午欧洲市场的开盘、晚上纽约市场的开盘和次日凌晨纽约市场的收盘。其中，交易量最大、最活跃、最繁忙的时候当属欧洲当地时间下午1点至次日凌晨3点期间。在此期间，世界几大交易中心如法兰克福、伦敦、芝加哥、纽约等都相继开市，是交易额较大的时间段。在一个交易周中，交易者应予以关注的是：星期一早晨悉尼市场的开盘价，其对外汇行情起承上启下的作用；星期五纽约外汇市场的收盘价，因为美国的许多经济数据都是在星期五晚上公布的，所以该收盘价决定着下一周的汇市走向。

1.1.3　外汇交易的参加者

外汇交易的参加者包括报价者、价格接受者、外汇经纪人、中央银行、商业银行、投机商等。这些参加者无论以何种形式入市，最终均通过外汇交易员的交易活动来完成交易。

（1）报价者：包括主要报价者和次级报价者。

主要报价者：是当客户询价时提供外汇双向报价的交易商，又称做市商

(Market Maker)。主要报价者在外汇市场中扮演关键性角色，即在正常的交易时间内，随时提供买卖报价，并按报价执行交易。主要报价者的报价行为将市场的相关风险吸收为自身的头寸，然后再通过外汇交易将外汇风险转移到其他交易对手那里，以冲销原先的风险头寸。

外汇市场上的主要报价者传统上由银行来充当，因为银行为广大客户提供各种金融服务。后来，随着市场竞争的日益激烈，大型投资交易商、跨国公司及资产管理公司也成了市场上的主要报价者。

次级报价者：虽然向客户提供外汇报价，但不是双向报价，一些旅游公司、饭店等服务业企业，在顾客用外汇结账时通常提供此种报价。由于每笔交易数额较小，这种报价的买卖价之间往往有相当大的价差。一些不具规模的银行和金融机构也需要为客户提供外汇方面的服务，但其本身不参与市场的主要报价，在这种情况下，它们会从主要报价者那里取得报价，再转给客户。

(2) 价格接受者：接受主要报价者或次级报价者的报价，进行外汇交易的市场参与者。价格接受者包括公司、中小银行、政府机构、个人等。

(3) 外汇经纪人：不是交易当事人，是为外汇买卖双方接洽外汇交易而收取佣金的中介。外汇经纪人的主要任务是提供准确、及时的价格信息，撮合买卖双方成交以赚取佣金。大型经纪商通常属于全球性机构，并为银行间市场提供24小时服务。

(4) 中央银行：是一国行使金融管理和监督职能的专门机构。为了对外汇市场进行领导和管理，它要经常通过参与外汇市场交易来干预外汇市场，以把汇率维持在目标水平上。

(5) 投机商：是指故意持有外汇头寸，愿意承担外汇风险的外汇交易者。待价格与自己预料的变化方向一致时，投机商会抓住机会进行交易。

外汇交易的参加者通过外汇市场进行交易，外汇市场总体上由批发市场（包括约500家银行以及外汇经纪商）和零售市场（包括任何想买入或卖出外汇的机构或个体）组成。外汇市场上的交易主要通过做市商、拍卖平台和外汇经纪人进行，在20世纪90年代以前主要通过电话完成，通话通过磁带录音，再用邮件、电传或者传真确认。此后，可以直接交易的计算机网络在很大程度上取代了电话交易。

1.1.4 外汇交易的规则

在外汇交易中，存在一些约定俗成、大家共同遵守的习惯和做法，最后逐渐被外汇交易员们认定为规则而在外汇交易中使用。这里只列举交易中的五种主要规则：

规则一，外汇交易中的报价是外汇交易双方兑换货币成交的价格，及报出交易用的汇率。通常，银行在报价时对每一种货币会同时报出买入价（Bid Price）和卖出价（Offer Price），即所谓双向报价。买入汇率和卖出汇率都是站在银行的角度而非客户角度而言的，客户以银行的卖出汇率买入，以银行的买入汇率卖出。另外，报出的汇价通常由两部分构成：大数（Big Figure）和小数（Small Figure）。大多数汇价小数点后第二位以前的数值为大数，以后的数值为小数，如欧元兑美元汇价：EUR/USD为1.0628/1.0634，其中1.06为大数，28/34为小数。仅有少数几个汇价，其整数部分为大数，小数部分为小数，如美元兑日元汇价：USD/JPY为112.8210/112.8090，其中112为大数，8210/8090为小数。一般在一个交易日内，外汇市场上汇率波动不大，外汇交易员为了节省时间，尽力求简，只报汇率的最后两位数，能让熟悉行情的对方明白就可以了，如前述欧元对美元汇率只报出28/34，至于前面大数可省略不报。

另外，外汇交易员的报价必须以美元为中心，即几乎全部的外汇交易均以某种货币对美元的买进或卖出的形式进行，除非有特殊说明（规则二解释了几种特殊情况）。

规则二，使用统一的标价方法。汇率的标价方法有直接标价法（单位外币的本币价格，汇率报价为本币/外币）、间接标价法（以外币表示的本币价格，汇率报价为外币/本币）之分。为使交易迅速顺利地进行，交易各方使用统一的标价方法，即除欧元、英镑、澳大利亚元、新西兰元等少数交易货币采用间接标价法以外，其他交易货币一律采用直接标价法。

规则三，交易额通常以100万美元为单位。例如，交易中One Dollar表示100万美元，Five Dollar表示500万美元。如果交易额低于100万美元，应预先说明是小额的，然后再报出具体金额。

规则四，双向报价具有约束力。交易双方必须恪守信用，共同遵守“一言为定”的原则和“我的话就是合同”的惯例，一经成交不得反悔、变更或要求注销。

规则五，交易术语规范化。迅速变化的汇率要求交易双方以最短的时间达成一项交易。因此，交易员们为节省时间常使用简语或行话，如买入可用Bid、Buy、Pay、Taking、Mine，卖出可用Offer、Sell、Giving、Yours等，“我卖给你500万美元”，可用Five Yours。下面列举一则外汇交易用语实例。

即期交易：

A BANK：HI BANK OF CHINA TIANJIN，CALLING SPOT GBP FOR 5USD，PLS

B BANK：37/41

A BANK：5 YOURS

B BANK：OK DONE AT 0.5937 WE BUY USD 5MIO AGAINST GBP VALUE JAN 20，1998 USD TO MANTRUST FOR OUR A/C 632-9-52781

A BANK：OK，ALL AGREED GBP TO STANCHART BANK LONDON FOR OUR A/C 483 726.TKS

由此可以看出，外汇交易员必须熟练掌握外汇交易的术语和行话。下面是外汇市场上常用的一些交易术语：

Arbitrage	套汇交易
Bid（Buy，Pay）	买入
Buying Rate/Selling Rate	买价/卖价
Delivery Date（Value Date，Maturity Date）	交割日（起息日，结算日）
Ask Price/Ask Rate	卖方开价/讨价
Asked Price	卖方报价
Ceiling Rate	最高价
Closing Bid	收盘出价
Outright Forward	直接远期
Discount & Premium	贴水/升水
Market Maker	做市商
Offer（Sell，Give）	卖出
Mine & Yours	买进/卖出
Odd Date（Broken Date）	不规则起息日
Position	头寸
Quote Price	报价
Rollover	展期
Depo	存款
Full up	（额度）用尽
Dealing Rate	交易价
Confirmation	确认书
Square	平仓
Direct Dealing	银行直接成交
Normal	正常金额
Large/Small	大/小金额
Bear Market	熊市
Bull Market	牛市
Go North	上升
Go South	下降
Liquidity	流动性
Volatility	波动性
Open Interest	空盘量
Which Way Are You	你做哪一头？（你想买还是想卖）

Off/Out	取消

1.2 外汇交易战略与技巧

1.2.1 外汇交易战略

按交易期限划分，外汇交易有短期与长期两种。相应的，外汇交易战略也有短期战略和长期战略之分。短期战略（Short-Term Strategies）是指集中对市场流动性进行分析，着重从行情与短期波动的角度进行研究，进而在外汇市场进行交易。它要求交易员必须对突发事件做出敏感反应，能够随机应变。长期战略（Long-Term Strategies）是根据潜在的基本趋势制定的。长期战略与短期战略的重要区别是基本头寸的流动性问题。短期战略是快进快出的交易，至多不超过三天，所以占用资金较少；若经营长期头寸，资金占用时间长，必须将利率因素考虑进去。也就是说，长期战略要对交易的目的、交易的期限、交易的资金成本和利润情况等有通盘的规划和布置。

1.2.2 外汇交易技巧

外汇交易技巧是外汇交易员在大量的外汇交易中不断积累的结晶，它涉及很多方面，这里只从如何选择交易对手、如何报价、如何入市、如何出市等方面进行阐述。

1. 交易对手的选择

交易对手的选择应遵循如下两个原则：一是应选择已建立代理行关系的银行或已建立同业交易额度的代理行，以便于控制和管理交易的金额和敞口头寸；二是应选择一些资信优良、作风正派、往来频繁、关系密切而且已有交易额度的银行作为交易对手。此外，最佳交易银行还应具备以下条件：

第一，报价迅速。这能反映出报价银行在外汇市场中的地位及交易员的业务素质。处于Market Maker地位的银行一般均能迅速开价。而一个业务水平高的外汇交易员即使在汇市频繁波动时也能报出令询价方满意的汇价。

第二，报出的汇价具有竞争性。这是指所报汇价的买卖差价（Spread，指Bid和Offer之间相差的幅度）很小，一般应在5个点以内，3个点以内则更佳。如交易量很大的美元/欧元，做市商报出的买卖差价通常只有3个基点，有时仅为一两个基点。

第三，报价合理。所报汇价基本上能反映汇市供求，不会报出偏离汇市太大的价格。

2. 报价技巧

衡量一个交易员的业务水平，报价技巧是一个重要方面。一个好的外汇交易员首先应能很好地把握即时外汇市场的汇价波动和走势；其次是能清楚知晓本银行的交易政策、头寸状况；最后是报价公平合理。这样报出的汇价，既符合本银行和自身的买卖意图，又符合交易货币的走势；既能令交易对手满意成交，又能使银行赚取汇差。

此外，外汇交易中还有一些其他常识性报价技巧：

第一，报“CHOICE”价的技巧。“CHOICE”价，即交易员报出的买卖价相同，询价方无论买入、卖出均使用同一价格成交。如“20 CHOICE”表明买入和卖出均以20的价位成交。“CHOICE”价非常具有竞争性，难度也相当大，它要求外汇交易员不仅对自己的头寸方向了如指掌，而且必须把握市场的细微变化。

第二，尽量使报价满足询价方的要求，但不能一味迁就；若不想与对方讨价还价，应立即表明态度，如告诉对方“IT IS THE BEST.”。

第三，报出价格后应跟踪汇市的变化，汇价波动对己不利时，应及时更改报价，如显示“CH CH CH …”（即“CHANGE”）或“OFF OFF OFF …”（报价改变之意），应在对方完全决定前的一刹那行使主动改变权。

第四，在一些重要消息或数据发布前，市场走势不明朗，或遇上周末报价，应将预期结果与自己的头寸状况结合起来加以充分考虑，此时报出的买卖价可适当拉宽或与即期汇率有偏离，将自己所承担的风险考虑进去。

3. 入市技巧

交易员入市无非是买进一种货币（多头）或卖出一种货币（空头），又称做开立头寸、开盘或敞口头寸，这本身并不复杂。但是，交易员在入市前，要经过周密的思考和安排，如为什么要建立多头头寸？为什么要建立空头头寸？在什么样的汇率水平下可以入市？这些是十分复杂的，并能反映外汇交易员的水平。这里，简要阐述三种入市技巧：

第一，把握市场节奏。在外汇市场上，各种货币之间的走势变动，上升好比涨潮，下跌好比退潮，涨中有落、落中有涨。因此，外汇交易员入市时，必须摸清汇市的变动规律，不要把上涨中的回落当成退潮，也不要将退潮中的前涌当成涨潮。买入时，可乘上涨中的回落之机介入市场。例如，美元对瑞士法郎由1.0110起步，基本面支持美元之升势，升至1.0220后回落至1.0150，此时便是入市抛出瑞士法郎买入美元的较好时机。其后美元对瑞士法郎越过1.0220的位置，直升至1.0320后回落至1.0210，便是再次入市的好机会。

第二，入市时要留有余地。市场变幻莫测，特别是一些突发事件，会扭转市场的整个走势。如交易员在入市时，预计某种货币会上涨，大量买进，然而市场不涨反跌；或者某种货币开始上涨时未入市，当涨到一定程度，鼓起勇气追涨入市，结果买了最高价。这都是入市时未给自己留有余地，交易量过大所致。

第三，入市要快。外汇市场行情瞬息万变，波动很快，这要求交易员看准就入市，决策要果断；否则，犹豫不决，将错过良机。

4.出市技巧

选择一个好的入市机会是获利的首要条件，而出市时机的掌握却直接影响盈利与亏损的数额。出市只有两条途径：一是平盘获利，二是平盘亏损。无论哪种途径，决定出市的时机时，都应掌握以下一些技巧：

第一，持仓应有耐心。入市后，如果汇率朝着自己预期的方向变化就急于平盘，虽然可以获利，但只能获小利。如果坚信汇率会朝自己预测的方向发展，对汇率的短期变动泰然处之，持仓很有耐心，最后就有可能获利丰厚。

第二，订立止蚀位。订立止蚀位的目的是入市后若出现市场变动方向与预测相反的情况，将损失限制在某一幅度内，即一旦亏损达到止蚀位，交易员要坚决止损，不要过分计较已发生的亏损，只有这样才能避免更大亏损。例如，假如美元兑加拿大元的市场价格为1∶1.3398，交易员预测美元将上涨，在此价位入市，本想在1.3390止蚀，但并未下止蚀订单，美元急跌，至1.3355、1.3338、1.3320……一直跌至1.3300，造成了90多点的损失。另外，订立止蚀位必须确定重要的技术点位，即关键性价位，如以往市场多次难以逾越的阻力价位，或是多次难以跌穿的支撑价位。因为市场突破这些技术点位具有重要意义，要么大跌、要么大涨，止蚀位定在这些位置是有一定道理的。

第三，不要与市场争斗。入市后，发现行情与自己预测的相悖却不当机立断采取措施停止亏损，而是与市场争斗到底、不服输或存侥幸心理，都是不可取的。虽然将来终有一天市场行情会回转过来，但是不能把希望寄托于虚无缥缈的未来，这会失去许多机会。

总之，外汇交易技巧很多，在这里只是从不同的角度列举了几种，不可能全面，因为许多技巧是难以言传的，需要长期的经验积累和总结。

1.3 外汇交易的组织与管理

1.3.1 交易设备

目前的外汇交易大都借助于先进的交易设备在无形的市场中完成，不受交易场所的限制。在无形市场中，买卖双方的交易员分布于不同国家和地区，借助先进的交易工具迅速成交。这些交易工具包括：

1.电话

在外汇市场中，银行越来越多的交易通过经纪商来完成，电话成为其联络成交的常用工具，银行同业间的直接交易和银行与客户间的交易有许多也通过电话来进行。因此，银行的交易电话普遍设有多条线路。同时，为保障银行自身的安全，避免成交后的纠纷，许多银行不惜花费巨资安装或改善录音系统，如配备多声道电话录音机的国际直拨电话（IDD）。

2. 电传

电传在十几年前还是外汇市场交易中的常用工具，但是在卫星通信技术十分发达的今天，由于电传获价速度慢，其作为主要交易工具的地位已逐渐被电话和路透交易系统所替代。但在一些大银行的交易室中，仍配有几部电传机以备向一些小银行或客户报价时使用。

3. 路透交易系统

路透交易系统（Reuter Dealing System）是一个高速电脑系统，其操作十分简便，主要包括控制器、键盘、荧光屏和打印机等。用户通过有关部门将自己的终端机和路透交易机连接上后，交易员只需启动机器，通过键盘输入自己的终端密码，即可与对方银行联系。全世界参加路透交易系统的银行达数千家，每家银行都有一个指定的英文代号，如中国银行总行代号为BCDD。交易员若想与某银行进行交易，在键盘上输入对方银行的代号，叫通后即可询价并可还价。交易员可同时向两个、三个或四个交易对手询价，即时择优选择汇价成交。若一交易对手在议价过程中想更改价格或其他项目，按“中断”（Interrupt）键便可重新控制对话。对话完毕，双方的交易过程全部显示在终端机的荧屏上，交易完毕即可通过打印机打印出来。它是双方交易的唯一文字记录，因而也是最重要的交易合同依据。

外汇交易员通过路透社资讯系统在终端机上能获得多项信息，以下简单介绍几种：

即时信息：遍布全球的路透社记者将即时的政治、财经、商品等各种新闻汇集到路透社编辑中心，然后再输送到各地的终端。用户只需用自己的键盘敲出预定的代号，即可在屏幕上阅读相关信息。路透终端的信息内容十分丰富，可提供7 000多个版面，如外汇交易常用的“各国国内利率版面”“国际利率版面”“外汇市场汇率版面”“各国经济版面”“商业动态和商品行情版面”“国际政治新闻版面”“国际金融新闻版面”等。

即时汇率行情：路透终端的即时汇率版面，即时为交易员显示世界各大银行外汇买卖的参考价。该价格由参加路透社报价系统的数百家银行通过终端输入，而后由电脑自动选择有价值的报价显示在屏幕上。用户只需按下所需代号，屏幕上即可显示这些最新的汇价。但是，这些汇价只作为参考价，不是市场交易的实际汇价。

市场趋势：路透交易系统中有许多高级经济学家、银行家、金融专家和分析专家，每天负责撰写汇率评论和分析市场走势，然后输入路透电脑中心。用户可以利用键盘调出所需内容，作为参考。

技术图表分析：路透社为用户提供图表终端机，可以绘出各种技术图表，以帮助用户进行技术分析。

叙做外汇买卖：通过路透交易机，交易员就可以与系统内任何一家银行进行外汇交易。路透交易机以电话线连接，交易员交易时先输入自己终端的密码，再呼叫对方银行，接通后向对方询价，一旦合适即按动键盘达成交易。之后，再在打印机上自动打出交易“合约”。

路透交易系统的优点是简便而高效，可依市场汇率变动及时把握机会。

4.电子经纪服务系统

电子经纪服务（Electronic Broking Services，EBS）系统设立于1990年，由世界上最大的外汇市场做市银行如J.P. Morgon Chase，Bank of America等合作组建，目的是挑战路透终端在外汇交易中的垄断地位，为市场提供有效的竞争环境。2006年被世界最大的同业间交易经纪商ICAP收购，在外汇即期电子交易及电子经纪业务方面形成了规模经济；2014年EBS与固定收益证券市场的领先服务商BrokerTec合并，成立了EBS BrokerTec。EBS BrokerTec被认为是目前全球领先的电子交易技术及解决方案供应商。在EBS的即期交易系统中，每天进行着不低于1 500亿美元的即期外汇交易以及50万盎司的黄金和400万盎司的白银交易。

正是由于有了以上这些先进的交易设备，交易员才能快速有效地进行交易，如果交易商想要频繁地进行外汇的买卖，除双边电话交谈交易方式外，还可以在EBS或者路透终端上发布限价订单，无须给若干家做市商打电话或者坐等某人的电话。如某银行要卖出3 000万欧元，希望卖出价为EUR/USD1.3007，就可以在路透3000交易系统（也称D3000）上发布该限价订单。

外汇交易商是决定使用EBS还是使用路透3000，取决于货币对。EBS主要涵盖的货币对如欧元/美元、美元/日元、欧元/日元、美元/瑞士法郎以及欧元/瑞士法郎，而路透3000覆盖英镑/美元、欧元/英镑、澳元/美元、新西兰元/美元等货币对。

1.3.2 外汇交易员及其管理

1.外汇交易员

外汇交易室内的交易员在整个银行中所占的比例很小，都是一些反应机敏的专门技术人员，主要包括首席交易员（Chief Dealer）或外汇部经理、高级交易员（Senior Dealer）、交易员（Dealer）、低级交易员（Junior Dealer）、实习生（Trainee）和头寸管理员（Position Clerk）等。

首席交易员或外汇部经理对整个交易总体负责，是交易室的政策制定者，包括编制和监督交易室的盈利计划，确定一定时期的交易战略并监督实施。其指导思想自始至终影响着交易室的具体交易方法与方式。同时，首席交易员还是联系资金部经理与交易员的中间纽带和桥梁，起着对上负责、对下管理的作用。因此，首席交易员在交易室中具有举足轻重的作用，其水平一定程度上代表着这个银行的交易与管理水平。

高级交易员具体负责大宗交易。高级交易员在首席交易员的指挥下，具体贯彻交易战略，管理货币头寸并对其分管的交易员进行监督管理。另外，高级交易员直接向其他银行与客户报价，与外汇经纪人保持密切联系。高级交易员还直接对每个交易员的头寸和盈亏情况负责，具体安排交易的规模与期限，不断地随着市场情况调整头寸，最后向首席交易员汇报。

交易员和低级交易员直接负责掌握头寸或分管数量较少的货币，并在交易额度内给予高级交易员以支持。

实习生与头寸管理员则具体负责提供头寸的即时动态，把交易单输入电脑中，接电话或操作交易。

由于交易室内的交易员分为不同级别，首席交易员要根据交易员的水平、资历、经验等方面的情况，分配给每一个交易员一个交易限额，此限额由敞口交易限额和亏损交易限额两部分构成。它是银行外汇部门为控制交易风险而制定的一套严格的数量限制规则。

2.外汇交易员必备的基本素质

（1）外汇交易员应具备良好的经济学、金融学知识。一个成功的外汇交易员必须有广博的专业知识，对国际经济和国际金融有深刻的了解，如对一国的宏观经济状况、国际资金流向、债券和股票市场的变化等心中有数，而且能够结合实际情况进行深入分析。

（2）外汇交易员应具有很高的英语水平。由于交易员在进行交易时很大一部分信息来源于路透社、美联社的信息终端，上面的新闻报道、市场评论等大都采用英文，如果交易员的英文水平不高，就难以了解市场走势，很难对市场做出正确判断。而且，交易员经常要和国外同行进行对话、联系、商讨市场走势，没有熟练的英语是无法应付的。

（3）外汇交易员必须有严格的止损概念。外汇交易是一项高收益高风险的业务，忽视风险可能会获取利润，也可能带来难以弥补的损失。因此，当市场行情朝着不利于交易员预期的方向发展时，交易员不能存有侥幸心理，任由头寸浮动，寄希望于汇率的反弹，这样有可能会造成巨大损失。因此，交易员必须有严格的止损概念，到止蚀位必须果断平仓。

（4）外汇交易员必须具有冷静的心态。交易员每天和风险打交道，精神总是高度紧张，冷静的心态对正确判断汇率走势至关重要。当汇率走势与资金预期一致时，要沉得住气，不要获得一点利润就离开市场，应力争获取更多利润；当汇率走势与资金预期不一致时，不要惊慌，否则会影响对市场行情做出客观分析。

（5）外汇交易员必须具有果断决策的能力。在外汇交易中，有时机会出现的时间只有短短的几分钟甚至几秒钟，交易员这时必须果断决策，稍一迟疑就会坐失良机。

总之，交易室是一个有明确分工的场所，交易室中的任何一个成员都是在其权限范围内开展工作的。

1.3.3 外汇交易的运行

1.银行同业间的交易

银行同业间的交易一般是由银行内部的资金部门或外汇交易室通过路透交易系统、EBS、电话来完成的。以路透交易系统为例，交易员可通过交易机的键盘输入某银行英文代号，呼叫该银行，待叫通后，荧光屏上即开始显示双方的交易内容，如询价、报价、买进、卖出余额等，这些交易对话打印出来即作为交易的原始凭证或交易合约。一笔交易成交之后，交易员需根据交易内容填写相应的交易单（Dealing Slip），并在头寸登记表（Position Sheet）上记录交易头寸。交易单将作为清算机构进行资金清算和会计处理的凭证，而头寸登记表可以帮助交易员掌握头寸情况和盈亏变化，也便于事后核查。随着电子信息系统在金融领域的广泛应用，一些银行的交易室已经采用先进的电脑风险管理系统，实现了“无纸化”操作。交易员无须填写交易单和头寸登记表，电脑联网的交易系统可以自动记录每一笔交易，并把交易头寸和盈亏情况显示出来。各级交易主管也能通过该系统随时了解其下属交易员的交易情况，可以更为有效地进行风险管理。

2.通过外汇经纪人进行的交易

银行根据自己的需要或客户订单的要求，通过路透交易系统或电传机、电话直接呼叫，请经纪商报价；经纪商报价后，银行当即决定买入或卖出货币，交易便告成功。然后，交易商通知该笔交易是与哪一家银行做成的，双方互相交付货币。有时，银行或客户订下买卖的基准，通过电话、电传等以订单的形式交给经纪行，经纪行根据众多订单的要求，把买方和卖方的订单结合起来，然后以电传的形式通知买卖双方，以确认书进行确认，并开出该笔交易佣金，收取通知单。在外汇交易市场上，曾经有将近一半的交易量通过外汇经纪人完成。现在，外汇经纪人主要做期权、即期或远期的超大额交易或者结构化交易。

3.通过经纪系统进行的交易

如同一个人想出售自己的二手车，可以将其放在eBay、京东等电子平台上一样，银行根据自己的需要或客户订单的要求，通过路透交易系统或者EBS就可以进行交易。如在路透3000的屏幕上，在任何一个时点，窗口上都会显示该时刻尚未执行的所有买入限价订单中的最好买入价、所有卖出限价订单中的最好卖出价。对出价感兴趣的一方可以点击愿意成交的买入价或卖出价，报出交易金额。或者，一家银行可以在电子平台上输入一个限价订单，自动与另一个待执行的限价订单的买入汇率或者卖出汇率全部或部分匹配成交，路透的计算机系统就通过直通式处理系统（Straight through Processing，STP）自动完成交易。

无论是银行同业间的交易，还是通过外汇经纪人进行的交易，交易清算都是重要的环节，即交易双方各自按对方的要求，将卖出的货币及时汇入对方指定的账户进行账务处理。交易成交，交易单送交清算机构后，清算人员首先对交易单的内容进行审核，看交易内容与所附的交易记录是否吻合。交易单核对无误后，清算人员会将交易逐笔输入清算系统中，制作交易确认书发送给交易对手。交易确认书应包括整笔交易的全部详细内容，主要有交易银行的名称、汇价、买入和卖出货币金额、起息日、双方账户行等。清算机构也会收到交易对手送达的交易确认书，需要同交易单进行核对，如果两者有出入，立即向交易室查询，随后再向交易对手查询。清算人员根据交易进行相应的账务处理，调拨资金，同时也起到风险监控的作用。清算机构通过对所有的外汇交易头寸进行汇总、统计，就能看出各项资金的变化状况，了解是否有异常情况发生，及时将资金风险状况反馈给交易室。先进的电脑风险管理系统能使交易系统和清算系统连为一体，提高资金清算和会计处理的工作效率，并能随时反映资金和风险的变化情况。

1.4 外汇交易的种类

1.4.1 即期交易和远期交易

按交割期限的不同，外汇交易可分为即期外汇交易（Spot Foreign Exchange Transaction）和远期外汇交易（Forward Foreign Exchange Transaction）。即期外汇交易（又称现货交易或现期交易）是指买卖双方成交后于当日或两个营业日内进行实际交割的一种交易行为。即期外汇交易的汇率称做即期汇率或现汇汇率。远期外汇交易（又称期汇交易）是买卖双方先订立外汇交易合约，规定交易数量、期限和汇率等交易条件，到约定日期按合约进行实际交割的一种交易行为。远期外汇交易的汇率称做远期汇率。

即期外汇交易与远期外汇交易是外汇市场上最基本的业务。之所以进行远期外汇交易，主要是由于：

（1）拥有远期外汇债权或债务者，如进出口商、资金借贷者，通过签订远期外汇交易合约，按约定的汇率在未来进行实际交割，可以避免或减少因汇率变动可能造成的损失。

（2）银行外汇持有总额超买或超卖，即出现多头或空头时，可能要面临汇率变动的风险，即卖出远期多头，买入远期空头，从而使银行外汇头寸保持平衡状态，避免遭受汇率变动的风险。此外，远期外汇交易还有助于调节银行外汇资金结构。

（3）可以满足外汇市场上投机商的需要。外汇投机者的目的是赚取由汇率的涨落产生的汇价差额，通常以买卖远期外汇的方式进行。当投机者预测某种外汇汇率将下跌时，就先售出远期外汇，待该种外币汇率真正下跌后再买进。这种先卖后买的投机行为，称做卖空或空头；反之，先买后卖的投机行为称做买空或多头。

1.4.2 套汇与套利交易

套汇交易（Arbitrage）：是利用不同外汇市场之间不同货币种类、汇率差异进行的低买高卖、套取汇差利润的外汇交易。套汇交易有助于调拨外汇头寸，增加外汇收益和防范汇率风险。套汇可分为直接套汇、间接套汇。

套利交易（Interest Arbitrage Transaction）：是投资者利用不同国家或地区金融市场短期利率水平的不同，把资金从利率较低的国家或地区调往利率较高的国家或地区，以赚取利差的外汇交易。套利交易必然涉及投资期间汇率变动的问题，如果有关货币汇率较稳定，进行套利交易较简单；如果有关货币汇率波动较大，就需要借助掉期交易来进行套利活动，即抛补套利（Covered Interest Arbitrage），此时要考虑掉期成本这一因素。当套利的利息收入大于掉期成本时，套利交易有利可图，否则套利交易不成功。

1.4.3 掉期交易

掉期交易（Swap Transaction）又称时间套汇，它涉及外汇即期和远期交易的综合运用。具体来讲，是指在买进或卖出即期外汇的同时，卖出或买进远期外汇，其目的并非为获利，而是轧平外汇头寸，避免或减少由于汇率变动所带来的损失。

1.4.4 外汇期货交易

外汇期货交易（Foreign Exchange Futures Transaction）与外汇远期交易虽然名称相近，但却是另一种规避汇率风险的交易工具。外汇期货交易是指在约定的日期，按照已经确定的汇率，用一种货币买卖一定数量的另一种货币。

外汇期货交易的特点主要包括以下几点：

（1）外汇期货交易是一种设计化的期货合约，表现为交易币种、交易数量、交割时间都是设计化的。设计化表现为：一是交易币种的设计化；二是合同金额的设计化；三是交割期限和交割日期的固定化。

（2）外汇期货价格与现货价格相关。外汇期货价格与现货价格变动的方向相同，变动幅度也大体一致，而且随着期货交割日的临近，期货合同所代表的汇率与现汇市场上该种货币汇率的差值日益缩小，在交割日两种汇率重合。

（3）外汇期货交易实行保证金制度。在期货市场上，买卖双方在开立账户进行交易时，都必须缴纳一定数量的保证金。缴纳保证金的目的是确保买卖双方能履行义务。清算所为保证其会员有能力应付交易需要，要求会员开立保证金账户，存入一定数量的货币；同时，会员也向他的客户收取一定数量的保证金。保证金分为初始保证金和维持保证金。初始保证金是订立合同时必须缴存的，一般为合同价值的3%~10%，根据交易币种汇率的易变程度来确定。维持保证金指订立合同后，如果发生亏损，致使保证金的数额下降，直到客户必须补进保证金时的最低保证金限额。一旦保证金账户余额降到维持水平线以下，客户必须再缴纳保证金，并将保证金恢复到初始水平。

（4）外汇期货交易实行每日清算制度。当每个营业日结束时，清算所要对每笔交易进行清算，即清算所根据清算价结清每笔交易，盈利的一方可提取利润，亏损的一方则需补足头寸。由于实行每日清算，客户的账面余额每天都会发生变化，每个交易者都十分清楚自己在市场中所处的地位。如果想退出市场，则可做相反方向的交易来对冲。

期货合同代表交易双方对有关货币汇率变动方向的一种预测。如果到了期货合同约定的日子，交易方仍持有该合同，就要按法律规定交割有关货币。如果一方在交割日前做了一笔反向交易，如先签订一笔买入合同，再签订一笔与买入金额相同的卖出合同，一买一卖，赚取差价，结束期货交易，到期不必进行实物交割。在期货市场上，多数期货交易都采用提前平仓的方式，最后以实物交割的情况很少。

1.4.5 外汇期权交易

外汇期权交易（Foreign Exchange Option Transaction）产生于20世纪70年代，在80年代得到普遍发展。它是指交易双方按商定的汇率就将来在约定的某段时间内或某一天是否购买或出售某种外汇的选择权预先签订一个合约。期权的买方通过支付一笔费用可获得购买或出售某种外汇的权利，但这种权利并不是买方必须履行的义务。也就是说，在合约有效期内，或在规定的合约到期日，期权的买方可按合约规定的汇率及金额行使自己拥有的买或卖的权利，与期权的卖方进行实际货币的交割；也可根据市场汇率的实际情况，决定是否放弃买卖的权利，让合约过期而自动作废。期权买方的损失仅仅是预先付出的一笔费用，即期权价格（也称手续费或保险费）。

期权交易是在期货交易的基础上发展起来的，期权合同和期货合同在概念上相似，所交易的金融工具也相近。两者最根本的区别在于期货合同赋予合同买方的是一种义务，无论合同到期时市场形势对他有利还是不利，他都必须如约履行合同，买卖金融工具，如果预期错误，只能承受损失，外汇的远期交易也是如此。而期权交易恰恰避免了这一点，期权合约赋予合同买方的是一种权利，如果合同成交后形势一直对合同买方不利，则买方可以不履行合同，让合同自然失效，损失的仅是签订合同时付出的手续费。期货合约赋予交易双方对称的权利、义务，而期权合约赋予交易双方的权利、义务不对称。

1.4.6 互换交易

互换交易（Swap Transaction）曾被西方金融界誉为20世纪80年代最重要的金融创新，它是降低长期筹资成本及在债务管理中防范利率、汇率风险的最有效的金融工具之一。互换交易是交易双方按市场行情通过预约，在一定时期内相互交换货币或利率的金融工具。互换交易有两种主要类型：货币互换和利率互换。

货币互换是指双方当事人互相交换到期日相同、金额相同、计息方法相同，但币种不同的货币资金，并按协议规定互相负责对方到期的应付借款本金和利息。

利率互换是指两个单独的借款人从两个不同的贷款机构借取了同等数额、同种货币、同样期限的贷款，双方商定相互为对方支付贷款利息。

1.4.7 远期利率协议

远期利率协议（Forward Rate Agreement）也是20世纪80年代后产生的金融创新品种之一。它是一种合约，在合约中，双方协定某种利率，在将来特定时候（清算日），按特定的期限支付某一名义借款的利息。远期利率协议的买方希望以此防范利率上升的风险，即他选择远期利率协议，把在将来某时收到的一笔借款在今天就确定其利率。远期利率协议的卖方希望以此防范利率下降的风险，他出售一笔远期利率协议，就等于发放一笔远期交付的名义贷款，而在清算日收取利息。

外汇交易的种类远不止上述这些，更详细的情况及各种外汇交易的原理与具体实例，将在后面的章节中介绍。

关键概念

外汇交易　外汇交易惯例　外汇交易战略　外汇交易种类

复习思考

（1）简述外汇交易的一般惯例。
（2）你知道哪些外汇交易技巧？
（3）简述银行间外汇交易的程序。
（4）请说明即期外汇交易与远期外汇交易有哪些区别。
（5）参加外汇交易的人员有哪几种？
（6）其他外汇交易包括哪几种类型？

第2章　即期、远期和掉期外汇交易

◇学习目标

- 掌握即期外汇交易的概念、程序及报价方法
- 熟练掌握即期外汇交易的套期保值和投机操作
- 掌握远期外汇交易的概念、分类和程序
- 熟练掌握远期汇率的报价和计算以及远期外汇交易的操作
- 掌握掉期外汇交易的概念和程序
- 熟练掌握掉期外汇交易的报价、掉期率的计算和掉期交易的操作方法

外汇交易的类型有许多种，其中即期外汇交易、远期外汇交易和掉期交易是外汇市场上的基本交易形式，被称为传统外汇交易形式。随着国际金融业的发展，金融工具的创新层出不穷，20世纪70年代以后出现了许多外汇交易创新形式，如外汇期货交易、外汇期权交易、货币互换与利率互换交易、远期利率协议等。本章以与外汇银行相关的外汇交易为重点，介绍即期外汇交易、远期外汇交易和掉期交易的基本原理及其应用。

2.1　即期外汇交易

2.1.1　即期外汇交易的概念

即期外汇交易又称现汇交易或现货交易，是买卖双方以固定汇价成交，并在当日或两个营业日（Working Day）内办理交割手续的外汇交易。例如：你今天买入200万澳元，汇率是1.4澳元/欧元，这200万澳元将在今天之后的两个工作日进入你的账户；同样，142.86万欧元（200÷1.4）也将在两个工作日进入交易对手的账户。即期交易是外汇市场上最常见、最普遍的交易形式。其基本作用是：满足临时性的付款需要，实现货币购买力的转移；调整各种货币头寸；进行外汇投机等。即期外汇交易的汇率构成了所有外汇汇率的基础。一般来说，在国际外汇市场上进行外汇交易时，除非特别指定日期，一般都视为即期外汇交易。

关于即期外汇交易，我们还要注意以下两个问题：

1.即期外汇交易的交割日期

交割日（Spot Date）又称结算日，也称有效起息日（Value Date），是进行资金交割的日期。银行同业间即期外汇交易的交割日有三种类型：

（1）标准交割日（Value Spot or VAL SP），指在成交日后的第二个营业日交割，即t+2，如果遇上非营业日，则向后递延到下一个营业日。目前，大部分的即期外汇买卖都采用这种方式。

（2）隔日交割（Value Tomorrow or VAL TOM），指在成交后的第一个营业日进行交割，即t+1。某些国家由于时差的原因而采用这种方式，如加拿大和美国之间以及墨西哥和美国之间的即期外汇交易。

（3）当日交割（Value Today or VAL TOD），指在成交当日进行交割。以前在香港外汇市场用美元兑换港元的交易（T/T）就可在成交当日（即t+0）进行交割。

根据国际金融市场的惯例，交割日必须是两种货币的发行国家或地区的各自营业日，并且遵循“价值抵偿原则”，即一项外汇交易合同的双方必须在同一时间进行交割，以免因交割的不同时而使一方蒙受损失。

2.即期外汇交易的结算方式

即期外汇交易的结算方式有信汇、票汇和电汇三种。信汇和票汇的应用较少，大部分交易都采取电汇方式。在电汇方式下，买卖双方首先通过电话达成交易，然后用电传予以确认。结算时间与所涉及的国家有关，一般在靠近中午时分结算。

1977年9月，环球银行金融电信协会（Society for Worldwide Interbank Financial Telecommunication，SWIFT）正式成立，专门处理国际银行间的转账和结算，使转账交换极其迅速和安全，目前大多数国际性大银行都已加入该系统。银行同业间各种货币的结算即利用SWIFT电信系统，通过交易双方的代理行或分行进行，最终以有关交易货币银行存款的增减或划拨为标志。1997年，由20国集团从事外汇交易的大银行发起的持续连接清算系统（Continuous Linked Settlement）建立，旨在实现外汇交易的同步清算，最大限度地降低跨国支付中由于时差和支付系统的差异而造成的风险。

2.1.2 即期外汇交易的报价

1.直接标价与间接标价

外汇市场上汇率通常采用双向报价（Two-Way Quotation）方式，即报价者（Quoting Party）同时报出买入价格及卖出价格。

下面给出的是ISO国际标准银行报价的实例：

EUR/USD1.2720/30　　USD/JPY79.30/40

USD/CNY6.2360/70　　USD/CAD1.0020/30

GBP/USD1.5845/55　　USD/CHF1.0225/35

银行报价传统上区分为直接标价法和间接标价法两种形式。直接标价法是以一定单位（1单位或100单位）的外国货币作为基准，折算为一定数额的本国货币的标价方法；间接标价法是以一定单位（1单位或100单位）的本国货币作为基准，折算为一定数额的外国货币的标价方法。第二次世界大战后，由于美元的特殊地位，各国银行间的报价普遍采用“美元标价法”（US Dollar Quotation or Dollar Terms），即单位美元折合多少其他货币的标价方法。非美元之间的货币汇率可通过其各自对美元的汇率套算得出。

2.买入汇率与卖出汇率

从事外汇交易时，客户会发现用一种货币购入另一种货币支付的价格比卖出时的价格要高。如EUR/USD1.2720/30，如果你卖出1欧元换美元，你会得到1.2720美元，如果你想购入1欧元则需要支付1.2730美元。银行从你手中购入外汇的汇率称为买入汇率，上例中银行出价1.2720美元买入1欧元；银行向你卖出外汇的汇率称为卖出汇率，上例中银行卖出1欧元向你收取1.2730美元。买卖外汇出现价差的原因在于，买入汇率和卖出汇率都是站在银行的角度而非客户的角度来说的。银行是低价买入、高价卖出。客户是以银行的卖出汇率（较高的那个报价）买入，以银行的买入汇率（较低的那个报价）卖出。

3.基准汇率与交叉汇率

20世纪80年代以前，外汇交易批发市场上的所有汇率都是对美元的汇率，被称为基准汇率（Primary Rates）。而不涉及美元，需要通过基准汇率计算出的汇率称为交叉汇率（Cross Rates）。例如：如果报价为日元/美元101.07/20，美元/英镑1.3840/50。那么日元/英镑的买入汇率与卖出汇率需要根据基准汇率套算得出，即买入汇率为101.07×1.3840=139.88，卖出汇率为101.20×1.3850=140.16。在该例子中，采用同向相乘的方式，卖出价乘以卖出价得到日元/英镑的交叉卖出汇率，买入价乘以买入价得到日元/英镑的交叉买入汇率。依据不同情况，如报价为英镑/美元的间接报价时，就要采用交叉相除的方式。后面远期汇率部分对此将有详细描述。

4.影响报价的因素

一笔完整的交易往往包括四个步骤：询价（Asking）、报价（Quotation）、成交（Done）及确认（Confirmation），其中报价是关键。外汇交易员在报价时需要根据市场条件和自身情况，在盈利机会和竞争力之间取得平衡：既要提供富有竞争力的报价来吸引交易，又要通过报价来保护自己，在承担风险的同时获得相应的收益。通常，外汇交易员在报价时应考虑到以下几个因素：

第一，报价行的外汇头寸。报价行在接到询盘时要考虑是否已持有某种货币的多头或空头及金额大小和价格水平。如果报价行已经持有询价者所询货币的多头并且金额很大，那么它在报价时可能会偏低地开报该币价格；反之，报价行则提高价格以吸引询价者抛售。

第二，市场的预期心理。如果市场有明显的预期心理，货币的走势就容易向预期的价位波动。交易员必须了解目前市场的预期心理，以调整所持头寸，使自己处于有利地位。

第三，询价者的交易意图。一般情况下，询价者在询价时不必透露买卖意图，而报价者必须同时报出买价和卖价。交易员需要试探和估计对方的意图，如果估计对方意欲购买，就会略微抬高价格；反之，会压低价格。但是这完全凭借交易员个人的市场经验和他对询价者交易习惯的了解，不一定与实际情况吻合。

第四，各种货币的风险特征和极短期走势。每种货币都有其风险特性和极短期走势，这一极短期可能是1小时、5分钟或5秒钟。而交易员大多属于当日交易员（Intra Day Trader），即交易员所持有的外汇头寸不超过1天，因此，只有对货币的风险特性和极短期走势有充分的了解和准确的预测，才能在报价时报出适当的价格。

第五，收益率与市场竞争力。交易员在报出价格之后，就会希望询价者以其报出的价格来交易。然而，为了增强竞争力，需要缩小买卖价差，即使利润相对减少。因此，交易员在报价时必须顾及市场竞争力与收益率。

2.1.3 即期外汇市场上的套期保值

外汇市场上的对冲（Hedge）投资操作，是以某种货币为中介货币，同时买卖另两种货币，由于买卖的损益互相对冲，从而达到规避风险目的的投资操作行为。其依据是：当外汇市场上某一关键货币呈上升趋势时，与之相应的其他货币就相对地呈下跌趋势。利用两种同涨同跌的货币，以关键货币为中介一买一卖，就能够对冲买卖的损益。

【例2-1】①

假设2020/10/16外汇市场上行情如下：

即期汇率为EUR/USD=1.1710/26，USD/CHF=0.9138/60，进行以USD为中介货币、买入EUR、卖出CHF的对冲投资操作。假设到2020/10/30平仓，即期汇率为EUR/USD=1.1644/50，USD/CHF=0.9165/69。不考虑利率变化的影响，损益情况如何？

（1）操作过程：

在2020/10/16以1.1726卖出USD，买入EUR

以0.9160卖出CHF，买入USD

在2020/10/30以1.1644卖出EUR，买入USD

以0.9165卖出USD，买入CHF

（2）损益情况：

在EUR上，每1USD获取利润=1/1.1644−1/1.1726=0.00601（EUR）

---

① 本例中，我们以EUR（欧元）为例对即期外汇市场上的套期保值进行介绍。

在CHF上，每1USD获取利润=0.9165-0.9160=0.0005（CHF）

2.1.4 即期外汇市场上的投机操作

当今的浮动汇率制度下，外汇行市起落不定，甚至暴涨暴跌，从而使国际货币的价格产生差价，这正是进行投机操作的基础。例如，某日即期外汇市场上每欧元兑1.40美元，投机者预期欧元将升值，以1.40美元的即期价格购买欧元并存到银行赚取利息，3个月后以1.50美元的即期价格卖出欧元。假设3个月后欧元的即期价格果然升为1.50美元，每欧元将赚取0.10美元的利润。如果投机者希望从外汇价格下跌中赚钱，可以从事卖空交易，即低价买入高价卖出，卖出先于买入。在即期外汇交易中，由于交割手续在当日或两个营业日内办理，使得做空较为容易，如可以在营业日早晨裸卖，然后在同一天稍后时间买入，再在规定时间内交割。

2.1.5 即期外汇交易程序

【例2-2】

交易过程	意义说明
A：GBP 5 Mio	A（银行）：询价，英镑兑美元，金额500万
B：1.5973/78	B（银行）：报价，价格GBP1=USD 1.5973/78
A：My Risk	A不满意B的报价，在此价格下不做交易，即此价格不再有效，A可以在数秒之内再次向B询价
A：NOW PLS	A：再次向B询价
B：1.5975 Choice	B：以1.5975的价格任A选择要买或卖（一般而言，当报价银行报出Choice价时，一定要做交易，不可以用价格不好为借口而不做）
A：Sell PLS	A：选择卖出英镑，金额500万英镑
My USD To A NY	我的美元请汇入A（银行）的纽约账户
B：OK Done	B：此交易已成交
at 1.5975 We Buy	在1.5975我买入
GBP 5 Mio AGUSD	英镑500万美元
Val May-20	交割日5月20日
GBP To MY London	我的英镑请汇入我伦敦的英镑账户
TKS for Deal，BIBI	谢谢惠顾，再见

2.2 远期外汇交易

2.2.1 远期外汇交易的概念

远期外汇交易又称期汇交易，是外汇买卖双方成交后并不立即办理交割，而是预先签订合约，先行约定各种交易条件（如货币的种类、金额、汇率、交割时间和地点等），在未来的约定日期办理交割的外汇交易。如在1月2日，你可以要求银行报出3月2日卖出美元买入英镑的汇率，交易将在3月5日结算，结算价格是1月2日商定的汇价。

与现汇市场一样，远期外汇市场是场外交易市场，交易通过银行等做市商或者通过电子拍卖系统或经纪人完成。期汇交易与现汇交易的主要区别在于起息日不同。凡起息日在两个营业日以后的外汇交易均属期汇交易，最活跃的期汇交易为30天、90天、180天、270天和360天。期汇交易所适用的汇率是各种不同交割期限的远期汇率。一般把即期汇率记作F，远期汇率记作$F_{t,T}$，即从t时刻开始并在未来某个时刻T到期的所有合约所使用的汇率，T为未来交割日期。

远期外汇交易的交割日或有效起息日在大部分国家是按月而不是按天计算的。假如整月后的起息日不是有效营业日，则按惯例顺延到下一个营业日。不过，若这种顺延到月底仍不是营业日，则往回推算的第一个营业日为有效日（即交割日）。总之，这月到期的交割日不能跨到下月。另外，远期外汇交易到期日的推算还有一个所谓“双底”惯例，假定即期起息日为当月的最后一个营业日，则所有的远期起息日是相应各月的最后一个营业日。

2.2.2 远期汇率的报价和计算

1.远期汇率报价方式

在实际外汇交易中，银行远期汇率也采用双向报价方式。根据国际惯例，通常有两种远期汇率报价方式：完整汇率报价方式和掉期率报价方式。

（1）完整汇率报价方式

完整汇率（Outright Rate）报价方式又称为直接报价方式，是直接完整地报出不同期限远期外汇买卖实际成交的买入价和卖出价。这种报价方式一目了然，通常应用于银行对顾客的远期外汇报价。在日本和瑞士，银行同业间的远期交易也采用这一报价方式。如某日美元兑日元的3个月远期汇率为USD/JPY=79.30/79.40，美元兑瑞士法郎的3个月远期汇率为USD/CHF=1.0225/1.0235。《华尔街日报》、《法兰克福汇报》以及《环球邮报》等都采用该种报价方式。

（2）掉期率报价方式

掉期率（Swap Rate）指某一时点远期汇率与即期汇率的汇率差。掉期率报价方式报出远期汇率与即期汇率差异的点数，故又称为点数汇率（Points Rate）报价方式或远期差价报价方式。银行间的远期外汇报价通常采用这种方式，《比利时时报》和《金融时报》也曾遵循该种报价方式。如某日纽约的银行报出欧元买卖价为：

即期汇率：	USD/EUR=0.7825/55
1个月掉期率：	1/0.5
3个月掉期率：	13/12
6个月掉期率：	43/33

采用掉期率报价方式的好处是简明扼要。虽然即期汇率变动的同时远期汇率也会相应变动，但通常远期差价比较稳定，因此用掉期率来报价比直接报价方式要简单，从而形成了用掉期率给出远期汇率报价的惯例。

掉期率或远期差价有升水和贴水两种。如果以某种货币表示的远期外币价格高于即期价格，则以此种外币表示的远期汇率称为升水或溢价（at Premium）；反之，则称贴水或折价（at Discount）；如果远期汇率与即期汇率相同，则称为平价（at Par or Flat）。例如，即期汇率USD/JPY=81.20，远期汇率为USD/JPY=81.40，则表明远期美元为升水，而远期日元为贴水。就两种货币而言，一种货币的升水必然是另一种货币的贴水。

在实务中，银行报出掉期率时通常并不标明升水还是贴水，那么如何判断相关货币的远期是升水还是贴水呢？在外汇市场上，人们根据一个简单原则来判断：明确即期汇率报价中的基准货币，远期点数“前大后小，基准货币远期为贴水；前小后大，基准货币远期为升水”。

在不同的汇率标价方式下，远期汇率的计算方法不同，可归纳为

直接标价法：远期汇率=即期汇率+升水

或　　　=即期汇率-贴水

间接标价法：远期汇率=即期汇率-升水

或　　　=即期汇率+贴水

例如，某日纽约的银行报出的英镑买卖价为

即期汇率：GBP/USD=1.5380/90

3个月远期贴水：　　80/70

美元兑英镑采取的是直接标价法，可计算得GBP/USD 3个月远期买入价=1.5380-0.0080=1.5300，GBP/USD 3个月远期卖出价=1.5390-0.0070=1.5320，即3个月远期汇率GBP/USD=1.5300/20。

我们可以用一个简单判断方法来检验计算结果：如果得到的远期汇率买卖差价比即期汇率买卖差价大，则计算结果通常正确；如果得到的远期汇率买卖差价反而比即期汇率买卖差价小，则计算结果是错误的。这是因为远期交易包含时间因素：期限越长，交易量越小；时间越长，不确定性越强。因而远期交易承担的交易风险较大，银行报出的远期汇率的买卖差价也相应扩大。

2.远期外汇的价格计算

远期外汇价格的决定因素有三个：即期汇率价格、买入货币与卖出货币间的利率差和远期期限的长短。在一个充分流动的外汇市场和货币市场中，远期汇率与即期汇率的差异充分反映了两种交易货币利率的差异。这是因为一笔远期外汇买卖可以看成是由一笔即期外汇买卖和两笔相应的资金拆放交易合成的。下面以实例说明：

【例2-3】

假设一家德国出口公司在6个月之后将收到货款1 000 000美元，该出口公司通过即期市场和资金拆放规避外汇风险。目前的市场条件是：①即期汇率EUR/USD=1.2730；②美元年利率为0.25%；③欧元年利率为1.5%。该公司采取以下步骤：

（1）在货币市场上借入1 000 000美元，期限6个月。到期日公司将支付的美元利息成本为

USD1 000 000×0.25%×6÷12=USD1 250

USD1 250÷1.2730USD/EUR=EUR982

（2）在外汇市场上按即期汇率水平1.2730将借入的1 000 000美元卖出，买入785 546欧元（1 000 000÷1.2730）。

（3）在货币市场上将即期外汇买卖所得的785 546欧元贷出，期限6个月。到期日欧元的利息收益为

EUR785 546×1.5%×6÷12=EUR5 892

公司通过上述方式规避外汇风险的损益为

EUR785 546−EUR982+EUR5 892=EUR790 456

远期外汇价格为

USD1 000 000÷EUR790 456=1.2650

由此例我们可以得出远期外汇价格的计算公式

远期外汇价格=即期外汇价格+即期外汇价格×（报价货币利率−基准货币利率）×天数÷360

将【例2-3】中的数值代入公式，则可计算出该例中的远期外汇价格。

远期外汇价格=1.2730+1.2730×（0.25%−1.5%）×180÷360=1.2650

远期外汇价格计算公式中的“即期外汇价格×（报价货币利率−基准货币利率）×天数÷360”就是掉期率。应该指出的是，它只是一个近似的掉期率，因为计算中并未将交易期间基准货币利息头寸的风险考虑在内。

3. 远期交叉汇率的计算

远期交叉汇率（Forward Cross Rate）即所谓的套算汇率，是两种货币的远期汇率以第三种货币为中介而推算出来的汇率。远期交叉汇率的计算方法与即期交叉汇率的计算方法相似，将基本汇率根据不同的报价方式进行交叉相除或同向相乘即可得到交叉汇率。

【例2-4】

即期汇率：EUR/USD=1.2720/30

GBP/USD=1.5845/55

掉期率：EUR Spot/3 Month 145/149

GBP Spot/3 Month 192/184

（1）计算EUR/USD 3个月远期汇率

1.2720+0.0145=1.2865

1.2730+0.0149=1.2879

即EUR/USD3个月期的远期汇率为1.2865/79

(2)计算GBP/USD3个月远期汇率

1.5845-0.0192=1.5653

1.5855-0.0184=1.5671

即GBP/USD3个月期的远期汇率为1.5653/71

(3)按一般交叉汇率计算方法计算GBP/EUR3个月期的远期汇率

英镑兑美元汇率、欧元兑美元汇率均属非美元标价法，采取交叉相除法计算。

GBP/USD：1.5653　　1.5671

交叉相除

EUR/USD：1.2865　　1.2879

则

GBP/EUR的远期买入价为 1.5653÷1.2879=1.2154

GBP/EUR的远期卖出价为 1.5671÷1.2865=1.2181

GBP/EUR3个月期的远期汇率为1.2154/81

2.2.3 远期外汇交易的分类

1.根据交割日的不同，远期外汇交易可分为规则交割日交易和不规则交割日交易

规则交割日交易指的是远期期限为1个月整数倍的交易，常见的有远期1个月、2个月、3个月、6个月的交易。不规则交割日交易指的是远期期限不是1个月整数倍的交易，如远期33天交割的交易或指定某月某日交割的非整月倍数的交易等。

2.根据交割日的确定方法，远期外汇交易可分为固定交割日交易和选择交割日交易

(1)固定交割日的远期外汇交易

在这种交易中，双方商定以某一确定的日期作为外汇买卖履行的交割日，这类交易的外汇交割日既不能提前也不能推迟。例如，2020年10月15日，A银行与B银行签订了一份3个月期固定交割日的远期外汇买卖合约，A银行愿意以1美元兑换0.9022欧元的汇率卖出欧元、买进美元，B银行也愿意以相同的汇率卖出美元、买进欧元，双方约定交割日为2021年1月15日。届时A银行与B银行必须按对方的要求将卖出的货币划入对方指定的账户内，如果一方延迟交割，则另一方可向其收取滞息费。

(2)选择交割日的远期外汇交易

选择交割日的远期外汇交易通常称为择期交易(Optional Date Forward)，是外汇买卖双方在签订远期合同时，事先确定交易的货币、金额、汇率和期限，但交割可在这一期限内选择一日进行的远期外汇交易方式。一个知道在贸易合同签订后3

个月内能收到货款的出口商，可与银行签订一份择期远期合同，交割日选择在3个月内的任何一天，但不确定具体日期。主动权完全在出口商，而银行处于被动地位，由于汇率变动而造成银行损失的可能性较大。因此，银行一般选择从择期开始到结束期间最不利于顾客的汇率作为择期交易的汇率。

择期交易的定价过程通常是首先计算出约定期限内第一个工作日交割的远期汇率和最后一个工作日交割的远期汇率，然后根据客户的交易方向从中选取对银行最为有利的报价。

【例2-5】

假设即期汇率：EUR/USD=1.2725/35

掉期率： Spot/2 Month 142/147

Spot/3 Month 172/176

请银行报出2个月至3个月任选交割日的远期汇率。

（1）计算第一个工作日交割的远期汇率，即2个月交割的远期汇率

1.2725+0.0142=1.2867

1.2735+0.0147=1.2882

（2）计算最后一个工作日交割的远期汇率，即3个月交割的远期汇率

1.2725+0.0172=1.2897

1.2735+0.0176=1.2911

（3）根据客户的要求选择报价

如果客户要求买入美元卖出欧元，选择最低的报价——1.2867；如果客户要求卖出美元买入欧元，选择最高的报价——1.2911。于是，2个月至3个月美元兑欧元择期交易的双向报价为1.2867/911。

上例中，在欧元贴水的情况下，“即期汇率+掉期率=远期汇率”；在欧元升水的情况下，“即期汇率-掉期率=远期汇率”。于是我们可以概括出两个原则来判断择期汇率：

其一，当远期外汇贴水时，银行卖出择期远期外汇使用的汇率是最接近择期结束时的汇率；若远期外汇升水，则使用的汇率是最接近择期开始时的汇率。

其二，当远期外汇贴水时，银行买入择期远期外汇使用的汇率是最接近择期开始时的汇率；若远期外汇升水，则使用的汇率是最接近择期结束时的汇率。

2.2.4 远期外汇交易的操作

1.进出口商和资金借贷者应用远期外汇交易规避外汇风险

汇率的变动是经常的，而在国际贸易中，进出口商从签订贸易合同到执行合同、收付货款通常要经过一段相当长的时间，在此期间进出口商可能因汇率的变动遭受损失。同样，资金借贷者持有净外汇债权或债务时，汇率的不利变动也会引起以本币计值的收入减少和成本增加。因此，进出口商和资金借贷者为规避汇率波动

所带来的风险，往往通过远期外汇交易在收取或支付款项时按成交时约定的汇率办理交割。

【例2–6】

某年10月末外汇市场行情为

即期汇率：　　　　　　EUR/USD=1.2708/18

3个月掉期率：　　　　　　　　16/12

假定一美国进口商从德国进口价值100 000欧元的机器设备，可在3个月后支付欧元。若美国进口商预测3个月后EUR/USD将升值（即欧元兑美元升值）至EUR/USD=1.2798/808。

请判断：（1）美国进口商若不采取保值措施，延后3个月支付欧元比现在支付欧元预计将多支付多少美元？（2）美国进口商如何利用远期外汇市场进行保值？

（1）美国进口商若不采取保值措施，现在支付100 000欧元需要127 180美元（100 000×1.2718）。3个月后需支付128 080美元（100 000×1.2808），因此需多支付900美元（128 080–127 180）。

（2）利用远期外汇市场避险的具体操作是：

10月末美国进口商与德国出口商签订进货合同的同时，与银行签订远期交易合同，按外汇市场EUR/USD 3个月远期汇率1.2692（1.2708–0.0016）买入100 000欧元。这个合同保证美国进口商在3个月后只需126 920美元（100 000×1.2692）就可完成交易，这实际上是将以美元计算的成本“锁定”了。

2.外汇银行为平衡其外汇头寸而进行远期外汇交易

进出口商进行远期外汇交易避免或转嫁风险的同时，就是银行承担风险的开始。外汇银行之所以有风险，是因为它在与客户进行交易后，会产生外汇“综合持有额”或称总头寸，这期间难免会出现期汇和现汇的超买或超卖。因此，外汇银行就处于汇率变动的风险之中。为避免外汇风险，对不同期限、不同货币头寸的盈缺要进行抛补，以求外汇头寸平衡。

【例2–7】

假设我国某外汇指定银行于某年10月30日开盘时卖给某企业1 000 000美元的远期外汇，买进相应的欧元。

即期汇率：　　　　　　　　EUR/USD=1.2776

3个月远期汇率：　　　　　　EUR/USD=1.3176

如果这家银行的美元头寸不足，那么在卖出3个月远期的1 000 000美元后，应该补回1 000 000美元的远期外汇，以平衡美元头寸；如果该银行没有立即补回，而是延至当日收盘时才成交，若此时美元兑欧元的即期汇率变为EUR/USD=1.2576，3个月远期汇率为EUR/USD=1.2976，那么该银行就要损失1 000 000×（1/1.2976–1/1.3176）=11 698（EUR）。

在实际业务的处理过程中，银行在卖出远期外汇的同时，往往要买进相同数额、相同币种的即期外汇，即在出现期汇头寸不平衡时，应该先买入或卖出相同数额、相同币种的现汇来规避期汇头寸平衡前的外汇风险，然后再抛补这笔期汇。如上例中银行先以EUR/USD=1.2776的即期汇率买进1 000 000的即期美元，到收市时可按EUR/USD=1.2576的即期汇率卖出1 000 000的即期美元。所以，尽管补进卖出的3个月远期美元要损失11 698欧元，但即期交易中获得的12 448欧元的利润却可以抵销远期外汇交易中的损失。

3.投机者利用远期外汇市场进行外汇投机

外汇投机既可以在现汇市场上进行，也可以在期汇市场上进行。二者的区别在于：在现汇市场上进行投机时，由于现汇交易要求立即进行交割，投机者手中必须持有足额的现金或现汇。现金或现汇既可以是自有的，也可以是借来的。若是借的就要支付利息，若是自有的就要付出机会成本（将现金或外汇用于投机而不是存入银行损失的利息）。在期汇市场上进行交易，成交时不涉及实物（现金或现汇）的即时收付，因而在该市场上投机不必持有足额的现金或现汇，只需支付少量的保证金。

【例2-8】

一美国投机商预期英镑有可能大幅度贬值。假定当时英镑3个月远期汇率为GBP/USD=1.5980，该投机商卖出1 000 000远期英镑，成交时他只需支付少量保证金，无须实际支付英镑。如果在交割日之前英镑果然贬值，设远期英镑汇率跌为GBP/USD=1.3980，则该投机商再次进入远期市场，买入1 000 000远期英镑，交割日和卖出远期英镑的交割日相同。这一买一卖使他获得200 000美元（1.5980×1 000 000−1.3980×1 000 000）的投机利润。

在上面的例子中，投机者先卖后买，并且在他抛售外汇时，实际上手中并无外汇，所以这种投机活动被称为“卖空”（Sell Short）；若该投机者预期英镑将升值，他可以采取先买后卖的手法以期获利，这被称为“买空”（Buy Long）。

2.2.5 远期外汇交易合同的了结、展期和零星交易

1.远期外汇交易合同的了结

远期外汇交易合同的了结指以即期外汇交易的方式来有效地履行远期外汇交易的义务。

【例2-9】

假设一英国出口商与银行签订远期合同，向银行出售1个月期的USD1 000 000。已知外汇市场行情：即期汇率GBP/USD=1.5940/50；掉期率Spot/1 Month 5/10。

如果该出口商收到货款1 000 000美元，交割后可得1 000 000÷1.5960=626 566.42（GBP），如果届时出口商由于某种原因（如进口商推迟付款）没有取得1 000 000美元，则该出口商必须了结原有的远期合同。

假定市场上新的汇率为：

情况1，即期汇率：GBP/USD=1.5980/90

掉期率：　Spot/1 Month 5/10

情况2，即期汇率：GBP/USD=1.5910/20

掉期率：　Spot/1 Month 5/10

在“情况1”下，为履行远期合同，该出口商以GBP/USD=1.5980购买即期美元1 000 000，为此支付1 000 000÷1.5980=625 782.23（GBP），出口商了结交易合同后获利626 566.42−625 782.23=784.19（GBP）。

在“情况2”下，该出口商以GBP/USD=1.5910购买即期美元1 000 000，为此支付1 000 000÷1.5910=628 535.51（GBP），出口商了结交易合同后亏损628 535.51−626 566.42=1 969.09（GBP）。

由此可见，对不能正常履行的远期合约进行了结，既可能使当事人获利，又可能使其亏损，从而使当事人处于投机者的地位。

2.远期外汇交易合同的展期

如果在了结之后，顾客仍打算进行远期抛补，则可以签订新的远期合约对原有合约进行展期（Extension）。如上例中的英国出口商，在了结其远期合约后得知他将在1个月后收到美元货款，该出口商可以订立新合约展期1个月，但适用的汇率是新汇率，交易金额与原合约一样。如在“情况1”下，新合约适用的远期汇率是GBP/USD=1.6000，新合约到期时，该出口商可获得1 000 000÷1.6000=625 000（GBP），他实际得到625 000+784.19=625 784.19（GBP），比顺利履行远期合同亏损626 566.42−625 784.19=782.23（GBP）。

3.零星交易

零星交易（Odd/Broken Date Transaction）指有些客户基于某种特殊需要，同银行签订特殊日期或带零头日期（78天或227天等）的远期外汇合同。零星交易时使用的汇率是根据远期外汇市场上的有关汇率推算而来的。

【例2-10】

一顾客与银行签订一份远期交易合同，卖出远期GBP，买入远期EUR，交易日为4月3日，交割日为6月15日。有关汇率如下：

4月3日即期汇率GBP/EUR=1.2425

2个月期EUR升水300

3个月期EUR升水450

4月3日进行2个月远期交易，交割日为6月5日，3个月远期交割日为7月5日。6月15日交割的远期交易比2个月期多了10天，从6月5日到7月5日间隔30天，在这30天欧元升水150点（450−300），10天升水为50点（150×10÷30），这样，在4月3日成交到6月15日交割的远期交易中欧元升水350点（300+50），远期汇率为GBP/EUR=1.2075（1.2425-0.0350）。

2.2.6 远期外汇交易程序

【例2-11】

交易过程	意义说明
A：GBP 0.5 Mio	A：询问GBP/USD的即期价位，金额为50万英镑
B：GBP 1.5920/25	B：GBP/USD的价位为1.5920/25
A：Mine，Pls adjust to 1 Month	A：买入英镑，并请调整为1个月后的交割日
B：OK.Done	B：好的，成交
Spot/1 Month	即期至1个月期的掉期率为93/89
93/89 at 1.5836	1个月期汇率为1.5836
We sell GBP 0.5 Mio	我们出售50万英镑
Val June/22	6月22日为交割日
USD to My NY	请将美元汇入我行纽约账户
A：OK.All agreed	A：好的，同意
My GBP to My London	请将英镑汇入我行伦敦账户
Tks，BI	谢谢，再见
B：OK.BI and Tks	B：好的。再见，谢谢

2.3 外汇掉期交易

2.3.1 外汇掉期交易的概念

掉期交易是指将同种货币、金额相同而方向相反、交割期限不同的两笔或两笔以上的外汇交易结合起来进行，也就是在买进某种外汇的同时，卖出金额相同的同种货币，但买进和卖出的交割日期不同。掉期交易与一般套期保值的不同之处是：①掉期交易改变的不是交易者手中持有的外汇数额，只是交易者所持货币的期限；②掉期交易强调买入和卖出的同时性；③掉期交易绝大部分是针对同一对手进行的。

进行掉期交易的主要目的是轧平各货币因到期日不同所造成的资金缺口，所以掉期交易成为资金调度的工具。

根据交割日的不同，掉期交易可分为三种类型：

1.即期对远期掉期交易

即期对远期掉期交易（Spot-forward Swaps）指买进或卖出一笔现汇的同时，卖出或买进一笔期汇的掉期交易，是最常见的一类掉期交易。在国际外汇交易市场上，常见的即期对远期掉期交易有：

（1）即期对次日（Spot/Next，S/N）：自即期交割日算起，至下一个营业日为止的掉期交易。

（2）即期对一周（Spot/Week，S/W）：自即期交割日算起，为期一周的掉期交易。

（3）即期对整数月，如1个月、2个月、3个月等：自即期交割日算起，为期1个月、2个月或3个月等的掉期交易。

2.即期对即期掉期交易

即期对即期掉期交易（Spot against Spot）由当天交割或第二天交割的标准即期外汇买卖组成，用于银行调整短期头寸和资金缺口。这一类型的掉期交易常见的有：

（1）隔夜交易（Over-Night，O/N）：前一个交割日是交易日当天，后一个交割日是第二天，即交易日后的第一个工作日。

（2）隔日交易（Tomorrow-Next，T/N）：前一个交割日是明天，即交易日后的第一个工作日，后一个交割日是交易日后的第二个工作日。

隔夜交易和隔日交易的时间跨度虽然都是一个交易日，但它们的第一个交割日和第二个交割日都是不同的。

3.远期对远期掉期交易

远期对远期掉期交易（Forward against Forward）是指针对不同交割期限的远期外汇，双方做同种货币、金额相同而方向相反的两个交易。开展远期对远期掉期交易，其好处是可以尽量利用有利的交易机会。现实中，银行在承做远期对远期掉期交易时，通常会将其拆为两个即期对远期的外汇交易，而真正的远期对远期掉期交易在国际市场上较为少见。

2.3.2 外汇掉期交易的报价

掉期交易中，即期汇率的水平不是最重要的，最重要的是掉期率（Swap Point）。掉期率就是掉期交易的价格，通常报价者对掉期率采用双向报价的方式。银行在报掉期率时用基本点（Point）来表示买入价和卖出价。买入价表示报价方愿意卖出即期基准货币及买入远期基准货币的报价，也表示询价者买入即期基准货币及卖出远期基准货币的报价；卖出价表示报价方愿意买入即期基准货币及卖出远期基准货币的报价，也表示询价者卖出即期基准货币及买入远期基准货币的报价。

一般来说，报价者只报掉期率，并不会指明是升水还是贴水。那么如何判断是升水还是贴水呢？

（1）若掉期率是按左小右大的顺序排列，则代表升水，即掉期率为正。从即期汇率中加上掉期率即为远期汇率。

（2）若掉期率是按左大右小的顺序排列，则代表贴水，即掉期率为负。从即期汇率中减去掉期率即为远期汇率。

【例2-12】

即期汇率： EUR/USD=1.2820/30

掉期率： Spot/3 Month 55/44

如果交易双方确定按55的价位成交，那么交易双方可以按欧元兑美元的市场汇率1.2820确定即期汇率水平，然后减去55点贴水：1.2820-0.0055=1.2765，从而确定远期汇率为1.2765。

于是，报价方在即期按1.2820买入美元卖出欧元，在远期按1.2765卖出美元买入欧元；询价方交易方向相反。

如果交易双方确定按44的价位成交，那么交易双方可以按欧元兑美元的市场汇率1.2820确定即期汇率水平，然后减去44点贴水：1.2820-0.0044=1.2776，从而确定远期汇率为1.2776。

于是，报价方在即期按1.2820卖出美元买入欧元，在远期按1.2776买入美元卖出欧元；询价方交易方向正好相反。

一般来说，双方确定的即期汇率水平对资金收付并没有太大影响，只要不偏离市场水平，交易双方都同意即可。如上例中，也可以将即期汇率水平确定为1.2830，则减去55点贴水后相应的远期汇率为1.2775，这在掉期交易中都是可以接受的。

2.3.3 掉期率的计算

掉期率的计算有两种不同的方式：一种是以利率差的观念为计算基础，另一种是以利率平价理论为计算基础。

1.以利率差的观念为计算基础

掉期率实际上是两种货币在某一特定期间内互相交换运用的成本。如果货币市场与外汇市场都是充分自由的流通市场，那么这两种货币交换使用的成本就是两种货币的利率差。

掉期率=即期汇率×（报价货币利率-基准货币利率）×天数÷360

根据这一公式计算出的掉期率如果是正数，就是升水；如果是负数，就是贴水。

2.以利率平价理论为计算基础

利率平价理论（Interest Rate Parity Theory）是指当两国之间的利率水平不同时，资金就会从利率低的市场流向利率高的市场以获取更高额的利息。然而，为了避免汇率变动可能造成的损失，资金所有者在即期市场买入高利率货币的同时，会卖出远期的高利率货币。如果这两种货币的市场是充分自由的市场，套利资金的流动会最终使两种货币即期汇率与远期汇率的价差等于两种货币的利率差，即不论投资于哪一种货币，其利得均相同。

远期汇率=即期汇率×［（1+报价货币利率×期间÷360）÷（1+基准货币利率×期间÷360）］

掉期率=远期汇率-即期汇率

【例2-13】

已知即期汇率USD/EUR=0.7788

两种货币利率（1月期储蓄存款）分别为

USD DEPO 1 Month 3.25/3.375% P.A.

EUR DEPO 1 Month 9.815/9.94% P.A.

请计算USD/EUR Spot/1 Month的掉期率。

B/S：0.7788×［（1+9.815%×31÷360）÷（1+3.375%×31÷360）］=0.7831

掉期率=0.7831-0.7788=0.0043（43 Point）

S/B：0.7788×［（1+9.94%×31÷360）÷（1+3.25%×31÷360）］=0.7833

掉期率=0.7833-0.7788=0.0045（45 Point）

3.不规则天数的掉期率

在国际外汇市场上的掉期率报价，通常是以规则天数计算的，即1周或1个月的整数倍。但有时客户会提出在某一具体日期进行交割，这样交易期限往往不是整周或整月份，而是一些不规则的天数。此时交易员需要根据市场上对规则期限的掉期率报价计算出不规则天数的汇率水平。一种常用的计算方法是平均天数法。

平均天数法的计算过程可以分为四个步骤：

（1）找出最接近不规则天数的前后两个规则天数的掉期率。

（2）计算出前后两个规则天数掉期率的差额和这两个交割日之间的天数，以掉期率差额除以天数，得到每一天的掉期率。

（3）计算出不规则天数交割日与前一个规则天数交割日之间的天数，以这一天数乘以所求得的每一天的掉期率，得到一个掉期率。

（4）将这一掉期率与前一个规则天数的掉期率相加，得到不规则天数的掉期率。

【例2-14】

一客户在5月18日欲承做即期至7月13日的掉期交易，即期（Spot）为5月20日，Spot/2 Month的掉期率为85点，2 Month的到期日为7月20日，5月20日至7月20日共61天，85÷61=1.3934，为平均每天的掉期率。5月20日至7月13日共54天，1.3934×54=75.2436，故不规则天数的掉期率为75.2436。

2.3.4 外汇掉期交易的操作

掉期交易是联系外汇市场交易和货币市场操作的桥梁。企业机构或银行从事掉期交易通常出于以下几种目的：①轧平货币的现金流量；②从事两种货币间的资金互换；③调整外汇交易的交割日；④进行盈利操作。

1.轧平货币的现金流量

银行的资金流量由于时间上的差异会出现流量不平衡的情况，即在不同时点上形成资金缺口。为了弥补资金缺口，银行会从事掉期交易。这不但可以平衡资金流量，而且不影响外汇头寸。

【例2-15】

某银行分别承做了四笔外汇交易：

（1）卖出即期美元300万

（2）买入3个月远期美元200万

（3）买入即期美元150万

（4）卖出3个月远期美元50万

银行外汇头寸在数量上已经轧平，但是资金流量在时间上存在明显缺口。为了规避资金缺口可能带来的利率风险，可以承做一笔即期对远期的掉期交易：买入即期美元150万，卖出3个月远期美元150万，从而平衡资金流量。

2.从事两种货币间的资金互换

银行在承做外汇交易时，各种货币间极易出现头寸长短不一的资金流量，可以利用掉期交易调整这一长短不均的现象，以规避利率波动的风险。

【例2-16】

假设：即期汇率　　　　　　EUR/USD=1.2835

　　　3个月远期汇率　　　　EUR/USD=1.2955

银行承做了两笔外汇交易：

（1）卖出3个月远期美元100万，买入相应欧元

（2）买入即期美元100万，卖出相应欧元

为了轧平两种货币的资金流量，银行可以承做一笔即期对远期的掉期交易：卖出即期美元100万，买入相应欧元，买入3个月远期美元100万，卖出相应欧元，从而调整两种货币的资金缺口。

3.调整外汇交易的交割日

银行在承做外汇交易时，时常有客户提出要求，把交割日提前或推迟，从而造成资金流量的不平衡。为应付这一情况，银行可以运用掉期交易对交割日进行调整，并重新确定汇率水平。

【例2-17】

一美国出口商在1月份预计4月1日将收到一笔欧元货款，并按3个月远期汇率水平EUR/USD=1.2880与银行做了一笔3个月远期外汇买卖，买入美元卖出欧元，起息日为4月1日。但后来出口商获知对方将推迟付款，在5月1日才能收到这笔货款，于是美国出口商向银行提出要求，将远期外汇买卖的起息日由4月1日推迟到5月1日。

为满足客户的要求，银行通过一笔1个月掉期交易，将4月1日的头寸转换到5月1日，掉期率为贴水15，银行将原来的汇率水平1.2880按掉期率调整为1.2865。

4.进行盈利操作

根据利率走势，交易员可以将掉期交易作为进行盈利操作的工具。

掉期率=即期汇率×利率差×（期间÷360）

其中，即期汇率对掉期率变动幅度的影响较小，影响掉期率的主要因素是两种货币间的利率差。当利差扩大时，掉期率上升；当利差缩小时，掉期率下跌。交易员可以根据对两种货币的利率走势和利差变化的预期，通过相应的掉期交易实现盈利。

【例2-18】

假设：GBP/USD 3个月掉期率 30/32

GBP/USD 6个月掉期率 59/61

交易员预期在未来3个月内英镑和美元之间的利差将会缩小，这意味着英镑兑美元的掉期率将下跌。掉期率为升水，表明英镑利率水平低于美元利率水平。两者利差缩小有三种可能情况：英镑利率上升，美元利率下跌；英镑和美元利率水平都上升，但英镑利率上升幅度大；英镑和美元利率水平都下跌，但美元下跌幅度大。

根据以上预期，交易员承做两笔掉期交易：

（1）按升水32点，即期卖出英镑买入美元，3个月远期买入英镑卖出美元

（2）按升水59点，即期买入英镑卖出美元，6个月远期卖出英镑买入美元

交易员从3个月和6个月的汇率差额中获得27点（59-32）盈利。

若如交易员预期，3个月之后英镑和美元之间的利差果然缩小，英镑兑美元的掉期率水平下跌，3个月掉期率水平变为18/20，此时原有的3个月远期头寸因时间的推移已成为即期头寸，原有的6个月远期头寸相应地成为3个月远期头寸。

交易员承做一笔3个月掉期，将原有的头寸轧平：按升水20点，即期卖出英镑买入美元，3个月远期买入英镑卖出美元。交易员从即期和3个月期的汇率差额中损失20点。通过前后两次操作，交易员实现7点（27-20）盈利。

2.3.5 外汇掉期交易程序

【例2-19】

交易过程	意义说明
A：EUR Swap USD 10 Mio AG EUR Spot/1 Month	A：询问关于欧元掉期交易的价格 1 000万美元兑欧元，即期对1个月远期的掉期报价
B：EUR Spot/1 Month 85/86	B：报出即期对1个月远期的双向掉期 85/86
A：85 Pls My USD To A NY	A：85成交 我的美元请汇入A银行纽约分行

My EUR To A Frankfurt	我的欧元请汇入A银行法兰克福分行
B：OK Done	B：同意
We Sell/Buy USD 10	我们卖出的同时买进1 000万美元兑欧元
Mio AG EUR May 20/ June 22	交割日为5月20日及6月22日
Rate at 1.2865	汇率为1.2865及1.2950
AG 1.2865	（1.2865+0.0085=1.2950）
USD To My B NY	买进的美元汇入B银行纽约分行
EUR To My B Frankfurt	欧元汇入B银行法兰克福分行
Tks For Deal，BI	谢谢惠顾，再见
A：OK，ALL Agreed	A：同意上述所说的
BI	再见

以上为银行间通过路透交易系统进行的外汇掉期交易的操作程序。掉期率85/86，前者85是买入价的掉期率，后者86为卖出价的掉期率。同时，掉期率也代表着掉期交易的方向。本例中，买入价的掉期率85表示报价行卖出近端交割的基础货币与买入远端交割的基础货币的汇率差价，即前手卖、后手买。1个月远期欧元的买入价在即期汇率的卖出价（1.2865）之上加85个点，交易方向为卖/买。

2.4 案例分析

【案例一】 进口付汇的远期外汇操作

某年10月中旬外汇市场行情为：即期汇率USD/JPY=82.40/50

3个月掉期率 17/15

一美国进口商从日本进口价值10亿日元的货物，在3个月后支付。为了避免日元对美元升值所带来的外汇风险，进口商可以利用远期外汇交易进行套期保值。此例中：

（1）若美国进口商不采取避免汇率变动风险的保值措施，现在支付10亿日元需要多少美元？

（2）设3个月后USD/JPY=81.00/10，则到第二年1月中旬时支付10亿日元需要多少美元？比现在支付日元预计多支出多少美元？

（3）美国进口商如何利用远期外汇市场进行套期保值？

分析：

（1）美国进口商有日元债务，如果不采取避免汇率变动风险的保值措施，现在支付10亿日元需要1/82.40×1 000 000 000=12 135 922.3（美元）。

(2) 现在不支付日元，延后3个月支付10亿日元需要1/81.00×1 000 000 000=12 345 679.0（美元），比现在支付预计多支出12 345 679.0−12 135 922.3=209 756.7（美元）。

(3) 利用远期外汇交易进行套期保值的具体操作是：

10月中旬美国进口商与日本出口商签订进货合同的同时，与银行签订买入10亿3个月远期日元的合同，3个月远期汇率水平为USD/JPY=82.23/35，这个合同保证美国进口商在3个月后只需支付1/82.23×1 000 000 000=12 161 011.8（美元）就可满足需要。

这实际上是将以美元计算的成本进行了“锁定”，比不进行套期保值节省12 345 679.0−12 161 011.8=184 667.2（美元）。

当然，如果3个月后日元汇率不仅没有上升反而下降了，则美国进口商不能享受日元汇率下降时只需支付较少美元的好处。

【案例二】 **出口收汇的远期外汇操作**

某年10月中旬外汇市场行情为：即期汇率GBP/USD=1.5970/80

2个月掉期率 125/122

一美国出口商签订向英国出口价值10万英镑的仪器的合同，预计2个月后才会收到英镑，到时需将英镑兑换成美元核算盈亏。若美国出口商预测2个月后英镑将贬值，即期汇率水平将变为GBP/USD=1.5800/10，不考虑交易费用。那么：

(1) 如果美国出口商现在不采取避免汇率变动风险的保值措施，则2个月后将收到的英镑折算为美元时相对10月中旬兑换美元将会损失多少？

(2) 美国出口商如何利用远期外汇市场进行套期保值？

分析：

(1) 现在美国出口商具有英镑债权，若不采取避免汇率变动风险的保值措施，则2个月后收到的英镑折算为美元时相对10月中旬兑换美元将损失（1.5970−1.5800）×100 000=1 700（美元）。

(2) 利用远期外汇市场避险的具体操作是：

10月中旬美国出口商与英国进口商签订供货合同的同时，与银行签订卖出10万2个月远期英镑的合同。2个月远期汇率水平为GBP/USD=1.5845/58。这个合同保证出口商在付给银行10万英镑后一定得到1.5845×100 000=158 450（美元）。

这实际上是将以美元计算的收益进行了“锁定”，比不进行套期保值多收入（1.5845−1.5800）×100 000=450（美元）。

当然，若2个月后英镑汇率不但没有下降反而上升了，则美国出口商不能享受英镑汇率上升时兑换更多美元的好处。

【案例三】　外币借款的远期外汇操作

已知外汇市场行情为：即期汇率　　EUR/USD=1.2800

6个月欧元贴水　　150

则6个月远期汇率　　EUR/USD=1.2650

一法国公司以1.50%的年利率借款1 000万美元，期限6个月。然后，该公司以1欧元=1.2800美元的即期汇率，将美元兑换成欧元，最初贷款额相当于10 000 000÷1.2800=7 812 500（欧元）。试分析该公司应如何利用远期外汇市场进行套期保值。

分析：

该公司有义务在6个月后偿还借款10 000 000×（1+1.50%×6÷12）=10 075 000（美元）。如果公司作为借款者未进行保值，那么偿还美元借款的欧元成本将随汇率波动。如果美元相对欧元贬值，则购买10 075 000美元以偿还借款的欧元成本将下降；如果美元升值，则欧元成本将上升。

该公司利用远期外汇市场进行套期保值：该公司以1欧元=1.2650美元的远期汇率购买6个月远期美元10 075 000，将欧元成本锁定为10 075 000÷1.2650=7 964 426.9（欧元）。通过套期保值，该公司避免了外汇风险。

在该例中，该公司进行套期保值后，到偿还借款时需支付7 964 426.9欧元，实际支付利息7 964 426.9−7 812 500=151 926.9（欧元），该笔借款的实际年利率为151 926.9÷7 812 500×360÷180×100%=3.89%。

【案例四】　即期对远期的掉期交易

已知外汇市场行情为：即期汇率　　GBP/USD=1.5970/80

2个月掉期率　　20/10

2个月远期汇率　　GBP/USD=1.5950/70

一家美国投资公司需要10万英镑现汇进行投资，预期2个月后收回投资。试分析该公司应如何运用掉期交易防范汇率风险。

分析：

该公司在买进10万即期英镑的同时，卖出一笔10万英镑的2个月期汇。买进10万即期英镑需付出159 800美元，而卖出10万英镑2个月期汇可收回159 500美元。

进行此笔掉期交易，交易者只需承担与交易金额相比极其有限的掉期率差额300美元（未考虑两种货币的利息因素），这样，以确定的较小代价保证投资不因汇率风险而遭受损失。

【案例五】 **远期对远期的掉期交易**

英国某银行在6个月后应对外支付500万美元，而在1年后将收到一笔500万美元的收入。

假设目前外汇市场行情为：

即期汇率	GBP/USD=1.5970/80
1个月的掉期率	20/10
2个月的掉期率	30/20
3个月的掉期率	40/30
6个月的掉期率	40/30
12个月的掉期率	30/20

可见，英镑兑美元是贴水，其原因在于英国的利率高于美国。但是，若预测英美两国的利率在6个月后将发生变化，届时英国的利率可能反过来低于美国，因此英镑兑美元升水。那么，如何通过掉期交易获利呢？

分析：

该银行可以做“6个月对12个月”的远期对远期掉期交易。

（1）按1英镑=1.5930美元的远期汇率水平购买6个月远期美元500万，需要3 138 732.0英镑。

（2）按1英镑=1.5960美元的远期汇率水平卖出12个月远期美元500万，可得到3 132 832.1英镑。

整个交易使该银行损失3 138 732.0−3 132 832.1=5 899.9（英镑）。

当6个月到期时，假定市场汇率果然因利率变化发生变动，此时外汇市场行情变为：

即期汇率	GBP/USD=1.5900/10
6个月掉期率	100/200

（3）按1英镑=1.5910美元的即期汇率将第一次交易时卖出的英镑在即期市场上买回，为此需要4 993 722.6美元。

（4）按1英镑=1.6000美元的远期汇率水平将买回的英镑按6个月远期售出，可得到5 012 531.4美元（注意，在第一次交易时曾买入一笔为期12个月的远期英镑，此时正好相抵）。

这样一买一卖获利5 012 531.4−4 993 722.6=18 808.8（美元），按当时的即期汇率折合为11 829.434英镑，如果除去第一次掉期交易时损失的5 899.9英镑，可以获利11 829.434−5 899.9=5 929.534（英镑）。

关键概念

即期外汇交易　远期外汇交易　掉期外汇交易　掉期率

复习思考

(1) 什么是即期外汇交易？即期外汇交易交割日期的确定惯例是怎样的？

(2) 什么是远期外汇交易？什么是择期交易？远期外汇交易有哪些作用？

(3) 什么是掉期外汇交易？掉期外汇交易有哪几种类型？从事掉期外汇交易的动机是什么？

(4) 如果以EUR为基准货币，请计算出各种货币兑EUR的交叉汇率的买入价和卖出价。

设USD/EUR：0.7820/30

①USD/JPY：82.70/80　　求：EUR/JPY

②AUD/USD：1.0310/20　　求：EUR/AUD

③GBP/USD：1.5910/20　　求：EUR/GBP

(5) 计算下列各货币的远期交叉汇率：

①即期汇率　　USD/EUR=0.7820/30

3个月掉期率　　176/178

即期汇率　　USD/JPY=82.70/80

3个月掉期率　　10/88

设EUR为基准货币，计算EUR/JPY3个月的双向汇率。

②即期汇率　　GBP/USD=1.5930/40

6个月掉期率　　8/15

即期汇率　　AUD/USD=1.0370/80

6个月掉期率　　157/154

设GBP为基准货币，计算GBP/AUD6个月的双向汇率。

③即期汇率　　USD/JPY=82.50/60

3个月掉期率　　10/88

即期汇率　　USD/GBP=0.6260/70

3个月掉期率　　161/158

设GBP为基准货币，计算GBP/JPY3个月的双向汇率。

(6) 某年10月中旬外汇市场行情为：即期汇率　　GBP/USD=1.5900

3个月远期贴水　　16

美国出口商签订了一份向英国出口62 500英镑仪器的协议，预计3个月后才收到英镑，到时需将英镑兑换成美元核算盈亏。假若美国出口商预测3个月后GBP/USD即期汇率将贬值到GBP/USD=1.5800。不考虑买卖价差等交易费用，那么：

①若美国出口商现在就可收到62 500英镑，可获得多少美元？

②若美国出口商现在收不到英镑，也不采取避免汇率变动风险的保值措施，而是延后3个月才收到62 500英镑，预计到时这些英镑可兑换多少美元？

③美国出口商3个月后将收到的英镑折算为美元，相对于10月中旬兑换将会损失多少美元？（暂不考虑两种货币的利率因素）

④若美国出口商现在采取保值措施，如何利用远期外汇市场进行操作？

（7）某年10月中旬外汇市场行情为：

即期汇率	USD/JPY=82.40/50
3个月的远期汇率	USD/JPY=81.45/70

美国进口商签订了一份从日本进口价值1 000万日元仪器的协议，3个月后支付日元。假如美国进口商预测3个月后USD/JPY即期汇率水平将贬值到USD/JPY=81.00/10，那么：

①若美国进口商现在就支付1 000万日元，需要多少美元？

②若美国进口商现在不支付日元，也不采取避免汇率变动风险的保值措施，而是延后3个月用美元购买1 000万日元用于支付，届时需要多少美元？

③美国进口商延后3个月支付所需美元比现在支付所需美元预计多支出多少美元？（暂不考虑两种货币的利率因素）

④若美国进口商现在采取保值措施，如何利用远期外汇市场进行操作？

（8）某年10月末外汇市场行情为：

即期汇率	USD/EUR=0.7808/17	GBP/USD=1.5973/82
1个月掉期率	1/0	59/28
3个月掉期率	13/12	19/13
6个月掉期率	43/33	53/38

①根据GBP/USD汇率报价，若客户做卖即期/买3个月远期美元的掉期交易，对客户最有利的即期、远期成交价分别为多少？

②根据USD/EUR汇率报价，若客户做买1个月远期/卖3个月远期美元的掉期交易，对客户最有利的两个不同期限的远期成交价分别为多少？

第3章 套汇、套利与外汇调整交易

◇学习目标

- 熟练掌握套汇和套利交易的概念、分类和计算规则
- 了解外汇头寸调整交易的概念
- 掌握银行外汇敞口头寸的组成和管理办法
- 掌握外汇敞口头寸的调整方式

外汇交易一般是通过外汇市场，以外汇银行为中心在各有关市场参与者之间进行的外汇买卖活动。国际经济交往产生了货币的兑换需求，形成了不同类型的外汇交易。至今，外汇交易已经历了两个发展阶段：第一阶段为传统的外汇交易，以即期外汇交易和远期外汇交易为主；第二阶段为创新的外汇交易，是在传统外汇交易的基础上于20世纪70年代中期以后发展起来的，主要有外汇期货、外汇期权和货币互换交易等。目前，传统的外汇交易与创新的外汇交易并行不悖，同时在市场上进行。本章着重介绍传统外汇交易中的套汇与套利交易。

3.1 套汇与套利交易

3.1.1 套汇交易

套汇（Arbitrage），是指套汇者利用两个或两个以上外汇市场上某些货币的汇率差异进行外汇买卖，从中套取差价利润的行为。套汇交易是外汇投机的方式之一。

在不同的外汇市场上，因外汇供求或其他关系的变动，会使同一种货币的汇率在信息交流不够充分的情况下出现短暂的差异。套汇者就利用这个短暂的汇率差异，在汇率较低的市场上买进一种货币，然后在汇率较高的市场上卖出该种货币，从中获取差价利润，套汇就由此产生了。

这种套汇交易的结果，会造成汇率低的货币供小于求，促使原本较贱的货币汇率上涨；而汇率高的货币供大于求，促使原本较贵的货币汇率下跌，从而使不同外汇市场上的汇率差异很快趋于消失。在西方国家，大型商业银行是最大的套汇投机者，它们在海外广设分支机构和代理行，消息灵通、资金雄厚、套汇便捷。20世纪80年代以来，美日等金融大国利用汇率、利率的变动，运用套汇手段攫取了惊人的利润。

一般来说，要进行套汇必须具备以下三个条件：①存在不同外汇市场上的汇率差异；②套汇者必须拥有一定数量的资金，且在主要外汇市场拥有分支机构或代理行；③套汇者必须拥有一定的技术和经验，能够判断各外汇市场上的汇率变动及其趋势，并根据预测采取行动。

套汇一般可分为时间套汇和地点套汇两种。时间套汇（Time Arbitrage）是套汇者利用不同交割期限所形成的汇率差异，在买入或卖出即期外汇的同时，卖出或买入远期外汇；或者在买入或卖出远期外汇的同时，卖出或买入期限不同的远期外汇，借此获取时间收益，以获得利润的套汇方式。它常被作为防范汇率风险的保值手段。可见，时间套汇实质上与掉期交易相似，不同的只是时间套汇侧重于交易的动机，而掉期交易侧重于交易的方法。地点套汇（Space Arbitrage）是套汇者利用不同外汇市场之间的汇率差异，同时在不同的地点进行外汇买卖，以赚取汇率差价的一种套汇方式。地点套汇又分为直接套汇和间接套汇两种，本章将着重论述地点套汇。

1.直接套汇

直接套汇（Direct Arbitrage）亦称两角套汇（Two Point Arbitrage），是指利用两个不同地点的外汇市场上某些货币之间的汇率差异，在两个市场上同时买卖同一货币，即将资金由一个市场调往另一个市场，从中谋利的行为。其交易准则是：在汇率较低的市场买进，同时在汇率较高的市场卖出，亦称“贱买贵卖”。例如，在伦敦外汇市场上，汇率为GBP1=USD1.5845/55，在纽约外汇市场上，GBP1=USD1.5920/30。显然，英镑在伦敦外汇市场上的价格比在纽约外汇市场上的价格低，根据贱买贵卖的原则，套汇者在伦敦外汇市场上按GBP1=USD1.5855的汇率，用158.55万美元买进100万英镑，同时在纽约外汇市场上以GBP1=USD1.5920的汇率卖出100万英镑，收入159.20万美元。这样，套汇者通过上述两笔外汇买卖，可以获得0.65万美元（159.20-158.55）的收益。

由于从事直接套汇的交易商有不同的目的，因而直接套汇又可以分为积极型和非积极型两种。积极型直接套汇属于一种完全以赚取汇率差价为目的的套汇活动。比如，2017年2月20日，伦敦与纽约两个外汇市场上的汇率分别为：伦敦外汇市场美元卖出汇率GBP1=USD1.2409（USD1=GBP0.8059）；纽约外汇市场英镑卖出汇率GBP1=USD1.2459。显然，两个外汇市场上的英镑卖出汇率相差0.005美元，在扣除必需的套汇成本支出后如余额为正值，则有利润可赚。于是某外汇银行在伦敦外汇市场上按美元卖出价以英镑买入美元，并随即将其电汇到纽约，在纽约外汇市场上按英镑卖出价买入英镑外汇，结果每英镑交易可赚取毛利0.005美元。在该笔交易中，无须任何资本投入，买卖同时进行，买入、卖出都在同一天结算。

与积极型套汇相对的是非积极型套汇，它是指因自身资金国际转移的需要或以此为主要目的而利用两地不平衡的市场汇率，客观上套汇获利，在一定程度上降低汇兑成本。例如，某银行因业务需要，需向伦敦电汇100 000英镑，当日伦敦外汇市场上美元电汇买入汇率为GBP1=USD1.59，纽约外汇市场上美元电汇买入汇率为GBP1=USD1.57，该银行可在如下两种方式中做出选择：一是在伦敦当地买入以伦敦为付款地的100 000英镑；二是电告在伦敦的分支机构或代理机构出售以纽约为付款地的美元并在伦敦买进100 000英镑。两种方式都可以达到在国际市场上转移资金的目的。但它们各自的资金汇兑成本不同。以顺汇方式对伦敦电汇，需卖出159 000美元，买进100 000英镑；以逆汇方式对纽约电汇，需卖出157 000美元，买入100 000英镑。比较结果是后一种汇兑方式资金成本较低。

但是，套汇能否进行，还要考虑套汇成本，包括电传、佣金等套汇费用。如果套汇成本太高或接近套汇利润，则收利微小或无利可图，也就没有必要进行套汇交易。另外，通过这种套汇交易获利的机会也不会长期存在，因为套汇活动会使伦敦外汇市场对英镑的需求增加，从而推动英镑汇率上涨，两地汇率的差异缩小直至均衡，套汇就不再有利。

2.间接套汇

间接套汇（Indirect Arbitrage），又叫三角套汇（Three Point Arbitrage）或多角套汇（Multiple Point Arbitrage），是利用三个或三个以上不同地点的外汇市场中三种或多种不同货币之间汇率的差异，赚取外汇差价的一种套汇交易。由于外汇市场行情瞬息万变，情况复杂，套汇困难，因此多角套汇一般是在三地或者三地以上进行的。三角套汇的准则是：判断三角（点）汇率是否有差异，如有差异，存在套汇的机会；如没有差异，不存在套汇的机会。判断三角套汇是否存在差异的方法是：先将三地的汇率换算成同一标价法下的汇率，然后将三个汇率连乘起来，若乘积等于1，不存在汇率差异；若乘积不等于1，则存在汇率差异，这时可以进行套汇交易。

例如，在香港、伦敦和法兰克福等外汇市场上存在着各自的汇率，香港：GBP1=HKD12.5，伦敦：GBP1=EUR1.25，法兰克福：HKD1=EUR0.1。把这三个汇率换算成同一标价法下的汇率，香港：HKD1=GBP0.08，伦敦：GBP1=EUR1.25，法兰克福：EUR1=HKD10。根据三角套汇的原则，由于GBP0.08×EUR1.25×HKD10=1，三地汇率不存在差异，故不存在套汇的机会。

假定，伦敦外汇市场上英镑汇率升至GBP1=EUR1.5，则GBP0.08×EUR1.5×HKD10=1.2＞1，说明三地汇率存在差异，可进行套汇交易。其步骤如下：

第一步，在香港外汇市场上，用1元港币买进0.08英镑

第二步，在伦敦外汇市场上，用0.08英镑买进0.12欧元（GBP0.08×EUR1.5）

第三步，在法兰克福市场上，用0.12欧元买进1.2元港币（EUR0.12×HKD10）

通过这一套汇过程，最终1港元换取了1.2港元，净利润为0.2港元，利润率为20%。套汇的结果是：香港外汇市场上的英镑汇率上涨，港币汇率下跌；伦敦外汇市场上的欧元汇率上涨，英镑汇率下跌；法兰克福外汇市场上的港元汇率上升，欧

元汇率下跌。最终，三个市场上的汇率重新趋于一致，套汇即自动终止。

又假定，伦敦外汇市场上英镑汇率不是上升而是下跌，为GBP1=EUR1，则GBP0.08×EUR1×HKD10=0.8<1，这时套汇即用港元买欧元，同时用欧元买英镑，再用英镑买港元。具体套汇步骤如下：

第一步，在法兰克福市场上，用1元港币买进0.1欧元

第二步，在伦敦外汇市场上，用0.1欧元买进0.1英镑（EUR0.1×GBP1）

第三步，在香港外汇市场上，用0.1英镑买进1.25港元（GBP0.1/HKD0.08）

由此可见，1港元最终可换取1.25港元，净利润为0.25港元，利润率为25%。

这里需注意的是：①在现实套汇交易中，汇率均表现为买入汇率和卖出汇率，不像上例那样均假设为中间汇率，因此套汇者在实际交易中将会损失一定的汇率差。②在当今世界，由于现代通信设备的迅速发展与完善，各大外汇市场上的交易已由国际卫星通信网络紧密地联系起来，加之电脑在外汇交易中的广泛使用，外汇市场与外汇交易已日趋全球化、同步化。因此，对套汇来说，其赖以存在的基础——汇率差异在迅速减少，套汇的机会也因此大大减少，取而代之的是诸如期权交易、现汇套汇交易等创新的业务形式。

套汇交易是伴随着固定汇率制的破产、浮动汇率制的出现而产生的。套汇交易存在的条件之一就是各个外汇市场间存在汇率不平衡的现象。在固定汇率制下，由于制度规定的作用，要求汇率在很小的范围内波动，波动范围一旦超过限制就会受到有关当局的干预，因而不存在套汇投机的条件。但在浮动汇率制下，各个外汇市场因各自的资金供求条件不同，就有可能出现同一货币在不同市场上的多种汇价，或几种货币之间存在交叉汇率差异。这就在客观上为套汇交易提供了市场条件，加之现代通信业的发展，各跨国银行在海外增设分支机构等因素更加便利了套汇交易，因此套汇交易是在现有国际金融制度下必然出现的一种经济现象。

3.1.2 套利交易

套利交易亦称利息套利，是套利者利用不同国家或地区短期利率的差异，将资金从利率较低的国家或地区转移至利率较高的国家或地区，从中获取利息差额收益的一种外汇交易。例如，美国金融市场上的短期利率为年利率12%，而英国为10%，于是可以在英国以10%的年利率借入英镑资金，兑成美元现汇，汇往美国。如不考虑手续费等因素，资金转移可获得的利润率为2%，即为英、美两国短期利率的差额。如果这时由英国调往美国的是自有资金，则可比在英国使用时多赚取年利率2%的利润。但无论是借入还是自有，由英镑兑换成美元汇往美国都要承担美元汇率波动的风险。因此，在英国购进美元现汇进行套利时，一般还需要做一笔远期外汇买卖，即同时在英国售出与这笔英镑等值的美元期汇，以避免美元汇率波动带来的损失。

套利与套汇一样，是外汇市场上重要的交易活动。由于目前各国外汇市场的联

系十分密切，一有套利机会，大银行或大公司便会迅速投入大量资金，最终促使各国货币利差与货币远期贴水率趋于一致，使套利无利可图。套利活动使各国货币利率和汇率形成了一种有机的联系，两者互相影响、互相制约，推动国际金融市场的一体化。

套利交易按套利者在套利时是否做反方向交易轧平头寸，可分为抛补套利和非抛补套利两种形式。

1.抛补套利

抛补套利是套利者把资金从低利率国家或地区调往高利率国家或地区的同时，在外汇市场上卖出高利率货币的远期，以避免汇率风险的外汇交易。这实际上是将远期和套利交易结合起来。从外汇买卖的形式看，抛补套利交易是一种掉期交易。例如，纽约金融市场上利率为年利率11%，伦敦金融市场上利率为年利率13%，两地利差为2%。单纯从利息收入上考虑，如果将美元换成英镑存入伦敦银行，就可赚取2%的净利息收入。但实际上，在将美元换成英镑做短期投放生息期间，英镑汇率很有可能下跌，当投资到期后把资金调回美国时，将英镑兑换成美元的数额就会减少，套利者会遭受损失。所以，套利者在将美元兑换成英镑的同时，会再卖出远期英镑，以确保安全。套利者买进即期英镑，卖出远期英镑，会促使即期英镑汇率上涨，远期英镑贴水，如果远期英镑贴水接近两地之间2%的利差，则套利者将无利可图。因此，套利的先决条件是两地利差大于年贴水率或小于年升水率。例如，纽约外汇市场英镑兑美元即期汇率为GBP1=USD1.5900/20，1年远期英镑贴水为20/10。现在，一套利者持有200万美元欲套利。应首先计算年贴（升）水率或掉期率，以便与两地利差进行比较，依公式

年贴（升）水率=贴（升）水/即期汇率×12/月数×100%

=0.0020÷1.5920×12÷12×100%

=0.126%

年贴水率为0.126%，小于2%的两地利差，套利可以进行。具体步骤是：在纽约外汇市场按GBP1=USD1.5920的汇率以200万美元买入125.63万英镑现汇，存入伦敦的银行，1年后可获本息141.96万英镑，即125.63万×（1+13%）；同时卖出1年期英镑（本息）141.96万，1年后到期可获225.43万美元，即141.96万×（1.5900−0.0020）。如果将200万美元存入纽约的银行可得本息222万美元，即200万×（1+11%）。故从套利所得225.43万美元中减去套利成本222万美元，可获净利润3.43万美元。

由于存在两地利差，套利者总是要买进即期高利率货币，卖出即期低利率货币，同时为了避免汇率变动的风险必须做掉期交易，卖出远期高利率货币，买进远期低利率货币。这样必然导致高利率货币远期贴水，低利率货币远期升水，并且升（贴）水不断增大，当升（贴）水率或掉期率提高到等于两地利差时，套利即自行

停止。因此，最终远期外汇的升（贴）水率等于两地利差，这就是利率平价理论的具体运用。

抛补套利有时可以不必使用投资者的自有资金。例如，设欧洲英镑6个月期利率为10%，欧洲美元6个月期利率为8%，英镑与美元的即期汇率为GBP1=USD1.60，6个月期远期汇率为GBP1=USD1.59，则某交易员（投资者）从欧洲货币市场借入100万美元，用所借美元即期买进62.5万英镑，同时卖出6个月期英镑远期，并将所买进的英镑投资欧洲英镑存款，交易到期时结果为

借入美元本利=1 000 000×（1+8%×6÷12）=1 040 000（美元）

英镑存款本利=625 000×（1+10%×6÷12）=656 250（英镑）

英镑存款的本利转换成美元=1.59×656 250=1 043 437.5（美元）

投资者利润=1 043 437.5−1 040 000=3 437.5（美元）

关于套利交易，还需说明几点：①套利活动需以有关国家对货币的兑换和资金的转移不加任何限制为前提。②所谓两国货币市场上利率的差异，是就同一性质或同一种类金融工具的名义利率而言的，否则不具有可比性。③套利活动涉及的投资是短期性质的，期限一般都不超过1年。④抛补套利是市场不均衡的产物，然而随着抛补套利活动的不断进行，货币市场与外汇市场之间的均衡关系又会重新得到恢复。⑤抛补套利也涉及一些交易成本，如佣金、手续费、管理费、杂费等。因此，现实中不必等到利差与远期升（贴）水率完全一致，抛补套利就会停止。⑥由于去国外投资会冒巨大的“政治风险”或“国家风险”，投资者对抛补套利一般都持谨慎态度，特别是在最佳资产组合已经形成的情况下，除非抛补套利有足够大的收益来补偿资产组合重新调整所带来的损失，否则投资者一般是不轻易进行抛补套利的。

实际上，利率平价理论并不能完全解释远期汇率对即期汇率的升（贴）水率。主要原因是利率平价理论既忽略了投机者对市场的影响力，也排除了政府对外汇市场的干预行为。现代远期汇率理论正力图弥补这两个缺陷。

2.非抛补套利

非抛补套利（Uncovered Interest Arbitrage）是单纯把资金从利率低的国家或地区转向利率高的国家或地区，从中谋取利率差额收入的外汇交易。这种交易不同时进行反方向买卖，要承担高利率货币贬值的风险。例如，设美国的短期利率为9%，英国的为7%，若英国某一套利者将100万英镑存入伦敦银行，6个月可获本利103.5万英镑，如果在汇率为GBP1=USD1.59的情况下，他把英镑换成美元投资于美国货币市场，则6个月后，本利共计166.16万美元（159+159×9%×6÷12），合104.5万英镑（166.16÷1.59）；如果6个月后英镑对美元汇率没有变动，则套利者比在伦敦多赚1万英镑（104.5−103.5），即多赚了2%的利率收益。但若6个月后英镑升值2.5%，即GBP1=USD1.6298，则存于美国的美元仅能换回101.95万英镑

（166.16÷1.6298），比在英国存款还亏损1.55万英镑（103.5−101.95）。可见，高利率货币的贬值对非抛补套利影响极大。因此，非抛补套利的结果是不确定的，用公式表示为

$$I(1+i) > I\left(\frac{1}{S_t}\right)(1+i^*)S_{t+1}$$

式中：I——用本国货币表示的投资额；

　　i——本国的利率；

　　i^*——外国的利率；

　　S_t——投资时的即期汇率（用直接标价法表示）；

　　S_{t+1}——投资结束时的即期汇率。

式中其他各因素都是事先已确知的，但S_{t+1}在投资时并不知道，正是S_{t+1}的事先未知给非抛补套利带来了汇率风险。

3.2 套汇与套利交易举例

3.2.1 套汇交易举例

在前一节中，我们所采用的套汇汇率均为中间汇率，而非在实际交易时使用的汇率，即标明买入（卖出）价的汇率。在双向报价的情况下，套汇的计算会复杂一点，现给出套汇汇率的计算规则：

如果两个即期汇率都以同种货币作为单位货币，那么套汇汇率为交叉相除。

如果两个即期汇率都以同种货币作为计价货币，那么套汇汇率为交叉相除。

如果一个即期汇率以一种货币作为单位货币，另一个即期汇率以这种货币作为计价货币，那么套汇汇率为同边相乘。

这里，需要注意的是“单位货币”与“计价货币”的区分，如1美元=81.10日元，则美元为单位货币，日元为计价货币。

【例3−1】

已知：USD/EUR=0.7828/38

　　　USD/HKD=7.7518/28

求：EUR/HKD

解：因为两个即期汇率都以美元作为单位货币，所以应该是交叉相除。则

欧元买入价=7.7518÷0.7838=9.890（相当于客户先用港币买美元，再用美元买欧元）

欧元卖出价=7.7528÷0.7828=9.904

EUR/HKD=9.890/904

【例3−2】

已知：GBP/USD=1.5925/35

　　　AUD/USD=1.0420/30

求：GBP/AUD

解：因为两个即期汇率都以美元作为计价货币，所以应该是交叉相除。则

英镑买入价=1.5925÷1.0430=1.5268

英镑卖出价=1.5935÷1.0420=1.5293

GBP/AUD=1.5268/93

【例3-3】

已知：GBP/USD=1.5925/35

USD/JPY=81.10/20

求：GBP/JPY

解：因为两个即期汇率一个以美元作为计价货币，一个以美元作为单位货币，所以应该是同边相乘。则

英镑买入价=1.5925×81.10=129.15

英镑卖出价=1.5935×81.20=129.39

GBP/JPY=129.15/39

3.2.2 套利交易举例

1.套利可行性分析

假设美国货币市场上3个月美元定期存款年利率为8%，英国货币市场上3个月英镑定期存款年利率为12%。如果外汇行市为即期汇率GBP1=USD1.5828，3个月掉期率为贴水GBP1=USD0.0100。将英镑对美元的贴水率换算成年利率，与利率差（4%）进行比较：（0.01÷1.5828）×（12÷3）=2.53%<4%，说明市场失衡，套利可能性存在。由于英镑的贴水率小于正利差，所以可以通过套利获益。

2.套利步骤

（1）按8%的利率借入美元。

（2）用美元买入英镑现汇，并做掉期交易，卖出3个月远期英镑。

（3）到期抛补后获得收益。

3.套利收益的计算

为了方便计算，以1美元为初始投入资金。套利交易的结果是获得0.0034美元的收益。本例中，如果美元存款利率为10%，其他条件不变，那么，英镑的年贴水率2.53%大于正利差2%，套利可行性仍然存在；但要反向套取美元的升水率，即借入英镑，然后买入美元现汇，卖出美元3个月期汇，对美元进行掉期，3个月后抛补收益。其过程见表3-1。

由表3-1可以看出，通过借款从事抛补套利的步骤为：先借入低利率货币；将低利率货币在即期外汇市场上换成高利率货币，在高利率货币市场投资，同时在远期外汇市场卖出低利率货币；投资到期收回高利率货币投资本息和，交割远期外汇合约，换回低利率货币；最后偿还低利率货币借款本息，计算套利收益。

表3-1　　　　现金流量表（英镑）

日 期	交易内容		货 币
第1天	按8%借入美元3个月		美元+1.00
	买入英镑现汇（按GBP1=USD1.5828）	1÷1.5828=0.6318	美元-1.00
	按12%的年利率存入英镑3个月		
	卖出英镑3个月期汇	无现金流	无现金流
	现金差额	0	0
第90天	英镑存款到期本利和	0.6318（1+12%×3÷12）=0.6507	
	英镑期汇到期交割（按GBP1=USD1.5728）	0.6507×1.5728=1.0234	
	美元还本付息		-（1+8%×3÷12）=-1.02
	现金流差额	0	0.0034
	兑换头寸	0	0.0034

3.3 外汇调整交易

所谓外汇调整交易，是指外汇银行与客户交易后，其外汇头寸失去平衡，即有超买或超卖的头寸，将会因遭受汇率变动的风险而产生损失，或者因外汇资金与本国货币过多或不足而影响外汇业务的发展。为避免这两个问题，外汇银行必须对外汇交易进行调整。为规避汇率变动风险所进行的调整交易称为外汇头寸调整交易；为避免资金不足或过多所进行的调整交易称为资金调整交易。

3.3.1 外汇头寸调整交易

外汇头寸是指一外汇银行在一定时间持有的外汇金额情况。这种情况经常因外汇交易的超买或超卖而发生变动。外汇头寸产生的主要原因如下：①外汇银行应客户的要求进行外汇买卖，外汇头寸必然有或多或少的超买或超卖出现。原则上来讲，在代客户买卖外汇业务的过程中，银行只充当中介人，即时平盘，赚取一定的手续费，并无外汇风险。但由于买卖的时间差或者银行交易员加减一定点数的汇差而做盘，使银行持有一定时间的外汇头寸。这相当于客户把外汇风险转嫁给了银行。②外汇银行自营外汇买卖业务。此时，外汇银行的外汇交易是根据它对汇价的走势预测，进行低价买进高价卖出的操作，并在汇价有利于自己的时候进行平仓，以期获利的投机行为。在这种情况下，由于买卖之间的时间差异，外汇银行会出现持有外汇头寸的情况。③外汇银行的外汇信贷业务及代理进出口商的外汇贷款收付业务。银行在从事这类业务时，因外汇信贷资金的借出和收回及外汇贷款收付时间的不一致，使银行持有一定时间的外汇头寸。

银行持有外汇头寸的数量与时间会在汇率走势不利于银行时与银行所承担的外汇风险成正比，为了避免外汇风险，银行必须使自己持有外汇头寸的时间尽可能短，头寸的数量尽可能小，以最大限度地降低外汇风险。如出现超买，应做抛售交易；反之，如出现超卖，应做补进的交易。这就是外汇头寸的调整交易。外汇头寸计算的对象，以完成交易的外汇为限。完成交易的外汇可以分为两类：第一类为已经按一定汇率完成交易的外汇；第二类为约定于将来一定时间按一定汇率交易的外汇。因此，外汇头寸额度的计算对象包括：外汇存款账户余额、即期外汇买卖余额和远期外汇买卖余额。此三项外汇的加减综合余额称为综合头寸（Overall/Open Position），综合头寸减去远期外汇头寸（Contract Position）后的余额称为实际头寸（Actual Position），实际头寸减去即期外汇头寸后的余额称为现金外汇头寸（Cash Position）。三种头寸的关系可以用图3-1来表示。

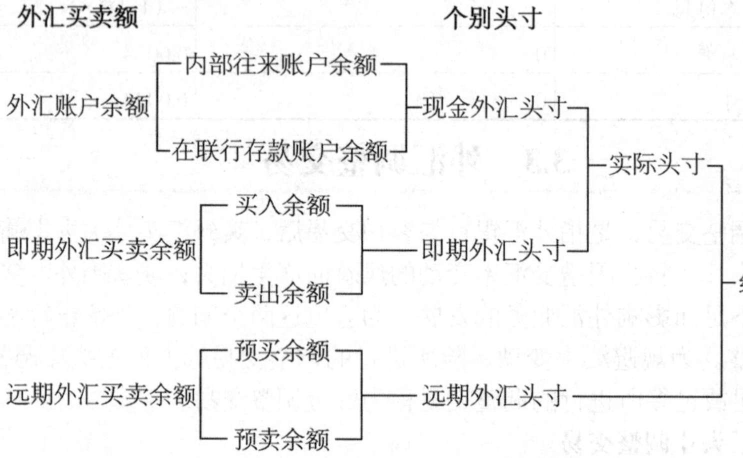

图3-1　银行三种外汇头寸的关系

汇率风险是外汇交易中最普遍的风险，银行所处的外汇市场上的汇率每时每刻都在变化，如果银行想用现在的汇价结束头寸，可能会出现亏损。银行头寸调整主要是为了避免因汇率变动而给银行带来的损失。需要注意的是，银行对头寸的调整只能有效规避名义汇率风险，即根据市场上实际存在的汇率而计算出的损益情况，而实际汇率风险，即根据利率平价理论计算出的汇率估算出的风险，银行是无法直接控制的，因此各主要商业银行均只针对名义汇率风险进行管理。在银行进行的外汇买卖中，无论是自营的还是代客买卖的，都会既有即期交易也有远期交易，如果银行在某种货币的买进和卖出的金额上不匹配，就是银行持有多头或空头头寸，这种敞口头寸就是受险部分，要受到汇率波动的影响。

例如，某银行买进1 000 000美元，卖出81 000 000日元，当时美元的即期汇率是USD/JPY=81.00，这样，银行在美元上是多头，在日元上是空头。这种多头和空头就是银行的受险部分，当汇率变化为USD/JPY=75.00时，银行按市价平仓将遭受损失，即银行将1 000 000美元卖出，只能得到75 000 000日元，损失6 000 000日元。具体参见表3–2和表3–3。

表3–2 **银行美元头寸** 单位：美元

期限	买进（+）	卖出（–）	合计	累计
即期	1 000 000		+1 000 000	+1 000 000
即期		1 000 000	–1 000 000	0

表3–3 **银行日元头寸** 单位：日元

期限	买进（+）	卖出（–）	合计	累计
即期		81 000 000	–81 000 000	–81 000 000
即期	75 000 000		75 000 000	–6 000 000

此外，如果银行在某种货币的买进和卖出的期限上不匹配，即使交易金额相同，也仍然存在汇率风险，这是因为外汇市场上的远期汇价因利率变化而不断变化。例如，某银行买进远期1个月100万美元，卖出8 100万日元（远期汇率为USD/JPY=81.00），同时卖出远期3个月100万美元，买入7 800万日元（远期汇率USD/JPY=78.00），这样，银行买进和卖出的美元金额是相等的，但由于买进和卖出的时间不匹配，仍然存在汇率风险。假设当1个月远期交割时，汇率变为USD/JPY=75.00，银行卖出100万美元，只获得7 500万日元，亏损600万日元。当3个月远期交割时，市场汇率为USD/JPY=74.00，银行买入100万美元，卖出7 400万日元，盈利400万日元，这样，银行合计亏损200万日元。具体参见表3–4和表3–5。

表3–4 **银行美元头寸** 单位：万美元

期限	买进（+）	卖出（–）	合计	累计
1个月	100		+100	+100
1个月		100	–100	0
3个月	100		+100	+100
3个月		100	–100	0

表3–5 **银行日元头寸** 单位：万日元

期限	买进（+）	卖出（–）	合计	累计
1个月		8 100	–8 100	–8 100
1个月	7 500		7 500	–600
3个月	7 800		7 800	7 200
3个月		7 400	–7 400	–200

综上所述，银行在自营外汇买卖时，只要金额或时间不匹配，存在敞口头寸，就必然存在汇率风险。对于这种风险，可以用外汇交易记录表的方法进行分析。

外汇交易记录表按货币划分，以到期日为顺序，记录每一次买入和卖出的数额。通过这个记录表，可以清楚地分析银行外汇头寸的汇率风险。如果在每一个到期日，所有货币的外汇交易记录表上，买进金额都正好等于卖出金额，那么，银行就没有汇率风险；如果在某些货币的外汇交易记录表上，存在着金额或者期限不匹配的情况，那么，银行就存在汇率风险。

表格中的净值和累计值记录了每类到期日（从即期、1个月、2个月、3个月到1年或2年等）未交割合约的交易额，一种货币列一个一览表（见表3-6）。该表是分析银行头寸风险的有力工具，但它所提供的信息未必是完全的，有时银行要将该表进一步细分为外币存款到期日不对称一览表（见表3-7）和外币利率不对称一览表（见表3-8）。外币存款到期日不对称一览表记录了每种外币各个期间交易的资产和负债（到期日按时间间隔划分，表示直至期满日留下的时间，而不是交易原定时间或下一个展期日时间）。编制外币利率不对称一览表是要知道利息收入和开支账是否盈利，有多大账面余额容易受到利率变动的影响。

表3-6 **外汇交易一览表**

到期日	买进（+）	卖出（-）	净值	累计
某年8月10日	100 000	-200 000	-100 000	5 000 000

表3-7 **某种外币存款到期日不对称一览表**

时间	负债	资产	本期不对称金额	累计不对称金额
直至到期日的各时间间隔	500 000	900 000	400 000	4 000 000

表3-8 **外币利率不对称一览表**

利率期	外币筹款	外币放款	净值累计	不对称金额
利率间隔期	800 000	500 000	300 000	14 000 000

例如，某外汇银行买入即期欧元100万，出售1个月远期欧元100万，后来又买入6个月远期欧元100万，再买入2个月远期欧元200万，出售3个月远期欧元200万，购买1年远期欧元50万，出售2年远期欧元50万。以上交易可见表3-9。

从表3-9中可以看出，银行在欧元头寸上存在着金额不匹配和期限不匹配的汇率风险。但外汇交易记录表中只能反映外币交易的实际记录，而每笔交易的损益状况并未说明，因此银行要计算每笔交易的外币对本币（或主要储备货币）的等值变化，列入银行的损益（利润）表中。把前面所列的欧元交易统一用美元核算，列表3-10。

表3-9　**银行欧元外汇交易记录表**　单位：万欧元

	买进（+）	卖出（-）	合计	累计
即期	100		+100	+100
1个月		100	-100	0
2个月	200		+200	+200
3个月		200	-200	0
6个月	100		+100	+100
12个月	50		+50	+150
24个月		50	-50	+100
合计	450	350	+100	+100

表3-10　**欧元与美元外汇买卖的重新估价**

时期	欧元金额（欧元）	原来汇价	原来相当于美元	现在汇价	现在相当于美元	利润/亏损（美元）
即期	1 000 000	1.59	628 930.82	1.58	632 911.39	3 980.57
1个月	-1 000 000	1.62	-617 283.95	1.60	-625 000.00	-7 716.05
2个月	2 000 000	1.57	1 273 885.35	1.58	1 265 822.79	-8 062.57
3个月	-2 000 000	1.57	-1 273 885.35	1.56	-1 282 051.28	-8 165.93
6个月	1 000 000	1.55	645 161.29	1.56	641 025.64	-4 135.65
12个月	500 000	1.54	324 675.32	1.57	318 471.34	-6 203.98
24个月	-500 000	1.56	-320 512.82	1.57	-318 471.34	2 041.48
合计	1 000 000		660 970.66		632 708.54	-28 262.12

由表3-10可见，银行一共做了7笔即期和远期外汇买卖，而最后亏损了28 262.12美元。由此可见，通过外汇交易损益记录表可以清楚地观察到外汇流量情况，从而更容易对外汇的头寸进行管理。

3.3.2　外汇头寸的管理办法

外汇买卖风险的大小与外汇头寸规模成正比，外汇头寸越大，外汇银行面临的外汇买卖风险越大；外汇头寸越小，外汇买卖风险越小。在决定采用何种办法对外汇头寸进行管理之前，需要了解外汇头寸、汇率走势和损益之间的关系。如果预测外币呈贬值趋势，相当于本币升值，应尽量减少该币种的多头头寸额度，保持或者适当增加该币种的空头头寸额度；如果预测外币走势为升值，则应进行相反操作。但是，对以信用而不是以投机为主要目的的银行来说，应将持有额度调整为零或尽量小，以避免外汇风险。因此，将外汇头寸风险降至最小，是外汇银行头寸管理的最终目标。外汇头寸的管理方法主要有以下几种：

第一，设立合理的外币交易额度。第一个交易限额是总的外汇账面价值限额，目的是防止过分的交易活动，将总的风险限制在合理的范围内。正常情况下，总计的账面价值应确定为对银行、公司和其他顾客全部未偿的外币合同总金额。第二个交易限额包括银行全部未抛补的未结清外汇头寸，是全部到期日未抛补头寸的总和，包括全部未被不同货币抵销的外币超买加上超卖的头寸。第三个交易限额是不对称头寸的界限。时间长的不对称头寸遇到的汇率和利率的变化会大于时间短的。因而，时间短的不对称头寸限额一般大一些。在这三个交易限额下，根据对汇率变动走势的分析和预测，结合本行的优势币种进行交易币种分配，分配原则是：①优势币种的交易额大于一般币种的交易额，非优势币种的交易额保持最小或不交易；②交易总额度按业务情况分为即期交易额度（开盘总额度、隔夜总额度）、远期交易额度、掉期交易额度和交易员个人交易总额度。此外，还可以根据某种货币的软硬程度，设定该币种的头寸额度。例如，对于贬值走势的币种，超买额度应当小于超卖额度；对于升值走势的币种，超卖额度应当小于超买额度。

第二，随时抛出或补进敞口头寸，以规避远期汇率变化带来的风险。例如，香港某外汇银行出现超卖现象，表现为美元期汇头寸“缺”10万美元，为此银行就要设法补进。假定即期汇率为USD1=HKD7.70，3个月远期汇率为USD1=HKD7.88，即美元3个月即期汇率升水港币0.18元。3个月后，该外汇银行要付给客户10万美元，收入港币78.8万港元。该银行为了平衡这笔超卖的美元期汇，必须到外汇市场上或由同业银行补进同期限（3个月）相等金额的美元期汇。如果该外汇银行没有马上补进，而是延至当日收盘时才成交，就有可能因汇率已发生变化而造成损失。例如，当日收市时即期汇率已涨至USD1=HKD7.90，3个月期汇（即美元3个月期汇）仍为升水港币0.18元，这样，该外汇银行补进的美元期汇就按USD1=HKD8.08（7.90+0.18）的汇率成交。10万美元合80.8万港元，结果银行因补进不及时而多损失2万港元（80.8–78.8）。

所以，银行在发生超卖情况时，应立即买入等额的某种即期外汇。如本例中，即期汇率USD1=HKD7.70，10万美元合77万港币。若这一天收盘时外汇银行就已补进了3个月期的美元外汇，这样，即期港元已为多余，因此，又可把这笔即期港元按USD1=HKD7.90卖出，可收入79万港元。该外汇银行可获利2万港元（79–77）。但是在外汇市场上通过外汇买卖来进行头寸管理是一项需要高技巧的工作，对于敞口头寸，有时不需要完全补进头寸而只需部分补进，使综合头寸为零，然后进行掉期交易。另外，一家银行往往有多种外币头寸，对非美元的外币头寸应首先通过与美元的交易来转换，同时通过美元与本币的交易，采取最终补进的办法。

第三，合理安排远期到期日，采取最有利的形式调换远期头寸。例如，某银行买进3个月远期10万美元，卖出6个月远期10万美元，此时银行的头寸为0，但到期日不同，会使银行的盈利或亏损有很大差别。如果3个月远期美元到期，银行从客户手中买进远期10万美元，根据1美元兑81日元的汇率，银行必须付出810万日元。为了筹集这笔资金，银行要在市场上卖出10万美元，由此留下了10万美元的空头。为此，银行应相应买进远期10万美元，并且买进的远期10万美元要与卖出的10万美元在到期日上一致，也就是将从客户手中买进的3个月期限的美元延长3个月。该银行为什么要进行这样的掉期交易呢？在3个月或6个月的期限当中，美国和日本两地的利率会随时根据资金的供求关系发生变化，从而导致两地的利差扩大或缩小，而根据利率平价学说，利差决定两种货币之间汇率的相对水平，因此利差的变化将直接影响银行的亏损或收益。现举例如下：

（1）假定两地利差在3个月的期限中不变，为4%。

在3月31日，银行买进即期10万美元，汇率为1美元=82.0日元，需付出820万日元。 ①

银行做掉期交易，卖出10万即期美元，汇率为1美元=82.0日元，收进820万日元。 ②

买进3个月10万美元远期，由于两地利差不变，3个月远期汇率为1美元=80.05日元，这样，付出800.5万日元。 ③

6月30日时，进行远期交割，卖出即期美元10万，汇率为1美元=80.0日元，收进日元800万。 ④

从上面的交易可以看出，银行最后的汇兑损益为5 000日元（①-②=0，④-③=-5 000）（亏损）。

（2）然而，两地利差在3个月当中不变的可能性很小，现假定两地利差扩大到5%（美元利率上升），让我们看一下银行的损益情况。

在3月31日，银行买进即期10万美元，汇率为1美元=82.0日元，需付出820万日元。 ①

银行做掉期交易，卖出10万即期美元，汇率为1美元=82.0日元，收进820万日元。 ②

买进3个月10万美元远期，汇率由于两地利差的扩大，美元在远期贴水，为1美元=75.54日元，付出755.4万日元。 ③

6月30日时，进行远期交割，卖出即期美元10万，汇率为1美元=80.0日元，收进日元800万。 ④

汇兑损益为④-③=44.6（万日元）（收益）。

可见，当两地的利差扩大时，该银行会产生收益44.6万日元；反之，当两地的利差缩小时，该银行就会有损失。从上面的例子可以看出银行合理安排到期日的重要性，而这一切取决于对利差的正确估计，所以有时候汇率风险实际上是利率风险的反映。

第四，预测汇率变动趋势，积极制造预防性头寸。从原则上讲，银行的头寸管理会使受险部分减少，但实际上市场的形势瞬息万变，有时会使敞口头寸无法平仓，因此银行有必要对汇率作一个基本的预测，如银行预计美元会出现供不应求的状况，它可以预先在市场上买进大量美元，积极地制造头寸，这种头寸称为预防性头寸。

3.3.3 外汇资金的调整交易

外汇资金的调整更注重从总量上对不同外汇币种进行结构上的调整。

外汇银行的资金可以分为本国货币资金和外汇资金两种。所谓资金调整交易，是外汇银行应客户要求进行被动性的外汇交易后引起资金比例失调而主动予以调整的业务方式。其调整可以分为外汇买卖方式的调整和一般金融作业方式的调整两种，以前者为主。一般情况下，银行对外汇头寸的平衡很少能与资金调整同时完成，两者之间往往存在时间差。在此时间跨度内，不同货币之间会出现比例失调，银行为了满足汇兑业务中各种货币资金量的需求，保证其本身营运资金的经济效益，就必须通过即期和远期外汇买卖或其他金融交易方式对不同货币资金的余缺进行调整和平衡。

例如，某外汇银行卖出即期外汇10万美元，同时买入远期外汇10万美元，外汇头寸平衡，无须进行头寸调整。但在远期交割日之前，如某种货币相应增加，致使美元资金减少了5万，这时如需使用美元资金5万，虽可以从外汇市场买入即期美元，但美元头寸又失去了平衡，故需要进行资金调整。为了保持头寸和资金比例的平衡，需采用以下外汇掉期方法：

- 即期外汇电汇买入5万美元（现汇资金流入）
- 远期外汇电汇卖出5万美元（期汇资金流出）

在外汇市场实务中，银行进行调整交易大多在同业银行之间以电汇方式进行。银行间的外汇买卖数额通常都有一定的期限和标准，含有大宗批发的性质。但银行对客户的外汇交易多数是被动的，且交易数量不一，很多带有零数。由于交易频繁和抛补的成本，银行很难做到每月头寸完全轧平，更不可能对每笔零星交易随时给予抛补平衡，因此，银行会根据业务需要按不同币种规定外汇头寸控制线。例如，在银行营业时间外规定隔夜头寸限制，以防国外政治、经济事件或其他不测引起汇率突然涨跌；在营业时间内规定白日头寸限制，以便交易员可以对汇率变动随即做出反应，因而头寸限度比隔夜头寸限度宽松得多。在规定的银行头寸限额内，银行自行承担汇率涨落的风险。为了尽量避免汇率变化带来的损失，银行买卖外汇时需密切关注交易数额的大小、货币类别和头寸的堆积，随时把握最新行市和有关信息，调整买卖汇率，改变经营策略。例如，在汇率趋涨时，银行可预先向同业买进相当数额的外汇，以做零星卖出外汇的抛补；在汇率趋跌时，银行对零星交易可持续卖出，等积聚到相当数额时，再向同业补进，以求头寸平衡。当通过外汇市场对外汇头寸进行调整达不到目的或采取这种方式显然不利时，可采用一般金融交易进行调整。例如，某外汇银行与客户交易后外汇资金增加，本国货币减少，此时如该银行认为外汇资金有保留的必要而不愿意抛出，或抛售时其条件不利，但另一方面又迫切需要本国货币资金，即可采用一般金融方式，向国内金融市场或中央银行融资。

为了更合理地运用外币资金，银行对拥有的外币资金会按业务量大小进行比例分配。一般来说，除有联行的之外，银行与国外其他银行往来大多需有资金存放国外，才能办理委托代理业务。外汇资金不足就不能经营各种汇款和进出口押汇融资业务。这时银行如果卖出某种外汇，即使汇率趋涨，也要及时补进，或设法向银行同业调用头寸；反之，外币资金存放过多，而利率相对偏低，银行就会在利息上吃亏。在这种情况下，银行应对买入的外汇及时进行调整，以充实其他货币的资金。事实上，外汇银行不需要也不可能把外汇资金按所有可能涉及汇兑业务的币种比例分别存放于各国银行，但也不能集中于一种货币。在浮动汇率制条件下，应采用“多元”币种而又相对集中的资金保存方式。“多元”是为了业务需要，更重要的是分散汇率风险；“集中”是为了结算和调度的便利。通常是将少数几种兑换程度高、流动性强的常用国际货币存放于主要国际金融中心（如美元结算的中心纽约外汇市场、瑞士法郎交易的中心苏黎世外汇市场），当然还需考虑利率因素。由于国际结算中仅美元交易就占了3/4的比例，再加上欧元、瑞士法郎、英镑、日元，比例达到了95%以上，因而币种相对集中，随时可在外汇市场上通过外汇交易调整资金，而不会影响银行业务的进行。银行在考虑不同货币利息收益的差别时，要做好汇率变化趋势的预测，在必要时可通过货币的买卖调整比例。外汇银行虽然是营利性的金融机构，但其首要的经营原则是资金的安全性、流动性和保值性。

3.4 案例分析

一外汇银行应客户的要求共做了5笔金额和起息日各不相同的美元对欧元交易：

（1）买入3个月远期美元500万，卖出相应欧元

（2）即期卖出美元300万，买入相应欧元

（3）卖出3个月远期美元700万，买入相应欧元

（4）买入6个月远期美元200万，卖出相应欧元

（5）即期买入美元300万，卖出相应欧元

在这5笔交易中，银行的美元头寸是平衡的，但由于起息日不同，银行仍然存

在汇率风险，因为它在3个月远期要支付200万美元，收入相应欧元；在6个月远期要收入200万美元，支出相应欧元。在两个起息日之间存在200万美元的相应欧元的资金缺口，如果此时美元和欧元之间的利率发生变化，将给银行带来风险。为规避3个月和6个月之间资金缺口的利率风险，银行需要做一笔远期对远期的掉期外汇买卖，以轧平不同起息日的资金流量。具体操作如下：

买入3个月远期美元200万，卖出欧元；卖出6个月远期美元200万，买入相应欧元，从而化解敞口头寸风险。其操作如表3-11所示。

表3-11 外汇银行所做的远期对远期的掉期外汇买卖 单位：万元

	即期头寸	3个月远期头寸	6个月远期头寸
3个月远期外汇买卖		+USD500	
即期外汇买卖	-USD300		
3个月远期外汇买卖		-USD700	
6个月远期外汇买卖			+USD200
即期外汇买卖	+USD300		
资金缺口		-USD200	+USD200
3个月对6个月掉期		+USD200	-USD200

关键概念

套汇交易　套利交易　抛补套利　非抛补套利　外汇调整交易

复习思考

（1）简述套汇交易的过程及对汇率的影响。

（2）试述利率平价理论在套利交易中的具体运用。

（3）利用间接套汇原理计算下题：

某日，纽约外汇市场USD1=EUR0.7800/80，法兰克福外汇市场GBP1=EUR1.2490/00，伦敦外汇市场GBP1=USD1.5840/50。现将10万美元投入外汇市场，套汇结果如何？

（4）假设美国货币市场的年利率为12%，英国货币市场的年利率为8%，英镑对美元的即期汇率为GBP1=USD1.5840，一投资者用8万英镑进行套利交易，计算美元贴水20点与升水20点时该投资者的损益情况。

（5）请解释银行头寸的组成部分。

（6）外汇银行对敞口头寸进行调整时主要采取哪两种方式？请详细说明。

第4章　互换交易

◇学习目标

- 掌握利率互换的原理和报价方式
- 熟练掌握利率互换的现金流和操作
- 掌握货币互换的原理和风险
- 熟练掌握货币互换的现金流和操作
- 了解互换交易的发展与创新

互换交易（Swap Transaction）指的是交易双方（有时是两个以上的交易者参加同一笔互换交易）按市场行情预约在一定时期内互相交换货币或利率的金融交易。互换市场是一个飞速发展的市场，它的产生源于利率、汇率波动的风险和金融市场的不完善。本章首先介绍利率互换、货币互换的基本原理，然后再对两种互换的应用进行举例，最后还将就互换市场的新发展作简要介绍。

4.1　利率互换的基本原理

4.1.1　利率互换概述

利率互换（Interest Rate Swap），又称利率掉期，是交易双方在相同期限内交换币种一致、名义本金相同，但付息方式不同的一系列现金流的金融交易。它可以是固定利率对浮动利率的互换，也可以是一种计息方式的浮动利率对另一种计息方式浮动利率的互换，但计息的名义本金的币种必须是一致的。因此，利率互换不涉及本金的互换而只是利息的交换。

资本市场上首次也是最著名的利率互换发生在1982年8月。当时德意志银行发行了3亿美元的7年期固定利率欧洲债券，并安排与其他3家银行进行互换，换成以伦敦银行同业拆放利率（LIBOR）[①]为基准的浮动利率。在该项互换中，德意志银行实际上按低于LIBOR的利率支付了浮动利率，得到了优惠。而其他3家银行则通过德意志银行所拥有的较高资信级别换到了优惠的固定利率美元债券。通过利率

① LIBOR（London Inter-Bank Offered Rate）即伦敦银行同业拆放利率，是欧洲货币市场上银行同业之间的短期资金借贷利率。1个月期LIBOR是提供1个月期资金的利率，3个月期LIBOR是提供3个月期资金的利率，依此类推。LIBOR由银行业的交易决定并随经济状况的变化而变化，它经常作为国际金融市场的参考利率。为了理解它是如何使用的，考虑这样一项贷款：利率被定为6个月期LIBOR+0.5%，则贷款被分为6个月的期限，每一期的利率被定为开始时的6个月期LIBOR+0.5%，在每个期间结束时支付利息。类似的参考利率还有基准利率和某些短期商业票据利率。由于LIBOR只有20家统计样本，容易受到操控，英国央行决定2021年年底LIBOR将停止更新。

互换，双方能够互相利用各自在金融市场上的有利条件获得利益。这次利率互换交易的成功，推动了利率互换市场的发展。

4.1.2 利率互换的比较收益原理

利率互换可以使双方都获得利益的原理是由于比较收益的存在。为了说明这一点，我们举例如下：

【例4-1】

A、B两家公司都想借入1 000万美元，期限都是5年。其中，B想借固定利率的，而A想借浮动利率的。由于A、B的信用等级不同，在固定、浮动利率市场上面临的风险溢价也不同。假设它们面临的借款利率如表4-1所示。

表4-1 两家公司面临的利率

	固定利率	浮动利率
A	10%	6个月LIBOR+0.3%
B	11.2%	6个月LIBOR+1%

从表4-1中可以看出：B的信用等级低于A，因为无论是在固定利率市场还是在浮动利率市场，B支付的利率都高于A。但这里的关键是，两个固定利率的差值大于两个浮动利率的差值。B公司在固定利率市场上比A公司多付1.2%，但在浮动利率市场上只比A公司多付0.7%。这样，A公司在固定利率市场上有比较优势，而B公司在浮动利率市场上有比较优势①，这种比较优势的存在导致了互换。A公司将以10%借入固定利率资金，B公司将以LIBOR+1%借入浮动利率资金。然后它们签订一份协议，以保证最后A公司得到浮动利率资金，而B公司得到固定利率资金。

作为简单的模型，我们先假设没有中介机构，而由A和B直接进行互换。图4-1提供了一种可能的结果。

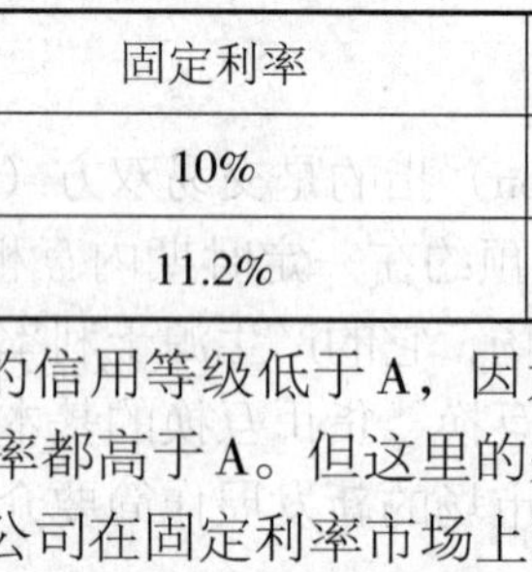

图4-1 直接互换

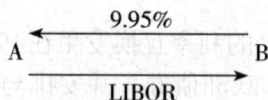

假设B公司同意向A公司支付本金为1 000万美元、以9.95%的固定利率计算的利息；A公司同意向B公司支付本金为1 000万美元、以LIBOR计算的浮动利率利息。

互换后，A公司的现金流如下：

（1）支付给外部贷款人年利率为10%的利息。

（2）从B公司得到9.95%的利息。

① 也可以这样理解：在相对于A“不利”的两种利率报价中，B会选择“不利”程度低的；而A在相对于B“有利”的两种报价中，会选择“有利”程度高的。如果它们实际的需要不是这种选择，就会导致互换。

（3）向B公司支付LIBOR利息。

这三种现金流的净效果是A公司支付了LIBOR+0.05%的利息，这比它直接在浮动利率市场上借款的利率LIBOR+0.3%降低了0.25%。

互换后，B公司也有三种现金流：

（1）支付给外部贷款人年利率为LIBOR+1%的利息。

（2）从A公司得到LIBOR的利息。

（3）向A公司支付年利率为9.95%的利息。

这三种现金流的净效果是B公司支付了年利率为10.95%的利息，这比它直接在固定利率市场上借款的利率11.2%降低了0.25%。

考虑到外部借款后的利息支付情况如图4-2所示。

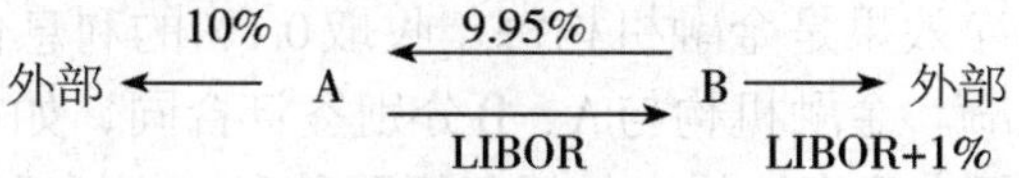

图4-2　外部借款的利息支付

互换的结果是：A和B都节省了0.25%的成本，总的成本节省是0.5%，这可以用公式计算：

$R=|\Delta_1-\Delta_2|$

式中：R——互换的潜在总收益；

Δ_1——两公司在固定利率市场上的利差；

Δ_2——两公司在浮动利率市场上的利差。

本例中，Δ_1=1.2%，Δ_2=0.7%，R=0.5%。可以看出，本例中的互换收益是在A、B之间平均分配的，而实际中并不总是如此。

通常，两家公司在安排互换时并不直接接触，而是分别同诸如银行这样的金融中介联系，如果金融机构作为交易方而不是经纪人参与进来，就意味着总收益在A、B和金融机构三方之间分配。图4-3提供了一种可能的结果。

图4-3　金融机构介入后的三方分配

在新的情况下，A公司仍然有三种现金流：

（1）支付给外部贷款人年利率为10%的利息。

（2）从金融机构得到年利率为9.9%的利息。

（3）向金融机构支付LIBOR的利息。

这三种现金流的净效果为A公司支付LIBOR+0.1%的利息，比直接借入浮动利率资金节省了0.2%。

在新的情况下，B公司也有三种现金流：

（1）支付给外部贷款人年利率为LIBOR+1%的利息。

（2）从金融机构得到LIBOR的利息。

（3）向金融机构支付年利率为10%的利息。

这三种现金流的净效果为B公司支付年利率11%的利息，比直接在固定利率市场借款节省了0.2%的成本。

金融机构有四种现金流：

（1）从A公司收取LIBOR的利息。

（2）向A公司支付年利率9.9%的利息。

（3）从B公司收取年利率10%的利息。

（4）向B公司支付LIBOR的利息。

这四种现金流的净效果是金融机构每年收取0.1%的利息作为收益，作为它参加交易承担风险的报酬。金融机构与A、B分别签订合同，如果一方违约，金融机构仍需履行合同。实际中现金流的支付只包括两种利息相抵后的净额。本例中，当LIBOR低于9.9%时，B成为净支付方；当LIBOR介于9.9%和10%之间时，A、B同时支付给金融机构利息；当LIBOR高于10%时，A成为唯一的净支付方。

比较收益理论的可靠性在于，A、B两公司在不同市场上的不同利差是由它们在不同市场上的融资性质决定的。A和B在固定利率市场上能得到的10%和11.2%的利率很有可能是这些公司发行5年期固定利率债券的利率。A和B在浮动利率市场上能够得到的LIBOR+0.3%和LIBOR+1.0%的利率为6个月调整一次的利率。这样，如果A和B信用等级下降，浮动利率贷款人可选择在LIBOR上提高加息率，固定利率贷款人却无权用这种方法改变贷款条件。而违约可能性与贷款期限成正比，在第一个6个月期，A和B违约的可能性较小。当我们考虑更长的时间时，B违约的可能性比A违约的可能性更大。这就是5年期的利差比6个月期利差大的原因。

4.1.3 实际操作中的问题

在搞清了利率互换的基本原理之后，我们来看一些实际操作中的问题。从现有的互换交易量来看，几乎所有的交易都符合国际互换交易与衍生品协会（International Swaps and Derivatives Association，ISDA）所提出的标准协议。尽管互换协议是标准化的，但仍然有一些重要的内容需要在利率互换开始时就加以协商确定。其中，最重要的是确定名义本金和支付的固定利率，另外还要确定固定利息和浮动利息支付的次数及计息天数的计算惯例。

1.确定日、生效日、支付日和到期日

（1）确定日，即利息确定日，交易双方在每一个确定日确定下一期的浮动利率水平。通常，交易日就是第一个确定日。在浮动利率支付期内，许多互换交易均以伦敦银行同业拆放利率为市场利率，而且与欧洲货币存款和远期利率协议的习惯做法一样，通常在计息期开始前两个营业日确定浮动利率。第二个确定日在第二期互换开始之前，一般也是在互换开始的前两个营业日。接下去的确定日依此类推，直至最后一期互换前的最后一个确定日。

（2）生效日，即互换双方开始计息的日子，一般比交易日晚两个营业日。这段时滞的产生是为了与欧洲货币市场上交易日和起息日之间的类似时滞保持一致。由于每一期的浮动利率总是提前确定的，所以双方都知道各自计息的利率及到期支付或收取的净额。

（3）支付日，是每一期互换的最后一天。此时，互换一方为净债权方，另一方为净债务方，互换双方不需要实际支付按利率计算出来的全部利息数额，而只需由净债务方向净债权方结清按名义本金和事先确定的利率计算的利差。在大部分互换交易里，交易双方经常轮流扮演着债权人和债务人的角色。

（4）到期日，各期互换过程重复进行，直至最后一笔利息支付完成为止的日期。

2. 计息天数的确定

互换中报价利率通常都是年利率，而实际的互换期并不正好是一年，因此会涉及计算天数比例的问题。计算天数比例是互换期天数除以一年的天数。计算天数比例的计算方法一般有以下几种：

（1）实际天数/365：这种方法是将某一互换期的实际天数除以365天，即使闰年也照此计算。这是英镑利率互换的习惯做法。

（2）实际天数/360：这种惯例同样使用实际天数，但每年按360天计。在以美元标价的互换交易中通常如此计算。

（3）30/360：这种惯例规定每月为30天，然后将互换期内的名义天数除以360天。例如，互换期为7月15日至10月15日，那么分子就是90天，虽然这一时期实际天数有92天。

（4）实际天数/实际天数：分子是计算期的实际天数，若每年付息一次，则分子分母相同；若半年付息一次，则分母是分子的2倍。于是计息天数比例根据付息天数分别为1、0.5、0.25…

【例4–2】

有这样一笔交易：

名义本金	USD10 000 000
固定利率	2.04%
浮动利率	LIBOR
为期5年，每年交换一次利息	
第一次确定的浮动利率	1.57%
计息天数比例确定方式（固定利率）	实际天数/360

计息天数比例确定方式（浮动利率）　　实际天数/360
交易日　　2015年10月3日
生效日　　2015年10月5日
到期日　　2020年10月5日
支付次数（固定利率）　　每年一次（每年10月5日）
支付次数（浮动利率）　　每年一次（每年10月5日）

假定在其余四个确定日LIBOR分别为1.80%、2.96%、1.87%、0.35 %。

表4-2列示了固定利率支付方在每个支付日所面临的现金流量。

表4-2　**固定利率支付方的现金流量**

日期	实际天数	浮动利率	浮动利息收入额	固定利息支付额	收支净额
2015年10月5日					
2016年10月5日	365	1.57%	159 180.56	206 833.33	−47 652.77
2017年10月5日	366	1.80%	183 000.00	207 400.00	−24 400.00
2018年10月5日	365	2.96%	300 111.11	206 833.33	93 277.78
2019年10月5日	367	1.87%	190 636.11	207 966.67	−17 330.56
2020年10月5日	364	0.35%	35 388 .89	206 266.67	−170 877.78

注：2019年10月5日和10月6日是周末，非营业日，故而顺延。另外，2016年、2020年均为闰年。

从表4-2中所列数字看，除2016、2018两年外，按同样的固定利率计算的固定利息支付额各不相同。这是因为该笔互换采用的计息天数比例按"实际天数/360"的方式确定。而5个互换期中有4个互换期的实际天数各不相同。

4.1.4　互换交易报价表

互换交易方的报价通常以报价表的形式给出。表4-3显示了银行对最普通的利率互换——6个月期LIBOR对固定利率互换的报价。固定利率通常用国库券收益率以上多少基本点（1个基本点为0.01%）来表示。这样报价的好处在于不会因为国库券收益率的经常波动而频繁更改，具有稳定性。

表4-3　**普通利率互换报价表**

到期期限（年）	银行支付固定利率	银行收取固定利率	当前国库券收益率（%）
2	2-yr.TN+25bps	2-yr.TN+33bps	1.50
3	3-yr.TN+25bps	3-yr.TN+33bps	1.50
4	4-yr.TN+25bps	4-yr.TN+33bps	1.50
5	5-yr.TN+25bps	5-yr.TN+33bps	1.50
6	6-yr.TN+25bps	6-yr.TN+33bps	1.50
7	7-yr.TN+25bps	7-yr.TN+33bps	1.50
10	10-yr.TN+25bps	10-yr.TN+33bps	1.50

4.2 利率互换举例

应用利率互换的目的主要有以下几点：①利用比较优势降低融资成本；②锁定资金成本以规避风险；③锁定资产收益以规避风险；④利用对利率走向的预测进行投机。前一节的【例4–1】就是利用比较优势降低融资成本的例子。下面我们再就第②③④点各举一例。

【例4–3】

假定某类从事储蓄和贷款业务的金融机构有从事利率互换交易的需求，这类机构一般会先吸纳存款，再将资金用于长期抵押贷款。由于存款具有短期内可支取的性质，所以存款利率必须随着市场利率的变动而进行调整。此外，它的贷款中相当一部分是住房抵押贷款等长期固定利率的贷款。这样，这类金融机构的债务是浮动利率的，而资产是固定利率的。这就意味着在市场利率上升时，这类金融机构面临着风险，而通过利率互换可以消除利率风险，锁定资金成本。

一储蓄机构A刚好贷出一笔100万美元的贷款，为期5年，利率为年利率9%，而它的储蓄存款利率综合起来，可认为是近似1年期的LIBOR+1%。如果1年期LIBOR超过8%，该储蓄机构就会出现损失。通过市场报价表，A储蓄机构与B金融中介达成这样一项互换协议：B向A支付年息LIBOR的浮动利率，A向B支付每年6.3%的固定利率，名义本金为100万美元。这样，互换后A面临的利息收付可用图4–4表示。

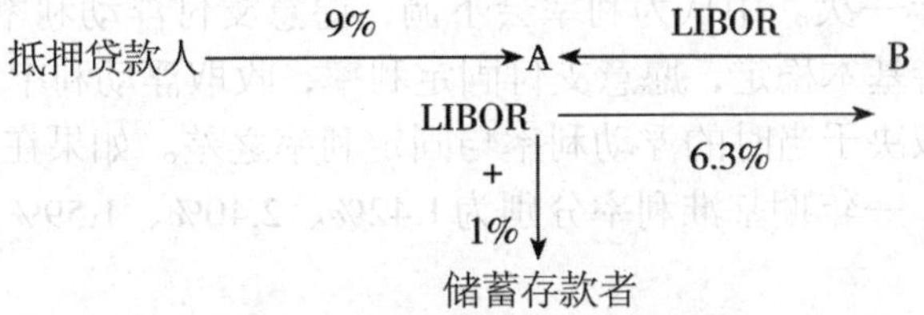

图4–4 互换后的利息支付

于是，A的净现金流为：9%+LIBOR–（LIBOR+1%+6.3%）=1.7%，这就是互换后A每年获得的稳定收益，通过对负债进行互换，A成功地锁定了成本，从而也锁定了收益。

【例4–4】

美国某投资基金和投资组合总有一部分是浮息债券，以“基准利率+5%”计息。该投资基金密切注视着投资形势的变化以调整投资组合。在20世纪90年代初期，市场上出现了一系列经济情况，种种迹象表明，美国经济已经开始衰退。专家分析，美国经济出现进一步衰退只是时间问题。从第二次世界大战后美国7次经济衰退的情况来看，大多数的经济衰退导致的利率下降幅度大体相同，联邦基准利率下降40%~60%，政府利率每月下降约20%，如果2008年下半年美国经济进入衰退期，市场利率必定下降约两个百分点。2008年4月，该投资基金根据自己的预测，对其拥有的5 000万美元的以“3个月基准利率+0.5%”计息的浮动利率债券进行互换。具体地，它与一家银行达成一项互换协议，该投资基金支付银行3个月期基准利率，银行支付该投资基金年利率8.75%。此笔互换交易如图4–5所示。

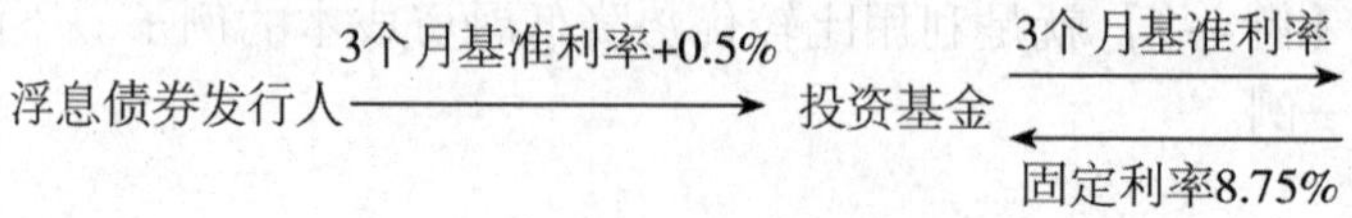

图4–5 互换交易

这样，该投资基金就把这笔5 000万美元的收益固定在了“基准利率+0.5%+8.75%–基准利率=9.25%”的水平上。2008年10月，市场利率如事先预测果然下降了，基准利率大约下降了2%，这样，该投资基金做出的这笔互换交易便起到了未雨绸缪的作用，使基金的资产保持了比较好的状态。

【例4–5】

甲、乙两家公司对当前的市场走势有着不同的看法，甲认为目前经济处于多年增长的后期，其势成强弩之末，衰退不可避免，利率将会下调。而乙认为目前的增长是合理的，增长空间仍然存在，利率不会下调。因此，基于这种不同的理解，在各自的资产、负债结构基本对应的情况下，甲、乙达成了一项协议，其主要条件如下：合同金额8亿美元，成交日期2017年2月1日，到期日2020年2月1日，固定利率1.9%，浮动利率为基准利率+0.5%，固定利率支付次数是每年一次，浮动利率支付次数也是每年一次。甲认为利率会下调，愿意支付浮动利率，收取固定利率。乙认为利率会保持基本稳定，愿意支付固定利率，收取浮动利率。合同执行各期的利息收支净额将取决于当时的浮动利率与固定利率之差。如果在2018年、2019年、2020年的定息日，一年期基准利率分别为1.42%、2.40%、1.59%，甲的现金流量可用表4–4表示。

表4–4 **甲的现金流量（名义本金8亿美元）**

年份	固定利率	浮动利率	利差	净流量（万美元）
2018	1.90%	1.42%	0.48%	384
2019	1.90%	2.40%	–0.50%	–400
2020	1.90%	1.59%	0.31%	248

4.3 货币互换的一般原理

4.3.1 货币互换概述

货币互换（Currency Swap）是互换双方交换币种不同、计息方式相同或不同的一系列现金流的金融交易。货币互换包括期内的一系列利息交换和期末的本金交换，可以包括也可以不包括期初的本金交换。而大多数情况下，双方交换的不同币种的名义本金按即期汇率折算应当是相等或大体持平的。

货币互换最早起源于20世纪70年代开始流行的平行贷款（Parallel Loan）和背对背贷款（Back-to-Back Loan）。平行贷款出现的目的在于逃避外汇管制。当时许多国家实行的外汇管制限制了本国厂商的境外融资。假定英国的母公司A在美国有子公司a，而美国B公司在英国设有b子公司。如果两家子公司都需要以东道国货币融资，最直接的方式是由每个母公司对其海外子公司提供贷款（如图4-6所示），而外汇管制使这种方式受到了限制，因此，20世纪70年代兴起了一种替代性的融资方式——平行贷款（如图4-7所示），即由两个不同国家的母公司分别向对方在本国设立的子公司提供等价的本币贷款。

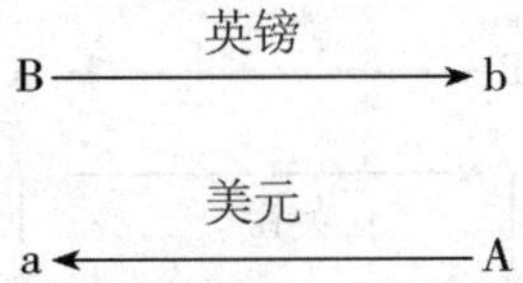

图4-6 母公司对子公司贷款

图4-7 平行贷款

这样，通过每家母公司各自向对方在本国的子公司提供贷款的方式，两家子公司都得到了东道国货币的贷款。本质上，平行贷款是两笔独立的贷款合约，分别具有法律效力。由此，针对一方可能产生的违约风险，旨在给贷款人提供担保的背对背贷款产生了。在上例中，采取背对背贷款的话，由美国母公司与英国母公司相互直接贷款，两笔贷款期限相同，双方各自承担利息，到期各自偿还本金，双方只需签订一个贷款协议。

平行贷款和背对背贷款的区别在于：背对背贷款规定在一方违约时，另一方有权将贷款抵销；而平行贷款没有规定这种抵销权，也没有提供抵押品，这种融资方式的主要优点是可以绕开外汇管制的限制，因为这种贷款不会引起跨越国界的资金转移。

随着金融自由化趋势的发展，外汇管制被逐渐取消了，这就给跨国公司向海外子公司直接融资创造了便利条件。但是，汇率风险依然存在。比如，上例中，B公司可以提供美元贷款，而子公司目前的投入和预计的未来经营收入都为东道国货币——英镑。由于子公司直接在东道国融资，则可能由于信誉不被当地市场了解而面临较高的借款成本。

如上所述，在外汇管制被逐渐取消后，由于前述的外汇风险和成本原因，直接贷款仍然不是一种理想的跨国融资方式，于是货币互换取代了平行或背对背贷款，成了一种降低风险、节省成本的方式。货币互换相对于平行或背对背贷款，最主要的区别在于它是一项表外业务（Off-Balance Sheet Business），通常不会增加交易方的资产或负债。而平行或背对背贷款将进入公司的资产负债表。另外，由于货币互换有着规范化的合约，它比背对背贷款的文件更简单。

在前面的例子中可以签订这样一项互换协议：期初由B向A支付一笔美元，而A向B支付按即期汇率折算出的等额的一笔英镑；期内B向A支付英镑利息，收取美元利息；期末再进行一次与期初反向的交换，如图4-8、图4-9所示。图4-8表示期初本金的交换方向，图4-9表示期内利息和期末本金的交换方向。

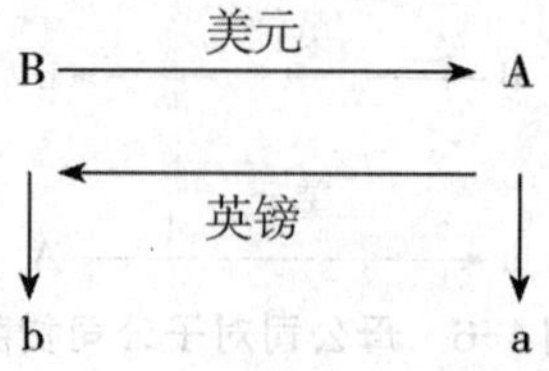

图4-8　期初本金的交换方向

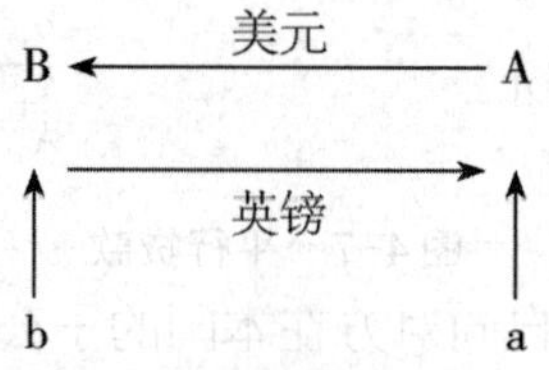

图4-9　期内利息和期末本金的交换方向

首次也是最著名的货币互换发生在1981年世界银行（World Bank）和国际商用机器公司（IBM）之间。当时世界银行希望筹集固定利率的德国马克和瑞士法郎，由于世界银行每年都在这两国市场上筹集资金，当地的投资者对进行再次筹集资金有一定的敏感度，因而利率上升。而世界银行有AAA级信誉，能够从市场上筹措到利率最优惠的美元借款。同时，IBM需要筹集一笔美元资金，由于数额巨大，集中在任何一个市场都不妥，于是采用了多币种筹资方法，运用自身的优势筹集到优惠的德国马克和瑞士法郎资金。在所罗门兄弟投资公司的安排下，世界银行与IBM达成了这笔2.9亿美元对德国马克和瑞士法郎的互换。

【例4-6】

假设A、B两家公司分别面临下面的美元、英镑借款利率：

	美元	英镑
A	6.00%	9.60%
B	8.00%	10.00%

A公司在两种货币市场都有较低的利率水平，说明它的信用好于B公司。然而两家公司在不同币种上的利率差并不相同。B在美元市场比A多付2%，而在英镑市场比A只多付0.4%，按本章4.1节中的解释，B在英镑市场、A在美元市场各自有比较优势。这可能由于A是一家美国公司，美国投资者对它更了解，而B是一家英国公司，英国投资者对它更了解；也可能是纳税的因素在起作用。按4.1节中的结论，我们可以推出互换的总收益一定为$R=|\Delta_1-\Delta_2|=2\%-0.4\%=1.6\%$。图4-10和图4-11提供了一种可能的安排，表4-5列示了实际借款成本。

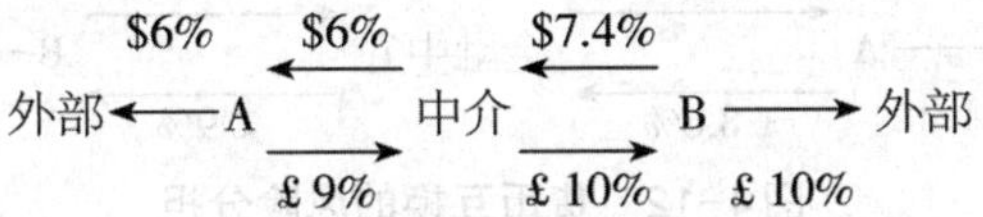

图4-10　利息流动方向

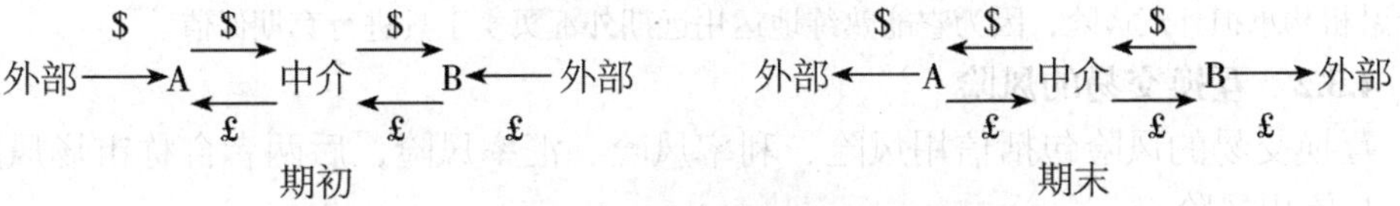

图4-11　本金流动方向

表4-5　　　　**实际借款成本**

A	中介	B
£ 9%	$7.4%	$7.4%
+$6%	–$6%	+ £ 10%
–$6%	+ £ 9%	– £ 10%
	– £ 10%	
= £ 9%	=$1.4%– £ 1%	=$7.4%
直接借款成本 £ 9.6%		直接借款成本$8%
节约成本 £ 0.6%	近似获利0.4%*	节约$0.6%

*这种近似是不科学的，因为不同币种转换时还存在着汇率风险，后面将提到这一点。

货币互换协议要求指明用两种货币形式表示的本金。本金的选择方法是：按互换开始时的汇率折算的本金价值基本相等，本例中美元本金1 500万，英镑1 000万。在互换结束时必须进行本金的交换，而在开始时，可以交换也可以不交换。考虑一下：在互换开始时，双方各自在即期外汇市场上卖出所借货币、买入所需货币，这与在期初直接交换本金的效果是一样的。

与利率互换不同，货币互换中双方用不同币种支付利息，其不匹配部分面临着汇率风险。在本例的互换方案中，互换风险完全由银行承担。每年它的收入净额为

210 000美元（15 000 000×1.4%），支出净额为100 000英镑（10 000 000×1%）。金融机构可以用买卖远期外汇的方式锁定收益。

图4-12提供了金融机构获取的0.4%的盈利分别表现为美元和英镑的情况。

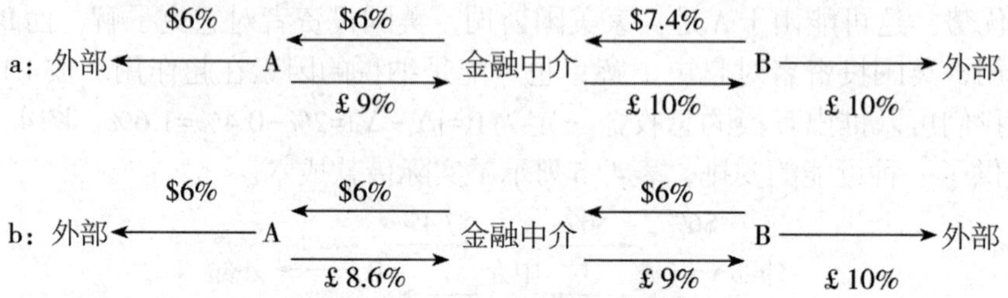

图4-12　货币互换的风险分担

a情况中金融机构承担了一定的外汇风险，b情况中B承担了一定的外汇风险。一般情况下，由金融机构承担外汇风险，因为它能熟练地运用远期外汇买卖工具进行套期保值。

4.3.2　互换交易的风险

互换交易的风险包括信用风险、利率风险、汇率风险，后两者合称市场风险。

1. 信用风险

信用风险，即一方违约时金融机构必须兑现另一方的合约而可能遭受的损失。信用风险直接与交易对手的信誉有关。在4.1节的例子中我们知道，当LIBOR的具体值不同时，不同的交易对手会成为净支付方。如果这一方违约，那么金融机构就会承担损失。在本节的例子（如【例4-6】）中，如果美元对英镑大幅贬值而A公司违约，那么金融机构需自行对B公司支付期内英镑利息和期末本金，收取美元利息和本金，由此就会遭受损失。

信用风险对金融机构的不利之处在于：如果是净支付方违约，那么金融机构会遭受损失；而如果是净收款方陷入财务困境或破产，它很有可能将该收款权转让，而不会放弃该权利使金融机构盈利。因此，对金融机构来说，净支付方的信誉比净收款方的信誉更重要。这样，现实中的金融机构风险暴露如图4-13所示。

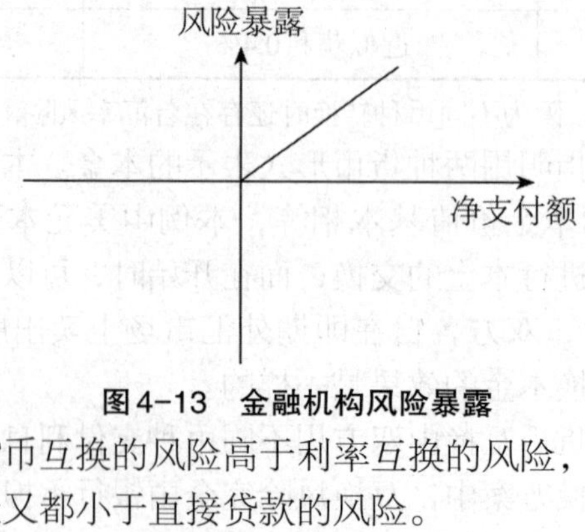

图4-13　金融机构风险暴露

在两种互换中，货币互换的风险高于利率互换的风险，因为它包括了本金的互换，而两种互换的风险又都小于直接贷款的风险。

2. 利率风险

利率风险主要来自计息方式或计息期限的不匹配。比如，一家公司筹集资金支付的浮动利率是基准利率，这家公司进入互换市场将其债务转换为固定利率。它支付的是固定利率，收取的是LIBOR，这样公司就面临着收入与付出的计息方式不统一的风险，这又称基础风险。另外一种风险——即期限风险出现在收入与支付的浮动利率期限不一致的情况中。比如，筹资的利率成本是3个月LIBOR，而互换中支付固定利率，收进6个月LIBOR，这样收入的现金流与付出的现金流在支付期限上不一致，就会产生一定的风险暴露。

3. 汇率风险

在货币互换中，如果互换币种的汇率发生变化，可能会给交易方带来损失。在本节的例子中，金融机构（中介）的利息净收入与利息净支出的币种不一致，在转换时会产生一定的折算风险，类似的情况也可能发生在交易方身上。

市场风险包括利率风险和汇率风险，可以通过套期保值来对冲。而信用风险不能对冲，只能通过谨慎地选择交易对手来加以避免。

交易过程和交易文本的规范化有助于控制交易双方的信用风险。目前，市场上使用较多的是国际互换交易与衍生品协会拟定的标准文本——《利率和货币互换协议》（Interest Rate and Currency Exchange Agreement）。这一协议对交易双方的权利和义务做了详细的规定，条款多达14条。交易双方通常在进行第一笔交易时签订这样一份协议，以后交易各方的每一期互换都受其约束。对于每一笔交易，交易双方仅需要一份确认书，确认交易日、生效日、到期日、名义本金、利率、汇率、清算账户等具体内容即可。

利率和货币互换协议的主要条款包括：

第1款：释义（Interpretation）

第2款：支付（Payment）

第3款：陈述（Representations）

第4款：协定（Agreements）

第5款：违约和终止事件（Events of Default and Termination Events）

第6款：提前终止（Early Termination）

第7款：转让（Transfer）

第8款：合同货币（Contractual Currency）

第9款：杂项（Miscellaneous）

第10款：有多个分支机构的交易方（Multibranch Parties）

第11款：费用（Expenses）

第12款：通知（Notices）

第13款：适用法律和司法管辖权（Governing Law and Jurisdiction）

第14款：定义（Definition）

4.3.3 货币互换举例

与4.2节类似，我们将根据货币互换的作用来举例。货币互换的作用、分类与利率互换基本相同。在4.3节中我们使用的是币种不同、计息方式相同的例子。本节将说明不同币种、不同计息方式的交叉货币互换（Cross Currency Swap）是如何节约成本的。此外，还将就锁定融资成本、锁定资产收益各举一例。需要说明的是，任何对货币互换作用的分类都是主观的，一笔货币互换可能有多种作用，交易者达成一笔互换交易可能出于多种考虑。分类只不过是把问题简化，便于理解。

【例4-7】交叉货币互换

日本A公司根据对市场的推断制订了美元借款计划，作为该公司扩大海外出口业务的资金。考虑到短期利率的走势预测及业务规划，公司拟订筹集5年期的浮动利率资金。按市场行情，如果A公司直接以美元借入中长期浮动利率资金，其成本为“LIBOR+0.375%”左右。由于A公司在国内金融界的信誉颇佳，一金融机构（B银行）已承诺以优惠固定利率向A公司提供贷款。经商定，利率为4.9%。公司拟以其日元贷款能力优势换取美元利率债务。经过寻找，找到了对手方C银行，与A公司达成货币互换交易协议，C银行按半年期固定利率4.9%向A公司支付日元利息，A公司向C银行支付“6个月LIBOR−0.3%”的利率。期初、期末各交换一次本金，利息支付过程如图4-14所示。

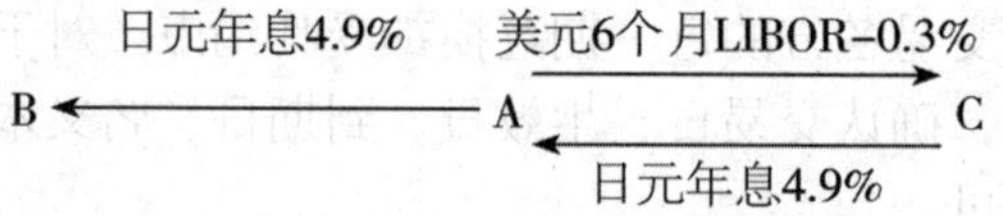

图4-14 利息支付过程

A的实际借款成本为“6个月LIBOR−0.3%”，比直接在市场上借入美元的浮动利率成本“6个月LIBOR+0.375%”节省了0.675%。

【例4-8】货币互换锁定融资成本

甲公司需要筹借一笔1 000万美元的资金，期限为5年，市场上可取得的美元资金利率水平为6.5%。一家瑞士银行愿意向甲公司提供优惠利率的瑞士法郎贷款，利率水平为3.5%，当时美元对瑞士法郎的汇率为1∶1.2，于是甲公司决定以较低的成本借入1 200万瑞士法郎，期限为5年，每半年付息一次；同时，甲公司在即期外汇市场上将资金全部兑换成美元使用。两年之后美元对瑞士法郎的市场汇率变成了1∶1.5，由于美元升值，甲公司从汇率变化中获益，而由于公司的投资收益都是美元，公司认为1 200万瑞士法郎的债务在今后的3年中存在巨大的汇率风险，希望在目前较为有利的汇率水平上固定汇率成本。乙银行根据市场情况和甲公司的需要设计了一项方案，通过货币互换为公司固定成本：货币互换本金为瑞士法郎1 200万、美元800万，期限为3年，与公司债务的本金和剩余期限一致，在期初不发生本金交换。在3年中甲公司按6.5%的固定利率向乙银行支付美元利息，乙银行按3.5%的固定利率向甲公司支付瑞士法郎利息，每半年付息一次，付息日期与甲公司债务相一致。期内各期利息流动情况如图4–15所示。

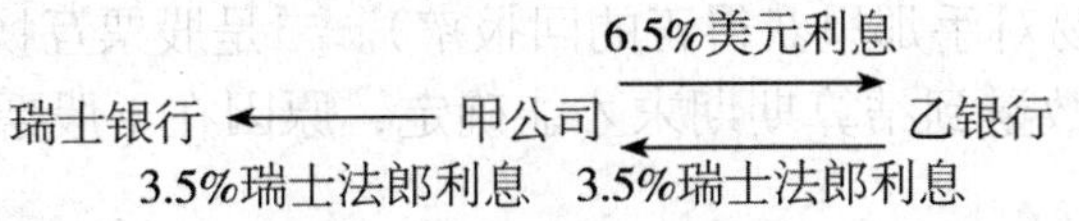

图4–15　利息流动情况

在到期日甲公司与乙银行进行本金交换，本金交换方向与图4–15中的利息交换方向一致，甲公司获得1 200万瑞士法郎，按双方约定的汇率水平支付800万美元。通过以上货币互换交易，甲公司将利率为3.5%的瑞士法郎债务转换成了利率为6.5%的美元债务，避免了3年内美元对瑞士法郎汇率波动的风险。虽然公司在3年内支付了较高的美元利息，但到期偿还本金只需800万美元，节约了本金成本200万美元。

【例4–9】货币互换锁定资产收益

一家总部设在德国的保险公司A经常对自己的财务状况进行调整，以使营利性、流动性、风险性的搭配达到最优。两年前它发现10年期美元国债年收益率为8.38%，而同样期限的德国国债年收益率为8.15%，于是它把一部分欧元资金换成美元，投资于10年期美国国债。目前，A发现未来的一段时间里它需要对外给付欧元的压力较大，同时需要比较多的欧元资金，而在这两年中，美元对欧元的汇率几乎没有什么波动。于是，经过在互换市场上询价，它与另一金融机构B达成了这样一项协议：A向B支付8.38%的美元利率，B向A支付年利率8.25%的欧元利息，期限为8年，到期再按目前市场上的汇率交换本金（如图4–16所示）。

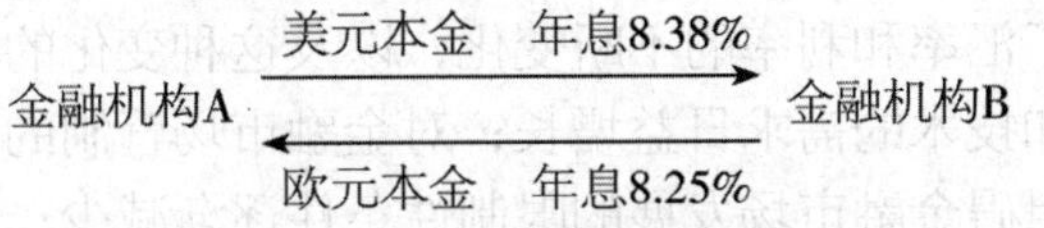

图4–16　交换本金的过程

这样，这家保险公司将自己的欧元债券收益固定在了8.25%的年利率上，它可以固定地用这笔利息支付自己的欧元债务，而不必每年都在外汇市场上将美元利息换成欧元利息而承担汇率风险。虽然利率8.25%比美元利率低，但比直接投资于欧元长期国债盈利高，而且没有汇率风险。

4.4　股票互换概述

股票互换（Equity Swap）指的是股票收益率或者股票指数收益率与一个固定利率进行互换。股票互换的特点在于：一是支付固定利率的一方在支付固定利息的同时，也有可能再支付基于股票收益率的可变现金流。如甲方和乙方进行股票互换，甲支付基于标准普尔500指数的收益率，并获得固定利息。如果标普500指数上升，股指收益率为正，甲方支付该收益率；反之，如果标普500指数下降1%，乙方不仅要支付甲方固定利率，还要再支付给甲方1%的股指收益率（甲方支付-1%的收益率，即从交易对手那里获得正的回报率）。二是股票互换交易与前两种互换交易不同，支付的数量到结算期期末才能确定，原因在于股票收益率到期末才能得到。

在资产管理中，股票互换是一种常见的方式。例如，2018年12月31日，A公司希望卖掉1亿美元某大型公司股票，并投资于固定收益债券。假设互换在A公司与B公司之间进行，互换的本金为1亿美元，支付则在2019年的3月、6月、9月以及12月进行。B公司报出互换的固定利率为6.5%。假设一年按照365天计算，固定利息支付为

3月31日：1亿美元×0.065×（90/365）=160.3万美元

6月30日：1亿美元×0.065×（91/365）=162.1万美元

9月30日和12月31日均为：1亿美元×0.065×（92/365）=163.8万美元

假定标普500指数在2018年12月31日为2 063.36点，2019年3月31日为2 063.95点。指数收益率为（2 063.95/2 063.36）−1=0.0003，A公司支付给B公司28 594美元（1亿美元×0.0003）。

4.5 互换交易的发展与创新

4.5.1 商品互换及其他类型的互换

自从第一笔互换交易以来，互换市场经历了飞速的发展，成为20世纪80年代众多成功的金融创新中的一个典型。现在，互换已经成为金融工程的主要工具之一。金融市场上外汇汇率和利率的不断变化，以及这种变化的不确定性使人们对有效的风险管理工具和技术的需求日益增长；对金融市场管制的日趋放松以及全球金融一体化的趋势使阻碍金融市场发展的限制性条件逐渐减少；随着银行和客户对互换和金融衍生品的了解日益加深，对新型金融工具的运用日趋成熟，互换的应用日益广泛，创新性的使用方法也不断涌现。

而商品也可以像货币、利率和股票一样，进行互换交易，即商品互换交易（Commodity Swap）。如航空公司和互换对家达成协议，在未来约定的日子支付给对方固定的现金流，从而获得以当前飞机燃油市场价格计算的浮动收入，通过互换锁定未来飞机燃油的购买支出。同样，天然气和贵金属交易也可通过商品互换锁定未来的买卖价格。另外，电力、气候（降雪量、降雨量）等都可以设计互换交易。

4.5.2 银行的作用与影响

互换业务的发展与银行角色的转变有关。最初银行并不作为交易方出现，只是充当经纪人。作为交易中介的银行在了解到交易双方的需求之后，将融资需求相似

而交易方向相反的客户组成交易对子，向他们提出建议并协助双方进行谈判协商。一旦交易成功，银行会收到一笔服务费，以后不再参与互换的具体事项。这一过程如图4-17所示。

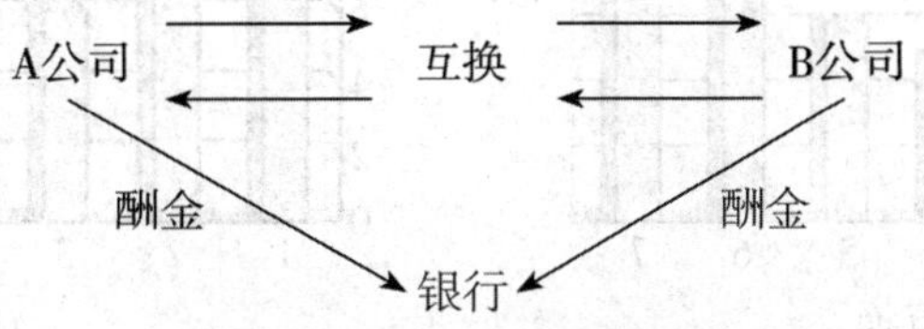

图4-17 互换中银行的作用

随着市场交易的不断循环发展，有时候，如果一时找不到合适的交易对手，银行自己会充当交易的另一方，期望以后再寻找合适的交易方。有时候，银行也可以将两个不完全相配的交易方配对进行交易，与互换交易不吻合的余额由银行自己承担。这样，互换交易市场就形成了，如图4-18所示。

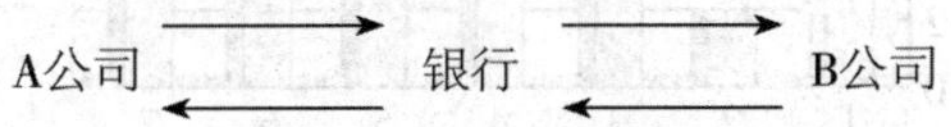

图4-18 互换交易

现在，那些专门从事互换交易的银行把各种衍生产品的货币与利率管理综合成一体。互换保值如今已不再仅限于由相互对称、吻合的交易双方组成交易对子来进行，而是通过与其他金融工具组合起来进行保值，如即期外汇、远期和长期外汇、债券和远期利率协议、短期利率期货、债券期货、利率上限和下限等以期权为基础的产品，以及其他互换等。

4.5.3 互换产品的创新

随着新型金融产品的不断开发以及先进的保值技术不断涌现，银行现在可以根据客户（借款者和投资者）的不同需要来精确地设计和制定不同的互换产品。互换产品的创新包括：

1.增长型互换、减弱型互换和起伏型互换

在这些非标准互换中，名义本金不再固定不变，而是在互换期内按照预定方式变化。增长型互换（Accreting Swap）的名义本金开始时较小，而后随着时间的推移逐渐增大。减弱型互换（Amortizing Swap）则正好相反，其名义本金随着时间的推移由大变小。如果名义本金在互换期内时而增加、时而减少，这就是起伏型互换（Roller-Coaster Swap）。具体如图4-19所示。

增长型互换比较适合借款额在项目期内逐渐增长的情形，如建筑工程融资。减弱型互换则比较适合以发行债券来融资的借款方。就项目融资来看，初期借款可能逐渐增长，此后，随着对承包者阶段性支付的积累，借款额会逐渐减少，因此可以考虑采用起伏型互换与各期借款本金相对应。在上述每一种情况下，名义本金并非固定不变，可以在每一期互换开始之前对名义本金加以确定。

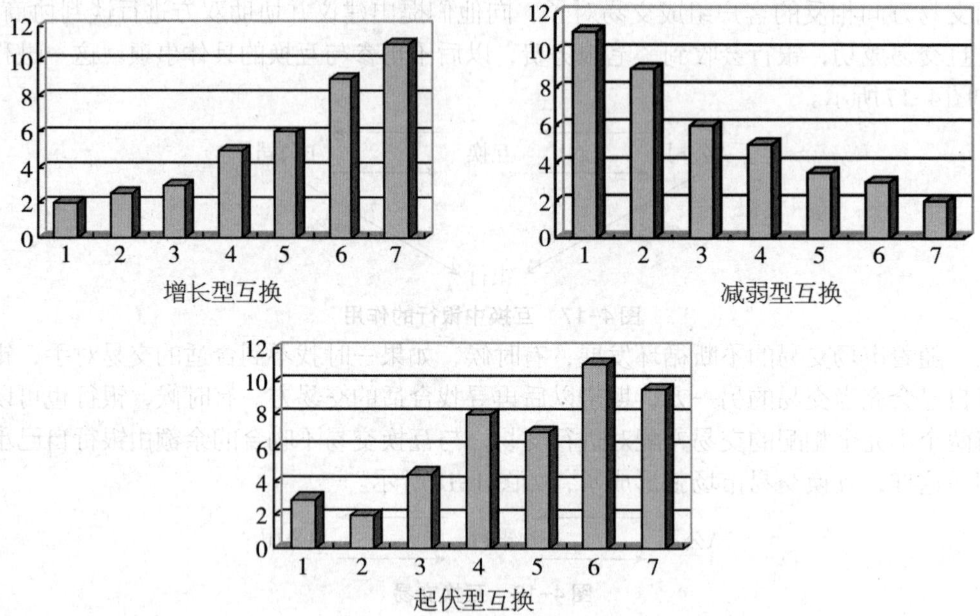

图4-19 互换产品的创新形式

2.远期启动互换

远期启动互换（Forward-Start Swap）是指互换生效日不是在交易日后一两天，而是间隔几周、几个月甚至更长时间。这种互换适用于为未来某时进行的浮动利率筹资，但希望现在就确定借款成本的借款人。例如，某家公司可能刚刚获得对一个项目的委托管理，并正忙于筹集资金以备将来支用，如果这家公司拖到以后才安排互换交易，就可能面临利率上涨的风险。

3.议价互换

大多数互换的初始定价是公平合理的，不存在有利于交易一方而不利于交易另一方的问题。也就是说，没有必要从互换一开始就由交易一方向另一方支付利差。然而在议价互换（Off-Market Swap）交易中，固定利率不同于市场的标准利率，因此，交易一方必须对另一方给予补偿。议价互换的应用价值在于：当借款方以发行浮动利率债券筹资，并希望利用互换既能将浮动利率债券转换成固定利率债券，又能支付债券的前端费用（Up-Front Costs）时，就可以设计一份议价互换，借款方（债券发行公司）收取一笔初始资金和定期浮动利息，同时以略高于普通互换市场利率的固定利率支付利息。高出固定利率的边际额可以在互换期内将发行债券的前端费用有效地加以分摊。

4.零息互换与后端定息互换

在零息互换（Zero-Coupon Swap）中，固定利息的多次支付流量被一次性支付所取代，一次性支付可以在互换期初，但更常见的是在互换期末。在后端定息互换

（Back-Set Swap）中，互换确定日不在计息期开始之前，而恰好是在结束之际。所以，浮动利率的确定是滞后而不是提前的，因此这种互换也被称为伦敦银行同业拆放利率滞后互换（LIBOR-in-Arrears Swap）。如果某交易方认为利率走势将与市场预期有出入，那么这种互换就很有吸引力。例如，在收益率曲线上升的条件下，远期利率要高于当前的市场利率，在制定互换固定利率时就要反映出这一点，后端定息互换的定价就可以定得更高一些。如果固定利率的收取方认为市场利率的上升要比远期利率所预期的慢，那么后端定息互换同样要比常规互换更为有利。

5.差额互换

差额互换（Differential Swap）是与基础互换相类似的一种非标准互换，即对两种浮动利率现金流量进行互换。这两种现金流量的计息基础分别以两种货币的浮动利率为依据，但两种利率现金流量均以同种货币表示。例如，在一笔差额互换交易中，互换一方以6个月期美元伦敦银行同业拆放利率对1 000万美元的名义本金支付利息；同时，对同样一笔数额的名义本金，以6个月期欧元伦敦银行同业拆放利率减去1.9%的浮动利率收取以美元表示的利息。20世纪90年代初期，差额互换非常流行，当时美元利率很低，但收益率曲线陡直上倾；而欧元利率很高，收益率曲线却向下倾斜。因此，按美元伦敦银行同业拆放利率支付利息，并按欧元伦敦银行同业拆放利率“LIBOR-1.9%”收取以美元表示的利息的交易方，在互换初期会有净收入。如果按利率远期收益率曲线所示发生变化，那么这些净收入最终会转变成净支出。但许多投资者坚信美元利率会低于所预计的远期水平，而欧元利率依然会维持在高水平上。所以，通过差额互换获利的时间将大大延长，甚至在整个互换期间都可能获利。差额互换究竟属于货币互换还是属于利率互换，很难加以定义，因为它既像交叉货币互换一样涉及两种货币的利率，又像利率互换一样仅以一种货币支付或收取利息。另外，当银行要为差额互换进行保值时，还会涉及一种叫数量调整期权（Quantity Option）的复杂金融工具定价的问题。

6.可延长或可赎回互换

在可延长互换（Extendable Swap）中，一方有权延长某个互换的期限超过某个时期。在可赎回互换（Puttable Swap）中，一方有权提早终止互换。

7.多边互换

多边互换（Multi Legged Swap）一般由中介银行一次组织多起互换，一组交易同时进行，既可以是互换的一方同时与若干方进行互换，也可以是互换的若干方同一方进行互换，或者在若干方之间同时进行互换。例如，美国公司A、德国公司B、日本公司C均可在本国资本市场上享受优惠利率，它们分别想借入欧元、日元、美元，这样就可以进行三角互换达到各自的目的。

8.互换期权

互换期权（Swaption）是一种关于利率互换的期权，它给予持有者在未来某个时间进行某个确定的利率互换的权利（当然持有者可以不必执行这个权利）。在互换期权中，一方支付固定利息，一方支付浮动利息。举例来说，某公司将在未来的6个月内签订一项5年期浮动利率贷款协议，它希望把该笔贷款转化为固定利率贷款。在支付一定代价后，取得把支付浮动利息换成支付某个确定的固定利息的权利，如换成6个月后开始的年息为12%的5年期贷款。如果6个月后，在常规互换市场上对这笔贷款进行互换的固定利率报价低于12%，则公司选择不执行期权，而是按市场报价进行互换。若结果是市场报价高于12%，则公司将选择执行互换期权，以比市场上互换报价更有利的条件进行一项互换。互换期权的固定利率方通常有选择权，而浮动利率方则承担相应义务，因为浮动利率方（如LIBOR）可对市场变化做出调整，所以对选择权的需求不太强烈。互换期权最普遍的形式包括镜像互换期权（固定利率接受方有权取消互换）、终止权利互换期权（固定利率支付方有权取消互换）及可扩张互换期权（固定利率方有权延展合约有效期）。这些互换的每一个选择权都类似于标的固定利率债券的选择权并进行相应定价。

● 关键概念

互换交易　利率互换　货币互换　互换交易风险　互换产品创新

● 复习思考

（1）对于【例4-1】(即有金融机构参与的互换举例中)，你能否想出另一种可能的情形使金融机构获得0.2%的利润，而A、B节省的成本相同?

（2）在4.1节比较收益依据的可靠性中，提到浮动利率的贷款人可能因为借款人的信用下降而提高利息率。那么设想一下，如果在【例4-1】中B的信用级别下降以至于浮动利率滚动贷款的利率为“LIBOR+2%”，那么B的实际资金成本为多少？对它来讲这笔互换交易的最终结果是利是弊？同样的情况会发生在A身上吗？

（3）甲、乙两公司都要筹措一笔资金。甲需要一笔浮动利率贷款，而乙需要一笔固定利率资金。由于信用等级不同，它们的筹资成本也不同，如下面的资料所示：

	美元固定利率贷款	美元浮动利率贷款
甲公司	5.9%	LIBOR+0.25%
乙公司	7%	LIBOR+0.75%

问：它们之间是否存在互换的可能？潜在的总成本节约是多少？如果由丙银行安排互换，使总成本的节约在三家之间平均分配，请给出一种可能的安排。

（4）甲银行发行了1 000万美元的债券，期限为5年，利率成本为6%。同时，甲银行投资组合的收益为"LIBOR+0.25%"，假设美元利率走势很不稳定，甲银行担心利率下跌将导致以浮动利率计息的资产收益减少。为防范风险，甲银行决定将浮动利率资产转换成固定利率资产，与固定利率债务相匹配。如果经查5年期美元利率互换的市场报价为：

到期期限（年）	银行支付固定利率	银行收取固定利率	当前国库券收益率（%）
5	5yr.TN+44bps	5yr.TN+54bps	6.2

问：甲银行应当如何选择进行交易？如果在某个特定的付息日，该期的6个月LIBOR确定为7%，将发生怎样的支付？如果LIBOR是6%呢？

（5）现有甲、乙两借款人，各有如下债务：

甲借款人	乙借款人
现有负债：欧洲美元债务 金额：2亿美元 息票率：8%，每年付息一次 付息日：7月1日 期限：尚有5年到期 全部本金到期一次偿还	现有负债：欧洲英镑债务 金额：1亿英镑 息票率：9%，每年付息一次 付息日：7月1日 期限：尚有5年到期 全部本金到期一次偿还

甲借款人希望将全部或一部分负债换成固定利率的英镑，乙借款人希望将全部或一部分负债换成固定利率的美元。作为一家中介机构的A银行为它们安排互换，假定互换开始日为第一个息票付息日，如为某年7月1日，英镑/美元汇率为1.6：1。A希望每年收取的风险费为本金金额的0.125%，且全部为美元。请列出各期利息流动和到期本金流动的图表。

（6）在练习（5）中，假设第二年甲借款人因财务状况不佳而破产，不能履行其互换债务，这样A银行面临着未来的美元多头和英镑空头，为防止汇率风险，A银行以8%的利率借入美元，并在即期市场上换为英镑投资于年收益率9%的4年期英镑债券，来抵补其英镑空头。而第二年的英镑美元汇率已变成了1.7：1。请画出在甲借款人违约前和违约后A银行的现金流量表。

第5章 金融期货交易

◇学习目标

- 了解金融期货交易的程序和基本规则
- 了解金融期货市场的结构和功能
- 了解外汇期货合约的定价，掌握外汇期货合约的内容并能进行行情解读，掌握外汇期货与外汇远期的关系
- 了解利率期货合约的定价，掌握利率期货合约的内容和报价
- 了解股票价格指数期货合约的定价，掌握股票价格指数期货合约的内容
- 熟练掌握外汇、利率、股票价格指数期货交易的套期保值、投机和套利交易

期货交易（Futures Transaction）是在现货交易的基础上发展起来的，是在期货交易所内成交标准化期货合约的一种新型交易方式。1848年，美国出现了第一个专门从事商品期货合约交易的固定场所——芝加哥期货交易所（Chicago Board of Trade，CBOT，又称芝加哥谷物交易所）。1865年，CBOT制定了合约数量、单位和交割标准，确立了一套合约交易规范，这标志着美国期货交易的开始。此后，在一些发达国家和地区，商品期货市场不断涌现。金融期货进入交易市场距今仅40多年的时间，1972年，芝加哥商品交易所（Chicago Mercantile Exchange，CME）建立了国际货币市场（International Monetary Market，IMM）并首次提出了7种转移汇率风险的外汇合约交易。1975年，CBOT上市第一张防范利率风险的利率期货合约。1982年，股票指数期货合约在美国上市，满足了股票持有者防范风险的套期保值需求。时至今日，金融期货工具、期货交易方式仍不断创新。金融期货交易是商品经济发展的必然产物，它以其特有的保值功能和避险机制在国际金融市场上发挥着巨大作用，已取代商品期货成为全球期货市场的主角。早在2011年，根据FIA的统计，金融期货就已占全球衍生品交易量的88%左右，成为全球商品生产经营者和金融机构最重要、最有效的风险管理工具和投资工具之一。为了正确把握金融期货市场的交易及运作，本章将系统阐述金融期货的交易机制、金融期货市场的构成及功能，着重介绍外汇期货合约、利率期货合约、股票指数期货合约及其定价，并

通过案例分析说明期货交易的套期保值和投机功能。

5.1 金融期货交易原理

金融期货（Financial Futures）是指交易双方在金融市场上以约定的时间、价格买卖某些投资化金融工具的合约。金融期货代表的投资物不是一般商品，而是外汇、债券、存款单、股票、股价指数等金融资产。金融期货交易则是对在初级金融工具基础上衍生的新型金融工具合约进行买卖或转让的行为，交易的目的是获得有利的价格涨落差，进行套期保值或投机。一般来讲，期货交易很少用于实际投资和融资的到期交割。

金融期货交易在指定的交易所内以公平合理的交易价格完成，其交易的期货合约都是标准化的；同时，每家期货交易所都有一家结算所相配合，来保证买卖双方对合约的履行。除了设立结算所确保履约交割外，交易所还规定了保证金制度和每日结算制度，以维护市场交易的秩序。金融期货市场的最大特征就是交易和运作的程序化。

5.1.1 交易程序

1. 金融期货交易订单

所有金融期货交易都通过期货交易所的会员在交易所内公开叫价成交。非交易所会员必须以订单（Order）的形式委托和授权交易所会员代其入所交易。其主要内容包括买入或卖出、期货合同数量、交割期、货币种类、交易地点、交易价格及委托书有效期等。

订单上限定场内经纪人买卖金融期货合约的条款包括如下两个方面：

（1）在价格方面的限制

①市价单（Market Order）。此种订单表示顾客愿意以现行市场行情的最佳价格买入或卖出金融期货。例如，某顾客于市场行情为0.7248时出单买下瑞士法郎期货，则场内经纪人接单后，先试着以低于0.7248的价格买入，若此价格买不到，则可能以0.7248或稍高的价格买入。

②限价单（Limit Order）。此种订单表示顾客限定场内经纪人必须以特定价格或比特定价格更有利的价格买卖期货合约。因此，买入订单的特定价格会定得比现行市价低，而卖出订单的特定价格会定得比现行市价高。

③到价单（Stop Order）。此种订单表示如果市价达到顾客所规定的价格，经纪人应立即成交。到价单又称止损单（Stop-Lost Order）。买入的止损单的特定价必须高于市价；卖出的止损单的特定价必须低于市价。这种订单既能保证盈利，又可避免大额损失。

④止损限价单（Stop Limit Order）。这是到价单的一种变异形式，该指令发出后，必须在某一具体价格水平再次重现时立即执行，如果市价未能恢复到停止限价

水平，则该命令不予执行。经纪人必须在交易所价格跌到预定限度内以限价卖出，或上涨到预定限度内以限价买进。

（2）在有效期方面的限制

①在取消前有效的订单（Good till Cancelled，GTC）。它又称开放订单（Open Order），表示交易订单在顾客取消前一直有效，不以当日为限。

②瞬间订单（Quick Order）。这种订单只能在交易场内出价三次，若未成交，则取消委托；若出价三次后，不论是否成交或只成交一部分，已成交部分有效，未成交部分取消委托。

③开盘或收盘订单（at the Opening or at the Close Order）。此种订单必须在期货市场开盘或收盘期间内进场交易。

④当月订单（Month Order）。此种订单仅在当月有效，过了当月的最后一个交易日，订单自动失效。

⑤阶梯订单（Scale Order）。在此种订单下，场内经纪人被指示以某一价格为基础，阶梯式地进一步买入或卖出期货合约。例如，场内经纪人接到阶梯委托，以1.5993的价格买入英镑期货合约后，则以1.5992、1.5991、1.5990的特定价格限价委托就会自动立即生效。

⑥任选其一的订单（Alternative Order）。这种订单包括两个互相关联的订单，并声明为"OCO"（One Cancels the Others），表示若其中一张订单已成交，则另一张订单将自动失效。

⑦跨国套利订单（Saddle Order）。这种订单是指同时或几乎同时买进而且卖出同类但交割月份不同的期货合约的订单。

⑧换月订单（Switch Order）。这种订单的作用是对于已有的某月份合约头寸，经交易后使之成为另一个月份的合约头寸。这种订单亦同时买进而且卖出期货合约，它与跨国套利订单的主要区别在于下本张订单时，顾客已有某一月份的期货头寸，故交易时需卖出原有合约月份的期货，而买入其他月份的期货，以达到调换月份的目的。

2.金融期货交易流程

客户进行金融期货交易的基本程序如下：投资人通过期货经纪商以各种委托指令（订单）指示场内经纪人代为买卖期货合约。委托指令一般通过电话或电脑连线下单传送到该经纪商在交易厅内的收发处，盖上到达时间后，由跑单员送到适当的交易柜台中，再由场内经纪人及自营商以公开竞价的方式进行交易。场内经纪人在为客户执行完交易后，必须在交易卡上记下成交时间、成交价、成交量以及成交对手所属结算所名称，以便通过结算所进行结算。同时，交易所雇员也会在报价卡上记载交易的有关资料，输入交易所的报价系统中，此信息即刻显示在交易厅的行情板上，并且通过信息网络将信息传输给境内外的市场行情揭示系统。在交易成交后，委托单会由跑单员送回经纪商的收发处，由业务代表向客户汇报成交情况，并于每日向客户提供交易明细表，报告买卖情况以及保证金变动记录等。其交易流程如图5-1所示。

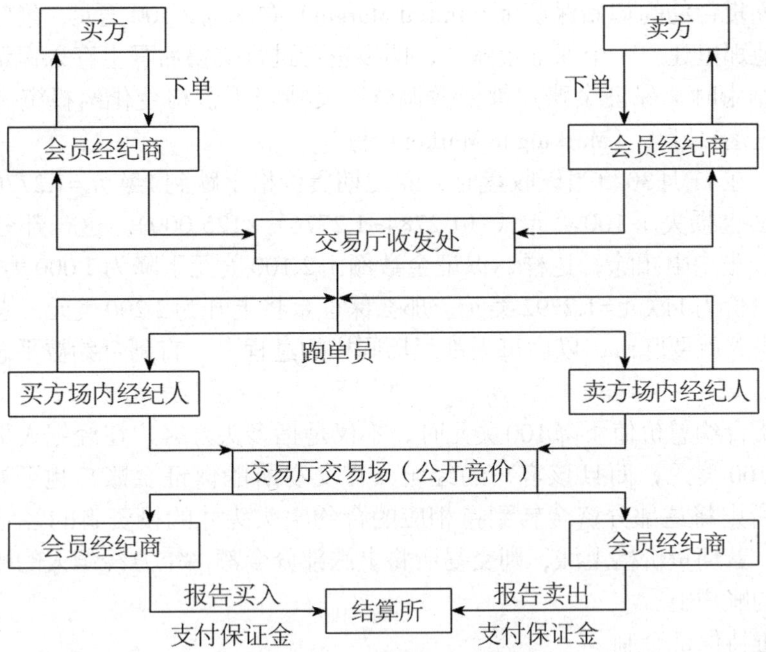

图5-1 期货交易流程图

美国的交易所传统上是以这种方式运行的，伦敦国际金融期货期权交易所（LIFFE）也采用这种方式。但欧洲期货交易所（EUREX）和泛欧证券交易所（Euronext）采用电子化方式，将限价订单集中到统一的公开限价系统中。经纪商在电脑屏幕前可以添加或删除订单，或者选择屏幕显示的限价成交。这种交易方式正逐步取代原有的公开叫价系统。

5.1.2 金融期货交易基本规则

1.保证金制度

买卖交易通常会存在信用风险，若买卖双方直接达成期货合约，即约定以某一价格在未来交割基础资产，除非届时市场价格恰好等于当初的约定价格，否则必有一方亏损。如果合约缺乏强制力或缺乏对违约的有效处罚，亏损方很可能会选择违约。在期货市场上，有一种很好的机制来预防违约行为的发生，这就是保证金（Margin）制度。保证金是期货合约投资者在交易所保证金账户中存入的一笔资金，作为执行交易的保证。保证金制度是期货市场的核心机制，它主要有两种运行机制：

（1）逐日盯市制

我们先通过一个实例来看保证金制度的运行方式。假定在某年11月30日一位投资者买入1份次年6月到期的欧元期货合约，期货价格为1欧元=1.2784美元，IMM欧元期货合约的初始保证金（Initial Margin）要求为2 100美元，经纪人会要求投资者在他那里建立一个保证金账户，即投资者进行交易后马上存入保证金。在每一交易日结束时，保证金账户都要做调整以反映当天价格变化给投资者带来的损益，这就是逐日盯市（Marking to Market）制。

例如，在11月30日当天收盘时，欧元期货价格下跌到1欧元=1.2776美元，则投资者账面上损失了100美元（（1.2784-1.2776）×125 000）。这一部分账面损失将在保证金账户中扣除，这样，保证金数额由2 100美元下降为2 000美元。同样，若当天收盘价为1欧元=1.2792美元，那么保证金将上升为2 200美元。总之，在交易发生的当天就要盯市，以后每天都经历同样的过程，一直到合约被平仓或到期执行为止。

当期货合约总价值下降100美元时，不仅是指多头方客户在经纪人那儿的保证金下降了100美元，而且该客户的经纪人在交易所的保证金账户也要减少100美元，交易所则将这部分资金转到持相应的合约空头头寸的投资者的经纪人的账户上；反之，若期货价格上涨，则交易所将上涨部分金额由空方经纪人的账户转到多方经纪人的账户上。

（2）维持保证金制

如果价格发生有利变动，投资者可以随时提走保证金账户中超过初始保证金的部分；相反，若价格发生不利变动，交易所和经纪人都不会听任投资者的保证金无限制地下降，甚至成为负数。保证金有一个下限，即维持保证金（Maintenance Margin）水平，当保证金下降到这一水平时，投资者会接到催交保证金通知（Margin Call），要求其在极短的时间内将保证金补足到初始保证金的水平，追加的保证金也被称为变动保证金。若不照办，则他的经纪人会强行“斩仓”，即将他的合约在目前的市场价格下强行平仓，价值损失部分将在客户的保证金中扣除。

维持保证金通常为初始保证金的75%。IMM欧元期货合约的维持保证金要求是1 700美元，那么在上例中，当客户的保证金下降到1 700美元，即欧元价格下降到EUR1=USD1.2752时，经纪人会向客户发出催交保证金通知。表5-1显示了保证金制度的运作机制。

在表5-1中，我们看到该投资者有一次因保证金余额不足1 700美元被催促补交保证金，但在最后4个交易日，投资者的保证金余额超过了初始保证金，投资者可以提走超额部分。

表5-1 **期货价格变化与保证金制度运作** 单位：美元

日期	结算价格	当日损益	累计损益	保证金金额	补交保证金
11月30日	1.2784			2 100	
11月30日	1.2776	−100	−100	2 000	
12月1日	1.2760	−200	−300	1 800	
12月2日	1.2748	−150	−450	1 650	450
12月3日	1.2752	50	−400	2 150	
12月4日	1.2758	75	−325	2 225	
12月7日	1.2772	175	−150	2 400	
12月8日	1.2770	−25	−175	2 375	

注：初始保证金为每份合约2 100美元，维持保证金为每份合约1 700美元，第一次盯市发生在买入期货合约的当天，即11月30日的收盘时刻。逐日盯市一直继续到合约平仓日，即12月8日。表5-1中第二栏除第一行和最后一行外，期货价格均为当日收盘价。

2.清算所的日结算制度

清算所（Clearing House）作为期货交易的中间人，在每天交易结束后都进行结算，确定每位投资者的损益，其作用是保证每笔交易的双方履行合约。清算所实行会员制，非会员必须经过某一会员才能进行清算。清算所记录发生的每一笔交易并计算每位会员每天的盈亏额和净头寸。

客户在经纪人处存放保证金，非会员经纪人在会员处存放保证金，而会员则在清算所存放保证金，称清算保证金（Clearing Margin）。清算所对会员经纪人进行逐日盯市，就像经纪人对客户进行逐日盯市一样。不同的是，清算保证金没有初始保证金和维持保证金之分，每一天，有净亏损的会员必须将保证金补足到初始保证金的水平。会员的保证金通常是以净头寸来计算的。例如，某位会员有两位客户：一位有20份合约多头，另一位有15份合约空头，该会员的总头寸为35份合约，但净头寸是5份合约，保证金是以这5份合约为基础的。

有了保证金制度和清算所的监督，交易者就无法在账面上保持长时间的亏空，个别人的违约行为也不会带来“多米诺骨牌效应”。总的看来，期货市场的保证金制度是相当成功的，在较为成熟的期货市场上，几乎不存在违约行为。

3.现金交割

商品期货以实物交割，但一些金融期货是以现金交割的，这是由于直接交割金融期货合约的标的资产非常不方便或是不可能。例如，如果股价指数期货要进行实物交割的话，空方得提供一个包括所有计入股价指数的股票的证券组合，比如全世界交易量最大的标准普尔500种股票指数期货若是进行实物交割，则需要交割500种股票。当合约以现金结算时，就按最后交易日结算时的价格进行盯市，并将所有的头寸进行了结。

5.2 金融期货的市场结构及功能

5.2.1 金融期货的市场结构

金融期货交易是在商品期货交易的基础上产生的，其组织形式也是随商品期货市场的发展而不断完善的。金融期货市场的构成形式与商品期货市场是完全相似的，其构成如图5-2所示。

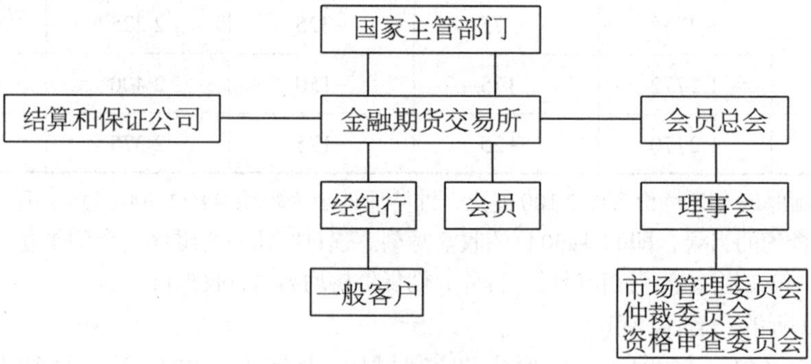

图5-2 金融期货市场的构成

1. 金融期货交易所

当今全球大部分金融期货交易所都是以股份公司形式向当地政府注册，实行会员制的一种非营利团体。其成立的目的在于提供交易场所和交易所需的设备，订立交易规则，以利于会员进行某种金融证券的期货交易。

金融期货交易所的职责主要包括：提供一个有组织的市场，制定会员业务经营的公平竞争原则；提供统一的交易规则和标准；订立统一的交易时间；订立统一的金融期货品种、期货合约文件、交割月份、保证金和佣金等交易条件；调解会员间的纠纷；为会员提供履行合约及财务责任的担保；收集并传播价格、市场、政府政策等信息给会员及社会公众。

综合性交易所根据经营的不同品种的金融期货分设若干个委员会。交易所最高权力机关为“会员总会”，会员总会下设执行机构——理事会或董事会；大多数交易所在理事会下还设立一系列专门委员会，主要负责日常管理及交易活动，如制定交易规则、监督场内交易活动、审核会员资格、警告和处罚违规的会员等。

表5-2给出了2019年全球最大的30家衍生品交易所的成交量，其他国家和地区的交易所的货币期货交易量都比较小，如美国中美洲商品交易所和新西兰期货交易所。这些交易所按照本国货币来报价，进行较少量的货币期货合约交易。

表5-2 全球成交量排序前30家衍生品交易所

交易所	成交量（100万手）		
	2019年	2018年	增长率
1.印度国家证券交易所	5 960.7	3 790.1	57.3%
2.CME集团	4 830.0	4 844.9	-0.3%
3.巴西证券交易所	3 880.6	2 574.1	50.8%
4.美国洲际交易所	2 256.8	2474.2	-8.8%
5.欧洲期货交易所	1 947.1	1 951.8	-0.2%
6. CBOE集团	1 912.1	2 050.9	-6.8%
7.纳斯达克	1 785.3	1 894.7	-5.8%
8.韩国交易所	1 546.7	1 408.3	9.8%
9.莫斯科交易所	1 455.0	1 500.4	-3.0%
10.上海期货交易所	1 447.6	1 202.0	20.4%
11.大连商品交易所	1 355.6	981.9	38.1%
12.郑州商品交易所	1 092.7	818.0	33.6%
13.孟买证券交易所	1 026.4	1 032.7	-0.6%
14.迈阿密国际交易所	440.0	421.3	4.4%
15.香港证券交易所	438.7	481.0	-8.8%
16.伊斯坦布尔证券交易所	388.0	236.4	64.1%
17.日本交易所集团	361.1	411.9	-12.3%
18.印度多种商品交易所	306.1	230.3	32.9%
19.台湾期货交易所	260.8	308.1	-15.4%
20.澳大利亚证券交易所	260.5	248.0	5.0%
21.新加坡交易所	239.9	217.4	10.3%
22.多伦多证券交易所集团	228.8	219.0	4.5%
23.罗萨里奥期货交易所	210.1	193.1	8.9%
24.南非约翰内斯堡证券交易所	156.9	190.7	-17.7%
25.泛欧交易所	144.1	149.3	-3.5%
26.泰国期货交易所	104.5	104.4	0.1%
27.印度商品交易所	88.2	26.9	227.9%
28.中国金融期货交易所	66.3	27.2	143.8%
29.西班牙衍生品交易所	44.9	43.5	3.2%
30.伦敦证券交易所集团	38.9	46.1	-15.6%

2. 经纪行

经纪行是代客户进行期货交易的公司。经纪行必须是经注册登记的期货交易所会员公司，但是交易所的会员资格只能为个人所有，因此，经纪行通过其在交易所注册登记的职员进行场内交易活动。其基本职能是代表那些没有交易所会员资格的客户下达指令，征收并单列客户履约保证金，提供基本会计记录，传递市场信息和市场研究报告，并为客户提供交易咨询服务。

作为注册登记具有个人会员资格的经纪行的场内代表，按职能不同又可分为两类，一类是场内经纪人（Floor Broker），另一类是场内交易商（Floor Trader）。当然，同一会员亦可兼有两种职能。通常情况下，经纪行即期货佣金商与非会员的一般客户进行业务接触，然后将后者提交的订单转交给场内经纪人安排成交，可以说，场内经纪人是经纪人的经纪人。经纪行除了代办业务，为客户提供便利外，也从事自营业务。场内经纪人若以自己的账户进行交易，则称场内交易商。

3. 结算与保证公司

结算与保证公司是为金融期货提供结算与保证服务的机构。有的交易所分别设立，有的则将二者合并设立。

结算公司又称结算所（Clearing House），它通过向期货合约的当事人买入合约成为买家或出售合约成为卖家的过程完成结算。结算所采用保证金制度，为所有在交易场内达成的合约交易提供履约保证。交易完成时，经纪商负责向客户收取保证金，然后由结算所的会员存入结算所，作为客户履行其未结算的金融期货合约所必需的财力保证。结算公司正是通过这种严格的结算保证金制度，实现对期货市场的风险管理，并确保期货交易稳定、有序地进行下去。在外汇期货市场中，结算公司的主要功能有两个：一是作为会员账户向借贷双方提供资金流动和转移的场所，以及资金存放中心，使资金真正地流动和转移；二是履行金融期货合约保证人的职责。

在期货合约成交时，买卖双方都不交付现金或现货，而只按照细则规定各交付一定保证金给保证公司，待期货合约到期时才能结算其盈亏。保证公司一般由实力强大的银行、财团联合组成，且拥有相当的资产，这样才能确保公司在财力上维持期货市场的正常运行，避免倒闭的危险。

4. 交易者

一般的期货市场交易者主要指那些非交易所会员的客户，也指代表经纪行从事自营业务的场内交易商。市场交易者按其交易的主要目的可分为商业性交易商与非商业性交易商。商业性交易商出于对其未来的外汇收益或支出及在现货市场上交易活动的考虑而利用期货市场，主要目的是避免汇率波动的风险。非商业性交易商的主要目的是投机，又分为三类：

(1) 基差交易者

基差交易者（Basic Trader），为谋取现货与期货间价差（相对价格）变动的利益，一买一卖。其利益有限，风险也有限。

（2）价差交易者

价差交易者（Spread Trader），为谋取两个期货间价差（相对价格）变动的利益，一买一卖。其利益有限，风险也有限。

（3）投机者

投机者通过持有某种合约头寸以赚取价格波动差额。按其持有头寸的时间长短，又可细分为：

①抢帽子者（Scalper），整日以极微小的价差买进或卖出，赚取一两个刻度（Tick），此类交易者数量较大，为市场提供流动性。

②日交易者（Day Trader），窥视某个营业日中的价格变动，从其差价中获利，但持有头寸一般不过夜。

③头寸交易者（Position Trader），又称保持头寸的交易者，持有头寸期限通常为数日、数周甚至数月。

5.2.2 金融期货市场的功能

1.避险功能

金融期货最原始的目的，在于为金融证券的持有者或使用者提供转移价格变动风险的工具。避险者预先在现货市场买进或卖出某种金融证券，同时在期货市场卖出或买进期货合约，以期货盈利来抵补现货亏损，从而达到规避风险的目的。对套期保值者来说，参与金融期货交易不是为了赚取利润，而是要在价格上得到保证，更准确地说，是要通过套期保值来转移价格风险。

2.价格发现功能

期货价格是由买卖双方公开竞价决定的，金融期货是以公开、透明的估价方式进行交易的，并且在交易完成时立即将成交价格通过电信媒体传输到各地，将各种金融证券未来的价格随时传递给社会大众。期货交易达成的价格，可以说是真正反映买卖双方的意愿、需求的价格。因此，金融期货市场自然成为决定金融证券价格的场所，成交价格也就成为买卖的标准。

3.投机功能

投机者是以从期货市场的价格波动中谋取利益为目的，在市场上愿意承担风险的交易者。期货市场正是由套期保值者（即避险者）与投机者所组成，避险者一般不愿意承担价格变动风险，而投机者却愿意承担这种风险。仅有避险者的外汇期货市场很难顺利发展，而仅有投机者的期货市场则有可能招致市场的不稳定。只有避险者参与的市场，或者只有投机者参与的市场，都无法形成具有经济功能的外汇期货市场。当然，如果投机者控制交易的数量大大超过了避险者转移价格风险所需要的数量，则期货市场的流动性会大大降低，甚至导致期货市场的垮台。外汇期货市场应是避险者与投机者双方均能参加的市场，并以避险者为主，同时为投机者开辟参加的途径。

4.收集和发布信息功能

金融期货市场上关于价格、成交量、市场参与者的预期等信息的公开促进了竞争。期货市场比现货市场更全面地反映了所有市场信息，这一优势源于期货市场的参与者往往多于现货市场的参与者。市场价格信息的充分揭示，使社会资源得到更充分、更有效的利用。

5.3 外汇期货合约

5.3.1 外汇期货合约概述

外汇期货合约（Foreign Futures Contracts）是一种法律契约，合约双方通过协商达成在未来一定时期内就某种外国货币按规定内容进行交易的具有法律约束力的协议，双方依此文件可以获得结算公司的保证。外汇期货合约的具体内容包括交易币种、交易单位、报价方法、最小变动单位、购买数量限制、交易时间、交割月份、交割地点等。芝加哥商品交易所国际货币市场的期货合约成交量约占全球外汇期货合约成交量的90%以上，表5-3以表格的形式列示了美国国际货币市场（IMM）交易的部分外汇期货合约的主要内容。

表5-3　**美国国际货币市场外币期货合约的概况**

	英镑	欧元	瑞士法郎	日元	加拿大元
交易单位	GBP62 500	EUR125 000	CHF125 000	JPY12 500 000	CAD100 000
报价方法	美分/英镑	美分/欧元	美分/瑞士法郎	美分/日元	美分/加元
最小变动单位（基点数）	1点 0.0001	1点 0.0001	1点 0.0001	1点 0.000001	1点 0.0001
最小变动值（美元值）	$6.25	$12.50	$12.50	$12.50	$10
每日涨跌幅*	无限制	无限制	无限制	无限制	无限制
购买数量限制	6 000张	6 000张	6 000张	6 000张	6 000张
保证金					
初始	USD2 800	USD2 100	USD2 000	USD2 100	USD900
维持	USD2 000	USD1 700	USD1 500	USD1 700	USD700
交割月份	3、6、9、12	3、6、9、12	3、6、9、12	3、6、9、12	3、6、9、12
交易时间（美国中部标准时间）	7：30AM—1：24PM	7：30AM—1：20PM	7：30AM—1：16PM	7：30AM—1：30PM	7：30AM—1：22PM
交割地点	清算所指定的货币发行国银行	清算所指定的货币发行国银行	清算所指定的货币发行国银行	清算所指定的货币发行国银行	清算所指定的货币发行国银行

*自1985年2月起，IMM取消了所有对外币期货日价格波动的最高限制。

下面结合表5-3做几点说明：

第一，各外汇期货市场分别规定有特定的外币期货交易币种。

第二，交易单位是期货交易中各货币的最小标准单位。各货币的交易是以这个单位或其整数倍进行的。

第三，外汇期货实行美元报价制度，以每一单位外币（日元为每100日元）兑换多少美元来报价。但IMM规定以美分/外币来报价。IMM等期货交易所规定，"1"点是指所报价格（如EUR1=USD1.2952）的小数点后最后一位数为"1"。对于英镑、加拿大元、欧元、瑞士法郎等，每"1"点指小数点后第四位为1；而对于日元，则指小数点后第六位是1。

第四，最小变动单位是指当供求发生变化时，期货合约价格变动的最低数额，一般以点数表示。与其对应的最小变动值是指期货合约的最小变动单位变化而引起期货合约价值变动的数额。例如，欧元期货合约价格变动1点，其最小变动值为12.5美元（EUR125 000×0.0001 USD/EUR）。

第五，每日涨跌限制是对每日价格波动幅度的限制，目的在于维持市场的稳定，以及防止价格波动幅度过大给交易商带来过大损失。

5.3.2 外汇期货合约定价

在进行外汇期货合约定价之前，有必要了解连续复利的知识。

假设数额A以年利率R投资了n年，如果利率按每年计一次复利计算，则以上投资的终值为：$A(1+R)^n$。

如果每年计息m次，则终值为：$A(1+R/m)^{mn}$。

当m趋于无穷大时，就称为连续复利（Continuous Compounding）。在连续复利的情况下，数额A以利率R投资n年后，其终值F将达到$F=Ae^{Rn}$。由此式倒推可得，n年前数额A的现值为$P=Ae^{-Rn}$。

由于不是每日结算，分析远期合约一般来说比分析期货合约容易些，因此我们先分析远期合约的定价。

1.远期合约定价

下文中将用到以下符号：

T——远期合约到期的时间（年）

t——现在的时间（年）

S——远期合约标的资产在时间t时的价格

S_T——远期合约标的资产在时间T时的价格（在t时这个值未知）

K——远期合约中的交割价格

f——时刻t的远期合约多头价值

F——时刻t的远期价格

r——对T时刻到期的一项投资而言，在时刻t以连续复利计算的无风险利率远期价格F完全不同于远期合约的价值f，任何时刻的远期价格都是使合约价值为0的交割价格。合约开始生效时，一般设定交割价格等于远期价格，所以，F=K且f=0。随着时间的变化，f和F都在变化。

（1）无收益证券（No-Income Security）的远期合约

最容易定价的远期合约是基于不支付收益的证券的远期合约，如不付红利的股票和贴现债券等。

由于没有套利机会，对无收益证券而言，该证券远期价格F与现价S之间的关系应该是

$$F=Se^{r(T-t)} \tag{5.1}$$

推导过程如下：

考虑这样两个证券组合：

组合A：一个远期合约多头加上一笔数额为$Ke^{-r(T-t)}$的现金；

组合B：一单位标的证券。

在组合A中，假设现金以无风险利率投资，则在时刻T，现金数额将达到K。在远期合约到期时，这笔钱正好可用来购买该标的证券。在时刻T，两个组合都将包含一单位的标的证券。可知，它们在早些时候，如在时刻t，两个组合的价值也应相等；否则，投资者就可以通过购买相对便宜的组合、出售相对昂贵的组合来获得无风险利润。

因此有

$$f+Ke^{-r(T-t)}=S$$

或

$$f=S-Ke^{-r(T-t)}$$

当一个新的远期合约生效时，远期价格等于合约规定的交割价格，且使该合约本身的价值为0。因此，远期价格F就是上式中令f=0的K值，即

$$F=Se^{r(T-t)}$$

（2）支付已知现金收益证券的远期合约

我们考虑另一种远期合约，该合约的标的资产将为持有者提供一定的可预测的现金收益，如支付已知红利的股票和付息票的债券。设I为远期合约有效期间所得收益的现值，贴现率为无风险利率。

由于无套利机会，F和S之间的关系应是

$$F=(S-I)e^{r(T-t)} \tag{5.2}$$

推导过程如下：

将上文中的组合B变为一个单位的证券加上以无风险利率借I数额的资金。

由于证券的收益可以用来偿还借款，因此，在T时刻，这个组合与一单位的证券具有相同的价值。组合A在T时刻也具有同样的价值。由此，在T时刻，这两个

组合应具有相同的价值，即

$$f+Ke^{-r(T-t)}=S-I$$

则

$$f=S-I-Ke^{-r(T-t)}$$

远期价格F就是使f=0的K值，由上式得

$$F=(S-I)e^{r(T-t)}$$

（3）支付已知红利收益率证券的远期合约

可以认为货币和股票指数是提供已知红利收益率的证券。下文我们将基于这类证券的远期合约进行一般性分析。

将上文中的组合B改为$e^{-q(T-t)}$个证券，并且所有的收入都再投资于该证券，其中q为已知红利收益率。

组合B中拥有证券的数量随获得红利的增加而不断增长，因此到时刻T时，正好拥有一个单位的该证券。在时刻T，组合A和组合B价值相等。在t时刻，两者也相等，可得

$$f+Ke^{-r(T-t)}=Se^{-q(T-t)}$$

即

$$f=Se^{-q(T-t)}-Ke^{-r(T-t)}$$

远期价格F就是使f=0时的K值：

$$F=Se^{(r-q)(T-t)} \tag{5.3}$$

如果在远期合约有效期内红利收益率是变化的，（5.3）式仍是正确的，此刻q等于平均红利收益率。

可以证明，当无风险利率恒定且所有到期日都不变时，两个交割日相同的远期合约和期货合约有相同的价格。这一结论还可做一下扩展，只要利率的期限结构即利率作为投资期限的函数是已知的，两个价格就应相等。有兴趣的读者可以参阅约翰·赫尔著的《期权、期货及其他衍生产品》（张陶伟译，华夏出版社，1997）一书。当利率变化无法预测时，远期价格和期货价格从理论上来讲就不一样了。我们可以从直观上来解释，如果合约标的资产的价格与利率之间存在高度正相关的关系(以货币为例，当某种货币利率上升时，该货币的汇率也会上升)，持有期货合约多头部位比持有远期合约多头部位有利。因为，当S上涨时，在每天逐日盯市的过程中，多头部位因有盈余会产生超额保证金，由于同时利率也较高，这部分超额保证金能以较高的收益率进行投资；反之，若S下跌，多头部位不得不追加保证金，但由于利率也同时下降了，追加部分的保证金可以较低的成本融资。相反，若投资者持有的是远期合约，就无法享受到利率变化带来的这些好处，因此期货价格应高于远期价格。同样，若标的资产的价格与利率高度负相关（如债券、股票等），应得出远期价格高于期货价格的结论。

除以上原因外，还有一些实际因素造成两个价格的不同，如税收的不同处理、手续费不同等。另外，期货合约的流动性比远期合约强，因此更具吸引力。但当合约的期限不太长时，两者的差别可以忽略不计，此时我们可以认为远期价格也即期货价格。

2.外汇期货合约定价

对外汇期货合约定价将用到如下符号：

T——远期合约到期的时间（年）

t——现在的时间（年）

S——以美元表示的一单位外汇的即期价格

K——远期合约中约定的交割价格

f——时刻t远期合约多头的价值

F——时刻t的远期价格

r——本币（美元）以连续复利计算的无风险利率

r_f——外汇以连续复利计算的无风险利率

用于外汇远期合约定价的两个组合如下：

组合A：一个远期多头加上$Ke^{-r(T-t)}$金额的现金；

组合B：$e^{-r_f(T-t)}$金额的外汇。

在组合A中，假设现金以无风险利率投资，则到时刻T时，现金数额将达到K。在远期合约到期时，这笔钱正好可用来购买一单位外汇。而组合B中的外汇以无风险利率投资，到时刻T也将等于一单位外汇。因此可知，在时刻t，两个组合的价值也应相等；否则，投资者就可以通过购买相对便宜的组合、出售相对昂贵的组合来获得无风险利润。这一点我们将在以下的讨论中说明。

因此有

$$f+Ke^{-r(T-t)}=Se^{-r_f(T-t)}$$

或

$$f=Se^{-r_f(T-t)}-Ke^{-r(T-t)}$$

当一个新的远期合约生效时，远期价格等于合约规定的交割价格，且使该合约本身的价值为0。因此，远期价格F就是公式（5.1）中令f=0的K值，即

$$F=Se^{(r-r_f)(T-t)} \tag{5.4}$$

假设$F>Se^{(r-r_f)(T-t)}$，即$Fe^{r_f(T-t)}>Se^{r(T-t)}$，套利者可以无风险利率借入S美元，按即期汇率将S兑换为外币，以无风险利率r_f投资，期限为T−t，同时卖出外币的远期合约。这样在时刻T就获得$e^{r_f(T-t)}$单位的外币，按远期合约约定的价格F卖掉，获得$Fe^{r_f(T-t)}$美元，同时归还美元本息$Se^{r(T-t)}$。这样，在时刻T就实现了$Fe^{r_f(T-t)}-Se^{r(T-t)}$单位美元的利润。

再假设$F<Se^{(r-r_f)(T-t)}$，即（1/S）$e^{r_f(T-t)}<$（1/F）$e^{r(T-t)}$。套利者可以无风险利率r_f

借入1/S单位外币，按即期汇率S兑换为美元，以无风险利率r投资，期限为T−t，同时卖出美元的远期合约。这样，在时刻T获得（1/F）$e^{r(T-t)}$单位美元，按远期合约约定的价格卖掉，同时归还外币本息（1/S）$e^{r_f(T-t)}$。在时刻T就实现了（1/F）$e^{r(T-t)}$ −（1/S）$e^{r_f(T-t)}$单位外币的利润。

许多套利者的存在，使得现实中一出现套利机会很快就会消失，因此有理由假设不存在套利机会，故

$$F=Se^{(r-r_f)(T-t)}$$

这是著名的利率平价公式。F既是外汇远期价格，也是外汇期货价格。

5.3.3 外汇期货行情解读

《纽约时报》、《华尔街日报》和伦敦《金融时报》每天都刊登金融期货市场行情，包括外汇期货行情。读懂外汇期货行情是进入外汇期货市场的必备条件。表5-4是2020年11月30日芝加哥商品交易所（CME）外汇期货行情。

表5-4 外汇期货行情表

Settlement Prices for 11/30/2020									
CURRENCIES									
contract	month	open	high	low	close	change	VOL	OI	date exchange
Australian Dollar									
DAD	Dec 20	0.7389	0.7409	0.7340	0.7343	−0.0046	88 022	126 449	11/30/20 CME
DAD	Mar 21	0.7395	0.7413	0.7345	0.7349	−0.0046	1 343	1 222	11/30/20 CME
DAD	Jun 21	0.7380	0.7390	0.7380	0.7390	0.0015	2	110	11/30/20 CME
DAD	Sep 21	0.7403	0.7403	0.7403	0.7403	0.0019	1	232	11/30/20 CME
DAD	Dec 21	0.7405	0.7405	0.7405	0.7405	−0.0010	0	3	11/30/20 CME
British Pound									
DBP	Dec 20	1.3328	1.3392	1.3305	1.3323	0.0017	133 289	142 116	11/30/20 CME
DBP	Mar 21	1.3338	1.3401	1.3321	1.3332	0.0016	1 474	4 051	11/30/20 CME
DBP	Jun 21	1.3380	1.3380	1.3380	1.3380	0.0053	5	235	11/30/20 CME
DBP	Sep 21	1.3339	1.3339	1.3339	1.3339	−0.0066	0	205	11/30/20 CME
Canadian Dollar									
DCD	Dec 20	0.7701	0.7739	0.7687	0.7688	−0.0013	93 870	137 467	11/30/20 CME
DCD	Mar 21	0.7706	0.7741	0.7691	0.7691	−0.0015	1 357	3 868	11/30/20 CME
DCD	Jun 21	0.7706	0.7740	0.7704	0.7710	0.0003	97	1 689	11/30/20 CME
DCD	Sep 21	0.7706	0.7711	0.7704	0.7710	0.0011	9	410	11/30/20 CME
DCD	Dec 21	0.7711	0.7720	0.7711	0.7720	0.0010	10	349	11/30/20 CME

表头各栏含义如下：contract为合约基础货币；month表示交割月份；date为交易日；open为开盘价；high为当日交易最高价；low为最低价；close为收盘价；change为当日收盘价与前一日的差额；VOL为当日成交量；OI为未平仓合约数。

如澳大利亚元3个月期期货合约2020年11月30日的交易行情可从表5-4中得知：开盘价为0.7395USD/AUD，最高价为0.7413USD/AUD，最低价为0.7345USD/AUD，收盘价为0.7349USD/AUD，收盘价比前一交易日下降0.0046USD/AUD，当日交易量为1 343份，未平仓合约数为1 222份。

交易价格、交易量和未平仓量是对期货市场进行技术分析的三个重要指标。交易量指某段时间内成交的合约数量，是个流量指标。为避免重复，交易量的计算采取单向预计，即只预计买方或卖方的合约数。未平仓量指在某一时点上未对冲的合约数量，是个存量指标。未平仓量的计算也采取单向统计。只有在一位新买家和新卖家成交后，未平仓量才能增加“1”；如果买方是第一次进入市场，而卖方是对冲在手合约，则未平仓量不变，反之亦然；如果买卖双方都是为对冲在手合约而成交，则未平仓量减“1”。

交易量和未平仓量反映了期货市场的流动性和深度。交易量大，说明市场流动性强；反之，市场流动性弱。相对较大的未平仓量说明商业性套期保值额度增加，因为当价格变动时，保值者会比投机者更愿意持有头寸。价格下跌期间，交易量上升，往往意味着价格下跌会继续且会加速；价格上升时交易量也上升，价格则可能继续坚挺。价格上升，未平仓量也上升，说明有新的多头套汇者和投机者进入市场，预示着价格会继续上升；若价格下跌期间未平仓量也下降，价格则可能会继续下降。

5.3.4 外汇期货与外汇远期的区别

期货合约源自远期合约，两者虽有共性，但仍有严格的区别：

1.合约的标准化程度不同

外汇期货合约是一种标准化合约，除价格以外，在币种、交易时间、交易金额、结算日期等方面都有明确具体的规定。

远期外汇合约则无固定的规格，一切均由交易双方自行商议。

2.市场参与者不同

在外汇期货市场上，任何投资人只要按规定缴存保证金，均可通过具有期货交易所结算会员资格的外汇经纪商来进行外汇期货交易，不受资格限制。从事远期外汇交易虽无资格限制，但实际上远期外汇市场的参与者大多为专业化的证券交易商或与银行有良好往来关系的大客户，而广大个人投资者由于缺乏足够信用标准并没有参与的机会。

另外，由于大量投机者与套利者的存在，市场流动性很大，外汇期货市场的发展极为迅速。而在远期外汇市场上，最大的参与者是套期保值者，市场流动性小，市场规模不易扩大，而且经常是单向交易，易出现有行无市的情况。

3. 交易方式不同

在外汇期货市场上，交易双方不直接接触，买卖的具体执行都由经纪商代理。交易双方并不知道真正的交易对手是谁，他们都分别与交易所的清算机构打交道，清算机构是交易的中介。由于信用风险较小，在进行外汇期货交易时，可以不必考虑对方的信用是否可靠。

远期外汇交易可分为银行之间的交易和银行对客户的交易两种。两者均通过电话、电传进行。虽然有时也有经纪商介入，但通常由买卖双方直接联系，进行交易。因此，每一笔交易都必须考虑对方的信用，难免要承担信用风险。

4. 交易场所不同

外汇期货交易是一种场内交易，即在交易所内，按规定的时间，采取公开叫价的方式进行交易，其竞争相当激烈。场内交易只限于在交易所会员之间进行，非会员如要进行外汇期货交易，必须由会员代为买卖。

远期外汇交易是一种场外交易，没有固定的交易场所，也没有交易时间的限制。它通过电话、电传等现代化通信手段，在银行同业间、银行与经纪人之间以及银行与客户之间单独进行。如果要委托经纪人进行交易，也不存在任何限制。

5. 保证金和佣金的制度不同

在外汇期货交易中，为确保每一份合约生效后，当事人能对因期货价格发生不利变动而造成的亏损及时支付，期货交易所要求买卖双方存入保证金，且在期货合约有效期内每天都进行结算，调整保证金。

远期外汇买卖一般不收取保证金。如果客户是与银行有业务往来的公司，通常的做法是公司在银行享有的信贷额度应随远期合同的金额相应减少。只有在个别情况下，如银行对客户的信用情况不太熟悉、公司在银行无信贷额度或信贷额度即将用完，银行才会要求客户存入约为远期合约金额5%~10%的资金作为其履约保证。

购买或出售外汇期货合约时都必须缴纳佣金，佣金的数额无统一标准，一般由交易双方自行商定。

远期外汇交易如果发生在银行同业之间，一般不收取佣金，只有当交易通过外汇经纪人进行时才支付佣金。

6. 交易结算制度不同

外汇期货交易由于金额、期限均有规定，故不实行现货交割，而实行逐日盯市、现金结算。其余额必须每天经清算所清算，获利可取出，而亏损则要按保证金的底限予以补足。

远期外汇交易的盈亏只有到了协定的交割日才进行现货交割。将交易方向相反的买卖结果相互抵消后，实际资金的移动仅限于差额部分。

7.交易的最终交割不同

由于市场参与者大多是保值者和投资者，外汇期货市场上的任何变动都会导致交易者买入或卖出合约，以赚取利差或减少亏损，因此，外汇期货到期进行实际交割的合约数一般不到合约总数的2%。而远期外汇合约到期进行实际交割的比重高达90%以上。

5.3.5 外汇期货与外汇远期的联系

1.外汇期货交易与外汇远期交易的共性

外汇期货交易与外汇远期交易都是在未来某一特定日期，以事先确定的价格交割某种特定货币的合约。两者具有以下共同点：

（1）两种交易的客体都是外汇。

（2）两种交易的原理相同，都是为了防范风险或转移风险，达到保值或获利的目的。

（3）两种交易的经济功能相似，都有利于国际贸易的发展，为客户提供风险转移和价格发现机制。

2.外汇期货市场与外汇远期市场之间的联系

正是由于上述共性，外汇期货交易与远期外汇交易并不是毫不相干的两种交易活动，它们实际上是进行外汇交易时的两种不同途径。这反映在以下两个方面：

（1）期货交易与外汇市场营业时间的配合

每个期货交易所的营业时间都参照交易货币发行国的外汇市场和当地外汇市场的时差而定。为了捕捉开盘时和收盘前那一刹那的市场动向，目前各国外汇市场的营业时间一般均参考其他外汇市场的营业时间订立。由此，为了配合各国外汇市场的营业时间，外汇期货市场营业时间的订立方法就显得非常奇特，但从中也可看出期货市场对外汇市场的依赖性。

（2）远期与期货市场间的套利交易

外汇期货市场在形式上虽是一个自我清偿的市场，但市场交易的标的物与一般外汇市场的标的物相同，一旦两个市场行情出现差距，如果交易上无限制的话，就不可避免地出现套利交易，而且使得其间差距消失，并为期货市场提供流动性。

5.4 利率期货合约

利率期货（Interest Rate Future）是指以债券类证券为标的物的期货合约，它可以回避因利率波动所引起的证券价格变动的风险。

利率期货合约根据基础资产证券期限的长短可分为两类：短期债券期货合约和中长期债券期货合约。前者是指基础资产证券的期限不超过1年的利率期货合约，如短期国库券期货合约、欧洲美元期货合约、定期存单期货合约等。中期债券期货合约是指基础资产证券期限在1~10年的利率期货合约，如5年期美国国库券期货合约。长期债券期货合约则是指基础资产证券期限在10年以上的利率期货合约，如长期国库券期货合约以及政府国民抵押协会证券期货合约等。短期债券期货和中长期债券期货虽都属于利率期货，但两者在报价与交割方面有所不同。前者我们称为利率期货，后者称为债券期货。

5.4.1 利率期货合约

1.短期债券期货合约

下面我们以列表的形式介绍几种主要的短期债券期货合约，见表5-5。

表5-5 几种主要的短期债券期货合约

合约名称	IMM90天国库券期货合约	IMM90天CDs期货合约	IMM3个月欧洲美元期货合约
交易单位	1 000 000美元	1 000 000美元	1 000 000美元
最小变动价位	0.01	0.01	0.01
最小变动值	25美元	25美元	25美元
每日交易限价	0.60，即每张合约1 500美元	0.80，即每张合约2 000美元	无
合约月份	3、6、9、12	3、6、9、12	3、6、9、12
交易时间	芝加哥时间8：00—14：00	芝加哥时间7：00—14：00	芝加哥时间7：20—14：00 最后交易日交易截至9：30
最后交易日	交割日前一营业日	交割日前一营业日	交割月份第3个周三往回数第二个伦敦银行营业日
交割日	交割月份中一年期国库券还余13周期限的第一天	交割月份的15日至月底	最后交易日

短期国库券在现货市场上是以贴现率报价的，而在期货市场上则是以IMM指数报价的。如一份年贴现率为8.50%的短期国库券期货合约，IMM指数就是91.50（100−8.50）。如果某人要用利率期货进行投机，他会希望以低利率借入资金（出售期货），以高利率存入资金（买入期货）。但这样一种交易原则意味着“逢高买入，逢低出售”，与常规的交易战略是相悖的，而采用IMM指数报价之后，当利率上涨时，期货价格下降；当利率下降时，期货价格上升。这样，交易者就又可以重新按常规的“逢低买入，逢高抛出”的原则来进行交易了。

国际货币市场90天国库券期货合约的最小变动价格是0.01，即通常所说的1点。例如，IMM指数由92.00变为92.01，就意味着价位变动1点，这1点所代表的变动值就是25美元（1 000 000×0.01%×90÷360）。

IMM指数只是一种报价方法，并不是债券期货的实际价格，但通过IMM指数可以计算出期货价格。例如，IMM指数由92.00变为94.00，90天国库券的期货价格变动如表5-6所示。

表5-6　**IMM指数由92.00变为94.00时90天国库券的期货价格变动**

IMM指数	92.00	94.00
年贴现率	8%	6%
期货价格	1 000 000-1 000 000×8%×90÷360 =98（万美元）	1 000 000-1 000 000×6%×90÷360 =98.5（万美元）

由此可以看出年贴现率、短期国库券期货的报价（Z）和期货合约现金价格（Y）的关系：

假定Y是面值为100美元、距到期日还有n天的短期国库券的现金价格，短期国库券的报价（年贴现率）为：

年贴现率=360/n×（100-Y）

短期国库券期货的IMM指数报价（Z）=100-相应的短期国库券的报价（年贴现率），则IMM90天国库券的期货价格为：

Z=100-4（100-Y）

或

Y=100-0.25（100-Z）

IMM90天定期存单期货合约与IMM短期国库券期货合约相似，也是以IMM指数报价的。

从表面上看，欧洲美元期货合约在结构上与短期国债期货合约一致。根据欧洲美元期货的报价，计算一张短期期货合约价值的公式也与计算短期国债期货合约价值使用的公式一致。但是，短期国债期货合约与欧洲美元期货合约存在着一些重要差别。短期国债期货合约的价格在到期日收敛于90天期面值为1 000 000美元的短期国债的价格，并且如果持有的合约到期，就会进行交割。而欧洲美元期货合约是在到期日的第三个星期三之前的第二个伦敦营业日用现金来结算的。最后的盯市使合约的价格等于10 000（100-0.25R），其中R为当时报出的欧洲美元的利率。欧洲美元利率的报价是按季度计复利的90天欧洲美元存款的实际利率，它不是贴现利率。因此，欧洲美元期货合约是基于利率的期货合约，而短期国债期货合约是基于短期国债价格的期货合约。

2.中长期债券期货合约

表5-7介绍了几种中长期债券期货合约。

表5-7　　**几种中长期债券期货合约**

名称	CBOT 5年期国库券期货合约	CBOT 10年期国库券期货合约	CBOT长期国库券期货合约	CBOTGNMA CDR期货合约
交易单位	100 000美元面值的中期国库券	100 000美元面值的中期国库券	100 000美元面值的长期国库券	本金100 000美元，息票率为8%
最小变动价位	一个百分点的1/64	一个百分点的1/32	一个百分点的1/32	一个百分点的1/32
最小变动值	15.625　美元	31.25　美元	31.25　美元	31.25　美元
每日交易限价	上一交易日结算价格上下各3点，即每份合约3 000美元（可扩大到$4\frac{1}{2}$点）	3个点，即每份合约3 000美元	3个点，即每份合约3 000美元	3个点，即每份合约3 000美元
合约月份	3、6、9、12	3、6、9、12	3、6、9、12	3、6、9、12
交易时间	芝加哥时间 7：20—14：00	芝加哥时间周一至周五7：20—14：00	7：20—14：00 （交易池） 17：20—20：05 22：30—6：00 （环球交易所屏幕交易）	芝加哥时间 7：20—14：00 最后交易日交易时间截止于13：00
最后交易日	从交割月份最后营业日往回数第八个营业日	从交割月份最后营业日往回数第七个营业日	从交割月份最后营业日往回数第七个营业日	交割月份第三个星期三之前的星期五
交割等级	任何最近拍卖的5年期国库券，特别以原偿还期不超过5年零3个月，而剩余有效期限从交割月第一天算起仍不少于4年零3个月的中期国库券为最好	从交割月份第一天算起剩余有效期限至少为6.5年，但不超过10年，标准利率为8%的中期国库券	剩余有效期限或不可赎回期限至少为15年，标准利率为8%的长期国库券	本金余额为100 000美元，息票标准利率为8%的CDR

（1）报价

中长期国债的价格以美元和1/32美元报出，所报价格是面值为100美元债券的价格。因此，90—05的报价意味着面值100 000美元债券的价格是90 156.25美元

（1 000×（90+5÷32））。

报价与购买者所支付的现金价格并不相同。现金价格与报价之间的关系为：

现金价格=报价+上一个付息日以来的累计利息

为说明此公式，设现在是2010年3月5日，所考虑的债券息票率为11%，在2030年7月10日到期，报价为95—16。由于政府债券半年付一次利息，最近的一次付息日是2010年1月10日，下一次付息日将是2010年7月10日。在2010年1月10日与2010年3月5日之间的天数是54天，而2010年1月10日与2010年7月10日之间的天数是181天。一个100美元面值债券，在1月10日和7月10日支付的利息都是5.5美元。2010年3月5日的累计利息应该均摊7月10日支付给债券持有者的息票，计算如下：

54÷181×5.50=1.64（美元）

因此，2030年7月10日到期的每100美元面值债券的现金价格是

95.5+1.64=97.14（美元）

100 000美元面值债券的现金价格为97 140美元。

长期国债期货合约的报价与长期国债本身报价的方式相同。

每一期货合约的大小是交割面值为100 000美元的债券。因此，在期货价格的报价中，期货价格1美元的变化将引起期货合约总价值变化100美元。芝加哥期货交易所5年期国库券期货合约的最小变动价位为1/64，它所代表的最小变动值是156 250美元（100 000×1÷64%）。

（2）转换因子和发票金额

在中长期利率期货合约中有一项重要内容，即交割等级。例如，CBOT中长期国库券期货合约中的交割等级是息票率为8%的国库券。然而，如果只允许对息票率为8%的债券进行交割，那就会出现麻烦。有时候可能正好没有息票率恰好为8%的债券。即使有一两种这样的债券，由于期货市场的交易规模远大于债券发行规模，极易导致债券期货市场出现价格操纵现象。一部分投资者在买入国库券期货合约的同时大量买入相应的基础国库券，这并非难事。当交割月份日趋临近时，那些期货合约的空头方就要进行平仓，或者大量买入相应的基础国库券。当这种空头挤压（Short Squeeze）发生时，期货价格与债券（国库券）价格同时上涨，从而给最终的投资者（多头方）带来丰厚的利润。为了避免出现这种情况，期货交易所在设计债券期货合约时已考虑到要防止任何人垄断市场。就国库券和大多数与之相似的期货品种来看，交易所可以通过尽可能地延长债券期货的交割期限来防止市场出现人为操纵的局面。一般情况下，多头期货持有者总希望获得息票率较高且利息增长较为明显的债券，而空头期货的持有者则希望在付息日之后马上交割一些低息票率债券。这种明显的利益矛盾可以通过调整发票金额（Invoicing Amount）来解决，即在交割日，债券的出售者交付现货债券（至于何种债券由出售者决定），从购买

者那里收到有关的发票金额。发票金额已把实际交割债券的息票率和时间因素考虑在内。其计算方法由下式表示

INVAMT（发票金额）=FP×CF+AC

式中：FP——期货价格（交割结算价格）；

CF——转换因子；

AC——应计利息。

每种可交割债券都有相应的转换因子（Conversion Factor）。由于国债期货条款的差异，为便于计算，交易所规定了一种虚构的标准国债期货，其他国债期货的报价根据转换因子对标准国债期货的报价进行调整即可。转换因子的作用在于弥补可交割债券在息票利率与交割时间上的差异。这是因为现货市场上长期国库券的期限和息票率与期货不一样。当交割某一特定债券时，可用于交割的报价是转换因子和期货报价的乘积。期货合约是标准化的，交易单位为100 000美元，息票率为8%。这实际上是虚构的债券，如果期货在最终到期时未能对冲结清，则期货合同要用现货来结算。这就有必要通过转换因子进行价格调整，使其条件与标准期货相一致。一般情况下，在每个交割日之前，期货交易所都会提前相当时间以表格的形式公布转换因子数据。月息票率低于8%的债券，其转换因子将小于1.0；而息票率高于8%的债券，其转换因子将大于1.0。

在债券市场上，息票率较高的债券的交易价格也较高。投资者在两种期限相同但息票率不同的债券之间进行选择时，必须对高利息收益与高购买价格加以权衡。在一个完善的市场上，价格调整会使投资者从两种债券上获得相同的实际收益率。在计算不同债券的转换因子时，使用的是同一原理。每种债券的转换因子实际上是要使每一美元所购买的不同债券得到相同的收益率。

在其他条件相同时，高息票率的债券转换因子要比低息票率的债券转换因子数值大。对于息票率相同的债券，不同的到期期限对转换因子会产生影响，但这种影响不像息票率因素那么明显。如果息票率低于合同规定的名义息票率8%，那么期限越长，转换因子越小；如果息票率高于名义息票率8%，则期限越长，转换因子越大。后一种影响主要源自固定利息证券的数字计算。凡息票率低于现行市场收益率的债券一般都以贴现方式交易。期限越长，贴现额越大，因为持有这种低息债券是一种损失，持有的时间越长，损失越大；反之，息票率高于当前市场收益率的债券将以溢价方式交易，而且期限越长，溢价也越高。

转换因子的计算公式如下

$$TC=\left[\frac{R}{r}\times\frac{(1+\frac{r}{2})^{n}-1}{(1+\frac{r}{2})^{\frac{m}{6}}}+\frac{100}{(1+\frac{r}{2})^{\frac{m}{6}}}-R\times\frac{6-u}{12}\right]\div 100$$

式中：TC——转换因子；

R——债券的票面年利息；

r——债券期货合约规定的息票率（收益率）；

n——债券剩余付息次数（半年付息一次）；

m——债券剩余月数（从交割结算日至到期偿还的月数）；

u——从交割结算日至下次付息的月数。

（3）最便宜的交割债券

要使所有可交割的债券能够互相替代，利用转换因子计算可以说是一种较好的办法。但这种办法并不是完美无缺的。首先，CBOT在计算转换因子时要先将债券的期限并入期前最近的一个季度。即使不这样做，根据CBOT的合约规定，债券交割可在交割月份中的任何一天进行，而转换因子却不变。为了避免这一具体问题，许多期货交易所都规定将某一天作为交割日，并以此来计算转换因子。此外，转换因子计算法还有一个重要缺陷：计算转换因子是为了将各种债券的收益率转换到一个单一的收益率，即合约规定的息票率上来，以使各种债券的实际收益率趋于一致。但实际情况是，不同的债券以不同的收益率交易，由此形成了收益率曲线。即使所有的债券都按同一收益率交易，这种收益率也不太可能恰好与债券期货合约中规定的息票率相同。

这就说明即使使用转换因子进行交割的债券也不是完全等价的。有些债券相对昂贵，另一些则较便宜。其中，有一种会是最便宜的交割债券（the Cheapest-to-Deliver Bond）。由于空头方收到的价款为“（期货的报价×转换因子）+应计利息”，而购买债券的成本为“债券的报价+应计利息”，交割最便宜的债券是使“债券报价-（期货报价×转换因子）”最小的那个债券。

【例5-1】

空头方决定交割，打算在表5-8的三个债券中进行选择。假定现在期货的报价为93—16，即93.50。交割每种债券的成本如表5-8所示。

表5-8 可供交割的债券

债券	报价	转换因子
1	99.50	1.0382
2	143.50	1.5188
3	119.75	1.2615

债券1：99.50-（93.50×1.0382）=2.43

债券2：143.50-（93.50×1.5188）=1.49

债券3：119.75-（93.50×1.2615）=1.80

因此交割最便宜的债券是债券2。

交割最便宜的债券受以下因素影响：首先，当收益率高于8%时，就转换因子制度而言，倾向于交割息票利率较低、期限较长的债券；当收益率低于8%时，倾向于交割息票利率较高、期限较短的债券。其次，当收益率曲线向上倾斜时，倾向于交割距到期日期限长的债券；而当收益率曲线向下倾斜时，倾向于交割期限较短的债券。最后，有些债券的售价高于其理论值，如低息票利率债券和那些利息可以从本金中抵扣的债券。

5.4.2 利率期货合约的定价

1.短期利率期货合约的定价

（1）即期和远期利率

n年期即期利率是从今天开始计算并持续n年期限的投资的利率。考虑的投资应是中间没有支付的“纯粹”的n年投资。这意味着所有的利息和本金在n年末支付给投资者。n年期即期利率也指n年期零息票收益率。

远期利率是由当前即期利率隐含的将来时刻的一定期限的利率。其计算方式如下：假设即期利率如表5-9的第二列所示。这些即期利率以连续复利计息。因此，1年期10%年利率意味着今天投资100美元，一年后投资者收到$100e^{0.1}=110.52$（美元）；两年期10.5%的年利率意味着今天投资100美元，两年后投资者收到$100e^{0.105\times2}=123.37$（美元），依此类推。

表5-9 远期利率的计算

年（n）	n年期投资的即期利率（%p.a.）	第n年的远期利率（%p.a.）
1	10.0	
2	10.5	11.0
3	10.8	11.4
4	11.0	11.6
5	11.1	11.5

表5-9中第二年的远期利率是年利率11%。这是一个即期利率隐含的第一年年末至第二年年末之间期限的利率。它可以通过1年期10%年即期利率和2年期10.5%年即期利率计算出来。正是这个第二年的利率，与第一年10%的利率组合在一起，得到整个两年期间10.5%的年利率。为证明正确答案是11%，假设投资100美元，则第一年10%的利率和第二年11%的利率在第二年年末收益为：

$100e^{0.1}e^{0.11}=123.37$（美元）

2年期10.5%年利率投资的收益为

$100e^{0.105\times2}=123.37$（美元）

此例说明了一个一般的结论：当这些利率是连续复利，并且将相互衔接时期的利率组合在一起时，整个期间的等价利率是这些利率的简单算术平均（10.5%是10%和11%的平均值）。当这些利率不是连续复利时，这个结果近似成立。一般来说，如果r是T年期的即期利率，r^*是T^*年期的即期利率，且$T^*>T$，T^*-T期间的远期利率$\hat{r}$如下

$$e^{rT}e^{\hat{r}(T^*-T)}=e^{r^*T^*}$$

$$rT+\hat{r}(T^*-T)=r^*T^* \tag{5.5}$$

$$\hat{r}=(r^*T^*-rT)/(T^*-T)$$

（2）短期利率期货定价

短期国债期货的基础资产为在期货合约交割日90天后到期的国债。例如，若期货合约160天后到期，则基础资产是250天后到期的短期国债。短期国债本身通常是折扣债券，没有息票，在到期日偿还面值，因此，期货价格的决定相对容易一些，我们先设定以下符号：

T——期货合约的期限

T^*——基础资产的期限（$T^*-T=90$天）

r——T时到期的无风险投资收益率

r^*——T^*时到期的无风险投资收益率

如果考虑面值为100元的短期国债，其现值PV为：

$$PV=100e^{-r^*T^*}$$

由于短期国债是一种不提供任何货币收入的证券，应用上一节的公式（5.1）可得期货价格为

$$F=100e^{-r^*T^*}e^{rT}=100e^{rT-r^*T^*}$$

应用（5.5）式可将上式简化为

$$F=100e^{-\hat{r}(T^*-T)} \tag{5.6}$$

式中：$\hat{r}$——T和T^*期间的远期利率。

这一式子表明，如果交割日后的90天期利率等于现在的远期利率，则短期国债期货合约的价格即为上述价格。

（3）套利机会

如果短期国债期货价格中隐含的远期利率不同于短期国债本身所隐含的远期利率，就存在潜在的套利机会。假设：45天期短期国债的年利率为10%，135天期短期国债的年利率为10.5%，还有45天到期的短期国债期货价格对应的隐含远期利率为10.6%，所有的利率均为连续复利率。根据公式（5.5），在45天到135天中，短期国债本身隐含的远期利率为

$$(135\times10.5\%-45\times10\%)\div90=10.75\%$$

这就高于短期国债期货价格中隐含的10.6%的远期利率。套利者应在45天到135天的期限内以10.6%的利率借入资金，并按10.75%的利率进行投资。这可以通

过以下策略来进行：

①卖空期货合约。

②以10%的年利率借入45天的资金。

③将借入的资金按10.5%的利率进行135天的投资。

我们将以上策略称为第一类套利。第一个交易确保在45天后，能够套出收益率为10.6%的短期国债。实际上，它将这一段时间内的借款利率锁定为10.6%。第二和第三个交易确保在这段时间内收益率为10.75%。

如果情况与此相反，即短期国债期货的隐含利率高于10.75%，那么就可以采用如下的相反策略：

①买入期货合约。

②以10.5%的年利率借入期限为135天的资金。

③将借入的资金以10%的利率进行为期45天的投资。

我们将以上策略称为第二类套利。

这两类套利都包括以短期国债利率或与短期国债利率接近的利率借入资金的可能性。回购协议使得那些拥有可交易债券组合的公司能够在短期内以短期国债利率或与之接近的利率借入资金。在验证短期国债市场是否存在套利机会时，交易者经常计算所谓的隐含回购利率（Implied Repo Rate，IRR）。它是与短期国债到期日相同的国债期货价格和比该短期国债的期限长90天的另一短期国债价格隐含的短期国债利率。如果隐含的回购利率高于实际的短期国债利率，在理论上就可能进行第一类套利；如果隐含的回购利率低于实际的短期国债利率，在理论上就可能进行第二类套利。

【例5-2】

到期日为146天的短期国债的现货价格（面值为100美元）是95.00美元，到期日为56天的90天国债期货合约的现货价格为96.50美元。由于90天为0.2466年，146天为0.4000年，则146天的连续复利率r^*为

$$e^{-r^*T}=0.9500$$

$$r^*=-1\div 0.4000\times Ln0.9500=0.1282$$

即12.82%，且由期货价格隐含的连续远期复利率$r\hat{}$为

$$-1\div 0.2466\times Ln0.9650=0.1445$$

即14.45%。将（5.5）式变形，可知由r^*和$r\hat{}$隐含的56天连续复利率r为

$$r=[r^*T^*-r\hat{}(T^*-T)]/T$$

这就是隐含的回购利率。在本例中，该利率为

$$(12.82\%\times 146-14.45\%\times 90)\div 56=10.20\%$$

如果56天的年利率低于10.20%，表明可使用第一类套利；如果高于10.20%，表明可使用第二类套利。

2. 中长期利率期货合约的定价

由于空头方涉及的交割时间选择权和交割债券的选择权不容易进行估价，因此精确地确定长期国债期货的理论价格很难。但如果我们假定交割最便宜的债券和交割日期是已知的，长期国债期货合约则是这样一种期货合约，即该合约的标的资产可向其持有者提供已知的收益。上一节的（5.2）式表明期货价格F与现货价格S的关系是

$$F=(S-I)e^{r(T-t)} \tag{5.7}$$

式中：I——期货合约有效期内息票利息的现值；

T——期货合约的到期时刻；

t——现在的时刻；

r——在t和T的期间内适用的无风险利率。

在（5.7）式中，F是期货的现金价格（Cash Futures Price），S是债券的现金价格（Cash Bond Price）。报价的过程如下：

（1）根据报价计算交割最便宜的债券的现金价格。

（2）运用（5.7）式，根据债券的现金价格计算期货的现金价格。

（3）根据期货的现金价格计算出期货的报价。

（4）考虑到交割最便宜的债券和标准的15年期8%的债券的区别，将以上求出的期货报价除以转换因子。下面举例说明：

【例5-3】

假定某一国债期货合约，已知交割最便宜的债券的息票利率为12%，转换因子为1.4000。假定270天后进行交割。债券息票每半年付息一次。如图5-3所示，上一次付息是在60天前，下一次付息在122天后，再下一次付息是在35天后。利率期限结构是水平的，年利率为10%（连续复利）。我们假定当时债券的报价为120美元。债券的现金价格为报价加上从上一次付息至今的累计利息。因而现金价格为：

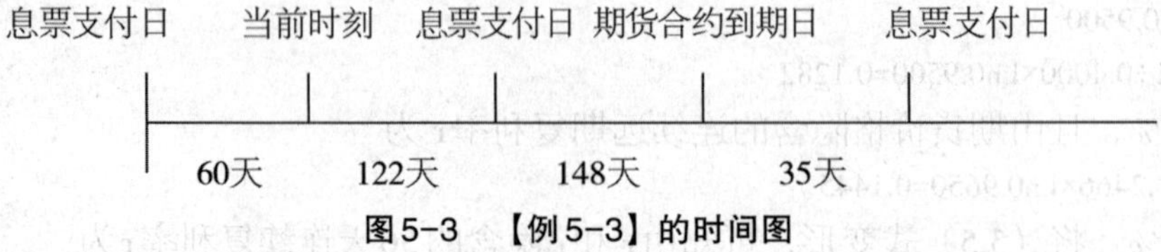

图5-3 【例5-3】的时间图

$120+60\div182\times6=121.978$（美元）

在122天后（0.3342年）将会收到6美元的利息，则利息的现值为

$6e^{-0.3342}\times0.1=5.803$（美元）

期货合约还要持续270天（0.7397年）。如果期货合约标的资产为12%的债券，则其期货现金价格为

$(121.978-5.803)e^{0.7397\times0.1}=125.094$（美元）

在交割时，有148天的累计利息。如果合约标的资产为12%的债券，则其期货的报价为

$125.094-6\times148\div183=120.242$（美元）

事实上，期货合约是基于8%的标准债券的，而每一个12%的债券等同于1.4000个8%的标准债券，因此标准债券期货合约的报价应为

$120.242\div1.4000=85.887$（美元）

5.4.3 利率期货合约行情解读

表5-10是2020年11月30日芝加哥期货交易所部分利率期货的交易行情。表头各项含义如下：Open是当日开盘价；High为当日最高价；Low为当日最低价；Last为当日收盘价；Change表示当日收盘价与前一交易日结算价的差额；OI为未平仓数；Date为交易日。

表5-10 芝加哥期货交易所部分利率期货的交易行情

	Open	High	Low	Last	Change	OI	Date
	2 Yr. Treasury Notes（CBOT）- $200 000；pts 128nds of 100%						
Dec 20	110-052	110-056	110-052	110-0545	0.0117	95 308	11/30/20
Mar 20	110-052	110-0555	110-051	110-054	0.0117	1 819 829	11/30/20
	5 Yr. Treasury Notes（CBOT）- $100 000；pts 64nds of 100%						
Dec 20	125-42	125-465	125-395	125-445	0.0234	149 404	11/30/20
Mar 20	125-63	126-035	125-60	126-01	0.0156	3 082 921	11/30/20
	10 Yr. Int. Rate Swaps（CBOT）-$100 000；pts 32nds of 100%						
Dec 20	138-17	138-20	138-135	138-17	-0.0157	143 310	11/30/20
Mar 20	138-055	138-08	138-015	138-06	0.0000	3 201 384	11/30/20

5.5 外汇期货交易案例分析

5.5.1 套期保值

1.套期保值原理分析

如果公司知道要在将来某一特定时间出售某一资产，则可以通过持有期货合约的空头来对冲其风险。这就是空头套期保值（Short Hedge）。若资产价格下降，则公司在现货市场出售该资产时将产生损失，但在期货的空头上获利；若资产价格上升，公司在出售该资产时将获利，但期货的空头将有损失。类似地，如果公司知道它在将来要购买某一资产，可以通过持有该资产期货合约的多头来对冲风险。这就是多头套期保值（Long Hedge）。套期保值的目的不是获利，而是为了消除不确定

性以减少风险。

在实际应用中，期货合约套期保值由于以下原因并不理想：

——需要对冲其价格风险的资产与期货合约标的资产可能并不完全一样。

——套期保值者并不能肯定购买或出售资产的确切时间。

——套期保值可能要求期货合约在其到期日之前就进行平仓。

下面我们一一讨论这些问题。

（1）基差风险（Basis Risk）与合约的选择

①基差风险

在套期保值中，基差（Basis）的定义为：

基差=计划进行套期保值资产的现货价格-所使用合约的期货价格

由于随着期货合约交割月份的逼近，期货价格收敛于标的资产的现货价格，所以如果要进行套期保值的资产与期货合约的标的资产一致，在期货合约到期日，基差应为零。在到期日之前，基差可能为正，也可能为负。

当现货价格的增长大于期货价格的增长时，基差也随之增加，称为基差扩大（Strengthening of the Basis）；当期货价格的增长大于现货价格的增长时，基差也随之缩小，称为基差减少（Weakening of the Basis）。

为了检验基差风险的本质，我们使用如下符号：

$S1$——在$t1$时刻现货的价格

$S2$——在$t2$时刻现货的价格

$F1$——在$t1$时刻期货的价格

$F2$——在$t2$时刻期货的价格

$b1$——在$t1$时刻的基差

$b2$——在$t2$时刻的基差

我们假定在$t1$时刻进行对冲操作，并在$t2$时刻平仓。根据基差的定义

$b1=S1-F1$

$b2=S2-F2$

考虑第一种情况，套期保值者知道将于$t2$时刻出售资产，并在$t1$时刻持有期货的空头，该资产实现的价格为$S2$，期货头寸的盈利为$F1-F2$，则套期保值资产获得的有效价格为

$S2+F1-F2=F1+b2$

考虑另一种情况，公司知道它将于$t2$时刻购买资产，并在$t1$时刻进行多头套期保值，为该资产支付的价格为$S2$，套期保值的损失为$F1-F2$，则套期保值资产所支付的有效价格为

$S2+F1-F2=F1+b2$

在$t1$时刻$F1$的价值是已知的。如果此时$b2$也是已知的，就可以进行完全的套

期保值（即套期保值可以消除价格的所有不确定性）。套期保值风险与b2的不确定性紧密相关，我们称为基差风险。

对外汇这种投资资产来说，基差风险很小。这是因为套利理论会使外汇的期货价格和现货价格之间较好地保持某一确定的关系。

基差风险可以改善或恶化套期保值者的头寸状况。对一个空头套期保值者来说，如果基差扩大，则套期保值者的头寸状况会得到改善；相反，如果基差缩小，则套期保值者的头寸状况就会恶化。对多头套期保值者来说，情况则相反。

②合约的选择

影响基差风险的一个关键因素是套期保值所选用的期货合约。选择包括两个方面：

•选择期货合约的标的资产。

•选择交割月份。

如果打算保值的资产正好是期货合约的标的资产，通常第一项选择是非常容易的。外汇期货套期保值即如此。

交割月的选择可能受几个因素的影响。可以假定，当套期保值的到期日与某一交割月份一致时，应选择该交割月份的期货合约。然而现实中，保值者通常选择随后交割月份的期货合约而非该交割月份的期货合约。这是由于在某些情况下，交割月份中的期货价格非常不稳定。同时，如果多头的保值者在交割月份中持有合约，会面临不得不接收实物资产交割的风险。这样做成本很高并且极不方便。

从整体上看，当套期保值的到期日与交割月份之间的差距增大时，基差风险增加。因此，最好的方法是尽量选择最接近套期保值到期的那个交割月份。当然，交割月份要在套期保值到期之后。假定某个特定合约的交割月份是3月份、6月份、9月份和12月份。套期保值的到期日如果是12月份、1月份和2月份，则应选择3月份的期货合约；如果套期保值的到期日为3月份、4月份和5月份，则应选择6月份的期货合约。依此类推。这一原则假定所有合约都有很强的流动性，能满足套期保值者的要求。实际上，期限短的期货合约流动性最强。因此，在有些情况下，保值者可能倾向于使用到期期限短的合约，并不断将合约向前进行展期。我们将在下文中解释这一策略。

【例5-4】

3月1日，某美国公司预期在7月底收到25 000 000日元。国际货币市场（IMM）日元期货的交割月为3月、6月、9月和12月。每一单位合约的金额为12 500 000日元。因此，公司在3月1日卖出2个9月份日元期货。当7月底收到日元时，公司平仓其期货合约。我们假定3月1日的期货价格为1日元=1.2268美分，当期货合约平仓时，现货和期货的价格分别为1日元=1.2200美分和1日元=1.2250美分，即当合约平仓时，基差为-0.0050，则收到的有效价格为最后的现货价格加上在期货中的盈利。

1.2200+1.2268−1.2250=1.2218（每日元美分数）

其也等于初始的期货价格加上最后的基差。

1.2268−0.0050=1.2218（每日元美分数）

于是，公司收到的总额为25×0.012218百万美元，即305 450美元。

（2）最佳套期比率

套期比率是持有期货合约的头寸大小与风险暴露资产大小之间的比率。在此之前，我们一直都假定套期比率为1.0。现在我们说明，如果套期保值者的目的是使风险最小化，则套期比率为1.0不一定是最佳的。

我们先设定以下符号：

ΔS——在套期保值期限内，现货价格S的变化

ΔF——在套期保值期限内，期货价格F的变化

δ_s——ΔS的标准差

δ_f——ΔF的标准差

ρ——ΔS和ΔF之间的相关系数

h——套期保值率

当套期保值者持有资产的多头和期货的空头时，在套期保值期限内，保值者头寸的价值变化为

$$\Delta S-h\Delta F$$

对一个多头套期保值者来说为

$$h\Delta F-\Delta S$$

在以上两种情况下，套期保值者头寸变化的方差V为

$$V=\delta_s^2+h^2\delta_f^2-2\rho h\delta_s\delta_f$$

所以

$$\frac{\partial V}{\partial h}=2h\delta_f^2-2\rho\delta_s\delta_f$$

令上式等于零，且注意到$\frac{\partial^2 V}{\partial h^2}$为正值，故使方差最小的h值为

$$h=\rho\frac{\delta_s}{\delta_f} \tag{5.8}$$

因此，最佳的套期率等于ΔS和ΔF之间的相关系数乘以ΔS的标准差与ΔF的标准差的比率。如果ρ=1且$\delta_f=\delta_s$，最佳套期率为1.0。由于在这种情况下，期货价格完全反映了现货价格，以上的值正好是我们预期的值。如果ρ=1且$\delta_f=2\delta_s$，最佳套期率为0.5。这一结果也正如我们所预期的，因为在这种情况下，期货价格的变化总是等于现货价格变化的2倍。

（3）向前延展的套期保值

有时套期保值的到期日比所有可供使用的期货合约的交割日期都要晚。保值者

必须将套期保值组合向前延展。这包括将一个期货合约平仓，同时持有另一个到期日较晚的期货合约头寸。套期保值可向前延展许多次。假设某公司希望用空头套期来减少T时刻收到资产的价格变动的风险。如果存在期货合约1，2，3，…，n（并不一定所有合约现在都有交易），它们的到期日逐个后延，公司可以运用下列策略：

t1时刻：卖空期货合约1

t2时刻：将期货合约1平仓

卖空期货合约2

t3时刻：将期货合约2平仓

卖空期货合约3

⋮ ⋮

tn时刻：将期货合约n-1平仓

卖空期货合约n

T时刻：将期货合约n平仓

在这一策略中，存在n个基差风险或不确定性的来源。在T时刻，合约n的期货价格和套期保值资产的现货价格之差存在不确定性。另外，在期货合约向前展期的其他n-1个情况下，合约平仓时的价格与下一个新合约开仓时的价格之差也存在着不确定性。

2.套期保值案例分析

（1）多头套期保值

【例5-5】

美国某进口商2月10日从德国购进价值125 000欧元（EUR）的货物，1个月后支付货款。为防止欧元升值而使进口成本增加，该进口商买入1份3个月期欧元期货合约，面值125 000欧元，价格为USD1.1682/EUR1。1个月后欧元果然升值，则交易过程如表5-11所示。

表5-11 多头套期保值的操作

现货市场	期货市场
2月10日 现汇汇率USD1.2732/EUR1 EUR125 000折合USD159 150	2月10日，买入一份3个月期欧元期货合约（开仓） 价格：USD1.2784/EUR1 总价值：USD159 800
3月10日 现汇汇率USD1.2992/EUR1 EUR125 000折合USD162 400	3月10日，卖出一份3个月期欧元期货合约（平仓） 价格：USD1.3024/EUR1 总价值：USD162 800
结果 损失USD3 250	结果 盈利USD3 000

该进口商由于欧元升值，为支付125 000欧元的货款需多支出3 250美元，即在现货市场上成本增加3 250美元。但由于做了套期保值，在期货市场上盈利3 000美元，从而可以将现货市场上的大部分损失弥补回来。

如果欧元的汇率不是上升而是下降了，则期货市场上的损失要由现货市场上的盈利来弥补。

（2）空头套期保值

【例5-6】

假设在11月9日，某进出口公司预计2个月后将收到货款CHF（瑞士法郎）1 000 000，需在外汇市场上卖出。为了预防2个月后CHF贬值，该公司卖出8份（CHF期货合约的交易单位是CHF125 000）3个月期CHF期货合约。其操作过程如表5-12所示。

表5-12 **空头套期保值的操作**

现货市场	期货市场
1月9日 现汇汇率USD/CHF=1.3778/88 CHF1 000 000折合USD725 268（1 000 000÷1.3788）	1月9日，卖出8份3个月期CHF期货合约 价格：USD0.7260/CHF1 总价值：USD726 000
3月9日 现汇汇率USD/CHF=1.3850/60 CHF1 000 000折合USD721 501（1 000 000÷1.3860）	3月9日，买入8份3个月期CHF期货合约 价格：USD0.7210/CHF1 总价值：USD721 000
结果 损失USD3 767	结果 盈利USD5 000

该公司由于瑞士法郎贬值，在现货市场上少收入3 767美元。但由于做了套期保值，在期货市场上盈利5 000美元，从而可将现货市场上的损失弥补回来并有盈利。

（3）交叉套期保值（Cross Hedge）

外汇期货市场上一般有多种外币对美元的期货合约，而很少有两种非美元货币之间的期货合约。在发生两种非美元货币收付的情况下，就要用到交叉套期保值。交叉套期保值，是指利用相关的两种外汇期货合约为一种外汇保值。

【例5-7】

5月10日，德国某出口公司向英国出口一批货物，价值5 000 000英镑，4个月后以英镑进行结算。5月10日英镑对美元的汇率为USD1.6424/GBP1，欧元对美元的汇率为EUR0.8530/USD1，则英镑对欧元的套算汇率为EUR1.4010/GBP1（1.6424USD/GBP1×0.8530EUR/USD1）。为防止英镑对欧元汇率下跌，该公司决定对英镑进行套期保值。由于不存在英镑对欧元的期货合约，该公司可以通过出售

80份英镑期货合约（交易单位是62 500英镑，5 000 000英镑÷62 500英镑=80份）和购买56份欧元期货合约（交易单位是125 000欧元，5 000 000GBP×1.4010EUR/GBP÷125 000EUR=56份）达到套期保值的目的。具体的交易过程如表5-13所示。

表5-13 交叉套期保值的操作

现货市场	期货市场
5月10日 现汇汇率EUR1.4010/GBP1 GBP5 000 000折合EUR7 005 000	5月10日 卖出80份9个月期英镑期货合约 价格：USD1.6389/GBP1 总价值：USD8 194 500 买入56份9个月期欧元期货合约 价格：USD1.1720/EUR1 总价值：USD8 204 000
9月10日 现汇汇率EUR1.1510/GBP1 GBP5 000 000折合EUR5 755 000	买入80份9个月期英镑期货合约 价格：USD1.5589/GBP1 总价值：USD7 794 500 卖出56份9个月期欧元期货合约 价格：USD1.3024/EUR1 总价值：USD9 116 800
结果 损失EUR1 250 000	结果 英镑期货交易：盈利USD400 000 欧元期货交易：盈利USD912 800

该出口公司在现货市场上损失1 250 000欧元，在期货市场上盈利1 312 800美元。当时欧元对美元的现汇汇率为EUR0.7500/USD1，则期货市场上的盈利折合984 600欧元，期货市场上的盈利弥补了现货市场上大部分的亏损。

5.5.2 投机

外汇期货投机与套利是外汇期货交易的另一重要组成部分，投机活动可以承担保值者所转移的汇率变动风险，与外汇期货套期保值是相辅相成的。外汇期货套利则是外汇期货投机的延伸。

1.单项式投机

外汇期货单项式投机就是通过买卖外汇期货合约，从外汇期货价格的变动中获利并同时承担风险的行为。投机者根据对外汇期货价格走势的预测，购买或出售一定数量的某一交割月份的外汇期货合约，有意识地使自己处于外汇风险暴露之中。一旦外汇期货价格的走势与自己的预测一致，则出售或购买以上合约进行对冲，从中赚取买卖差价。如果外汇期货价格的走势与自己的预测相反，投机者则要承担相应的风险损失。外汇期货投机分为多头投机和空头投机两种。

(1) 多头投机(买空)

多头投机是投机者预测外汇期货价格将要上升，从而先买后卖，希望低价买入，高价对冲卖出。

【例5-8】

假设10月9日市场行情如下：

FX	USD/EUR	Spot	0.8530/35
Future	EURZ5		1.1640

某投机者预测上述12月份交割的欧元期货价格呈上涨趋势，因此买入10份上述欧元期货合约，假设到11月20日，上述欧元期货的价格涨至1.1900美元的价位。该投机者获利了结，其盈利如下：

(1.1900-1.1640)×125 000×10=32 500(美元)

这意味着在不计手续费的情况下，该投机者以欧元期货的多头投机交易获利32 500美元。

(2) 空头投机(卖空)

空头投机是投机者预测外汇期货价格将要下跌，从而先卖后买，希望高价卖出，低价买入对冲。

【例5-9】

假定9月10日某投机者预期英镑期货将会下跌，于是在£1=$1.6447的价位上卖出4份3月期英镑期货合约。9月15日英镑果然下跌，投机者在£1=$1.6389的价位上买入2份3月期英镑期货合约对部分空头头寸加以平仓。可是，此后英镑期货价格开始上涨，投机者只得在£1=$1.6450的价位上买入另外2份3月期英镑期货合约对剩余空头头寸平仓。其交易结果如下：

(1.6447-1.6389)×62 500×2=725(美元)

(1.6447-1.6450)×62 500×2=-37.5(美元)

在不考虑手续费的情况下，该投机者从英镑期货的交易中获取利润687.5美元。

2.外汇期货套利

外汇期货套利是指套利者同时买入和卖出两种相关的外汇期货合约，过一段时间再将手中的合约同时平仓，从两种合约的相对价格变动中获利。外汇期货套利可分为三类：跨市场套利、跨币种套利以及跨月份套利。

(1) 跨市场套利

跨市场套利是指套利者预期同一种外汇期货合约在不同的交易所的价格走势会出现差异，因而在一个交易所买入一种外汇期货合约的同时，在另一交易所出售同种外汇期货合约，以期从中获利。

【例5-10】

3月20日，某套利者在国际货币市场以GBP1=USD1.63的价格买入4份6个月期英镑期货合约，同时在伦敦国际金融期货交易所以GBP1=USD1.65的价格出售10份6个月期英镑期货合约，之所以卖出份数与买入份数相差2.5倍，是因为国际金融期货交易所每份英镑期货合约为25 000英镑，而国际货币市场每份英镑期货合约为62 500英镑。为保证实际金额一致，期货合约份数也应与此相吻合。

至5月20日，套利者以GBP1=USD1.66的价格分别在两家交易所对所持合约平仓。其交易结果如表5-14所示。

表5-14 **跨市场套利的操作**

国际货币市场	伦敦国际金融期货交易所
3月20日 买入4份英镑期货合约 总价值1.63×62 500×4=USD407 500 5月20日 出售4份英镑期货合约 总价值1.66×62 500×4=USD415 000	3月20日 卖出10份英镑期货合约 总价值1.65×25 000×10=USD412 500 5月20日 买入10份英镑期货合约 总价值1.66×25 000×10=USD415 000
交易结果 盈利USD415 000-USD407 500=USD7 500	交易结果 亏损USD412 500-USD415 000=-USD2 500

该交易者在国际货币市场上盈利7 500美元，在国际金融期货交易所中亏损2 500美元，通过跨市场套利交易净盈利5 000美元。其中的原因就在于两个交易所的6个月期英镑期货合约都进入牛市，而且国际货币市场的涨幅（0.03美元/英镑）高于伦敦国际金融期货交易所的涨幅（0.01美元/英镑），从而在国际货币市场做多头的盈利超过在伦敦国际金融期货交易所做空头的损失，净盈利正是来源于两个交易所该种期货合约的相对价格变动，即：

（0.03-0.01）×250 000=5 000（美元）

进行跨市场套利的经验法则是：

①两个市场都进入牛市，A市场的涨幅高于B市场，则在A市场买入，在B市场卖出。

②两个市场都进入熊市，A市场的跌幅高于B市场，则在A市场卖出，在B市场买入。

（2）跨币种套利

跨币种套利是指套利者预期交割月份相同而币种不同的期货合约价格将出现不同的走势，于是买入一种币种的期货合约，同时卖出另一种币种的期货合约，从中进行套利的交易策略。

【例5-11】

9月10日，假定国际货币市场上6月期英镑的期货价格为USD1.7300/GBP1，6

月期欧元的期货价格为USD1.1600/EUR1。英镑与欧元之间的交叉汇率为1.7300÷1.1600=1.4913，也就是GBP1=EUR1.4913。

某套利者据此在国际货币市场上买入10份6月期英镑期货合约，同时卖出15份6月期欧元期货合约。由于两种货币的交叉汇率为1∶1.4913，两种货币的期货合约每份都是125 000货币单位，因此，为保证实际交易价值相同，前者需要买入10份合约，而后者则需要卖出15份合约。

9月20日，套利者分别以USD1.7800/GBP1和USD1.1760/EUR1的价格进行平仓交易。其交易结果如表5-15所示。

表5-15 **跨币种套利的操作**

现货市场	期货市场
9月10日 买入10份6月期英镑期货合约 总价值1.7300×125 000×10=USD2 162 500	9月10日 出售15份欧元6月期期货合约 总价值1.1600×125 000×15=USD2 175 000
9月20日 卖出10份6月期英镑期货合约 总价值1.7800×125 000×10=USD2 225 000	9月20日 买入15份欧元6月期期货合约 总价值1.1760×125 000×15=USD2 205 000
交易结果 盈利2 225 000–2 162 500=USD62 500	交易结果 亏损2 175 000–2 205 000=–USD30 000

该套利者在英镑期货的交易中盈利62 500美元，但在欧元期货的交易中亏损30 000美元。跨币种交易的净结果为获利32 500美元。

进行跨币种套利的经验法则是：

①预期A货币对美元贬值，B货币对美元升值，则卖出A货币期货合约，买入B货币期货合约。

②预期A、B两种货币都对美元贬值，但A货币的贬值速度比B货币快，则卖出A货币期货合约、买入B货币期货合约。

③预期A、B两种货币都对美元升值，但A货币的升值速度比B货币快，则买入A货币期货合约，卖出B货币期货合约。

④预期A货币对美元汇率不变，B货币对美元升值，则卖出A货币期货合约，买入B货币期货合约；若B货币对美元贬值，则相反。

（3）跨月份套利

跨月份套利是指交易者根据对币种相同而交割月份不同的期货合约在某一交易所的价格走势的预期，买进某一交割月份的期货合约，同时卖出另一交割月份的同种期货合约，从而进行套利交易。

【例5-12】

假设2月12日CD6月份、9月份交割的外汇期货市场价格如下：

Future　　CDM21E　　0.6720

CDU21E　　0.6580

其月别差价为0.6720-0.6580=0.0140（美元），某投资者预测，其差价在未来将有缩小的趋势，因此入市操作，以期获取差价上的利润。该投资者于3月23日平仓了结，假设这时的外汇期货行情如下：

Future　　CDM21E　　0.6680

CDU21E　　0.6630

假设该投资者交易CD期货合同10份，其操作过程如表5-16所示。

表5-16　**跨月份套利的操作**

6月份交割的CD期货	9月份交割的CD期货
2/12卖出10份6月份交割的CD期货合约 价格USD0.6720 总价值0.6720×100 000×10=USD672 000	2/12买入10份9月份交割的CD期货合约 价格USD0.6580 总价值0.6580×100 000×10=USD658 000
3/23买入原所卖出的10份6月份交割的CD期货合约 价格USD0.6680 总价值0.6680×100 000×10=USD668 000	3/23卖出原所买入的10份9月份交割的CD期货合约 价格USD0.6630 总价值0.6630×100 000×10=USD663 000
结果 盈利672 000-668 000=USD4 000	结果 盈利663 000-658 000=USD5 000

该投资者在6月份交割的CD期货合约中盈利4 000美元，在9月份交割的CD期货合约中盈利5 000美元，故通过跨月份套利，其净盈利为9 000美元。

进行跨月份套利的经验法则是：

①如果较远月份的合约价格升水，并且两国利差将下降，则买入较近月份的期货合约，卖出较远月份的期货合约。

②如果较远月份的合约价格升水，并且两国利差将上升，则买入较远月份的期货合约，卖出较近月份的期货合约。

③如果较远月份的合约价格贴水，并且两国利差将下降，则买入较远月份的期货合约，卖出较近月份的期货合约。

④如果较远月份的合约价格贴水，并且两国利差将上升，则买入较近月份的期货合约，卖出较远月份的期货合约。

5.6 利率期货交易案例分析

5.6.1 套期保值

1.基于久期的套期保值

（1）久期的概念

在运用利率期货进行套期保值时，一个重要的概念是久期（Duration）。债券的久期用来衡量债券的持有者在收到现金付款之前平均需要等待的时间。具体的计算办法是根据债券的每次息票利息或本金支付时间进行加权平均，其权重是这次支付在债券总价值当中所占的比例。期限为n年的零息票债券的久期为n年，而期限为n年的附息票债券的久期小于n年。这是由于持有者在n年之前就收到一些利息了。

假定现在是0时刻，债券持有者在t_i时刻收到的利息为C_i（$1 \leqslant i \leqslant n$）。债券的价格B和收益率y（连续计复利）的关系为

$$B=\sum_{i=1}^{n} c_i e^{-yt_i} \tag{5.9}$$

债券久期D的定义为

$$D=\frac{\sum_{i=1}^{n} t_i c_i e^{-yt_i}}{B} \tag{5.10}$$

也可以写为

$$\sum_{i=1}^{n} t_i\left[\frac{c_i e^{-yt_i}}{B}\right]$$

方括号中为t_i时刻支付的现值与债券价格的比率。债券的价格是将来所有本息的现值。因此，久期是付款时间的加权平均值，对应时刻的权重等于该时刻所支付的现值占债券总现值的比率。权重之和为1.0。

根据（5.9）式得

$$\frac{\partial B}{\partial y}=-\sum_{i=1}^{n} t_i c_i e^{-yt_i} \tag{5.11}$$

再根据（5.10）式，上式又可改写为

$$\frac{\partial B}{\partial y}=-BD \tag{5.12}$$

如果我们将收益率曲线进行微量平移，使所有期限的利率都提高Δy，所有债券的收益率也提高了Δy，（5.12）式表明，债券价格增加了ΔB，其中

$$\Delta B/\Delta y=-BD \tag{5.13}$$

或

$$\Delta B/B=-D\Delta y$$

这表明债券价格变化的百分比等于久期乘以收益率曲线的平行增量。

如果在资产组合中包括许多种证券，上述方法仍适用，将组合中各个证券的久期以其在组合中所占份额加权平均，便可得到组合的久期。在（5.13）式中，B将相应地代表组合的总价格，而D代表组合的平均久期。

（2）基于久期的套期保值策略

设有某个利率头寸，该利率依据诸如某个债券组合或某个货币市场证券这样的资产，用利率期货合约对该利率头寸进行套期保值。下列字母含义为：

F——利率期货合约的价格

D_F——期货合约标的资产的久期

S——需进行套期保值的资产的价值

D_s——需进行套期保值的资产的久期

假定收益率的变化为Δy，对所有期限来说都是一样的，即假定收益率曲线只能发生平行移动。根据（5.13）式得到一个近似公式

$$\Delta S=-SD_s\Delta y \tag{5.14}$$

通过合理的近似，下式也同样成立

$$\Delta F=-FD_F\Delta y \tag{5.15}$$

因此，为了对冲Δy的不确定性，对冲所需的合约数为

$$N^*=SD_s/FD_F \tag{5.16}$$

这就是基于久期的套期比率（Duration-Based Hedge Ratio），有时也称为价格敏感的套期比率（Price Sensitivity Hedge Ratio），运用它可使整个头寸的久期为零。

【例5-13】

某基金持有200万美元的美国国债，投资经理预期3个月内美联储可能会变动贴现率，因此，他决定用4个月后交割的国债期货来进行保值，目前的期货价格为93.0625美元，因此一份合约的总价值为93 062.50美元。

国债组合资产的平均期限为6.80年，面值最便宜的交割债券的期限为9.20年，转换系数为1，于是投资经理需要卖空的期货合约份数为

2 000 000÷93 062.50×6.80÷9.20=15.88（份）

四舍五入得16份。

2.套期保值案例分析

（1）多头套期保值

【例5-14】

某公司财务主管预计3个月后将有100万美元的资金流入，并可作为短期投资，但他预计银行存款利率短期内将下跌，而联邦公债期货价格将上升，于是他以92美元的价格购买了10份联邦公债期货。3个月后收到此笔资金，他在将款项存入银行的同时，又卖出10份联邦公债期货。其交易过程如表5-17所示。

表5-17 **多头套期保值的操作**

	现货市场	期货市场
期初交易	3个月期银行存款利率2.5%	买进10份公债期货合约，价格为USD92.00
3个月后	将100万美元存入银行，利率2%	卖出10份公债期货合约，价格为USD94.50
损益	1 000 000×（2%−2.5%）×90÷360 =−USD1 250	（94.50−92.00）×1 000×10×90÷360 =USD6 250
合计	盈利6 250−1 250=USD5 000	

（2）空头套期保值

【例5-15】

某投资公司为完成投资计划，决定在3个月内发行总金额为10 000 000美元的20年期长期公司债券。假如长期利率（美国联邦长期公债期货合约的收益率）为10.8%，该公司有关分析人员认为长期利率的走势将上扬，于是决定采取联邦长期公债期货合约进行保值，3个月后利率升至11.2%。其交易过程如表5-18所示。

表5-18 **空头套期保值的操作**

	现货市场	期货市场
期初交易	预计发行20年期债券，收益率为11.2%	卖出100份美国联邦长期公债期货合约，价格为USD89.2，收益率为10.8%
3个月后	以收益率11.5%发行债券	买进100份美国联邦长期公债期货合约，价格为USD88.8，收益率为11.2%
损益	10 000 000×（11.2%−11.5%） =−USD30 000	（89.2−88.8）×1 000×100=USD40 000
合计	盈利40 000−30 000=USD10 000	

（3）交叉套期保值

【例5-16】

某公司经理发现他有1 000 000美元资金可在2—5月进行3个月的短期投资。2月1日几种货币市场工具的收益率如表5-19所示。

表5-19 **几种货币市场工具的收益率**

货币市场工具	3个月国库券	3个月BAs	6个月BAs
收益率（%）	8.48	9.25	9.35

经比较，他决定买入6个月BAs（一种货币市场工具），为规避3个月后出售BAs时利率上升引起的损失，他同时卖出3个月后到期的短期国库券期货合约进行

交叉套期保值。其交易过程如表5-20所示。

表5-20 交叉套期保值的操作

	现货市场	期货市场
2月1日	买入1 000 000美元6个月BAs 年收益率为9.35%	卖出10份短期国库券期货合约 价格为USD91.52
5月1日	卖出还余3个月到期的BAs 年收益率为9.25%	买入10份短期国库券期货合约 价格为USD91.67
损益	（9.35%-9.25%）×1 000 000×90÷360 =USD250	（91.52%-91.67%）×100 000×10×90÷360 =-USD375
合计	损失USD125	

5.6.2 投机和套利

1.投机和套利策略

利率期货投机分为两种类型，即空头投机和多头投机。前者希望通过“先高价卖出，后低价补进”而赚取利润，后者则希望通过“先低价买入，后高价卖出”而获得收益。

套利主要有三种类型，即跨月份套利、跨品种套利和跨市场套利。利率期货的跨月份套利一般又分为牛市套利和熊市套利。在牛市套利交易中，交易者买入近期期货，卖出远期期货，其原理在于在看涨的市场中，近期期货合约的价格上涨幅度将大于远期期货合约的价格上涨幅度，从而赚取利差；反之，若市场行情看跌，则近期期货合约的价格跌幅会小于远期期货合约的价格跌幅。熊市套利的做法正好与牛市套利相反，交易者卖空近期期货，买空远期期货。因为，在看涨的市场中，远期期货合约价格的上涨幅度会大于近期期货合约价格的上涨幅度；如市场行情看跌，则远期期货合约的价格下跌幅度会小于近期期货合约价格的下跌幅度。

跨品种套利是指在买进某种期货合约的同时，卖出另一个不同种类但相互关联的期货合约的交易活动。例如，当投资商预计房屋抵押债券期货合约的价格上涨幅度将大于政府长期国库券时，买入房屋抵押债券期货合约，卖出政府长期国库券期货合约；相反，当预计长期国库券价格的上涨幅度将大于房屋抵押债券时，则买入长期国库券期货合约，卖出房屋抵押债券。总之，跨品种套利是利用两种不同期货合约的价差来获取利润。

跨市场套利是指同时在两个不同的交易所进行两种商品类似但交易方向相反的期货交易。例如，某交易商在纽约期货交易所买入政府短期国库券的同时，在芝加哥商品交易所卖出政府短期国库券，希望利用两个交易所期货合约的价差获得利润。

2.投机和套利案例分析

（1）现货-期货套利

【例5-17】

某交易商在某年10月28日观察到短期国库券现货和期货出现较大差价，而同期回购协议利率较低，决定进行现货-期货套利。交易过程如表5-21所示。

表5-21 **现货-期货套利的操作**

	现货市场	期货市场
10月28日	融资买入面值100 000美元、到期日为3月24日的短期国库券，年利率为8.26% 借款本金=100 000×（1-8.26%×147÷360） =USD96 627.167	卖出12月份的短期国库券期货合约1份，价格为USD91.72
12月23日	以交割货款偿还借款本息 96 627.167×8.26%×56÷360 =USD1 241.552 本息合计USD97 868.719	以现货短期国库券交割，得货款 100 000×［1-（100-91.72）÷100×91÷360］=USD97 907.00 盈利USD38.28

（2）跨月套利

【例5-18】

某年1月份，市场利率呈上涨趋势，某套利者预期到同年3月份时，近期月份的利率上涨可能会快于远期同月份利率上涨。这就意味着近期月份的欧洲美元存款期货合约的价格下降速度会超过远期月份期货合约的价格下降速度。该套利者准备利用这种利率上涨幅度的差异进行套利。交易过程如表5-22所示。

表5-22 **跨月套利的操作**

	6月份欧洲美元期货交易	9月份欧洲美元期货交易
1月初 3月初	以USD95.25的价格卖出6月份合约1份 以USD93.50的价格对6月份合约做平仓交易	以USD95.00的价格买入9月份合约1份 以USD93.50的价格对9月份合约做平仓交易
损益合计	盈利175个基点 盈利（175-150）×USD25=USD625	亏损150个基点

（3）美国短期国库券-欧洲美元套利

这是一种十分盛行的套期图利交易方式，简称为TED套利。TED价差，是指国库券期货与欧洲美元期货之间的价格差额。由于前者在CME中的交易代码为TB，而后者在CME中的交易代码为ED，故两种利率期货的价差称做TED价差。由于短期国库券期货是以贴现率（d）计算价格的，欧洲美元期货是以定期存款利率（r）计算价格的，因此TED差价的计算公式为：

（100-d）-（100-r）=r-d

由于欧洲美元定期存款有一定的违约风险，其利率水平一般高于短期国库券，所以这一差价通常为正。在期货市场上，交易者买入短期国库券期货合约，卖出欧洲美元期货合约，通常被称为买入TED差价；反之，则称为卖出TED差价。

【例5-19】

某年二三月份间，欧洲美元利率迅速上升，TED差价也随之扩大。某交易商正确地预计到这一变化，进行了如表5-23所示的交易。

表5-23 美国短期国库券-欧洲美元套利的操作

2月1日	买入500份当年6月的短期国库券期货合约，价格为USD95.66 卖出500份当年6月的欧洲美元期货合约，价格为USD94.43 即买入123个基本点（95.66-94.43）的TED差价
3月20日	卖出500份当年6月的短期国库券期货合约，价格为USD94.56 买入500份当年6月的欧洲美元期货合约，价格为USD92.82 即卖出174个基本点（94.56-92.82）的TED差价
损益	利润=（174-123）×$25×500=$637 500

（4）中期国库券-长期国库券套利

在美国中长期国库券期货合约之间进行套期图利，也是一种应用广泛的交易方式，被称为NOB套期图利。NOB价差，是中期国债期货与长期国债期货之间的价格差额。NOB价差交易必须是买卖同一交割月份的中期国债期货和长期国债期货。如果买入中期国库券期货合约，卖出长期国库券期货合约，称为买入NOB差价；反之，称为卖出NOB差价。

NOB差价的变化主要有两类原因：一类原因是收益率曲线发生变化，如在10～30年之间的收益率曲线，NOB差价会扩大，中期国库券期货的价格相对于长期国库券期货的价格则有所上升。一个交易者如果事先预料到这种变化，就应该买入NOB差价，合约份数的差别被称为“尾数”。另一类原因就是整个市场上债券价格下跌或回升。当市场价格下跌时，长期国库券的价格下跌速度往往比中期国库券快，NOB差价会扩大。预期到这种趋势的交易者自然会买入NOB差价。在这类交易中，买卖的合约份数通常是相等的，又称非加权的NOB交易。

【例5-20】

某年2月中旬，原先一直趋于下跌的NOB差价（下降速度）开始放缓，并在3月份迅速上升。这一趋势一直持续到3月中旬。某交易者预测到这一变化，在此期间成功地进行了套期图利。其交易过程见表5-24。

表5-24 中期国库券-长期国库券套利的操作

2月17日	买入15份中期国库券期货合约，价格97—10 卖出10份长期国库券期货合约，价格93—3 即以4—7的价格买入10份非加权的NOB差价，再买入5份价格为97—10的中期国库券期货合约
3月17日	卖出15份中期国库券期货合约，价格97—24 买入10份长期国库券期货合约，价格93—10 即以4—14的价格卖出10份非加权的NOB差价，再卖出5份价格为97—24的中期国库券期货合约
损益	非加权NOB交易利润7×31.25×10=USD2 187.5 5份尾数合约交易利润14×31.25×5=USD2 187.5 总利润为USD4 375

该交易者也可以做非加权NOB套期图利交易，这时，上面5份尾数合约所得到的利润就不复存在了。

在上面的例子中，权数的比例为1.5∶1.0，在实际交易中，这一权数是由两种合约价格波动的一个基本点而引起的合约价值变化值的比例来决定的。显然，当收益率剧烈变化时，这一比例会发生变化，因此要相应调整套期图利中的权数比例。

5.7 股票价格指数期货

股票价格指数是反映一个假想的股票组合价值变化的百分数，是把某一时点作为基期，定为100，经过计算其某一段时间内成交市价的平均值而得出的一种价格指数。股票价格指数不仅是衡量证券交易所全部股票交易的价格尺度表，还是反映一个国家或地区经济发展和政治状况的晴雨表。

股票价格指数期货（Stock Index Future）是以股票价格指数作为交易标的物的一种期货合约。买卖双方交易的不是抽象的股票指数，而是代表一定价值的股票价格指数期货合约，它利用股票综合指数的变化来代表期货合约价值的涨跌。交易双方约定在未来的某个特定日期，按照事先确定的股价指数的大小，进行标的指数的买卖。在交易过程中没有股票的转手，只是指数期货合约的买卖。股指期货合约的价值以合约乘数与股指报价的乘积来表示，采用现金交割方式。

5.7.1 股票价格指数期货合约

1.股票价格指数期货合约的内容

（1）主要的股票价格指数

①S&P500（标准普尔500）指数。该指数在芝加哥商品交易所（CME）交易，是一个包括500种股票的组合：400种工业股、40种公用事业股、20种交通事业股和40种金融机构股。权重为该股票的总市值（股价×流通股票数）。

②组约证券交易所（NYSE）综合指数。该指数由纽约证券交易所1 500种股票组成，权重为市场价值。

③主要市场指数（MMI）。该指数是一个在纽约股票交易所上市的20只蓝筹股组成的组合，以价格为权数，由算术平均计算得出。

④价值线综合指数。该指数以从在交易所上市或者柜台交易的公司中选出的1 700家公司作为计算基础，由加权几何平均得出。

⑤日经225种股票价格指数。该指数是在东京证券交易所交易的225只成交量最活跃、市场流通性最高的股票的组合，以价格为权数计算算术平均数。

⑥香港恒生指数。该指数以在香港股票交易所上市的33种选样股票为基础，以资本额为权数计算算术平均数。

（2）主要的股票价格指数期货合约（见表5-25）

表5-25 **主要股票价格指数期货合约**

	标准普尔500指数期货（S&P500）	纽约综合指数期货（NYSE）	主要市场指数期货（MMI）	价值线（Value Line）综合指数期货	日经225指数期货	香港恒生指数期货
交易单位	250美元×指数	500美元×指数	250美元×指数	500美元×指数	1 000日元×指数	50港元×指数
交易地点	芝加哥商品交易所	纽约证券交易所	芝加哥商品交易所	美国堪萨斯城期货交易所	大阪证券交易所	香港股票交易所
交收月份	3、6、9、12月最终结算日前1个工作日	3、6、9、12	3、6、9、12	3、6、9、12	3、6、9、12	2、3、6、9、12
最后交割日	合约月份第三个星期五之前的星期四	合约月份的第三个星期四	交割月的第三个星期五	交收月的最后一个星期四	每个交割月的第三个星期五	每个交收月的最后一个交易日
保证金	每份合约5 000美元	每份合约5 000美元	每份合约2 500美元	每份合约6 500美元	采取SPAN保证金制度	每份合约15 000港元
每日限价	上下浮动不超过上一交易日结算价5个指数点	无	不高于上一个交易日80个指数点，不低于上一个交易日5个指数点	按月公布	无	上下浮动不超过100个指数点
报价	指数报价，每点价值25美元	指数报价，每点价值500美元	指数报价，每点价值250美元	指数报价，每点价值50美元	指数报价，每点价值1 000日元	指数报价，每点价值50港元
最小变动价位	0.1 个指数点	0.5 个指数点	0.05 个指数点	0.5 个指数点	5个指数点	1个指数点
交割形式	按最终结算价以现金交割	合约到期以现金结算	按收盘价以现金结算	按收盘时的指数结算	现金结算	现金结算

2.股价指数期货合约的定价

（1）定价

大部分指数可以被看做是支付红利的证券。这里的证券就是计算指数的股票组合，证券所付红利就是该组合的持有人收到的红利。根据合理的近似，可以认为红利就是连续支付的。设q为红利收益率，由（5.3）式可得期货价格F为：

$F=Se^{(r-q)(T-t)}$

【例5-21】

考虑一个S&P500指数的3个月期货合约，假设用来计算指数的股票的收益率为每年3%，指数现值为1 200，连续复利的无风险利率为每年8%。这里r=0.08，S=1 200，T-t=0.25，q=0.03，期货价格F为：

$F=1\ 200e^{0.05\times0.25}=1\ 215.09$

如果$F>Se^{(r-q)(T-t)}$，可以通过购买指数中的成分股票同时卖出指数期货合约而获利。若$F<Se^{(r-q)(T-t)}$，则可通过相反操作，即卖出指数中的成分股票、买进指数期货合约而获利。这些策略就是所谓的指数套利（Index Arbitrage）。通常，当$F<Se^{(r-q)(T-t)}$时，指数套利操作由拥有指数成分股票组合的养老基金来进行；而当$F>Se^{(r-q)(T-t)}$时，指数套利操作通常由拥有短期资金的市场投资公司来进行。

（2）利用指数期货对冲

指数期货能用来对冲一个高度分散化股票组合的风险。股票组合的收益与市场收益之间的关系由参数β来描述，它是组合超过无风险利率的超额收益对市场超出无风险利率的超额收益进行回归得到的最优拟合直线的斜率。当β=1.0时，股票组合的收益就反映了市场的收益；当β=2.0时，股票组合的收益为市场超额收益的两倍；当β=0.5时，股票组合的收益为市场超额收益的一半。依此类推。

假设我们希望对冲某股票组合在时间段T-t里的价值变动风险，设：

Δ1——若投资于股票组合，在T-t内每美元的变动

Δ2——若投资于市场指数，在T-t内每美元的变动

S——股票组合的现值

F——一个期货合约的现值

N——对冲股票组合时最佳的卖空合约数量

一份期货合约的价值F是期货价格乘以该合约的乘数。在S&P500指数中，一份合约的价值为指数乘以250。若S&P500的期货价格为1 200，则合约价值为1 200×250=300 000（美元）。从β的定义近似可得

$\Delta1=\alpha+\beta\Delta2$

式中：α为常数。在时间t至T间，股票组合的价格变动为SΔ1，或αS+βSΔ2。

在此段时间里，期货合约价格的变动近似为FΔ2，从而组合价值变动中不确定部分近似为βS/F，乘上一个期货合约的价格变动，因此

$N=\beta S/F$

【例5-22】

某公司想用还有4个月有效期的S&P500指数期货合约来对冲某个价值$200 000的股票组合。当时的期货价格为300，该组合的β值为1.5。一份期货合约的价值为75 000美元（300×250），因而应卖出的期货合约数量为

$1.5\times200\,000\div75\,000=4$

可见，有效的股票指数对冲将使得对冲者的头寸近似无风险利率增长。

5.7.2　股票价格指数期货交易案例分析

1.套期保值

股票价格指数期货套期保值交易的原则是：股票持有者若要避免和减少股价下跌造成的损失，应在期货市场上卖出指数期货，即做空头。假设股价如预期的那样下跌，空头所获利润即可用于弥补持有的股票资产因行市下跌而造成的损失；如果投资者想购买某种股票，那么他应该在期货市场上买入指数期货，即做多头。如股价指数上涨，则多头所获利润可用于弥补将来购买股票之所需。

（1）买空

【例5-23】

某投资者想购买一家大公司股票500股，时价为每股500美元，但该投资者手中仅有240 000美元，尚缺10 000美元，而股票行情可能继续上涨，若贷款，利息又太高。于是，该投资者通过经纪人购买了1个月期的股票指数期货合约45份，1个月后，股票价格指数果真上涨了10个百分点，按每点50美元计算，他通过股价指数期货多头交易，盈利22 500美元（50×10×45）。这时股票市场行情也上涨，他想购买的这家公司的股票价格升到520美元，所需资金为520×500=260 000（美元）。现在该投资者手中持有现金240 000+22 500=262 500（美元），足以支付购买该股票所需的资金。

（2）卖空

【例5-24】

某人现持有某家大公司股票500股，通过对该公司经营状况和股市行情的分析，该持有人预测1个月后公司股票价格和股市的价格指数都将回落。但出于对公司的信任，他不愿抛售手中的股票。为了避免持有的股票资产遭受损失，他采取空头保值的方法，即通过经纪人在股票市场上出售1个月期股价指数合约45份。1个月后股票价格指数下跌了10点，而该股票价格也从每股500美元跌至480美元。这时该投资者又买进同样的期货合约45份，在合约到期前，填平自己的空头头寸，每点仍按50美元计算，经营结果如下

因持有股票价格下跌，净资产损失=（500−480）×500=10 000（美元）

做空头套期保值获利=50×45×10=22 500（美元）

盈亏相抵后净获利=22 500−10 000=12 500（美元）

2. 套期图利

（1）跨月套利

【例5-25】

某年11月，美国标准普尔500指数期货12月份合约指数值为1 167.3，而来年3月份合约指数值为1 178.5。某投机者对市场分析后认为，股市已过峰顶，正处于下跌的初期，他决定售出该指数期货12月份合约100份。但若其分析不正确，股市没有下跌，将会给该投资者带来很大损失，因此同时他又购进该指数期货3月份合约100份。

11月中旬以后，股市迅速下跌，与该投资者的预期一致。不久，交易所内12月份合约的指数价格下跌到1 163.0点，3月份合约则下跌到1 176.95点。12月份合约的指数价格下跌幅度为4.3点，而3月份合约的指数价格下跌幅度为1.55点，近期变化幅度大于远期变化幅度，两个合约的价格变动之差为2.75点，则该投资者获得的利润为68 750美元（250×2.75×100）。

（2）跨市场套利

【例5-26】

某年10月，某投资者经过分析几个交易所内股价指数期货合约的行情变化，认为甲交易所的NYSE COMP INDEX期货合约价格变化幅度大于乙交易所内该股价指数期货合约的变化幅度。而且经市场分析后，他认为股票价格将呈下降的趋势，估计各股市指数均有不同程度的下降。他首先采取空头策略，售出甲交易所内12月份指数合约10份，同时购进乙交易所内12月份指数合约10份。

10月5日，甲交易所内12月份指数价格为575.45点，乙交易所内12月份指数价格为444.85点。不久，股市大幅下跌，甲交易所内12月份指数价格下跌到565.15点，下跌幅度为10.3点。同时，乙交易所内12月份指数价格下跌到439.35点，下跌幅度为5.5点。两交易所的价格变化相差4.8点，价值2 400美元（500×4.8），投资者从这一次跨市场套利中获利24 000美元（2 400×10）。

（3）跨品种套利

【例5-27】

某交易者预测不久将出现多头股票市场，而且价值线指数的上涨势头会大于纽约证交所综合股票指数的涨势。于是，他在888.00点的水平上买进2份价值线指数期货合约，并在572.75点的水平上卖出1份纽约证交所综合股票指数期货合约，当时的价差为315.25点。之所以买进2份价值线指数期货合约，而卖出1份纽约证交所综合股票指数期货合约，是因为两者的交易单位不同，前者是250美元，后者是500美元。

过了一段时间，价差扩大为318.75点，交易者在893.50点的水平上卖出2份价值线指数期货合约，而在574.75点的水平上买进1份纽约证交所综合股票指数期货合约进行对冲。结果，由于前者在多头市场中上升5.50点，大于后者在空头市场中上升的2.00点，交易者因此获利1 750美元（见表5-26）。

表5-26 跨品种套利的操作

价值线指数期货	纽约证交所综合股票指数期货
买入合约，2份，指数值888.00	卖出合约，1份，指数值572.75
卖出合约，2份，指数值893.50 交易单位：250美元	买入合约，1份，指数值574.75 交易单位：500美元
获利5.5×USD250×2=USD2 750	亏损2.0×USD500×1=USD1 000

关键概念

金融期货交易　金融期货交易规则　金融期货交易市场　外汇期货合约　利率期货合约　股票指数期货合约

复习思考

（1）试述金融期货交易的保证金制度。

（2）金融期货市场有哪些功能？

（3）外汇期货交易与远期外汇交易的关系如何？

（4）试解释转换因子和最便宜交割债券。

（5）假设某年1月9日的市场行情如下：

FX	USD/CHF	Spot	1.3778/88
Future	SFH21E		0.7260

某公司预计2个月后要在现货市场上买入CHF1 000 000，以支付进口货款，为规避2个月后CHF可能升值带来的风险，该公司拟通过外汇期货市场进行买入套期保值投资操作，假设2个月后3月9日的市场行情为：

FX	USD/CHF	Spot	1.3660/70
Future	SFH21E		0.7310

问应如何进行套期保值？

（6）某公司财务经理发现他在某年3月1日至12月中旬将有一笔闲置资金，总金额3 000 000美元，通过对市场的观察，他打算投资于收益率较高的长期国库券。但长期国库券的二级市场价格随市场利率的变化波动很大，为避免因利率上升造成资本损失，他决定卖出长期国库券期货进行套期保值。假设市场行情如下：

3月1日面值1 000 000的30年长期国债价格为$92\frac{5}{32}$，12月8日下降至$88\frac{1}{32}$；30年长期国债期货报价为$89\frac{19}{32}$，12月8日下降至$82\frac{9}{32}$，问其损益情况如何？

（7）假设某年1月9日某公司预计2个月后要在现汇市场上买入新加坡元1 500 000，由于SGD不是外汇期货市场上的主要交易币种，拟用CHF作为相关货币进行交叉套期保值。假设1月9日和3月9日的市场行情如下：

9/1	FX	USD/SGD	Spot	1.9813/25
USD/CHF	Spot	1.6500/10		
Future	SFH3	0.6070		
9/3	FX	USD/SGD	Spot	1.9420/30
USD/CHF	Spot	1.6150/60		
Future	SFH3	0.620		

问如何进行交叉套期保值操作？结果如何？

（8）假设某年10月20日EUR与CHF的外汇期货市场行情如下：

Future	ECM21E	0.5921
	SFM21E	0.7248

其差价为0.7248-0.5921=USD0.1327，一投资者预测差价在未来将扩大，因此入市进行操作，并于11月16日平仓了结，假设这时的外汇期货行情如下：

Future	ECM21E	0.5781
	SFM21E	0.7328

假设该投资者的操作金额约为USD1 000 000。问应如何投资操作？结果会如何？

（9）从某年下半年开始，美国债券市场上收益曲线的形状变得越来越平缓，并逐渐倒挂，即长期利率相对于短期利率的升水越来越小，并逐渐转变为贴水。这一趋势一直持续到第二年3月才开始逆转。欧洲美元期货市场受到这一因素以及货币市场上各种避险交易的影响，在这段时期内也呈现出倒挂形态。较近月份的合约和较远月份的合约价差逐渐缩小，前者价格相对于后者逐渐下降。某交易者在该年9月预测到这一趋势，进行了跨月套利。其拥有500 000美元，市场行情如下：

某年/9/21	Future	6月	3月
		91.17	90.51
来年/3/20	Future	6月	3月
		88.82	90.06

问该交易者应如何操作？结果如何？

（10）香港某基金经理在2月1日持有市价总额为100万港元投资组合的股票，预期股价下跌，当时股价指数为10 000点。到3月10日，股价跌落，使该公司投资组合的股票市值下降到80万港元。同时，在股价指数期货市场上，股价指数到3月10日下降到9 600点。问该基金经理应如何利用股价指数期货进行保值？结果会如何？

第6章　金融期权交易

◇学习目标

- 掌握外汇期权交易的概念、特征和基本术语
- 了解外汇期权交易的程序和外汇期权交易市场,掌握外汇期权交易的分类,熟练掌握外汇期权交易的操作
- 了解期权定价规则
- 掌握利率期权交易的基本原理,熟练掌握利率期权交易的操作
- 掌握股票指数期权交易的基本原理,熟练掌握股票指数期权交易的操作

在国际金融市场上，金融期权（Financial Options）是以金融商品或金融期货合约为标的物的期权交易形式，是一类应用广泛、交易活跃、富有挑战性的金融衍生工具。

期权（Options）交易的产生源于资产价格的多变性，是回避价格波动风险的手段，也是利用价格波动进行投机的工具。人们使用商品期权交易已有几百年的历史。最早的金融期权交易产生于20世纪80年代，在短短的几十年时间里，就得到了迅猛发展。现在，金融期权交易已覆盖利率、外汇、股票等各种基础资产，形成了全球性的庞大交易网络。为了便于对期权交易的理解，我们将其做一下简单的分类，如图6-1所示。

金融期权交易类型
- 现货期权交易
  - 外汇期权
  - 利率期权
  - 股票期权
  - 股票指数期权
- 期货期权交易
  - 外汇期货期权
  - 利率期货期权
  - 股票指数期货期权
- 期权的期权交易(略)

图6-1　期权交易的类型

本章主要介绍外汇期权的交易原理、基本分类和定价规则，意在通过一些具体的期权品种，将金融期权交易的基本面貌比较全面地展现在读者面前。其他金融期

权交易，如利率期权、股票指数期权，虽然也有自身的特点，但其基本原理是与外汇期权相同的，掌握了外汇期权的基本原理，也就不难领会其他期权交易了。所以，对于利率期权和股票指数期权，本章只做简单介绍。

由于金融期权的复杂性，限于篇幅，本章不可能充分展开论述。省略和简化之处，本章做了提示，读者若有兴趣，可查考其他资料。

6.1 外汇期权交易基本原理

6.1.1 外汇期权交易的概念和基本特征

1973年布雷顿森林体系崩溃，国际金融市场汇率波动频繁，给国际贸易和国际投资带来了很大不便。现实的发展急需一种有效的、低成本的、能够回避汇率风险的金融工具，外汇期权应运而生。但由于外汇期权的复杂性，直到1983年，芝加哥商品交易所才第一次把外汇期权作为交易品种在国际货币市场分部（TMM）挂牌上市。在随后时间里，外汇期权交易迅速发展，其规模不断扩大，新交易品种和交易策略不断涌现，成为一种引人注目的金融衍生工具。

外汇期权（Currency Options）是一种选择权契约，它赋予契约购买方在契约到期日或期满之前以预先确定的价格买进或卖出一定数量某种外汇资产的权利。看涨期权（Call Option）赋予契约持有者买的权利；看跌期权（Put Option）赋予契约持有者卖的权利。而期权持有者可以放弃行使这一权利，无须通知任何其他人或为此支付任何费用，损失的只是期权费。

外汇期权与其他回避价格风险的金融工具，如期货、远期交易、远期利率协议等有很大不同，它有自身鲜明的特点，表现在：

（1）外汇期权的损益曲线是折线型的，而上述几种金融工具的损益曲线却是直线型的，如图6-2所示。

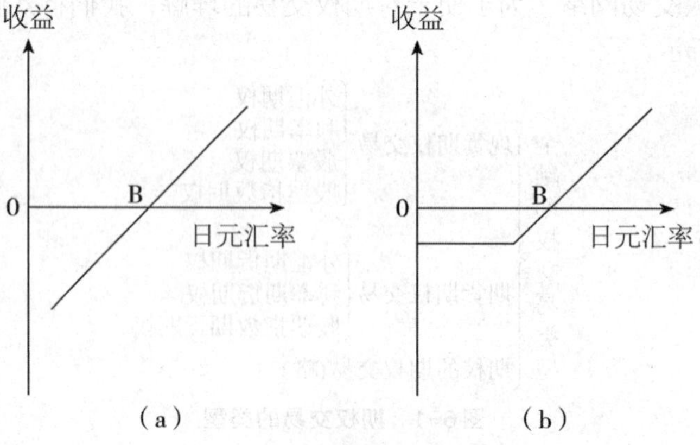

图6-2 外汇期权的损益曲线

该图显示了期权与期货不同的盈亏特性。

假设日本一出口商3个月后将有一笔美元收入，而他愿届时按B点的汇率水平将其换为日元。如果他选择使用期货交易，图6-2（a）描述了他的盈亏特性：若日元汇率水平升至B点以上，按照期货协议，他可以以B的价格买入美元，其潜在收益与日元汇率上升幅度成正比；若日元汇率水平降至B点以下，他仍必须以B的价格买入美元，此时他的损失与汇率下降幅度成正比。如果他选择使用期权交易而日元汇率水平降至B点以下，他可以放弃使用期权，这样，不论汇率下降多少，他损失的只是期权费。也就是说，外汇期权的买方只承担有限的成本，却拥有获得无穷收益的可能性，见图6-2（b）。这允许他从市场的一种变动中受益，但市场朝相反方向运动时，也不会受到损失，这是期权交易基本精神之所在。

（2）期权之间可以进行多种排列组合，以满足不同的交易要求。同时买入一份看涨期权和一份看跌期权，就形成一种跨式组合（Straddle）；买入较低价格的看涨期权，同时出售较低价格的看跌期权，形成牛市看涨期权组合等等。不同的期权组合具有不同的盈亏特性，可以适应不同的市场状况和不同交易的要求。这种灵活性也是其他金融工具不具备的。正是在这个意义上，期权被称做是最引人注目的金融衍生工具和金融工程学的核心。

当然，外汇期权还有其他特征，这里不赘述。

6.1.2 期权交易基本术语

1.看涨期权和看跌期权

（1）买权：又称看涨期权，期权的买方与卖方约定在到期日或期满前买方有权按约定的汇率从卖方买入特定数量的货币。例如，一项期权的内容是USD CALL EUR PUT，称为美元买权、欧元卖权，表明期权的买方有权从卖方买入美元同时卖出欧元。

（2）卖权：又称看跌期权，期权的买方与卖方约定在到期日或期满前买方有权按约定的汇率向卖方卖出特定数量的货币。例如，一项期权的内容是USD PUT YEN CALL，称为美元卖权、日元买权，表明期权的买方有权向卖方卖出美元同时买入日元。

由于外汇买卖意味着买入一种货币的同时也卖出另一种货币，因此对一项外汇期权来说，它是一种货币的买权，同时也是另一种货币的卖权。为了避免混淆，在描述外汇期权的内容时，必须明确它是哪一种货币的买权和哪一种货币的卖权。

2.期权买方和卖方

期权买方是交易的权利方，期权的卖方是交易的责任方，他们的责权关系见表6-1。

表6-1 **期权交易双方责任**

	看涨期权	看跌期权
期权买方	有权在到期日或之前依履约价格购买外汇	有权在到期日或之前依履约价格卖出外汇
期权卖方	有义务在到期日或之前应买方要求依履约价格卖出外汇	有义务在到期日或之前应买方要求依履约价格买入外汇

3.美式期权和欧式期权

美式期权：在到期日前任何一天都可以行使的期权。

欧式期权：只能在到期日行使的期权。

美式期权和欧式期权这两个术语源于北美和欧洲的期权交易所不同的交易方式。现在与地理位置已经不相关了，但名称却保留下来。虽然欧式期权在到期日前不能行使，但通常可以交易。即使是场外交易期权，通常也可以从初始银行获得成交价，或者找到另一家银行同意以一定价格冲销交易。

4.协议价格与期权费

协议价格（Contract Price）又称履约价格（Exercise Price），是契约中规定交易双方未来行使期权时买卖外汇的交割价格。

期权费也称权利金，是期权买方为获得选择权而支付给卖方的代价，它作为期权的价格，由买方在确立期权交易时付给卖方，在交易实务中，期权费的报价通常采用买入价（Bid Price）和卖出价（Offer Price）双边价的形式。

以美元买权欧元卖权（USD CALL EUR PUT）为例，交易金额1 000万美元，假设美元兑欧元即期汇率水平为0.78，三种报价方式分别为：

（1）用点数报价：0.0220—0.0224。同外汇买卖一样，左边是报价方愿意买入该期权的价格，右边是卖出该期权的价格。对于询价方而言，卖出期权使用左边的价格，买入期权使用右边的价格。点数的含义与外汇汇率相同，表示买入交易金额为1美元的期权所需要支付的欧元期权费。

因此，买入该期权的期权费支出应为：1 000万美元×0.0224=22.4万欧元，按即期汇率0.78折合美元金额为28.7万美元。

同样，卖出该期权的期权费收入应为：1 000万美元×0.0220=22万欧元，按即期汇率0.78折合美元金额为28.2万美元。

（2）用百分比报价：1.375%~1.4%。期权费为美元金额的百分比，表示金额为1美元的期权所需支付的美元期权费。

因此，买入该期权的期权费支出应为：1 000万美元×1.4%=14万美元。

同样，卖出该期权的期权费收入应为：1 000万美元×1.375%=13.75万美元。

（3）用波动率报价：9.5%~9.7%。期权费根据期权定价模式进行计算。

协议价格与期权费之间是有内在联系的，对看涨期权而言，二者逆向变动；对看跌期权而言，二者同向变动。如图6-3、图6-4所示。

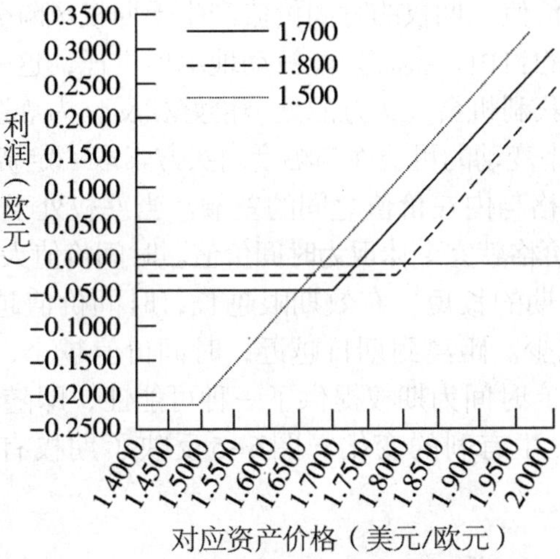

图6-3 三种美元对欧元看涨期权的利润模式

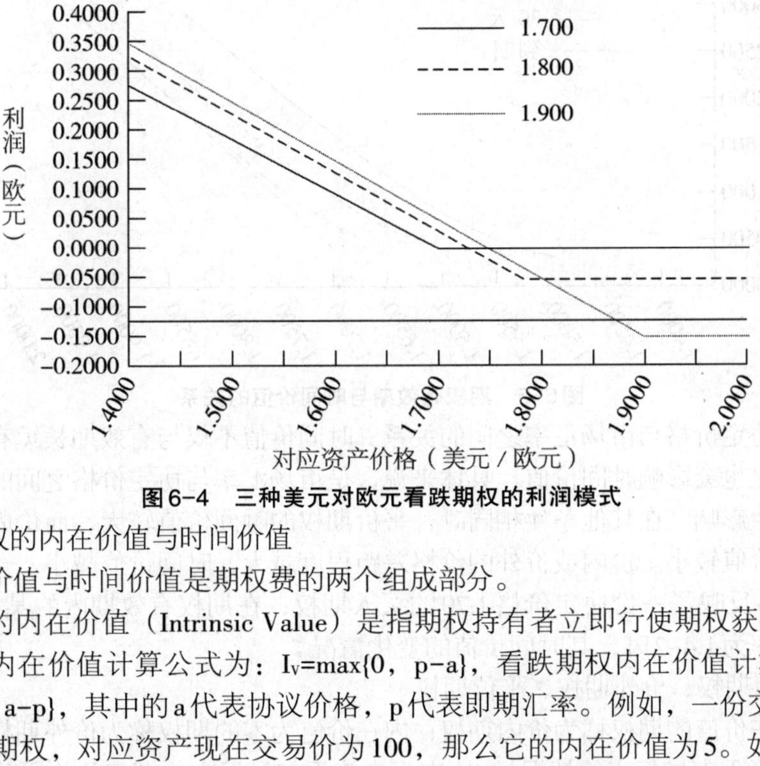

图6-4 三种美元对欧元看跌期权的利润模式

5. 期权的内在价值与时间价值

内在价值与时间价值是期权费的两个组成部分。

期权的内在价值（Intrinsic Value）是指期权持有者立即行使期权获得的利润，看涨期权内在价值计算公式为：$I_V=\max\{0, p-a\}$，看跌期权内在价值计算公式为：$I_V=\max\{0, a-p\}$，其中的a代表协议价格，p代表即期汇率。例如，一份交割价格为95的看涨期权，对应资产现在交易价为100，那么它的内在价值为5。如果现在交易价格跌到95以下，则期权的内在价值变为0，因为期权买方在这种情况下不会行使期权。

期权的时间价值（Time Value）是指一项外汇期权因存在市场汇率向有利方向变化的可能性而具有的价值。期权的时间价值产生于期权风险分担的不对称性，买方有审时度势进行选择的自由，卖方只能被动地承担责任，这一不对称性意味着期权卖方的损失机会大于获利机会，买方的处境恰好相反。为规避这一损失产生的可能性，期权卖方依据汇率变动的可能性与幅度向买方索取一定费用，即为时间价值。时间价值表现为市场价格与内在价值之间的差额。当期权处于价外或平价状态时，其内在价值为零，期权价格就完全体现为时间价值。时间价值大小受两个因素影响：

（1）期权交易有效期的长短。有效期限越长，时间价值越大。随着时间的推移，时间价值会逐渐减少。距离到期日越近，时间价值越小，在到期日的截止时间，时间价值衰减为零。时间为期权提供了一种可能性，即随着市场汇率的变化，期权的内在价值可能发生有利的变化。图6-5反映了期权有效期与时间价值的关系。

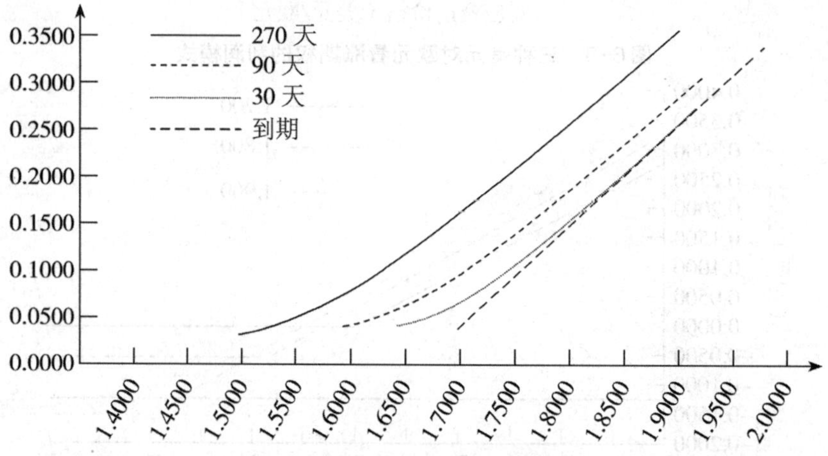

图6-5　期权有效期与时间价值的关系

（2）协定价格与市场汇率之间的关系。时间价值不仅与有效期长短有关，市场汇率的变化也会影响时间价值。具体来说，是市场汇率与协定价格之间的差额对时间价值产生影响。在其他条件相同时，平价期权的时间价值较大，而价内和价外期权的时间价值较小。价内或价外的价格差距程度越大，时间价值越小。

图6-6反映了一份协定价格1.70的买入期权，在期权有效期内的某一时点上，当市场汇率为1.4~2时，其时间价值的变化情况。

6.价内期权、价外期权、平价期权

有内在价值的期权称为价内期权；内在价值为零的期权称为价外期权（不包括协定价格等于市场汇率的情况）；协定汇率等于市场汇率的期权称为平价期权。注意，这里划分的依据是内在价值而非时间价值。

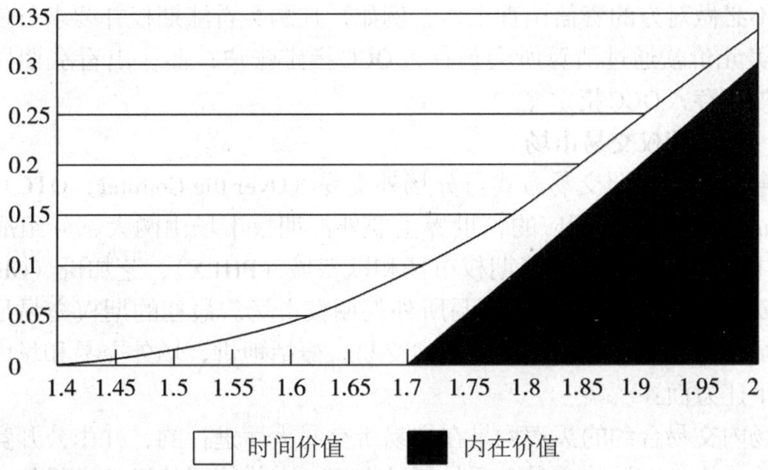

图6-6 协定价格与市场汇率之间的关系

6.1.3 外汇期权交易的基本程序

世界各外汇期权交易所都按国际统一的标准规范运作，买卖的都是标准化契约。因此，当客户参与期权交易时，必须遵循规范化的交易程序。下面对交易程序进行一下简单介绍：

（1）确定交易策略，也就是说，决定买入或卖出何种期权或是何种期权组合。前面介绍过，在金融市场上交易的期权种类是多种多样的，期权合约的组合方式更是层出不穷，特别是随着金融工程的发展，银行可以根据客户的需要为其定做期权产品，因此，确定交易策略非常具有挑战性，它不仅需要熟悉期权交易，还需要对市场参数有敏感的反应和正确的预期。

（2）选择外汇合约，包括确定选择欧式期权还是美式期权，决定协议价格，确定合约期限，确定交易数量等。然后，就可以买入相应的合约了，订立合约的时间称为成交日（Dealing Date，Contract Date）。

（3）交纳期权费（Premium）。在一般情况下，期权的买方须在期权成交日后的第二个银行工作日将期权费支付给卖方，与即期外汇买卖的起息日相同。由于期权买方除了支付期权费以外，不负担任何义务，所以不需要交纳保证金，交易程序比较简单。

（4）持有合约。在这期间，可以选择将合约对冲。

（5）行使期权。在欧式期权到期日，买方应决定是否履约。如果超过到期日（Expiry Date）的截止时间（Cut off Time）还未通知卖方，即表示已放弃这一权利。美式期权买方可以在有效期内任意时间行使期权。

期权的交割通常是通过清算所会员进行的。例如，芝加哥证券交易所（CHX）设有期权清算公司（Options Clearing Corp，OCC），以保证交易的顺利进行，使买卖双方均不必做对方的资信调查工作。例如，凡购买看涨期权并要求行使者，需在交割日将美元价款通过清算所会员存入OCC指定账户；而售出看涨期权者，需在交割日将外汇存入OCC指定账户。

6.1.4 外汇期权交易市场

外汇期权交易按照交易方式可分场外交易（Over the Counter，OTC）和场内交易（Exchange Traded）。相应的，世界主要外汇期权市场由两大部分组成：以伦敦和纽约为中心的银行同业外汇期权市场和以费城（PHLX）、芝加哥（CBOE）和伦敦（LIFFE，LSE）为所在地的交易所外汇期权市场。最初的期权交易是在场外进行的，在场外交易的基础上产生了场内交易。概括地讲，场外交易和场内交易的不同表现在下述方面：

（1）场内交易合约的买卖均是在交易所交易大厅进行的，并由公开竞价的方式决定合约的价格；而场外交易主要是通过电话、电传等通信设备进行的，由交易双方通过协商决定合约的价格。

（2）场内交易的双方通过经纪人进行交易；而场外交易是在客户与银行、银行与银行之间直接进行的。

（3）场内交易的责任方（期权卖方）要交纳保证金，清算通过交易所的清算公司进行，不存在违约风险；而场外交易是直接交割的，意味着协议一经签署，双方都承担了相应的风险。

（4）场内交易的交易内容是标准化的，合约的各项规定都是由交易所制定的；而场外交易的合约则完全由客户根据其特殊需要协商决定，非常灵活。

（5）在场内交易中，只有少数合约涉及最终交割；而场外交易多数合约都涉及交割。

场外交易和场内交易又是密切关联的。各主要商业银行、投资银行等通过场外期权交易向公司、企业出售外汇期权时，如果仅仅扮演保险机构的角色，则只承担客户的汇兑风险以赚取保险费（即权利金）收入。但许多银行在出售OTC期权后即从交易所再次购入相似期权，以对冲来规避风险，这时则充当了客户之间的桥梁。或者，各银行和经纪人作为交易所期权业务的重要参与者，在交易所买进或卖出标准期权契约的同时，根据场外交易的客户要求，对标准期权的交易金额、到期日、协定汇价等进行灵活多样的匹配和拼合，使银行同业期权市场和交易所成为密切联系、同步发展的统一整体。

6.1.5 期权场外交易实例

上面从客户角度介绍了场内交易的基本程序。下面再以一个实例简单介绍一下场外交易的基本过程：

外汇期权的场外交易在实务上同外汇买卖有相似之处，交易双方通过某种形式的交易对话使期权交易内容明确即可，并没有严格的模式。交易内容可由双方商定，一般包括：交易方向（买入或卖出）、期权内容和种类（买权或卖权、欧式或美式）、成交金额、执行价格、期权费、到期日、截止时间以及双方资金收付账户等项目。

下面是甲、乙两家银行的交易员（A、B）通过路透社交易机完成的一笔期权交易的对话。

A：OPTION DEAL.

A：HI FRD CAN YOU GIVE ME INDICATION FOR EUR CALL? USD PUT AMOUNT USD 10MIO STRIKE PRICE AT 1.7350 EUROPEAN ST YLE EXPIRY NOV 18.TOKYO CUT 03：00 PM.

B：SURE…1.375、1.40 IN USD PCT.

A：OK IC FIRM PRICE PLS.

B：THE SAME.

A：I BUY.

B：OK DONE TO CFM AT 1.40.WE SOLD YOU OPTION FOR EUR CALL USD PUT AMOUNT EUR 10 MIO STRIKE AT 1.7350 EXPIRY NOV 18.TOKYO CUT 03：00 PM EUROPEAN STYLE PREMIUM AMOUNT EUR 140 000 PLS PAY TO B BANK NEW YORK BRANCH FOR OUR ACOUNT THANKS FOR THE DEAL.

B：BI FRD.

A：OK AGREED THANKS BI FRD.

译文：

甲银行交易员向乙银行交易员询问一项期权的参考报价。

甲银行：欧元买权美元卖权，金额为1 000万美元，执行价格为1.7350，欧式期权，到期日为11月18日，截止时间为东京时间下午3点。

乙银行：按欧元金额的百分比报价为1.375和1.40。

甲银行：请提供可交易的实价。

乙银行：报出相同的实价。

甲银行：我方买入期权。

乙银行：成交。在1.40价位我行向贵行卖出期权，欧元买权美元卖权，金额1 000万欧元，执行价格为1.7350，到期日为11月18日，东京时间下午3：00截止，欧式期权，期权费为140 000欧元，请付至我行纽约分行。谢谢，再见。

甲银行：同意。谢谢，再见。

下面是甲、乙两银行的交易员（A、B）于11月18日东京时间下午3点执行该项期权时进行的交易对话。如果甲银行没有通知乙银行执行期权，则表示甲银行放弃该项权利。

A：OPTION EXE PLS.

A：WE BUY EUR 10 MIO AG USD AT 1.7350 VAL NOV 20 EUR PAY TO A

BANK NY BRANCH PLS.

B：OK AGREED USD PAY TO B BANK.FRANKFURT BRANCH THANKS.

A：THANKS.

译文：

甲银行：执行期权。

甲银行：我方买入欧元1 000万卖出美元汇率为1.7350，起息日为11月20日，欧元请付我行纽约分行。

乙银行：同意。美元请付我行法兰克福分行。谢谢，再见。

甲银行：谢谢，再见。

6.2 外汇期权交易分类

外汇期权已经形成了一个庞大的“家族”，可以按照多种标准对外汇期权进行分类：按照期权在有效期内履约的灵活性可分为欧式期权、美式期权、百慕大期权；按期权内容可分为看涨期权和看跌期权；按期权的内在价值可分为价内期权、价外期权和平价期权。但上述分类方式过于粗糙，不能展现期权交易的全貌。

本节首先根据期权合约的历史发展轨迹将其分为标准外汇期权交易（Plain Vanilla Currency Option）、特异外汇期权交易（Exotic Currency Option）两大类。对于标准期权交易，再按照基础资产进行分类。特异期权是金融工程发展的产物，20世纪90年代以来其地位越来越重要，目前仍难以对其包含的期权品种进行进一步严格的分类，本节只举几个例子加以介绍。

6.2.1 标准外汇期权交易

“标准外汇期权”亦即经常提到的“传统外汇期权”。之所以称之为标准外汇期权，是相对于“非标准”外汇期权也即特异外汇期权而言的。它产生较早，合约具有标准化和规范性的特点。

标准期权是特异期权的基石，主要包括：

1.现汇期权交易

现汇期权交易指期权买方有权在期权到期日或以前，以协定汇价购入或售出一定数量的某种外汇现货。

【例6-1】

某欧洲公司来年4月份以后将有一笔美元收入，出于保值目的，公司买入了一笔欧元看涨期权，金额为500 000欧元，协定汇价EUR1=USD1.7350，到期日是来年4月份以后，期权价格EUR1=USD0.02。

假设到期日时即期汇率为X，该公司包括期权费在内的美元净支出成本为C。

$$C=500\,000X+500\,000\times0.02=500\,000X+10\,000$$

让我们看一下该公司是如何获得保值收益的：

（1）当X>1.7350时，公司行使期权，按协定汇价EUR1=USD1.7350买入欧元，使成本固定在867 500美元。

（2）当X≤1.7350时，美元升值，公司不行使期权，而直接按即期汇率从市场上购入欧元。虽然一部分收益会被期权费所抵消，但当美元升值到EUR1=USD1.6950以上时，公司就可以获得汇价变动的净收益了。

2.外汇期货期权交易

外汇期货期权交易是指期权买方有权在到期日或之前，以协定的汇价购入或售出一定数量的某种外汇期货，即买入看涨期权可使期权买方按协定价取得外汇期货的多头地位；买入看跌期权可使期权买方按协定价格建立外汇期货的空头地位。买方行使期货期权的交割同于外汇期货交割。注意，外汇期货期权与现汇期权不同的是，外汇期货期权均为美式期权，即可以在到期日前任何时候行使。

在交易中，当期权买方行使看涨期权取得多头地位时，期权卖方便处于空头地位，其亏损借记期货保证金账户。如保证金已低于维持水平，则须立即追加以补足到维持水平。同样，当看跌期权买方行使期权取得空头地位时，期权卖方便处于多头地位。在收存足够保证金的条件下，清算所作为合同各方的“对方”，提供信用保证，并做最终结算。

3.期货式期权交易

由于外汇行市变化无常，尤当汇率波动加剧之际，外汇期权价格（期权费）就会有很大的不确定性，因此外汇期权也可以以一种期货的形式进行交易，这便是期货式期权交易的由来，所以又可称之为期权期货。与一般期货合同相似的特点是，交易双方的盈亏取决于期权价格的变动方向，且合同双方都须交存保证金，并且按每天期权收市价结清，即按每天收市的期权清算价对期权合同价的变动差额进行盈亏结算。当人们预计期权行市上涨，就会买入看涨期权的期货，取得多头地位。如果期权行市果然上涨，买入者获利，出售者亏损；反之期权行市下跌，则买入者亏损，出售者盈利。而当人们预计期权行市下跌，就会买入看跌期权期货，日后果然下跌，则多头者获利，空头者亏损。

【例6-2】

某公司在LIFFE买入一份协定价USD1.6=GBP1的英镑看跌期权期货合同（每份合同金额GBP25 000），看跌期权价格为USD0.0265/GBP，则一份英镑合同的期权价格是：USD0.0265×25 000=USD662.50。之后，英镑汇价下跌，期权价格上涨到USD0.0375/GBP，则多头方持有的期权总价值为USD0.0375×25 000=USD937.50。结算后，该公司的盈利现金流为USD937.5−USD662.5=USD275。而卖出看跌期权期货者有同额亏损，现金流为负值。

4.复合期权交易

复合期权是期权的期权，因为这类期权的载体本身就是期权，而不是通常的外汇买卖。期权的买方在支付期权费之后，获得一项按预先确定的期权费买入或卖出标准期权的权利。复合期权可以是买权也可以是卖权。如果是买权，那么期权买方就获得一项买入指定期权的权利；如果是卖权，那么期权买方就获得一项卖出指定期权的权利。复合期权通常用于规避可能发生的不确定的汇率风险，可以预先固定期权费支出。

6.2.2 特异外汇期权交易

随着金融市场的发展和变化，原先的标准期权已难以满足客户广泛多样的避险需求。另一方面，先进的电脑科技广泛应用于金融领域，为银行设计更为复杂的金融产品提供了条件。于是，针对客户不同的需求而专门设计的期权产品——特异外汇期权交易应运而生。这些期权比传统期权含有更多的特性，为客户提供了不同的风险和收益的搭配。其中一些产品由于其高效率和低成本的优越性而受到了客户的普遍欢迎。特异期权品种繁多，其定价往往需要使用相当复杂的数学模型和软件系统，有些品种甚至尚未形成统一的市场定价方案。迄今为止，特异期权还处于不断的发展之中。

下面介绍几项简单、常用、具有代表性的特异外汇期权：

1.数字式期权

数字式期权又称赌博式期权（Bet Option）。在确立期权交易时，交易双方约定一个汇率水平，在期权到期时或到期之前，如果市场汇率水平达到这个预先约定的价格，期权卖方将支付买方一笔预先约定的金额；如市场汇率水平未能达到预先约定的价格，期权买方将一无所获。根据期权执行时间的不同，数字式期权又可分为欧式和美式两种。对于期权买方而言，要么获得全部的收益，要么什么都得不到，这种期权交易具有类似赌博的性质，因此被冠以“赌博式期权”的名称。实际上这类期权可以看成简化的标准期权，期权买方可能获得的收益确定为固定金额，而标准期权的收益是由市场汇率水平与执行价格之间的差额确定的。由于该期权的“赌博”特性，它通常与其他金融工具配合使用，以达到客户所需的特殊避险目的。

2.平均价格期权

标准期权到期时的收益是约定价格与到期日载体资产价格之差。平均价格期权的收益计算不是用到期日的基础资产价格，而是用一段时间内基础资产的平均价格。计算平均值的方法有三种：

（1）可以为月平均、周平均、日平均或取任何一个预先确定的时间作为一个周期。

（2）平均的时间可以是期权整个有效期，也可以是有效期中的时间段。

（3）使用算术平均或几何平均都可以（算术平均更常用，因为这种方法易于理解，便于计算，并且可以更一般地反映基础资产的风险程度。然而，算术平均汇率期权的估价要比几何平均汇率期权的估价困难得多）。

究竟采用哪种方法通常取决于期权使用者基础资产的风险程度。例如，一家公司在6个月内，每月的最后一天从外国供货商处买入固定数额的货物。采用一种6个月平均汇率期权可以获得最佳的风险防范效果。这里，以每月最后一天上午11点的即期汇率来计算月算术平均汇率。平均汇率期权比标准期权廉价，因为载体资产价格在一段时期内的平均值的变动比时点价格的变动程度要小，这就减少了期权的风险从而降低了其时间价值。

3. 一揽子期权

一揽子期权也是由标准期权变化而来的，可以看成是由多种货币的欧式期权融合而成。标准期权通常可表述为一种货币的买权和相对应的另一种货币的卖权，其载体是两种货币间的外汇买卖。一揽子期权涉及多种货币间的复杂的汇率关系，期权的买方获得一项权利，可以将一定金额的货币或货币组合转换成另一种一定金额的货币或货币组合，卖方获得期权费并承担相应的义务。由此可以看出，一揽子期权是为了满足客户控制数种货币间的汇率风险而设计的。

一些贸易商、跨国公司和投资公司在经营过程中往往会面临多种货币的汇率风险。例如，贸易商与几个国家开展贸易往来，并用它们的货币进行结算；跨国公司在几个国家都设有公司，它们的资产负债都用所在国的货币衡量；投资公司投资于多种货币的资产等等。这些公司在最终测算利润时都需要按本国货币进行计算，外国货币和本国货币间的汇率变化会使公司的盈利水平处于不稳定状态。为避免这些汇率风险，公司可以把数种货币间的汇率风险分别看做是每一种外国货币对本国货币的风险，然后通过外汇买卖或欧式期权将它们各自间的汇率风险加以锁定。这样一来，公司就需要做多笔单独的交易来实现这一目的。这样操作的缺点在于，单独的交易割裂了相互间的联系，缺乏灵活性，同时也增加了操作和管理上的难度。如果购买标准欧式期权的话，通常需要支出较高的期权费。一揽子期权为多种货币的汇率风险管理提供了便利，只需一笔交易就能锁定所有汇率风险，不仅操作灵活简便，更重要的是它所需的期权费比购买数笔单独的欧式期权的期权费总和要少，从而降低了避险成本，受到企业的青睐。

总结一下，大体上，可以将特异期权分为三大类，即合同条件变更型期权、路径依赖型期权和多因素型期权。

上面介绍的三个例子分别是这三类期权的典型代表。特异期权包括许多其他品种，限于篇幅这里就不再介绍了。若要了解特异期权的详细知识，可阅读金融工程等方面的其他相关书籍。

6.3 期权定价基本规则

期权价格，也即期权费，是由期权的买方支付给卖方，作为买方获得权利的代价，同时也是卖方承担义务的报酬。在期权交易中，期权价格水平是决定买方和卖方能否成交的关键。交易员必须了解期权价格的含义，掌握其变化规律，才能通过期权交易获得收益；客户必须掌握期权价格决定的原理，才能以最小的成本达到理想的保值目的。

6.3.1 期权定价的特殊性

期权的定价在所有金融衍生工具定价中是最复杂的。前面介绍的期货，以及后面将介绍的互换、FRA等均可以通过建立某种零风险套头策略决定各自的价格，这一零风险策略之所以有效，是因为这些衍生工具有如下特点：

（1）衍生产品的价格和对应基础资产的价格有刚性关系。

（2）至到期日一定有交易发生。

对于期权来说，到期日时期权的价值和对应资产的价格也有刚性关系，但其特殊性在于：在订立期权合同时，卖方并不知道期权是否最终会得到行使。这一不确定性使期权很难进行套头，因此难以定价。有两种基本方法可以对付这种不确定性，从而决定期权的适当价格。

一种方法是将一段时间内期权基础资产的价格变动视为随机变量，并对其分布规律做出假设。由此出发可以估计期权到期日的预期价值，把预期价值进行折现后就得到期权价格。这就是著名的布莱克－斯科尔斯模型的基本原理。

另一种方法根据的是期权第一次被卖出时建立零风险套头交易的可能性。这种方法导出二项式模型。限于篇幅，本节只介绍布莱克－斯科尔斯模型。

6.3.2 决定期权价格的主要因素

在介绍期权定价模型之前，我们先了解一下决定期权价格的主要因素，以便对定价的基本原理有一个直观的了解。我们仍以外汇期权为例。

一般来说，期权价格主要由五个方面的因素决定：

1. 协议价格与市场汇率的关系

协议价格与市场汇率之差决定着期权的内在价值。对看涨期权而言，当协议价格一定时，市场汇率越高，内在价值越大；看跌期权则正好相反，市场汇率越低，内在价值越大。这个关系在前面已经介绍过了。协议价格与市场汇率的关系也影响着时间价值，这在6.1中也已介绍过了。

2. 离到期日时间

外汇市场汇率的多变性是时间价值的源泉。距到期日越长，汇率变动的可能性越大，时间价值越大。

3. 汇率的波动程度

市场汇率波动程度通过影响期权的时间价值从而影响期权的价格。简单地理解，期权交易所涉及的汇率的波动程度越大，在相同的期限内期权卖方所承担的风险也就越大，买方获利的机会也就越大。因此，卖方会向买方要求更多的补偿，即更高的期权费。

在期权交易中，汇率的波动程度是以波动率来衡量的。计算波动率的数学原理是：在一个给定的时段内，观察一组即期汇率的数据变化，计算出它们的平均变化率，这些即期汇率的变化率相对于平均变化率的标准差被定义为波动率。因此，波动率实际上是汇率变化率离散程度的衡量指标。

不同种货币汇率的变动率是不同的，同一货币在不同时间的波动率也是有差别的。历史波动率反映了不同货币汇率的波动性差异，而隐含变动率则反映了对一种货币在最近一段时间内变动趋势的预期。

下面分别简单介绍这两种变动率指标：

（1）历史波动率

历史波动率是对汇率过去实际波动程度的描述。历史波动率的计算公式是

$$U=\frac{1}{N}\sum_{i=1}^{N}X_i$$

$$\sigma=\sqrt{\sum_{i=1}^{N}[(X_i-U)^2]/N-1}$$

式中：$X_i=\mathrm{Ln}\frac{S_i}{S_{i-1}}$；

σ——年波动率；

S_i——i时点的即期汇率水平；

Ln——自然对数；

N——期限内包含数。

在汇率变动的分布函数稳定的情况下，过去的变动轨迹可以较好地预测现在的情况，从而作为计算波动率的依据。但是，市场汇率变动经常具有阶段性和突变性的特点。因此，有必要把未来一定时间内的价格变动规律作为定价的参考，从而引入隐含变动率的概念。

（2）隐含变动率

未来的变动率是不可能直接得到的，只能间接观察。在实践中，可以根据期权交易的报价，用期权定价模型逆推得到。大多数市场参与者使用相似或相同的定价模型，所以计算隐含变动率就很方便，而且，一般比运用历史波动率更精确。可见，之所以称之为“隐含变动率”，是将其视为隐含在期权价格中的变量。

用历史波动率来确定汇率变动的大体走势，用隐含变动率来剔除不可重复因素对变动率计算的干扰，二者结合可以取得较好的效果。

4.利率差别

在期权交易中，卖方存在潜在的头寸风险。例如，卖出一笔美元看涨期权，一旦美元升值，期权被行使，卖方就可能亏损。因此，为抵补亏损，期权卖方会通过远期外汇买卖等对潜在头寸的全部或部分进行保值，而这必然牵涉到货币之间的利

率差别。货币之间的利率差别，影响着卖方的融资成本，从而货币利率差便成为期权价格的影响因素之一。当此差额因A货币利率上升或B货币利率下降而扩大时，A货币的看涨（B货币的看跌）期权价格上升，A货币的看跌（B货币的看涨）期权价格下降。

5.远期汇率水平

对于现汇期权而言，远期汇率或期货汇率也是左右期权价格的重要因素。通常较高的远期汇率水平会强化人们对未来即期汇率上涨的预期，因而，通过市场供求力量的相互作用，外汇现汇看涨期权的期权费势必随远期汇率的上升而上涨，而外汇现汇看跌期权的期权价格则会下跌。

6.3.3 期权定价模型

1973年，布莱克（Fisher Black）和斯科尔斯（Myron Scholes）发表了著名的欧式看涨期权定价模型，在期权交易中得到普遍应用，被誉为期权定价的里程碑。虽然布莱克-斯科尔斯模型（B-S Formula）最初是为欧式股票看涨期权而设计的，但经过修正，它同样适用于外汇期权。经过适当扩展，它也可以为看跌期权、美式期权定价。

1.模型的基本假设

这一模型有一系列假设前提。这些假设有的是为了便于推导而对现实问题进行的简化，有的是对经验事实的规律总结。这些假设包括：

（1）市场处于完全充分状态。

（2）收益率服从正态分布。

在期权定价模型中，收益率定义为两个时点基础资产价格比的对数，即

收益率=Ln（S_{t+1}/S_t）

布莱克和斯科尔斯认为，在完全的市场上，收益率服从正态分布，即

$$\text{Ln}\frac{S_t}{S_0}\sim N(\mu t, \sigma\sqrt{t}) \tag{6.1}$$

式中：S_0——时间0时的基础资产价格；

S_t——时间t时的基础资产价格；

N（m，s）——随机的正态分布，平均值为m，标准差为s；

μ——年收益率；

σ——收益率的年标准差；

符号“~”——“服从……的分布”。

从式（6.1）可以直接推出价格的对数服从正态分布，因为

$$\text{Ln}(S_t)-\text{Ln}(S_0)\sim N(\mu t, \sigma\sqrt{t}) \tag{6.2}$$

这里S_0是一定的，价格因此是对数正态分布，遵循以下关系

$$S_t/S_0\sim e^{N(\mu t, \sigma\sqrt{t})} \tag{6.3}$$

从式（6.3）可以得出期望收益率为μt

$$E[Ln(S_t/S_0)]=\mu t$$

（3）期权为欧式，到期日前不可行使。

（4）对应资产在到期日前无股息或其他收入（该假设后被放弃）。

（5）不考虑税收或没有税收、交易成本和保证金要求。

（6）期权有效期内利率水平不变。

2.简单推导

看涨期权价值到期日的期望值为

$$E[C_t]=E[\max(S_t-X, 0)] \tag{6.4}$$

式中：$E[C_t]$——看涨期权到期日的预期价值；

S_t——对应资产到期日的价格；

X——期权的协议价格。

到期日时有两种可能情况发生。如果$S_t>X$，看涨期权到期时为价内，则$\max(S_t-X, 0)=S_t-X$；如果$S_t<X$，看涨期权到期时为价外，则$\max(S_t-X, 0)=0$。如果将P定义为$S_t>X$的概率，等式（6.4）可以改写为

$$E[C_t]=P\times(E[S_t|S_t>X]-X)+(1-P)\times 0$$
$$=P\times(E[S_t|S_t>X]-X) \tag{6.5}$$

式中：P——$S_t>X$的概率；

$E[S_t|S_t>X]$——在$S_t>X$下S_t的预期价值。

等式（6.5）给出了看涨期权到期日的预期价值，为了求得合同的适当价格，该式应当加以折现，得到其现值如下

$$C=P\times e^{-rt}\times(E[S_t|S_t>X]-X)$$

式中的r为零风险利率。这样，期权定价就转化为两个相对简单的问题：

（1）确定P（即期权到期日为价内时的概率）使$S_t>X$。

（2）确定$E[S_t|S_t>X]$——即期权到期日为价内时对应资产的预期价值。

问题（1）是比较容易解决的

$$P[S_t>X]=P\left[Ln\frac{S_t}{S_0}>Ln\frac{X}{S_0}\right]$$

根据式（6.1），$\left(Ln\frac{S_t}{S_0}-\mu t\right)/\sigma\sqrt{t}$服从标准正态分布（即均值为0、方差为1的正态分布），所以

$$P[S_t>X]=P\left[\left(Ln\frac{S_t}{S_0}-\mu t\right)/\sigma\sqrt{t}>\left(Ln\frac{X}{S_0}-\mu t\right)/\sigma\sqrt{t}\right]$$
$$=1-N\left[Ln\frac{X_t}{S_0}-\mu t\right]/\sigma\sqrt{t}$$

根据风险中立理论，定义$r=\mu+\frac{\sigma^2}{2}$，这里，r为无风险利率，于是

$$P\left[S_t>X\right]=1-N\left\{\left[\mathrm{Ln}\frac{X}{S_0}-\left(r-\frac{\sigma^2}{2}\right)\times t\right]/\sigma\sqrt{t}\right\} \quad (6.6)$$

正态分布的对称性决定：1−N（D）=N（−D），因此上式又可以写为

$$P\left[S_t>X\right]=N\left\{\left[\mathrm{Ln}\frac{S_0}{X}+\left(r-\frac{\sigma^2}{2}\right)\times t\right]/\sigma\sqrt{t}\right\}$$

问题（2）的推导较复杂，我们仅给出结论

$$E\left[S_t|S_t>X\right]=S_0\times e^{rt}\times\left[N(d_1)/N(d_2)\right]$$

其中，$d_1=\left[\mathrm{Ln}\frac{S_0}{X}+\left(r-\frac{\sigma^2}{2}\right)\times t\right]/\sigma\sqrt{t}$

$d_2=d_1-\sigma\sqrt{t}$

将上述结论代入（6.5）式，就得到看涨期权定价的完整公式

$$C=N(d_2)\times e^{-rt}\times\{S_0\times e^{rt}\times\left[N(d_1)/N(d_2)\right]-X\}$$

所以

$$C=S_0\times N(d_1)-X\times e^{-rt}\times N(d_2) \quad (6.7)$$

其中的各变量定义同上。

从公式中可以清楚地看到期权价格是由协议价格与即期汇率、利率、到期日变动率共同决定的。

3.模型的拓展及应用

B−S模型有广泛应用，将其进行简单拓展就可得到货币期权定价模型（高曼−哈根模型）

$$C=S\times e^{r_b t}\times N(d_1)-X\times e^{r_p t}\times N(d_2)$$

式中：S——即期汇率；

r_b——基础货币的市场利率；

r_p——定位货币的市场利率；

$d_1=\left[\mathrm{Ln}\frac{S_0}{X}+\left(r_p-r_b+\frac{\sigma^2}{2}\right)\times t\right]/\sigma\sqrt{t}$；$d_2=d_1-\sigma\sqrt{t}$。

上述我们讨论的都是看涨期权定价。看涨期权与看跌期权价格之间存在看涨看跌平价关系，即

$P=C-S_0+Xe^{-rt}$（P为看跌期权价格）

所以，不必建立别的模型。B−S模型就可以胜任为看跌期权定价的工作。

美式期权执行期限是不确定的，那么B−S模型能否用来为其定价呢？多数情况下是可以的，因为美式期权很少提前执行。

美式期权价值同样由两部分组成：内在价值和时间价值。并且，美式期权的时间价值总为正值，所以，在到期日前如果行使期权，仅能得到内在价值。如果持有或者出售它，可以得到完整的期权价值。所以，多数情况下提前行使期权对持有者来说是

不明智的。当然也有特殊的情况，如果期权持有者预期到期前，内在价值下降，并且这种下降大于执行时牺牲的时间价值，他就会提前行使期权。比如欧元看涨期权的持有者，当美国利率低于欧元使用国时，美元远期汇率将高于即期汇率，美元未来的即期汇率可能升值。如果是这样，看涨期权内在价值就会下降，期权有可能被提前行使。

所以，将B-S模型应用于美式期权，要根据实际情况灵活使用。同样，由于美式期权的不确定性大于欧式期权，它的价格比相应的欧式期权要高些。

6.4 外汇期权交易案例分析

【案例一】 **买入看涨外汇期权交易分析**

德国某进口商需在6个月后支付一笔美元，但又恐怕其6个月后升值导致外汇损失。于是，该进口商以2.56%的期权价支付了一笔期权费，购买了一份美元欧式看涨期权。其合约情况如下：

买入：美元的欧式看涨期权

欧元的欧式看跌期权

执行价格：EUR1=USD1.2725

有效期：6个月

现货日：3月23日

到期日：9月23日

交割日：9月25日

期权价：2.56%

期权费：USD10 000 000×2.56%=USD256 000

当日美元现汇汇率为：EUR1=USD1.2755，故期权费折合EUR200 706。假设3个月后出现了三种情况，下面一一进行分析。

•第一种情况：

9月23日，美元汇价为：EUR1=USD1.2750，进口商不必行使期权，因为他可以在现货市场上付出EUR1换回USD1.2750，较行使期权多换回USD0.0025。其整个交易过程的成本包括两部分：

（1）在现货市场上购买美元的成本：USD10 000 000÷1.2750=EUR7 843 137

（2）期权费支出：EUR200 706

总成本：EUR7 843 137+EUR200 706=EUR8 043 843

•第二种情况：

9月23日，美元汇价为：EUR1=USD 1.2700，进口商必定会行使期权，因为行使期权时换回美元EUR1=USD 1.2725较现货市场的EUR1=USD 1.2700高USD0.0025。其整个交易过程的成本为：

（1）在现货市场上购买美元的成本：USD10 000 000÷1.2725=EUR7 858 546

（2）期权费支出：EUR200 706

总成本：EUR7 858 546+EUR200 706=EUR8 059 252

•第三种情况：

9月23日，美元汇价为：EUR1=USD1.2800，进口商无须行使期权，其整个交易过程的成本为：

（1）在现货市场上购买美元的成本：USD10 000 000÷1.2800=EUR7 812 500

（2）期权费支出：EUR200 706

总成本：EUR7 812 500+EUR200 706=EUR8 013 206

由上述分析可以看出，用期权来回避汇率风险是比较好的，因为当欧元汇率跌至USD1.2725以下时，其交易的成本被固定于EUR8 059 252，为进口商提供了最大的成本保证；当欧元汇率升至USD1.2725以上时，进口商可以获得成本不断下降的收益。这印证了6.1中对期权损益曲线的分析。

【案例二】　　买入看跌外汇期权交易分析

交易员认为近期内美元对日元汇率有可能下跌，于是买入一项美元的看跌期权，金额为1 000万美元，执行价格为80，有效期为1个月，期权价格为1.7%。下面简单分析一下该交易。

（1）关于盈亏平衡点的计算：

期权费支出=USD1 000万×0.017=USD17万。设盈亏平衡点的汇率水平为X，则在X点，执行期权所产生的收益应同期权费支出正好相抵。（80−X）×1 000万=17万×X，得到X=78.66。

（2）期权最大亏损：

期权费支出=17万美元。

（3）期权最大收益：

无限。

（4）到期日盈亏分析：

①当美元市场汇率高于协定价格80时，交易员不会执行该项权利，因此其亏损就是购买期权时支出的期权费17万美元。

②当美元市场汇率高于78.66，低于协定价格80时，交易员将执行该项权利。但由于是在盈亏平衡点以上，其收入仍不足以弥补期权费支出，仍有部分亏损。例如，市场汇率是USD1=JPY79.00，交易员行使期权获得收益

1 000×（80−79.00）=1 000（万日元）

按即期汇率折合美元126 582美元，其整个交易过程亏损为

170 000−126 582=43 418（美元）

③当市场汇率低于78.66时，交易员将执行期权。由于汇率水平是在盈亏平衡点以下，所以其交易收入扣除期权费支出后仍有盈余。例如，市场汇率为USD1=JPY78.50，交易员行使期权获得收益

1 000×（80–78.50）=1 500（万日元）

按即期汇率折合191 083美元，其整个交易过程收益为

191 083–170 000=21 083（美元）

其交易情况如图6–7所示。

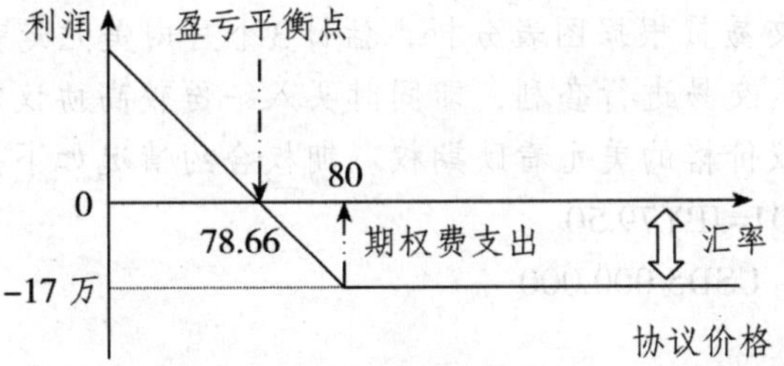

图6–7　交易情况图

【案例三】　卖出看跌期权分析

从上面两个例子可以看到，客户通过买入看涨或看跌期权，可以回避汇率上升或下跌的风险。那么，客户在不进行其他伴随期权交易的情况下卖出期权，会处于什么样的境况呢？我们用一个例子说明这个问题。

假设一家美国公司9个月后需要100万欧元，一个刚从大学毕业的财务人员进行了如下交易：卖出100万欧元的欧元看跌期权，期权费为每欧元0.0676美元，协议价格为EUR1=USD1.2700。他将收入的期权费进行了9个月的投资以赚取利息，到期时，期权费将值0.0706USD。假设9个月后出现了两种情况：

（1）欧元价格跌到1.2700USD以下。这时，期权的买方会要求执行期权。这样，公司将按EUR1=USD1.2700的价格买入100万欧元。但是他得到的期权费抵消了一部分成本，公司实际承担的成本为

EUR1=USD（1.2700–0.0706）=USD1.1994

假设该公司没有进行这笔交易，那么他就可以按照市场汇率买入欧元，享受欧元贬值的好处。所以说，在这种情况下，这笔交易实际上剥夺了公司一次获利的机会。公司从这笔交易中得到的好处有：第一，公司按照固定的价格买到了欧元；第二，期权费一定程度上降低了公司承担的实际成本。

(2) 欧元价格升到1.2700USD以上，此时期权不会得到行使。公司必须在公开市场上购买欧元，并且按即期汇率支付。实际成本将是即期汇率减去0.0706USD。所以说，在这种情况下，交易并没有起到保险作用，交易的作用只在于抵消了一部分成本。

从上面例子可以看到，在保值方案之外出售期权并不能提供任何保护，它只是

稀释了风险而已。只有公司确信市场价格会维持静止状态，采取这种交易才是明智的，它不失为降低成本的一种方法。

上面分析说明，谨慎的客户极少会进行单一的卖出期权的交易。但并不是说卖出期权不能存在于谨慎的交易策略之中，实际上，卖出期权经常与其他期权交易一起构成一个期权交易组合。下面举例说明。

【案例四】　期权交易策略选择

某银行的外汇交易员根据图表分析，估计3个月内美元走势向下，故准备用美元“熊市期权组合”交易进行套利，即同时买入一份较高协议价格的美元看跌期权和卖出一份较低协议价格的美元看跌期权。期权合约情况如下：

现货价格：USD1=JPY79.50

期权合约金额：USD5 000 000

期限：3个月

期权部分：

（1）买进美元看跌期权

协议价格：USD1=JPY81.00

期权价：3.32%

期权费支出：USD166 000

（2）卖出美元看跌期权

协议价格：USD1=JPY78.00

期权费：1.18%

期权费收入：USD59 000

净期权费支出：USD（166 000−59 000）=USD107 000

假设合约到期时出现三种情况：

•第一种情况：美元汇率跌至：USD1=JPY75.00

买进的美元看跌期权：属价内期权，该交易员行使期权，按USD1=JPY81.00售出美元，获得日元：JPY81×5 000 000=JPY405 000 000。

卖出的美元看跌期权：也属价内期权，行使期权时，交易员按USD1=JPY78买入美元，支出日元：JPY78×5 000 000=JPY390 000 000。

这样，交易员获得利润：JPY（405 000 000−390 000 000）=JPY15 000 000，约折合200 000美元，减去期权费后，净利润为USD93 000。

•第二种情况：美元汇率为：USD1=JPY79.00

买进的美元看跌期权：属价内期权，该交易员行使期权，按USD1=JPY81.00售出美元。

卖出的美元看跌期权：属价外期权，期权不会得到行使。

这样，交易员获得利润：JPY5 000 000×（81.00-79.00）=JPY10 000 000，约折合126 582美元，减去期权费后，净利润为USD19 582。

•第三种情况：美元不跌反升，美元汇率为：USD1=JPY82.00

买进的美元看跌期权：属价外期权，期权不会得到行使。

卖出的美元看跌期权：也属价外期权，期权不会得到行使。

这种情况下，交易员的损失是恒定的，为期权费USD107 000。其利润模式如图6-8所示。

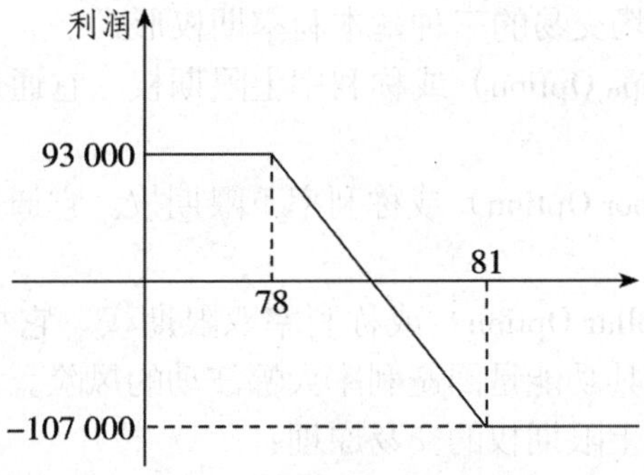

图6-8　利润模式图

可见，这种交易策略的特点是：如果汇率走势与预期相同，交易员将获利；如果预期错误，交易员也只承担有限的损失。

在实际交易中，期权组合是非常多样化的，有人把期权称为金融工程的基石，正是由于期权具有这个特点。

6.5　利率期权交易简介

6.5.1　利率期权交易基本原理

利率期权交易（Interest Rate Options）就是以利率作为基础资产的期权交易。它的交易原理与外汇期权交易是基本相同的。利率期权也分为看涨期权、看跌期权两种。按照交易方向，可将交易分为：买入看涨期权、买入看跌期权；卖出看涨期权、卖出看跌期权。它可以用来规避利率波动给借款者和投资者带来的风险，也可以用来对利率波动进行投机获取利润。

利率期权交易近年来发展很快。在现实中它以多种不同的形式出现，常见的有：利率期货合约的期权交易（即利率期权场内交易）、银行同业拆借市场间的期权交易（即利率期权的场外交易）、嵌入债券的期权交易等。下面分别进行简单介绍：

1. 常见的在交易所内交易的利率期权

常见的在交易所内交易的利率期权包括：长期国债期货期权、中期国债期货期权和欧洲美元期货期权。一般来说，当利率上升时，债券价格会下降；当利率下降时，债券价格会上升。认为短期利率会上升的投资者可以通过购买欧洲美元期货看跌期权进行投机，而认为短期利率会下降的投资者可以通过购买欧洲美元期货看涨期权进行投机。认为长期利率会上升的投资者可以通过购买中期或长期国债期货看跌期权进行投机，而认为长期利率会下降的投资者可以通过购买中期或长期国债期货看涨期权进行投机。一张欧洲美元期货期权交割100万美元面值的期货合约；一张长期或中期国债期货期权交割10万美元面值的期货合约。其交易程序与外汇期权交易相同，这里不再赘述。

2.银行同业拆借市场交易的三种基本利率期权形式

（1）封顶期权（Caps Option）或称利率上限期权。它通过锁定一个最高利率来回避利率上升的风险。

（2）保底期权（Floor Option）或称利率下限期权。它通过锁定一个最低利率来回避利率下降的风险。

（3）领子期权（Collar Option）或称利率双限期权。它相当于一个保底期权和一个封顶期权的组合。其功能是回避利率大幅波动的风险。

下面介绍一下利率上限期权的交易原理：

利率上限是为了保证浮动利率贷款的利息率不超过某一利率水平而设计的。这个利率水平被称为上限利率（Caps Rate）。当贷款的利率上限与贷款本身都是由同一家金融机构提供时，基于该上限的期权的成本常常被合并在应付的利率内。当它们由不同的金融机构提供时，为获得上限，很可能会要求事先支付承诺费。

图6-9说明了一个利率上限的运作过程。利率上限确保在任何给定时刻所支付的贷款利率是市场当前利率与上限利率中的较小者。假如一个本金为1 000万美元的贷款利率每3个月按3个月期LIBOR重新设定一次，而一家金融机构提供了一项每年10%的利率上限，为了履行利率上限协议规定的义务，该金融机构在每个季末必须向那个借款人支付（以100万美元为单位）以下金额

$0.25\times10\times\max(R-0.1,\ 0)$

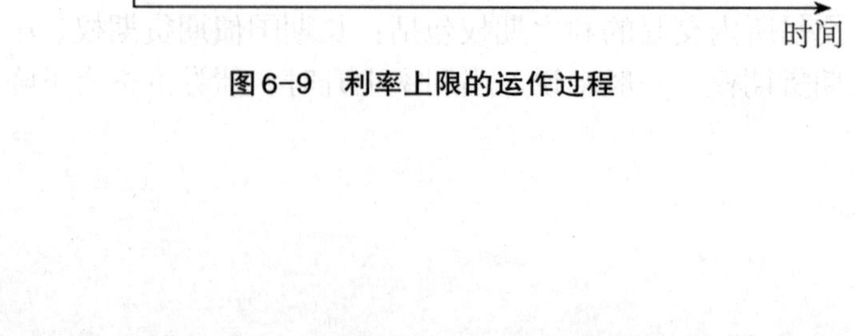

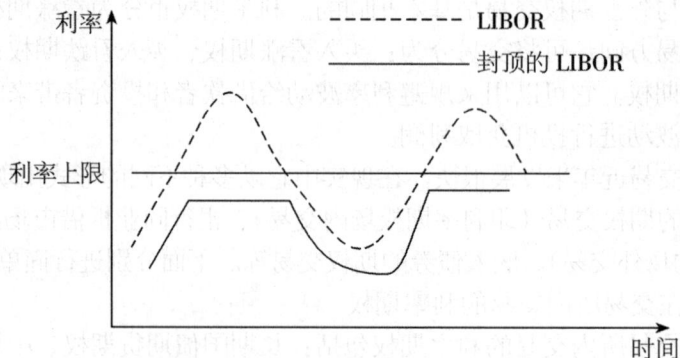

图6-9　利率上限的运作过程

式中：R——每季度开始时的3个月期LIBOR。

例如，当季度开始时的3个月期LIBOR是每年11%时，金融机构在季末必须支付0.25×USD10 000 000×0.01=USD25 000。当LIBOR是每年9%时，金融机构不必做任何支付。表达式max（R−0.1，0）是基于R的看涨期权所得的回报，因此可把利率上限看成是一个基于R的看涨期权的组合，这些期权在以后每3个月收取一次回报。包含利率上限的单个期权有时被称做附利率上限（Caplets）。

一般而言，若利率上限为R_x，本金为L，从利率上限有效期开始在τ，2τ，…，$n\tau$时刻支付利息，则利率上限的出售方在（k+1）时刻须支付的金额为

$$\tau L\max(R_k-R_x,0) \tag{6.8}$$

这里，R_k是$k\tau$时刻将被利率上限限制住的利率值。设F_k为$k\tau$和（k+1）τ之间的远期利率值，而利率R_k、R_x和F_k都用τ的复利率来表示。近似的，我们可以用F_k作为$k\tau$和（k+1）τ之间的贴现率，这样就使（6.8）式中在（k+1）τ时刻的支付额等于$k\tau$时刻的支付额

$$\frac{\tau L}{1+\tau F_k}\max(R_k-R_x,0) \tag{6.9}$$

这样做的好处在于，我们能够把每个利率上限看成一个基于τ期间利率的欧式看涨期权，该期权是在期权到期日取得回报，而不是在下一期取得回报。每个期权的本金是$\tau L/(1+\tau F_k)$。

3.有些债券本身就包含了看涨期权和看跌期权

例如，一个可赎回债券包含了允许发债公司在未来某一时间以预先确定价格购回债券的条款。这等于是债券的持有者出售给发行者一个看涨期权。这个看涨期权的价值体现在债券的收益率上，因此，附有购回条款的债券给投资者提供了一个比投资于没有购回条款的债券更高的收益率。一个可退还债券包括允许持有者要求在未来某一时间以预定价格提前收回现金的条款。这种债券的持有者不但购买了债券而且还购买了债券的看跌期权。由于看跌期权增加了债券持有者的价值，附有退还条款的债券提供的收益率比没有退还条款的债券的收益率低。

其他许多证券都有嵌入债券的期权。例如，附有提前以固定利率提款特权的存款可以看做是附有退还特性的债券。附有提前以固定利率付款特权的贷款可以看做是有购回特性的债券。另外，银行或金融机构所做的抵押协议是看跌期权。例如，考虑如下情况：银行向客户报出5年期抵押的年利率为12%的价格，并声明下两个月这个利率报价一直有效。客户实际上取得了在下两个月随时向金融机构按面值出售息票率12%的5年期债券的权利。

6.5.2 利率期权定价基本规则

在金融期权的家族之中，给利率期权定价是最困难的。原因有两个：第一，对利率期权定价时要处理整个期限结构而不是单个变量；第二，利率行为相对外汇价

格更为复杂。例如，利率表现出一种所谓的价值回复现象，附加在价值回复上的还有标准差问题。

如果利率期权的期限相对债券有效期而言较短（比如1年相对5年），可以近似地认为在利率期权有效期内债券价格的标准差是常数，这时就可以使用B-S模型对欧式利率期权进行定价了。

现定义：

B——债券现价

T——期权到期日

T-t——期权离到期日时间，相当于公式（6.3）中的t

σ——债券价格的标准差

X——期权的执行价格

R——应用于在T时刻到期的无风险投资的当前利率

在零息票债券的情况下，B-S模型给出在t时刻的欧式看涨期权和看跌期权的值c和p为

$$c=BN(d_1)-e^{-R(T-t)}XN(d_2) \tag{6.10}$$

和

$$p=e^{-R(T-t)}XN(-d_2)-BN(-d_1) \tag{6.11}$$

式中：$d_1=\dfrac{\mathrm{Ln}(B/X)+(R+\sigma^2/2)(T-t)}{\sigma\sqrt{T-t}}$

$$d_2=\frac{\mathrm{Ln}(B/X)+(R-\sigma^2/2)(T-t)}{\sigma\sqrt{T-t}}=d_1-\sigma\sqrt{T-t}$$

如果在期权的有效期内要支付息票利息，则利息可以当作股票的红利来处理。在使用（6.10）式和（6.11）式前要先从B中减去息票的现值。标准差参数必须是债券价格减掉这些息票现值后的标准差。

下面给出一个简单的定价实例：

考虑一个基于9.75年期限债券的10个月期的欧式看涨期权，债券面值为1 000美元。假设现在债券的价格为960美元，执行价格为1 000美元（即到期购买债券所付的现金价格），10个月期的无风险利率为每年10%，债券价格的年标准差为9%。债券息票年利率为10%，每半年付息一次，预计在3个月后和9个月后支付50美元的利息。3个月期和9个月期的无风险利率分别是每年9.0%和9.5%。所付利息的现值为

$$50e^{-0.25\times0.09}+50e^{-0.75\times0.095}=95.45$$

（6.10）式中的参数为B=960-95.45=864.55，X=1 000，R=0.1，σ=0.09，T-t=0.833。看涨期权的价格为9.49美元。

但在现实中，债券价格并不是常数，而是取决于债券有效期的长短。债券离到

期日时间越长，其价格标准差越大。当期权有效期限比标的债券的有效期限短得多时，就可以假设债券标准差在期权有效期内是常数。上面我们就是这样做的。但是，对于期限较长的期权，这个假设就不合理了。并且，这个模型不能用于对美式期权进行定价（不同于外汇期权，美式期权经常提前行使）。为了克服这些缺陷，专家们构造了收益率曲线模型。这些模型比较复杂，涉及随机过程与数值方法的相关理论，这里就不介绍了。

6.5.3 利率期权交易

封顶期权又称为利率上限期权，是在银行同业拆借市场上进行交易。它通过在未来特定时间内确定带有可变利率或浮动利率债务工具的利率最高额，从而确定利率的上限。即由期权的买方向卖方支付一定费用后，在合约有效期内的各利率更换日，当基准利率超过利率上限时，买方可从卖方收到利率差额的交易。此外，封顶期权买卖双方的交易，其合约中的有关条款均由双方当事人协商确定。合约商定的主要内容有：

（1）合约期限：通常为2~5年。

（2）利率更换日：即更换基准利率的日期，将基准利率与上限利率相比较，由此确定利率差额。

（3）基准利率：即作为上限利率比较对象的浮动利率，通常用LIBOR（伦敦银行同业拆借利率）。

（4）期权费：即作为封顶期权的等值代价，由买方向卖方支付的一种具有保险性质的补偿。支付方式上，一般是签约时一次预付，也有的实行分期支付，完全由买卖双方协商；从费用大小看，一般合约期限越长、上限利率确定得越低，则费用越高。

（5）利率差额：即每一利率更换日，基准利率与上限利率之差。

值得注意的是，封顶期权同利率掉期交易一样，是一种浮动利率（基准利率）与固定利率（上限利率）交换的交易，但通常的利率掉期交易是在每个利息支付日将浮动利率与固定利率进行交易；而封顶期权则是只有当基准利率超过上限利率时才进行利率交换的期权交易。

例如，某金融公司准备在市场上以浮动利率筹措一笔资金，该公司为避免将来利率上升使所筹措的资金成本增加带来的风险，决定购入封顶期权。合约有关内容列在下面。

•借入资金条款：

借入金额：USD100 000 000

期限：3年

借入利率：6个月LIBOR+0.5%

•封顶期权合约条款：

约定本金：USD100 000 000

期限：3年

基准利率：6个月LIBOR

上限利率：10.0%

期权费：0.5%（每年分两次支付）

正如该公司所预测的那样，利率果然上升了，根据上述资料，对实际筹资成本的计算如表6-2所示。

表6-2　**封顶期权筹资成本测算表（%）**

6个月LIBOR	浮动利率筹资成本（6个月LIBOR+0.5%）	购入封顶期权		封顶贷款筹资成本
		支付费用	收取利率差额	
8.0	8.5	0.5	0	9.0
9.0	9.5	0.5	0	10.0
10.0	10.5	0.5	0	11.0
10.5	11.0	0.5	0.5	11.0
11.0	11.5	0.5	1	11.0
12.0	12.5	0.5	2	11.0

从表中可以看出，当基准利率低于或等于上限利率（10%）时无利率差额；当基准利率超过上限利率时，可收到其利率差额，即便利率暴涨，涨到12%时，也能将筹资成本固定在11%的水平上，其具体计算从略。另外，当利率下降时，筹资成本与当时利率发生连锁反应，封顶期权的买方仍能享受到成本降低的好处。因此，封顶期权对那些预测将来利率上升，拟对利率上升的风险进行套期保值，同时又想得到利率下降的益处的客户非常有用（见图6-10）。

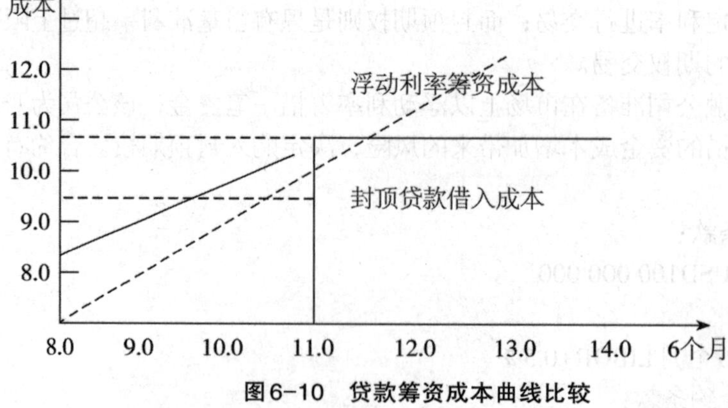

图6-10　贷款筹资成本曲线比较

6.6 股票指数期权交易

6.6.1 股票指数期权交易基本原理

股票指数期权（Stock Index Options）是以股票指数为基础资产的期权交易。同外汇期权、利率期权、股票期权一样，股票指数期权的买方向卖方支付一定数额的期权费后，即取得了在合约的有效期内或在合约的到期日，按协议价格买入或卖出约定数量股票指数合约的选择权。它也分为看涨与看跌期权两种形式，既有场内交易，也有柜台交易。目前，几乎全球所有的股票指数都可以作为交易的标的资产。

股票指数期权的场内交易的合约面值是以股票指数乘以一个倍数来表示的（如100）。在美国，每份期权合约的面值是用100美元乘以当时的市场股票指数表示的。在日本，则是把1 000日元乘以日经指数得出的数额作为一个合约单位。

股票指数期权是用现金交割而不是用指数所包含的证券交割。也就是说，在执行期权时，看涨期权持有者收入“（S−X）×N”的现金，其中S是指数的实际值，X是执行价格，N是合约单位（如100）。

股票指数期权交易的基本功能有两个：保值和投机。

1.证券组合保值

资产组合管理者可以用股票价格指数期权控制他们的价格风险。假设一种指数的价格为S。一个管理者经营一种多元化的证券组合，该证券组合的β为1.0（β是证券组合超出无风险利率的超额收益对市场超出无风险利率的超额收益进行回归得到的最优拟合值的斜率。当β=1.0时，证券组合的收益就反映了市场收益；当β=2.0时，证券组合的超额收益是市场超额收益的2倍；当β=0.5时，证券组合的超额收益是市场超额收益的1/2，依此类推）。为了给证券组合保值，应买入的期权合约的合理数额为B×S/F，这里，S为证券组合的价值，F为股票指数乘以固定倍数，如100。例如，假设证券组合价值为500 000美元，该种指数的值为250点，证券组合的价值就是指数的2 000倍。管理者就可以通过买进20份执行价格为240点的看跌期权使其证券组合在接下来的3个月中免受证券组合价值跌落到低于480 000美元价位的损失。为说明这一过程是如何进行的，我们考虑3个月后指数下降到225点的情况。指数下降后，证券组合价值大约是2 000×225=450 000（美元），损失了30 000美元，但是从期权中得到的盈利为20×（USD240−225）×100=USD30 000，保证了证券组合的总价值仍为USD480 000。

2.投机

股票指数是经济的晴雨表，其变化复杂而微妙，具有挑战性，是投机家钟爱的操作对象。股票指数期权作为股票指数与期权的结合，具有明显的投机价值。作为利用股票指数期权进行投机的投机者来说，他首先应当对市场做出预测：市场即将进入熊市还是牛市？其涨跌力度将如何？市场价格指数变动的因素是由蓝筹股带动还是由小范围的股票带动？等等。需要针对不同的情况，确定不同的交易策略，选择不同的交易组合。

例如，如果投机者预测股市行情看涨，以1 000日元的期权费购买执行价格为34 000日元的买权，则其交易如图6-11所示。

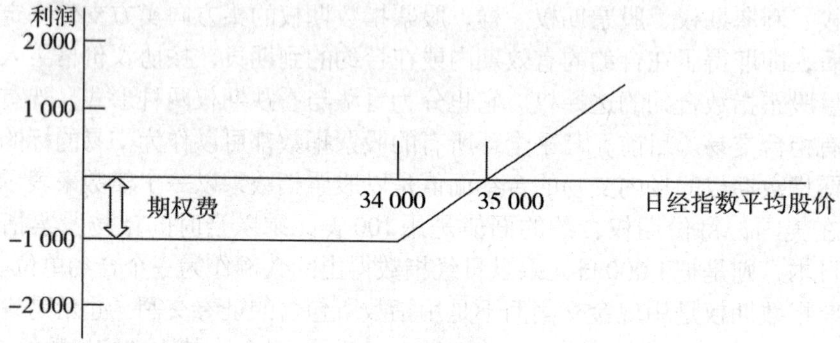

图6-11 投机交易图

由图可见，当日经指数平均股价上升并超过期权执行价格与溢价35 000日元，其差额部分（即日经指数平均股价-35 000日元）即为收益；反之，当日经指数平均股价下跌并跌破期权执行价格与溢价以下时，则将出现亏损。但是，无论日经指数平均股价怎样下跌，其损失仍被限定在1 000日元的范围内。

6.6.2 股票指数期权定价的简单方法

在一定的假设前提下就可以使用B-S模型对股票指数期权进行定价，这些假设是：

（1）股票指数遵循布朗运动（一种独立增量过程，参见随机过程相关书籍）。

（2）股票红利连续支付且支付的红利率为常数。

实际上这两个假设都可以放宽，如红利率只要能提前估计就可以。但限于篇幅，这里不再介绍假设修正后的定价模型。

现定义：

B——债券现价

T——期权到期日

T-t——期权离到期日时间，相当于公式（6.3）中的t

σ——债券价格的标准差

X——期权的执行价格

R——应用于在T时刻到期的无风险投资的当前利率

q——连续支付的平均红利

在零息票债券的情况下，B-S模型给出在t时刻的欧式看涨期权和看跌期权的值c和p为

$$c=Be^{-q(T-t)}N(d_1)-Xe^{-R(T-t)}N(d_2) \tag{6.12}$$

和

$$p=Xe^{-R(T-t)}N(-d_2)-Be^{-q(T-t)}N(-d_1) \tag{6.13}$$

式中：$d_1=\frac{Ln(B/X)+(R-q+\sigma^2/2)(T-t)}{\sigma\sqrt{T-t}}$

$$d_2=\frac{Ln(B/X)+(R-q-\sigma^2/2)(T-t)}{\sigma\sqrt{T-t}}=d_1-\sigma\sqrt{T-t}$$

假设一种S&P500的欧式看涨期权还有两个月到期。指数的现值为310点，执行价格为300点，无风险利率为每年8%，指数波动率为每年20%。在第一个月和第二个月中期望得到的红利收益率分别是0.2%和0.3%。即在这个例子中，B=310，X=300，R=0.08，σ=0.20，T-t=0.1667。平均红利收益率为每两个月0.55%或每年3%。因此，q=0.03，则

$$d_1=\frac{Ln1.03333+0.07\times 0.1667}{0.2\times\sqrt{0.1667}}=0.5444$$

$$d_2=\frac{Ln1.03333+0.03\times 0.1667}{0.2\times\sqrt{0.1667}}=0.4628$$

$$N(d_1)=0.7069 \quad N(d_2)=0.6782$$

所以，看涨期权价格c为

$$c=310\times 0.7069e^{-0.03\times 0.1667}-300\times 0.6782e^{-0.08\times 0.1667}=17.28$$

6.6.3 股票指数期权交易案例分析

日经指数的触发取消期权交易

某银行与美国一金融公司协商，做了一笔日经指数的期权交易。这笔交易是经过包装的指数期权，即由美方向该银行付出100万美元期权费用，获得了两年之内日经指数触发取消选择权，即在合约中如超过设定的指数高限，以及不碰到设定的低限，则自动取消。

双方签订的合约有关条款如下所示：

合约金额：20亿日元

合约期限：2年

签约时的日经指数：20 643

期权形式：欧式

期权费：100万美元

其交易合约中触发取消或交易执行公式的内容包括三方面：

（1）合约有效期（2年）内，日经指数曾触到或超过21 549，则自动取消，也不涉及付款。

（2）合约有效期内，日经指数不曾低于16 246，也自动取消。

（3）合约有效期内，日经指数只要低于16 246（哪怕1次），那么卖方需向买

方付款。其计算公式为

20亿日元×2.2×（21 549–合约到期日日经指数）÷20 330

分析：

从上述条件可以看出，美国这家金融公司预测到两年内日经指数将有大幅度下跌而买进了一个看跌期权。该公司虽然付出了100万美元的期权费，但也获得了只要日经指数跌破16 246就将有数倍于期权费的收益的预测。在公式中，该公司将期权合约金额又扩大了2.2倍，使合约金额实际变为44亿日元。而这家银行在签订合约时，日经指数为20 643，正处于合约高限与低限之间，且立即得到了买方支付的100万美元期权，他错误地估计了日经指数下跌的趋势。

结果：

此笔交易之后，仅8个月时间，日经指数就跌破了16 246，这样，此笔交易已不存在取消问题，该行的亏损已成定局，因为公式中设定的高限21 549是日经指数一年多时间不可能达到的上限。

合约到期时，日经指数为16 947，其损失为

20×2.2×（21 549–16 947）÷20 330=9.96（亿日元）

当日，美元兑日元汇率为US$1=JPY81.5，折合美元：9.96亿日元÷81.5=1 222.1万美元，扣除原收到的期权费100万美元，该银行在此笔交易中损失了1 122.1万美元。

6.7 期权交易策略

相较于其他金融工具，期权可以构建种类众多的投资组合，来满足投资者在不同市场环境和交易偏好下的投资组合需求，建立任意损益状态的期权投资组合。

本节主要介绍四种常见的期权组合，分别为跨式期权组合、垂直进出差价期权组合、三明治期权组合和蝶形期权组合，并在每个小节的最后将简单介绍期权组合对应的变体形式。

为了便于读者理解不同期权组合的区别、适用场景及构造方式，本节所有案例均使用2020年11月11日的上证50ETF期权收盘交易数据，选取12月到期的上证50ETF看涨期权、看跌期权；本节所述案例均不考虑手续费；除非特别说明，本节使用X来代表执行价格，用P来代表看跌期权的期权费用，用C来代表看涨期权的期权费用，用S_t来代表基础资产价格。

6.7.1 跨式期权组合

跨式期权组合又分为三种：分跨期权组合、比率跨式期权组合、宽跨期权组合。

1.分跨期权组合

当交易员不能确定基础资产价格的变动方向，但可以预测价格波动的剧烈程度

时，分跨期权组合是一个很好的选择。

分跨期权组合由同一基础资产、相同期限、相同执行价格的看涨期权和看跌期权的空头或多头组成，又称为同价对敲，也称为双向期权组合。

当交易员预测市场有较大波动时，会选择分跨期权多头组合策略，也称为下跨式策略。无论基础资产价格向哪个方向波动，只要波动剧烈，交易员即可获利。如果遇到盘整行情，交易员也可以在基础资产价格上涨时了结期权组合中的看涨期权，在基础资产下跌时了结期权组合中的看跌期权。

【例6-3】

交易员认为未来股市将大幅波动，构建分跨期权多头组合，同时购入执行价格为3.4元的上证50ETF看涨期权和看跌期权，对应的期权费分别为0.1310元、0.0679元，则期权到期日的利损图如图6-12所示。若基础资产于到期日的价格小于3.2011元（X-C-P）或大于3.5989元（X+C+P），交易员将实现盈利。

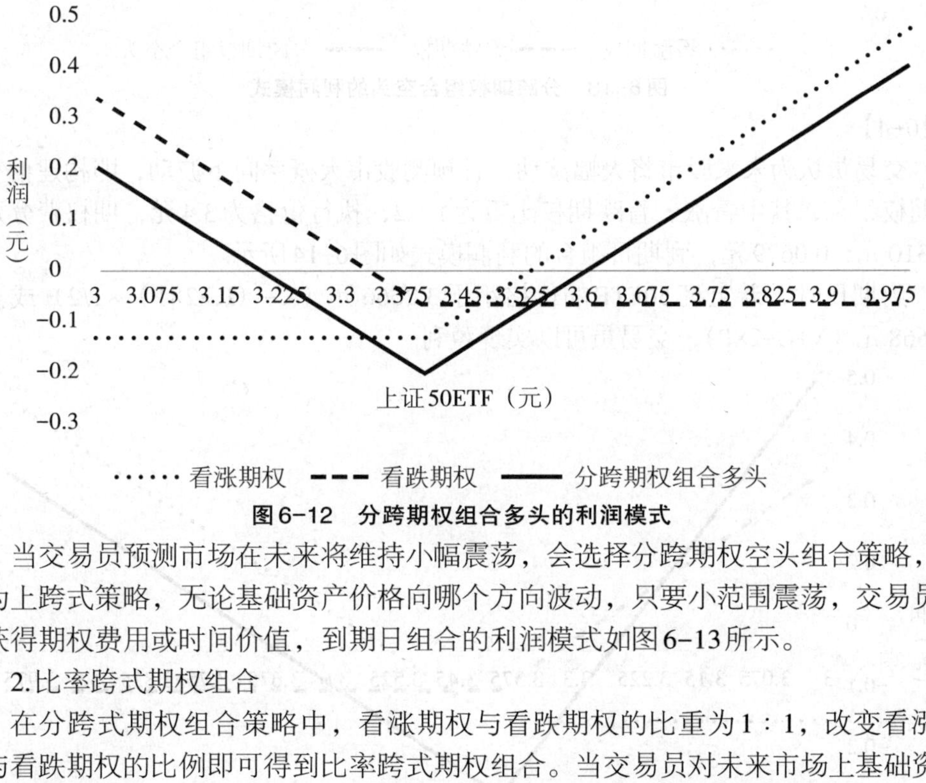

图6-12 分跨期权组合多头的利润模式

当交易员预测市场在未来将维持小幅震荡，会选择分跨期权空头组合策略，也称为上跨式策略，无论基础资产价格向哪个方向波动，只要小范围震荡，交易员即可获得期权费用或时间价值，到期日组合的利润模式如图6-13所示。

2.比率跨式期权组合

在分跨式期权组合策略中，看涨期权与看跌期权的比重为1∶1，改变看涨期权与看跌期权的比例即可得到比率跨式期权组合。当交易员对未来市场上基础资产价格的预测更偏向于上涨时，可以购买更多的看涨期权，构成偏多跨式期权，也称为捆绑式期权组合。当交易员对未来市场上基础资产价格的预测更偏向于下跌时，可以购买更多的看跌期权，构成偏空跨式期权，也称为剥离式期权组合。

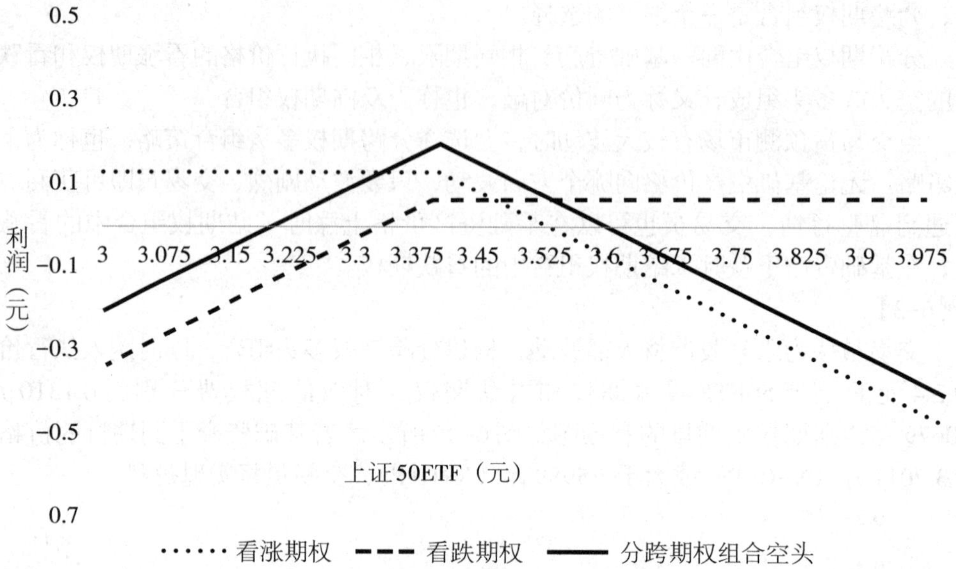

图6-13　分跨期权组合空头的利润模式

【例6-4】

交易员认为未来股市将大幅波动，且预测股市大概率向下波动，即构建偏空跨式期权组合，其中看涨、看跌期权比重为1：2，执行价格为3.4元，期权费分别为0.1310元、0.0679元，到期日组合的利润模式如图6-14所示。

到期日时，若上证50ETF的价格小于3.2666元（X-（C+2×P）×1/2）或大于3.6668元（X+C+2×P），交易员可以实现盈利。

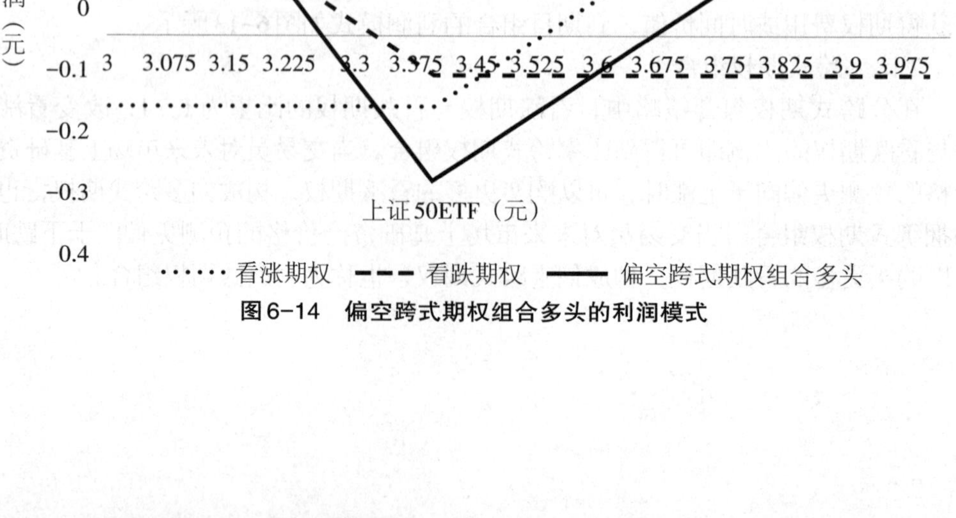

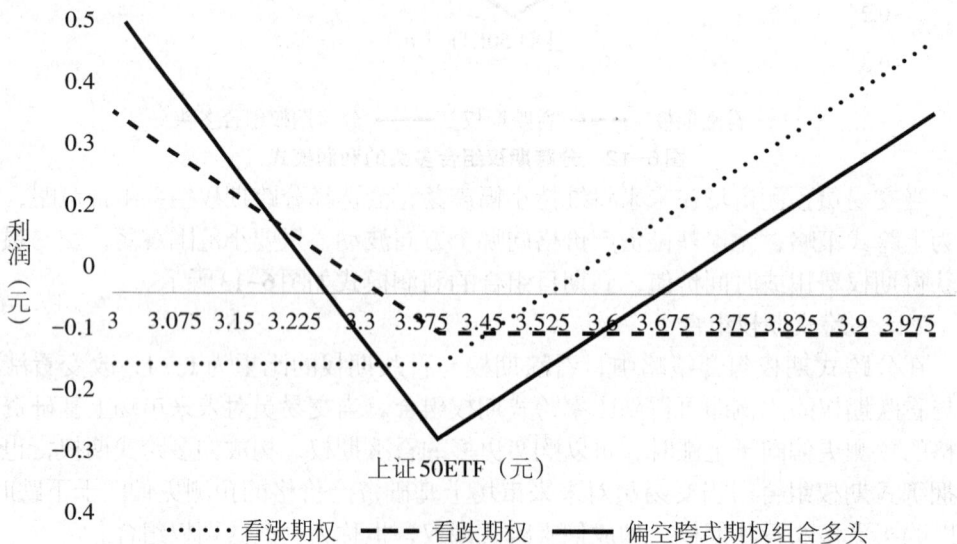

图6-14　偏空跨式期权组合多头的利润模式

3. 宽跨期权组合

构造分跨期权组合时，看涨期权和看跌期权的执行价格相同，当执行价格不同时，就构成了宽跨期权组合。宽跨期权组合的利损曲线不再是"V"形，其底部或顶部从一个点变成一条线，线段的两端为两个执行价格。宽跨期权组合由执行价格不同、到期期限相同、基础资产相同的一份看涨期权与一份看跌期权组成，也称为异价对敲或差价分跨期权组合。

【例6-5】

2020年11月11日，一份华夏上证50ETF的收盘价格为3.464元，交易员认为未来股市将大幅波动，构建宽跨式期权多头组合：购买1单位看涨期权，执行价格为3.5元，期权费用为0.0813元；购买1单位看跌期权，执行价格为3.4元，期权费用为0.0679元。到期日组合的利润模式如图6-15所示。若到期日时，上证50ETF的价格小于3.2508元（X-C-P）或大于3.6492元（X+C+P），交易员可以盈利。现实操作中，合约单位为10 000份，假设交易员购买1手，即购买10 000份看涨期权、10 000份看跌期权，以下计算不考虑交易手续费。

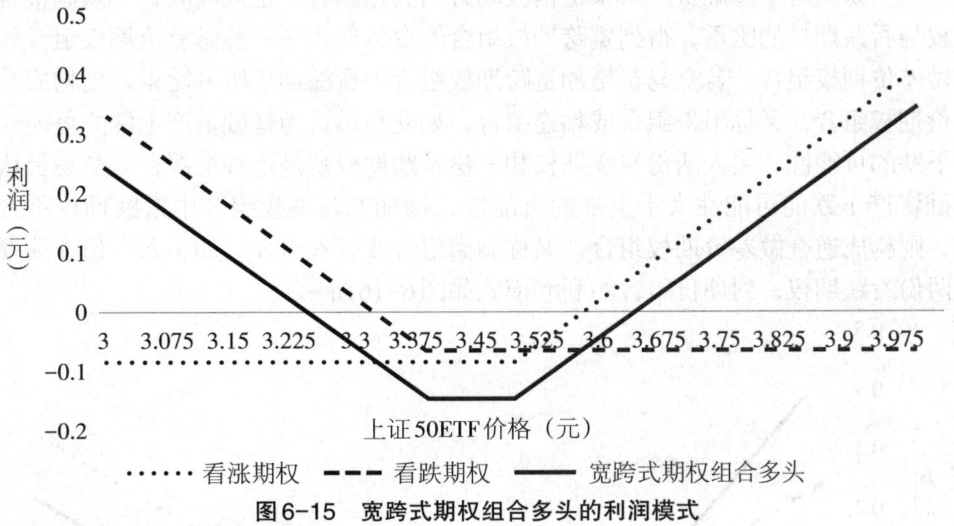

图6-15 宽跨式期权组合多头的利润模式

假设期权到期时会出现三种情况：

•第一种情况：上证50ETF跌至3.1元/份

买入的看涨期权：属于价外期权，期权不会得到行使。

买入的看跌期权：属于价内期权，交易员行使期权，收到

（3.4-3.1）×10 000=3 000（元）

这样，交易员获得利润

3 000-［（0.0813+0.0679）×10 000］=1 508（元）

•第二种情况：上证50ETF跌至3.35元/份

买入的看涨期权：属于价外期权，期权不会得到行使。

买入的看跌期权：属于价内期权，交易员行使期权，收到

（3.4-3.35）×10 000=500（元）

这样，交易员获得利润

500-［（0.0813+0.0679）×10 000］=-992（元）

即交易员亏损992元。

•第三种情况：上证50ETF涨至3.7元/份

买入的看涨期权：属于价内期权，交易员行使期权，收到

（3.7-3.5）×10 000=2 000（元）

买入的看跌期权：属于价外期权，期权不会得到行使。

这样，交易员获得利润

2 000-（0.0813+0.0679）×10 000=508（元）

可见，这种期权组合交易策略的特点是：基础资产价格波动越大，交易员越容易获利，且获利空间越大。

当交易员对于基础资产未来价格波动方向的预测有一定倾向时，可以调整看涨期权与看跌期权的比重，得到宽跨期权组合的变体形式——叠做差价期权组合和逆叠做差价期权组合。若交易员增加宽跨期权组合中看涨期权所占比重，则构成叠做差价期权组合，又称吊带组合或粘连组合，如交易员认为基础资产上涨的可能性大于下跌的可能性，买入两份看涨期权和一份看跌期权就是这种情况；若交易员认为基础资产下跌的可能性大于上涨的可能性，增加宽跨期权组合中看跌期权所占比重，则构成逆叠做差价期权组合，又称剥离组合或脱衣组合，如买入一份看涨期权和两份看跌期权，到期日组合的利润模式如图6-16所示。

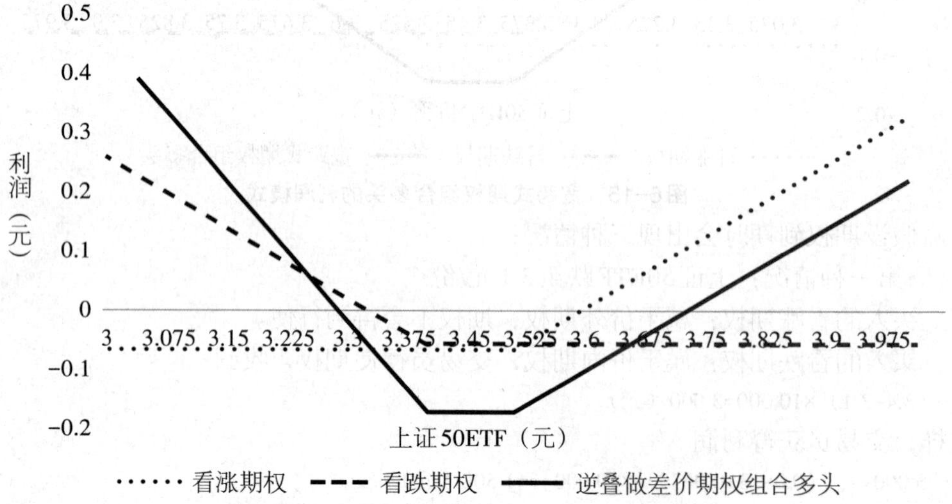

图6-16 逆叠做差价期权组合多头的利润模式

6.7.2 垂直进出差价期权组合

垂直进出差价期权组合，是指同时买入一份、卖出一份执行价格不同、到期期限相同、基础资产也相同的看涨期权或看跌期权。组合的多头指买入执行价格低的期权，卖出执行价格高的期权（牛市价差组合）；空头（熊市价差组合）则反之。

1. 牛市价差组合

当交易员预计基础资产微幅上涨时，通过构造牛市价差组合，限制组合的利损、降低投资成本。其中的一种方法为看跌期权垂直进出差价期权组合多头，即买入执行价格低的看跌期权，卖出执行价格较高的看跌期权。

另一种方法是看涨期权垂直进出差价期权组合多头，指当交易员预计基础资产微幅上涨时，买进一个执行价格低的看涨期权1，卖出一个执行价格较高的看涨期权2，以此来降低投资成本（从 C_1 降至 C_1-C_2）。只要到期日基础资产价格大于 $X_1+(C_1-C_2)$，该期权组合即可盈利，而只购买一个看涨期权，到期日基础资产价格大于 X_1+C_1 才能盈利。该投资组合到期日的利润模式如图6-17所示。

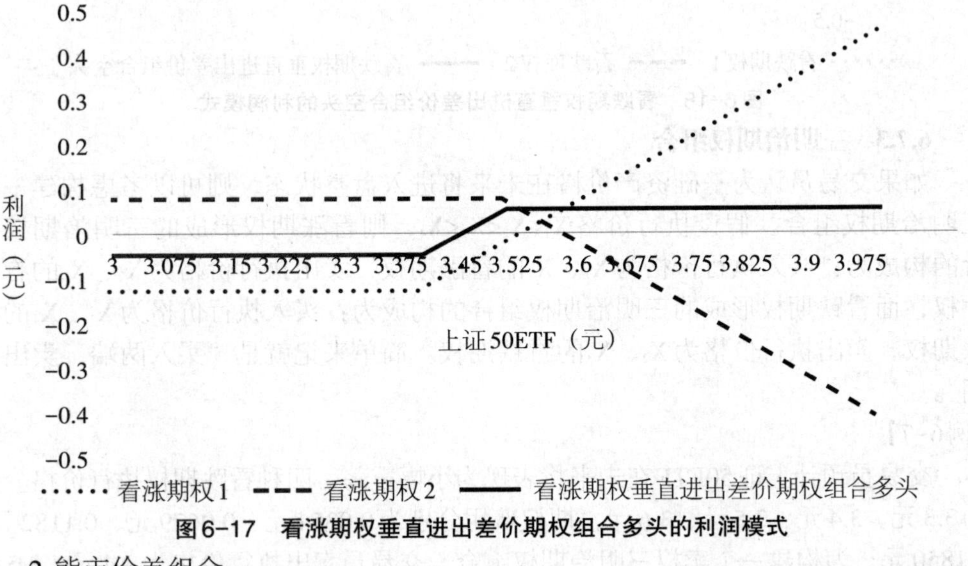

图6-17 看涨期权垂直进出差价期权组合多头的利润模式

2. 熊市价差组合

当交易员预计基础资产未来将会温和下跌时，通过构造熊市价差组合，限制组合的利损、降低投资成本。熊市价差组合，即看跌（看涨）期权垂直进出差价组合空头，是指买进一个执行价格高的看跌（看涨）期权，卖出一个执行价格较低的看跌（看涨）期权。

【例6-6】

交易员构造看跌期权垂直进出差价组合空头，卖出执行价格3.4元的看跌期权1，期权费用为0.0679元，买入执行价格3.5元的看跌期权2，期权费用为0.1182元，到期日组合的利润模式如图6-18所示。只要到期日基础资产价格小于3.4497（$X_2-P_2+P_1$）即可盈利；而只购买一个看跌期权，到期日基础资产价格小于3.3818（X_2-P_2）才能盈利。除此之外，交易员将组合的损益锁定在-0.0503元~0.0497元之间。

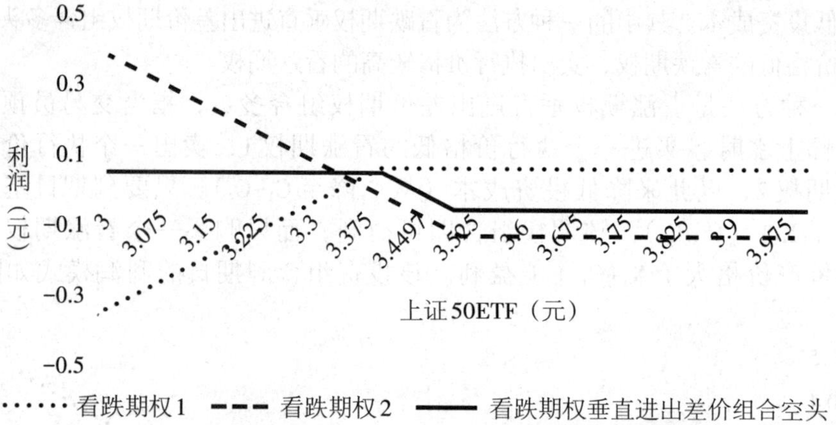

图6-18 看跌期权垂直进出差价组合空头的利润模式

6.7.3 三明治期权组合

如果交易员认为基础资产价格在未来将进入盘整状态，则可以考虑构建一个三明治期权组合。假设执行价格$X_1<X_2<X_3<X_4$，则看涨期权形成的三明治期权组合的构成为：买入执行价格为X_1、X_4的看涨期权，卖出执行价格为X_2、X_3的看涨期权；而看跌期权形成的三明治期权组合的构成为：买入执行价格为X_1、X_4的看跌期权，卖出执行价格为X_2、X_3的看跌期权。简单来记就是“买入两端，卖出中间”。

【例6-7】

交易员预计上证50ETF在未来将表现为小幅震荡，四种看跌期权执行价格分别为3.3元、3.4元、3.5元、3.6元，期权费用分别为0.0354元、0.0679元、0.1182元、0.1850元。为构建一个卖权三明治期权组合，交易员卖出执行价格为3.4元、3.5元的看跌期权，买入执行价格为3.3元、3.6元的看跌期权，到期日组合的利润模式如图6-19所示。

该看跌期权三明治期权组合初始投资成本为0.0343元（$P_1-P_2-P_3+P_4$），到期日时，在不同情况下的损益情况如表6-3所示，若到期日上证50ETF价格在3.3343元~3.5657元之间小幅震荡，交易员即可获利。

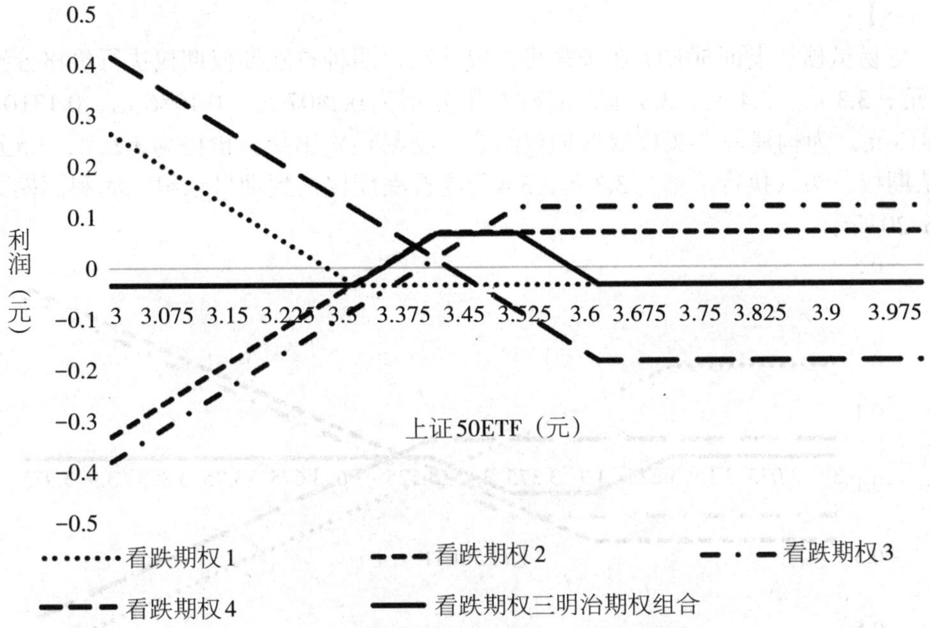

图6-19 看跌期权三明治期权组合的利润模式

表6-3 **看跌期权三明治期权组合在不同情况下的损益情况（元）**

到期日上证50ETF价格	到期日行权带来的损益				组合利润
	执行价格3.3看跌期权	执行价格3.4看跌期权	执行价格3.5看跌期权	执行价格3.6看跌期权	
<3.3	$3.3-S_t$	$S_t-3.4$	$S_t-3.5$	$3.6-S_t$	-0.0343
3.3~3.4	0	$S_t-3.4$	$S_t-3.5$	$3.6-S_t$	$S_t-3.3343$
3.4~3.5	0	0	$S_t-3.5$	$3.6-S_t$	0.0657
3.5~3.6	0	0	0	$3.6-S_t$	$3.5657-S_t$
>3.6	0	0	0	0	-0.0343

6.7.4 蝶形期权组合

上面介绍的三明治期权构造方法为“买入两端，卖出中间”，而“买入中间，卖出两端”就构成蝶形期权组合。假设执行价格$X_1<X_2<X_3<X_4$，则看涨期权形成的蝶形期权组合的构成为：买入执行价格为X_2、X_3的看涨期权，卖出执行价格为X_1、X_4的看涨期权；而看跌期权形成的蝶形期权组合的构成为：买入执行价格为X_2、X_3的看跌期权，卖出执行价格为X_1、X_4的看跌期权。

【例6–8】

交易员预计上证50ETF在未来将大幅波动，四种看涨期权期权执行价格分别为3.2元、3.3元、3.4元、3.5元，期权费用分别为0.2807元、0.1986元、0.1310元、0.0813元。为构建一个买权蝶形期权组合，交易员卖出执行价格为3.2元、3.5元的看涨期权，买入执行价格为3.3元、3.4元的看涨期权，到期日该组合的利润模式如图6–20所示。

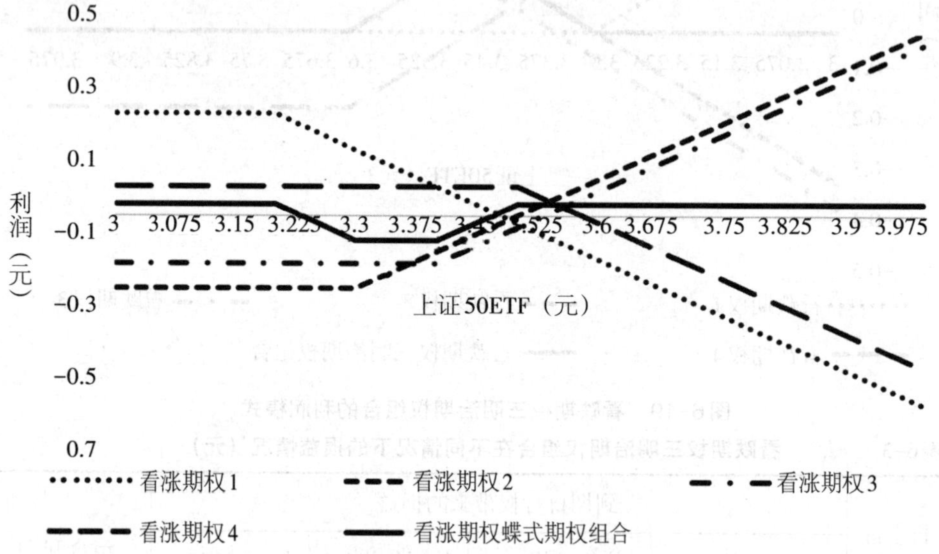

图6–20 看涨期权蝶式期权组合的利润模式

该看涨期权蝶式期权组合初始投资成本为–0.0324（$-C_1+C_2+C_3-C_4$）元，到期日时，在不同情况下的损益情况如表6–4所示，若到期日上证50ETF价格小于3.2324元或大于3.4676元，交易员即可获利。

表6–4 **看涨期权蝶式期权组合在不同情况下的损益情况（元）**

到期日上证50ETF价格	到期日行权带来的损益				组合利润
	执行价格3.2看涨期权	执行价格3.3看涨期权	执行价格3.4看涨期权	执行价格3.5看涨期权	
<3.2	0	0	0	0	0.0324
3.3~3.4	$3.2-S_t$	0	0	0	$3.2324-S_t$
3.3~3.4	$3.2-S_t$	$S_t-3.3$	0	0	−0.0676
3.4~3.5	$3.2-S_t$	$S_t-3.3$	$S_t-3.4$	0	$S_t-3.4676$
>3.5	$3.2-S_t$	$S_t-3.3$	$S_t-3.4$	$3.5-S_t$	0.0324

综上所述可知：

分跨期权组合是比较基础的投资策略，其中分跨期权组合多头适用于基础资产未来巨幅波动的情景，分跨期权组合空头则适用于基础资产小幅震荡的情景。改变分跨期权组合中看涨期权与看跌期权的比例，即可得到比率跨式期权组合。当分跨期权组合的看涨期权与看跌期权有不同执行价格时，得到宽跨期权组合。

垂直进出差价期权组合可以锁定损益、降低投资成本。预测基础资产微幅上涨时，构造牛市价差组合；预测基础资产温和下跌时，构造熊市价差组合。

将两组垂直进出差价期权组合相叠加，即可得三明治期权组合和蝶形期权组合。对于四份看涨（看跌）期权，“买入两端，卖出中间”就可构造出三明治期权组合，而“买入中间，卖出两端”就构成蝶形期权组合。

● 关键概念

金融期权交易　看涨期权　看跌期权　外汇期权　利率期权　股票价格指数期权

● 复习思考

(1) 什么是外汇期权？在原理上它和外汇期货有什么区别？

(2) 期权价格由哪两部分组成？各自的特点是什么？各由哪些因素决定？

(3) 简述决定期权价格的因素。

(4) 什么是利率期权？现实中有哪几类常见的利率期权？银行同业拆借市场交易的利率期权合约有哪三种基本形式？

(5) 交易员认为近期内美元对日元汇率有可能上涨，于是买入一项美元的看涨期权，金额为1 000万美元，执行价格为108.00，有效期为1个月，期权价格为1.5%。试简单分析一下该交易，内容包括：

①计算盈亏平衡点

②期权最大亏损：期权费支出15万美元

③期权最大收益：无限

④分析到期日盈亏情况

(6) 美国某出口商6个月后将有一笔外汇收入（瑞士法郎），为了预防瑞士法郎6个月后贬值而导致外汇损失，该进口商以2.5%的费率支付了一笔期权费，购买了一份瑞士法郎欧式看跌期权，其合约情况如下：

买入：瑞士法郎的欧式看跌期权

美元的欧式看涨期权

执行价格：USD1=CHF1.0000

有效期：6个月

现货日：3月23日

到期日：9月23日

交割日：9月25日

期权费：2.5%

当日瑞士法郎现汇汇率为：USD1=CHF1.0200

试对3个月后可能出现的三种情况分别进行分析。

（7）某家以浮动利率运用闲置资金的小银行为避免将来利率下降，使所运用资金的收益率下降，决定购入保底期权。合约有关内容如下：

欧洲美元存款条件：

本金金额：USD300 000 000

期限：3年

借入利率：6个月LIBOR-0.5%

期权合约条款：

约定本金：USD300 000 000

期限：3年

基准利率：6个月LIBOR

下限利率：8%

期权费：0.3%（每年分两次支付）

正如该公司所预测的那样，3年中利率果然下降，根据上述资料，完成下面实际收益测算表：

保底期权运用收益测算表

6个月LIBOR	浮动利率筹资成本（6个月LIBOR-0.5%）	购入封顶期权		保底贷款收益率
		支付费用	收取利率差额	
6%				
7%				
8%				
9%				
10%				
11%				

第7章 其他衍生金融产品交易

◇学习目标

- 掌握远期利率协议的概念及交易的基本术语
- 掌握远期利率协议的定价、报价与交割
- 掌握远期外汇综合协议的概念及交易的基本术语
- 掌握远期外汇综合协议的定价、报价与交割

本章将介绍两类有着很大相似性的金融交易：远期利率协议（Forward Rate Agreement，FRA）和远期外汇综合协议（Synthetic Agreement for Forward Exchange，SAFE）。前者既可用于回避利率波动风险，也可用于对利率波动进行投机；后者则为回避两种货币的汇差波动或对汇差波动进行投机提供了有力工具。

7.1 远期利率协议

7.1.1 远期利率协议的概念

国际货币市场上利率波动频繁而且难以预测，资金的借贷者经常暴露在利率波动的风险之中。远期利率协议为资金的借贷者提供了一种回避利率波动风险的手段，它允许借贷双方锁定将来某一时点借贷一定期限的资金的利率。这种衍生交易于1983年出现。

远期利率协议的操作是这样的：

假如一家美国公司3个月后将有一笔美元收入，打算用其进行3个月期的投资，但预计美元利率有下降的可能，于是决定卖出1份3×6的100万美元远期利率协议。3个月后，如果美元利率真的下降了，它将得到一笔利息收入，恰好弥补利率波动的损失。这样就能保证3个月后获得稳定的投资收益。

概括地说，远期利率协议是一种远期合约，是买卖双方约定在将来某一时点借贷一定期限、一定量资金的协议利率，并选定一种市场利率作为参考利率（结算利率），在清算日，由交易的一方向另一方支付协定利率和参考利率差额的现值。如果市场利率高于协定利率，由卖方支付；反之，由买方支付。通常，远期利率协议的期限都是“3对6”（3×6）或者“6对12”（6×12），因为浮动利率和浮动利率贷款每3个月或 6个月修改一次。参见图7-1。

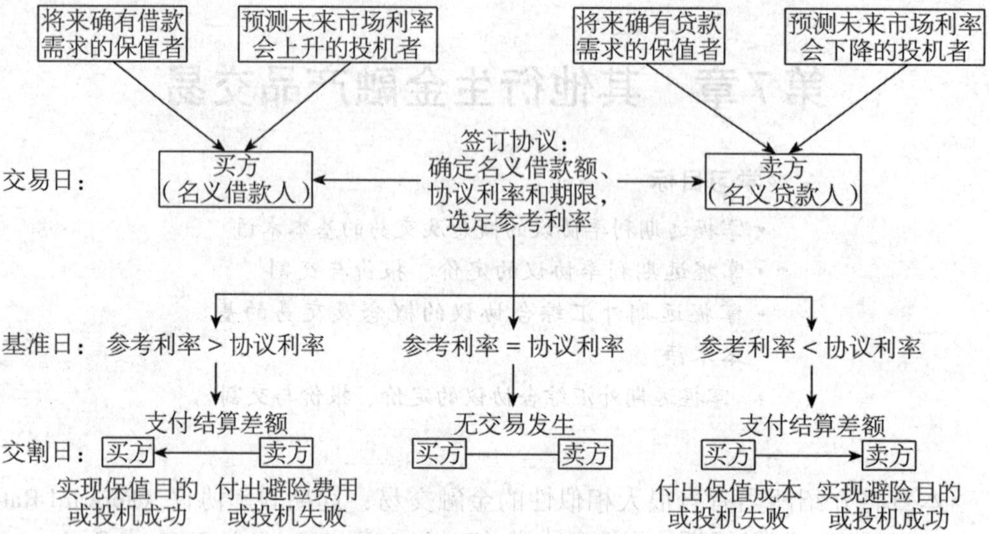

图7-1 远期利率协议图示

这里，买方和卖方是交易的当事人。卖方名义上同意向买方贷出一笔具体数额的贷款。银行可以是卖方或买方，客户也可以是卖方或买方。

买方是名义的借款人。如果利率走低，他必须以事先约定的利率支付利息；但如果利率走高的话，他就可以受到保护。因为他依然以事先约定的利率支付利息，可以有效防范利率上升造成的借款成本的增加。远期利率协议的买方有可能出于两种动机使用远期利率协议：他可能确有借款的要求，以远期利率协议作为保值的工具；可能他的基础资产根本就没有面临利率风险，他应用远期利率协议纯粹是为了对利率上涨进行投机。

卖方是名义的贷款人。如果利率下跌，远期利率协议的卖方受到保护；如果利率上升的话，他依然以事先确定的利率收取利息，这就隐含了某种机会成本。远期利率协议的卖方有可能出于两种动机使用远期利率协议：他可能确实面临利率下跌造成损失的风险；也可能他并不存在基础资产面临利率风险的问题，他应用远期利率协议纯粹是为了对利率下跌进行投机。

这里再三强调“名义”的概念，因为在远期利率协议条件下，并没有实际的借款行为发生，其防范利率风险的功能是通过“结算差额”的方式实现的。当远期利率协议到期时，如果约定利率与市场利率有差异，就由一方向另一方支付差额；如果没有差异，就没有任何交易发生。也就是说，远期利率协议中的名义本金额只是用来计算支付的利息，不涉及资金的实际借贷；交易双方在结算日前无须支付任何费用，只在结算日发生一次利率差额的支付。

据记载，远期利率协议的交易最初于1983年出现在瑞士的金融市场上，并且发展很快，到1984年底，伦敦金融中心已经形成了远期利率协议的银行间交易市场。不久，这一金融工具就被欧洲和美国的市场参与者广泛接受，交易量不断增加。为了规范这一产品的交易行为，1985年，英国银行家协会（British Bankers' Association，BBA）和外汇与货币经纪人协会（Foreign Exchange & Currency Deposit Brokers Association，FECDBA）一同颁布了远期利率协议的标准化文本，称为《英国银行家协会远期利率协议》（FRABBA）。这一标准化文本对远期利率协议的交易内容和规则进行了详细的说明和解释，推动了这项新产品的规范化发展，大大提高了交易的速度和质量，并且有效地降低了交易成本和信用风险。这一标准化文本一直被市场广泛采用。

7.1.2　远期利率协议交易的基本术语

如上所言，几乎实践中所有的远期利率协议都遵守FRABBA。这一文件除建立了正确的法律规范外，还定义了许多重要的词汇，称为FRABBA词汇。

（1）合同金额（Contract Amount）——名义上借款的本金额

（2）合同货币（Contract Currency）——用来表示合同数额的货币币种

（3）交易日（Dealing Date）——远期利率协议签署的时间

（4）即期日（Spot Date）——协议开始发生效力的时间，一般为交易日后两天

（5）结算日（交割日）（Settlement Date）——名义借款开始的日期

（6）基准日（确定日）（Fixing Date）——参考利率确定的日期

（7）到期日（Maturity Date）——名义借款到期的日期

（8）协议期限（Contract Period）——结算日至到期日之间的期限

（9）协议利率（Contract Rate）——远期利率协议中商定的固定利率

（10）参考利率（Reference Rate）——在基准日用以确定交割数额的以市场为基础的利率

（11）交割金额（结算金）（Settlement Sum）——在结算日，根据协议利率和参考利率之间的差额，由交易一方支付给另一方的金额

我们用图7-2表示远期利率协议的交易流程。

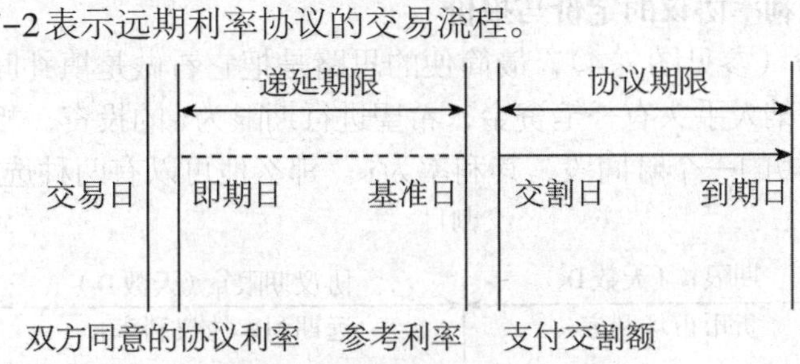

图7-2　远期利率协议的时间简图

我们从交易日开始对上面的流程图做简要说明。在交易日，远期利率协议的双方同意交易的所有条件。我们假定交易日是某年4月12日星期一，双方同意成交一份1×4金额100万美元、利率为6.3%的远期利率协议。那么，合同货币就是美元，

协议金额就是100万美元，协议利率为6.3%。

“1×4”是指即期日和结算日之间为1个月，即期日至名义贷款最终到期日之间的时间为4个月，交易日和即期日间隔一般为2天。在此例中，即期日是4月14日星期三。这就是说名义贷款或存款从5月14日星期五开始，恰好是即期日之后1个月。到期日为8月16日星期一（8月14日、15日是非营业日），即3个月之后。因此，结算日是5月14日，到期日为8月16日，合同期是94天。

对一笔常规的欧洲货币贷款或存款而言，利率是在交易日确定的，但本金的易手要到起息日（Value Date）才进行，起息日一般是交易日后两天。在这方面，远期利率协议有类似性。名义贷款从理论上看是在结算日开始支取，在上例中是5月14日星期五，但利率的确定要提前两天，在基准日决定，即5月12日星期三。

在大多数远期利率协议交易中，一般以在基准日确定的伦敦银行同业拆放利率作为参考利率。确定伦敦银行同业拆放利率的方法是这样的：先从若干家指定的银行取得某一时间的利率标价，然后把这些利率标价按由低到高地顺序排列，剔除最低和最高标价，将余下标价计算出平均值，即为伦敦银行同业拆放利率参考利率。现在我们假设在确定日即5月12日参考利率为7%，则这一远期利率协议的交易流程如图7–3所示。

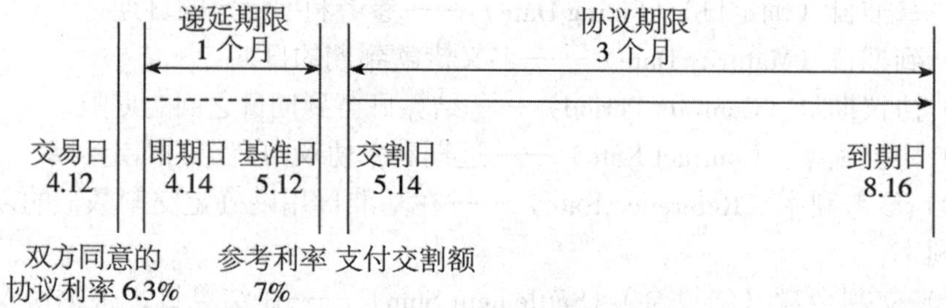

图7–3 远期利率协议的时间简图举例

7.1.3 远期利率协议的定价与报价

给FRA定价（参见图7–4），最简便的思路是把它看做是填补时差“缺口”的金融工具。假定某人手头有一笔资金，希望进行期限为t_L的投资，相应利率为i_L，t_S是从现在起比t_L短的一个时间段，其利率为i_S。那么他可以有两种选择：

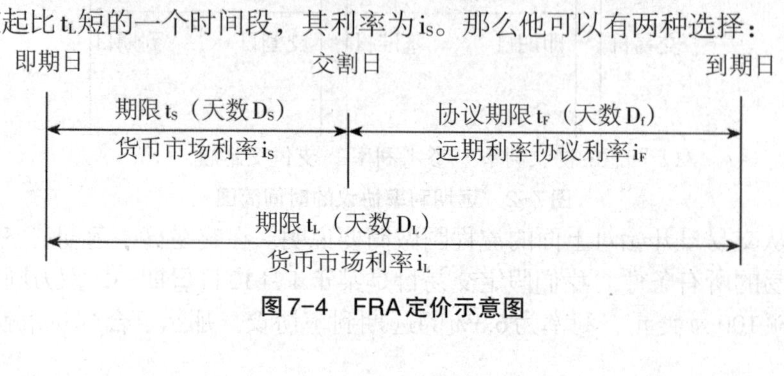

图7–4 FRA定价示意图

（1）直接进行期限为t_L的投资，获得$t_L i_L$的利息收入。

（2）进行期限为t_S的投资，与此同时，卖出一份$t_S \times t_L$远期利率协议，以便在下半段时间里获得稳定的收入。有公式

$$(1+i_S t_S)\times(1+i_F t_F)=(1+i_L t_L) \tag{7.1}$$

式中：i_S——即期日到交割日的货币市场利率；

i_L——即期日到到期日的货币市场利率；

i_F——远期利率协议利率；

t_S——从即期日到交割日的时间；

t_L——从即期日到到期日的时间；

t_F——协议期限的长度。

将所有的利率以小数点的形式表示，所有的时间均折合成年来表示。将时间折合成天数，公式（7.1）可重写为下式，得出i_F的值

$$i_F=\frac{i_L D_L - i_S D_S}{D_f(1+i_S\frac{D_S}{B})} \tag{7.2}$$

式中：D_S——从即期日到交割日的天数；

D_L——从即期日到到期日的天数；

D_f——协议期限的天数；

B——年转换的天数（例如，计算美元时1年按360天，计算英镑时1年按365天）。

其他符号与公式（7.1）相同。

远期利率协议报价与货币市场同业拆借交易利率报价方式相似，也采用双边报价方式。不过，远期利率协议增加了远期期限。例如，FRA3×6的报价为5和5.04，表示3月后起息的、期限为6个月的协定利率价格分别为5%和5.04%。左边表示报价方买入FRA的价格，右边表示愿意卖出的价格。就询价方而言，他的交易方向正好与报价方向相反。可以比较容易地得到报价的计算方法

$$RB=\frac{I_3 D_L - I_2 D_S}{D_f(1+I_2\frac{D_S}{B})} \qquad RA=\frac{I_4 D_L - I_1 D_S}{D_f(1+I_1\frac{D_S}{B})}$$

式中：RB——远期利率协议的买入价；

RA——远期利率协议的卖出价；

D_S——交易日之后第二个工作日至起息日的天数；

D_L——交易日之后第二个工作日至到期日的天数；

D_f——起息日至到期日的天数；

I_1——期限为T_1的拆入利率；

I_2——期限为T_1的拆出利率；

I_3——期限为T_2的拆入利率；

L_4——期限为T_2的拆出利率；

B——一年的天数，取360或365，根据不同的货币和不同的市场惯例而定。

公式计算所得是远期利率协议的理论参考价。作为一项市场价格，远期利率协议的报价还会受到市场供求和预期等多方面因素的影响。

【例7-1】

假设货币市场利率报价如下：

3个月期拆入利率5.5%，拆出利率5.63%；9个月期拆入利率5.7%，拆出利率5.83%；3个月实际天数92天，9个月实际天数275天。

则3×9的远期利率协议报价为

$$RB=\frac{0.057\times275-0.0563\times92}{(275-92)\times(1+\frac{0.0563\times92}{360})}=5.65\%$$

$$RA=\frac{0.0583\times275-0.055\times92}{(275-92)\times(1+\frac{0.055\times92}{360})}=5.91\%$$

7.1.4 远期利率协议的交割

FRA的交割是在交割日进行的。交割的内容并不是协议的本金额，而是协定利率与参考利率之差，即本金额和协定期限共同决定的利息差额。并且，由于交割是在协议期限的期初进行的，因此，将这一差额按参考利率从期末贴现至期初才是交割的实际金额，即

$$交割额=\frac{(i_R-i_F)\times A\times\frac{D_F}{B}}{1+i_R\times\frac{D_F}{B}}$$

式中：i_R——参考利率；

i_F——协议利率；

A——协议数额；

D_F——协议期限的天数；

B——转换期的天数（如计算美元1年按360天计算，英镑按365天计算）。

当$i_R>i_F$时，买方获利，由卖方向买方支付；当$i_R<i_F$时，卖方获利，由买方向卖方支付。

7.2 远期外汇综合协议

7.2.1 远期外汇综合协议的概念

国际金融市场上，汇率变动频繁而且难以预测，投资者经常暴露在汇率风险当中，远期外汇综合协议是以汇率风险为操作对象的金融衍生工具。

我们从传统的外汇互换交易（这里的“传统外汇互换交易”又称掉期交易，不

应与较新发展起来的"货币互换"相混淆，后者在第4章进行了较详细的介绍）入手来说明远期外汇综合协议的概念。

例如，欧元的利率是0.75%，美元的利率为0.25%。一位有经验的投资者预计欧元的利率会上涨，并希望从这样一种利率走势中获利，于是，他进行如图7-5所示的交易就可以达到目的。

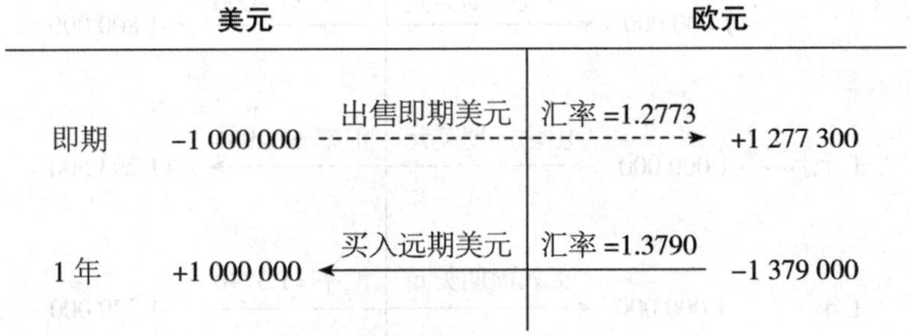

图7-5　外汇互换交易

该投资者出售即期美元同时买入1年期远期美元，如果欧元利率相对美元上升了，结果会使外汇互换点数增加，进一步抬高远期美元的升水幅度，以1 017点升水买入的美元到时能以更高的升水幅度出售，投资者便可从中获利。

但是，采用上述外汇互换交易有时显得不够方便灵活。预期的利率变动通常要等到数星期或数月才会发生。而互换交易进行后的两个工作日，就要对其中的即期部分进行结算，这样就会出现一方面投资者需要美元，而同时欧元的流入又需要投资者安排投资的情况。对这类现金的流出流入进行管理比较麻烦。这是互换交易的不足之处。

为解决这个问题，可以同时进行第二次外汇互换交易，交易的方向与第一次相反，但时间短一些。这笔短期外汇互换的唯一目的是吸纳第一笔互换交易所产生的现金流动。如果预期的利率变动发生，第二笔互换会带来一定损失，但这笔损失一般远远小于第一笔互换的收益。其交易过程如图7-6所示。

在国际外汇市场上，常见的做法是把一前一后两笔互换交易打包组合成一笔远期对远期的互换交易。如图7-7所示。

可见，打包的远期对远期互换简化了交易环节。但由于涉及资金的实际流动，同样要满足准备金要求，这对银行是很不利的。于是，作为远期对远期互换的替代品，远期外汇综合协议就产生了。

概括地说，远期外汇综合协议是交易双方为规避利率差或外汇互换价差，或者为了在二者的波动上进行投机而签订的协议。双方约定，买方在结算日按照合同中规定的结算日，直接以远期汇率用次级货币向卖方买入一定名义金额的初级货币，然后在到期日再按合同中规定的到期日直接以远期汇率把一定名义金额的初级货币

图 7-6　两笔互换交易

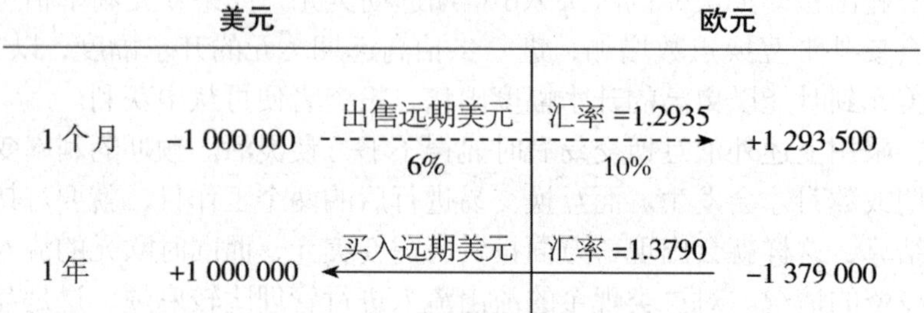

图 7-7　远期对远期互换交易

出售给卖方的协议。即：从未来某个时点起算的远期外汇协议，是当前约定未来某个时点的远期汇率，其实质是远期的远期。准确理解远期外汇综合协议要把握下面几点：

（1）远期外汇综合协议涉及两种货币，其一被称为“初级货币”，另一种被称为“次级货币”。当提到“某种货币的SAFE”时，都是指初级货币而言的。远期外汇综合协议的买方是指在交割日名义上购进初级货币，在到期日名义上售出的一方。

（2）交易中并无本金的交易，交割的只是市场汇率差与协定汇率差的差额。

（3）它属于表外业务，资本金充足比率要求较低。

（4）远期外汇综合协议的功能是锁定远期-远期货币兑换的汇率，或者是锁定两个远期汇差。

远期外汇综合协议与远期利率协议类似，也是一种在场外交易的产品。所有主要货币都可以通过远期外汇综合协议进行交易，其常见期限从1个月到12个月不等。远期外汇综合协议是一种交易类型，包括汇率协议（Exchange Rate Agreement，ERA）、远期外汇协议（Forward Exchange Agreement，FEA）等产品，这里只介绍比较简单的汇率协议。

7.2.2　远期外汇综合协议的基本术语

有关远期外汇综合协议的术语都由英国银行家协会出版的SAFEBBA定义，所以与标准FRA术语有许多相似之处。下面是一些常见的SAFEBBA词汇：

A1——第一个协议数额（The First Contract Amount）

A2——第二个协议数额（The Second Contract Amount）

OER——完全汇率（The Outright Exchange Rate），即合约约定的交割日的远期汇率

CFS——合同远期差额（The Contract Forward Spread），即合约约定的到期日与交割日的汇差

SSR——即期结算汇率（The Spot Settlement Rate），在交割日交割时的参考汇率的实际值

SFS——远期结算差额（The Settlement Forward Spread），在交割日市场上，到期日汇率与当日的汇差

附带说明一下，结算日和到期日的规定与远期利率协议一致。例如，一份1×4的SAFE的结算日在即期日1个月之后，到期日在即期日4个月后；而即期日则通常在交易日决定，通常指交割日的两天后。在交易日，交易双方将就初级货币A1和A2的名义数额达成一致，分别在交割日和到期日进行交换。通常，这些数额是相同的，他们也会约定OER和CFS，同时，他们也将交割日和到期日的直接汇率固定下来，以计算出次级货币的名义上的数额。交割数额在本节后面说明。

7.2.3　远期外汇综合协议的定价与报价

远期外汇综合协议定价理论与远期利率协议是相近的。在远期外汇综合协议的合理价位上，交割数额应为0，如果大于0，买方需求就会上升；如果小于0，买方需求就会下降。所以

CFS=E［SFS］　　E［ ］表示数学期望

根据这一原理可以得到下述定价公式（推导过程略）

$$ERA=E\left(\frac{1+i_{L2}t_L}{1+i_{L1}}-\frac{1+i_{S2}t_S}{1+i_{S1}t_S}\right)$$

式中：i_{S2}、i_{S1}——初级货币和次级货币在货币市场上交割日的利率；

i_{L2}、i_{L1}——初级货币和次级货币在货币市场上到期日的利率；

t_S——从即期日到交割日的时间；

t_L——从即期日到到期日的时间。

远期外汇综合协议采用双边报价方式，当为1×4美元/欧元汇率协议报价时，注意左边是卖价，右边是买价，这与远期利率协议是相反的。为什么卖价低于买价呢？因为这里报的是协议差。当卖出某种基础货币的汇率协议时，交易者名义上先卖出这种基础货币，再买入这种货币，二者价差越小，成本越低，获利的可能性越大；反之则相反。所以，只有按"高买低卖"原则，做市商才可能获利，才愿意提供汇率协议这一产品，汇率协议交易才可能进行下去。当然，相同的结论可以通过定价公式得到。

7.2.4 远期外汇综合协议的交割

远期外汇综合协议交割方式与交割数额的计算与远期利率协议都是很相似的。公式如下

$$\text{交割数额}=A2\times\frac{CFS-SFS}{1+i\times\frac{D}{B}}$$

式中：i——次级货币的利率；

D——协议期限的天数；

B——转换期天数；

A2、CFS、SFS——标准术语。

在交易中买方为远期外汇综合协议的多头，因此正的交割数额意味着卖方向买方支付一笔钱，而负的交割数额则意味着买方向卖方支付一笔钱。

要注意一点，合约的面额是用初级货币表示的，而交割额是用次级货币表示的。比如，对于一份面额为10 000美元的美元与欧元的1×12汇率协议合约，交割数额用欧元表示。

7.3 案例分析

【案例一】 **FRA交易案例分析**

甲公司在4个月后需筹集一笔1 000万美元的3个月短期资金。公司预期美元的市场利率有可能上升，为了避免4个月后筹资成本增加，决定买入一项远期利率协议来避免利率风险。交易的具体内容如下：

买方：甲公司

卖方：乙银行

交易类型：4×7

协定利率：2.30%

交易日：3月5日

起息日：7月7日

到期日：10月7日

交割日：7月7日

清算利率（参考利率）：英国银行家协会公布的3个月清算利率

清算账户：甲公司在乙银行的账户

请参见图7-8。

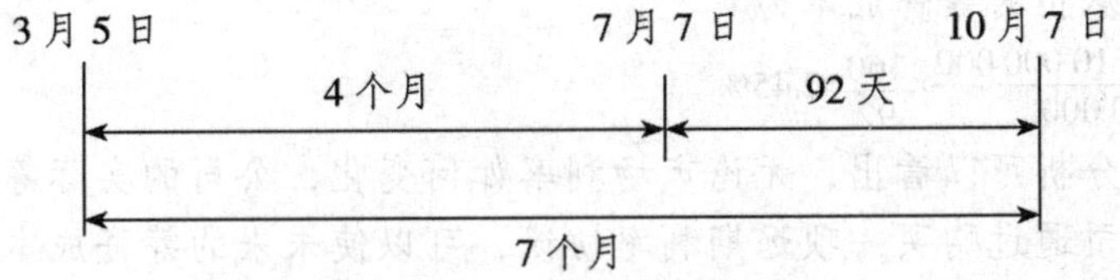

图7-8　FRA交易时间表

•第一种情况：

4个月后市场利率果然上升，7月5日，英国银行家协会公布的7月7日起息的3个月清算利率为2.50%，高于协定利率。因此，到交割日7月7日，乙银行向甲公司支付以下金额

$$A=\frac{(0.025-0.023)\times 92\times 10\,000\,000}{360+0.025\times 92}$$

=5 078.66（美元）

7月7日，公司在市场上借入3个月期的资金，利率为2.85%。这样，公司实际只需借入资金

10 000 000−5 078.66=9 994 921.34（美元）

公司支付的本息和为

9 994 921.34×（1+0.0285×92÷360）=10 067 717.68（美元）

公司实际承担的筹资成本为

$$\frac{10\,067\,717.68-10\,000\,000}{10\,000\,000}\times\frac{360}{92}=2.65\%$$

公司的实际筹资成本为2.65%，低于当时的市场利率2.85%，实现了规避利率风险的目的。公司的实际筹资成本高于远期利率协议的协议利率2.30%，其原因在于公司在筹资时所支付的利率水平高于清算利率，反映了不同融资工具和不同信用等级的市场差异。

•第二种情况：

4个月后，市场利率下跌。7月5日，英国银行家协会公布的7月7日起息的3个月清算利率为2.10%，低于协定利率。因此，在交割日7月7日，甲公司向乙银行支付以下金额

$$A=\frac{(0.021-0.023)\times 92\times 10\,000\,000}{360+0.021\times 92}$$

=−5 083.83（美元）

7月7日，公司在市场上借入3个月期的资金，利率为2.25%。这样，公司实际

需借入资金为

10 000 000+5 083.83=10 005 083.83（美元）

公司支付的本息和为

10 005 083.83×（1+0.0225×92÷360）=10 062 613.06（美元）

公司实际承担的筹资成本为

$$\frac{10\ 062\ 613-10\ 000\ 000}{10\ 000\ 000}\times\frac{360}{92}=2.45\%$$

综合上述分析可以看出，无论市场利率如何变化，公司的实际筹资成本基本被固定下来。公司通过购买一项远期利率协议，可以使未来的筹资成本不再受市场利率变化的影响。

【案例二】 SAFE交易案例分析

SAFE与远期对远期的外汇互换紧密相联。下面的例子就将二者放在一起做比较。假设现在市场上的利率和汇率水平如表7–1所示。

表7–1 **市场上的利率和汇率水平**

	即期汇率	1个月	3个月	1×4个月
美元/欧元	0.9000	265/280	1 060/1 075	790/810
美国利率		2.1%	2.25%	2.5%
德国利率	3.00%	2.5%	2.75%	2.85%

假设投资者预期1×4个月的美元和欧元的远期利率差还会进一步增大，将大于0.35%。他可以考虑采取如下的策略：

（1）在1×4的远期对远期互换中卖出欧元、买进美元。

（2）卖出1×4的ERA。

假定1个月后的市场利率和汇率水平如表7–2所示。

表7–2 **1个月后市场上的利率和汇率水平**

	即期汇率	3个月
美元/欧元	0.9000	880/895
美国利率		2.25%
德国利率		2.80%

可见，利率差确实进一步拉大了，根据利率平价理论，远期美元升水会增加，投资者可以更高的价格售出这些美元。

下面用图7–9表示在第一种策略下投资者的现金流和盈亏情况。

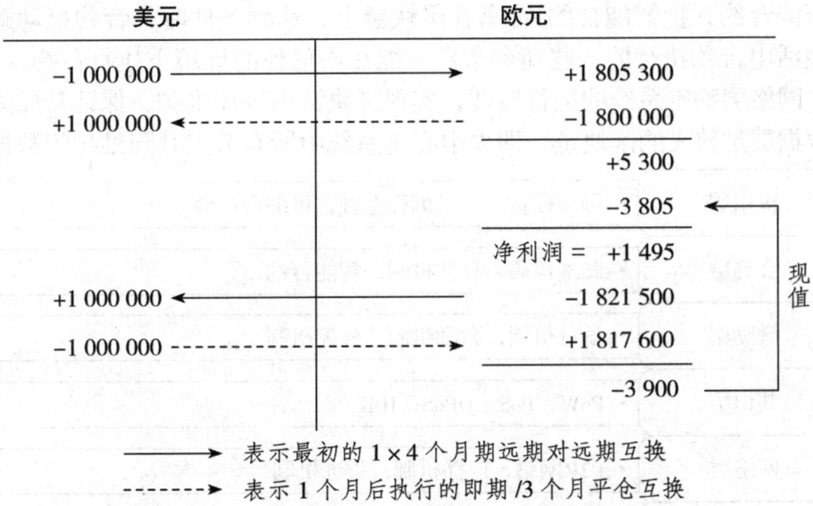

图7-9 1×4远期对远期互换中的EUR卖、USD买

下面再看一下第二种交易策略下的盈亏情况。将上面例子中的数据用相应的符号表示如下

A1=A2=1 000 000 CFS=0.0081 SFS=0.0088 SSR=0.9000

将数据代入公式

交割数额=A2×（CFS−SFS）/（1+i×D/B）=−694.22

即结算金额为−694.22。结算金额为负值，就是说远期外汇综合协议的买方要向卖方支付相应的金额，这个金额就是投资者的收益。

通过比较这两种交易策略可以发现，远期外汇综合协议基本发挥了和远期对远期互换相同的作用，及时有效地利用了利率的波动。它突出的优点是交易程序简单并且没有大量的现金流出现，这对于投资者特别是银行是非常理想的。

7.4 金融科技在国际金融领域的应用

7.4.1 区块链基本介绍

区块链是一个去中心化的数据库，是一串由算法相互连接的数据区块。其中每一区块都记录了一段时间内全网交易的信息，参与节点验证信息的有效性并连接下一个新区块，使得主链不断延长。通俗来讲，区块链是一个分布式记账技术。

区块链技术最初是为了支持比特币的生成和流通，2012年开始逐渐脱离比特币，被视做颠覆性新技术，应用领域从货币拓展到金融及社会，其基础架构如图7-10所示。应用层显示了区块链的应用范围。合约层封装了脚本代码、算法以及生成的智能合约，把智能合约[①]部署在区块链上，达到条件时，合约自动触发，免去现实生活中合约执行的一些苛刻条件，能在不信任的环境下执行合约。激励层、共识层、网络层约定系统的运行原理，实现区块链由集体维护，保证其成为安全数据库。数据层是狭义的区块链，即去中心化系统中所有节点共同维护的数据账本。

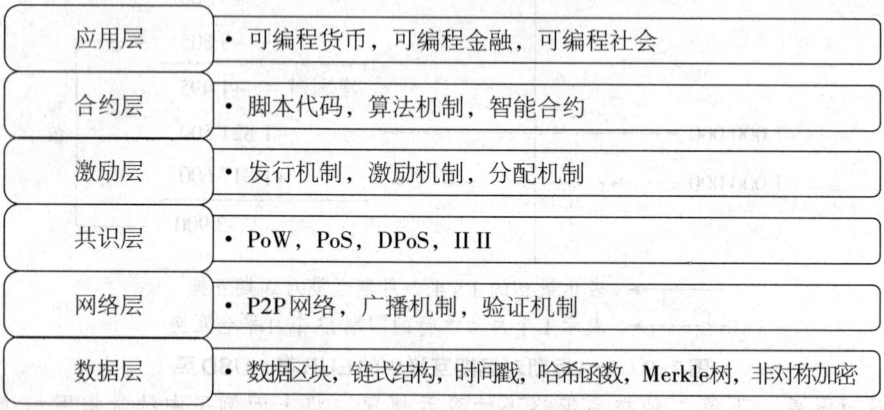

图7-10　区块链基础架构

图7-11展示的是狭义的区块链，即上文所提及的数据层。一个区块由区块元数据和区块体构成，区块体体现了“记账簿功能”，即记录从上一区块到此区块创建之间发生的所有有效交易，区块元数据由区块大小、交易计数器、区块头构成。

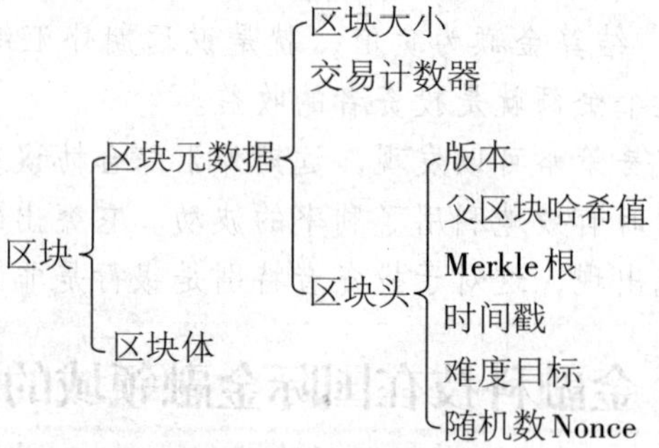

图7-11　区块结构

区块之间的连接如图7-12所示，父区块哈希值用于区块连接，使区块成为一条“头尾对应”的链；时间戳用于记录区块创建的近似时间，实现交易的可追溯性；随机数用于提供系统需要的计算能力。进一步，随机数通过哈希运算生成Merkle树并打包计入区块链，哈希过程生成唯一的Merkle根计入区块头。

① 智能合约是由事件驱动的、具有状态的、运行在可复制的共享区块链数据账本上的计算机程序，实现接受、储存和发送价值，控制和管理各类链上的智能资产等功能。

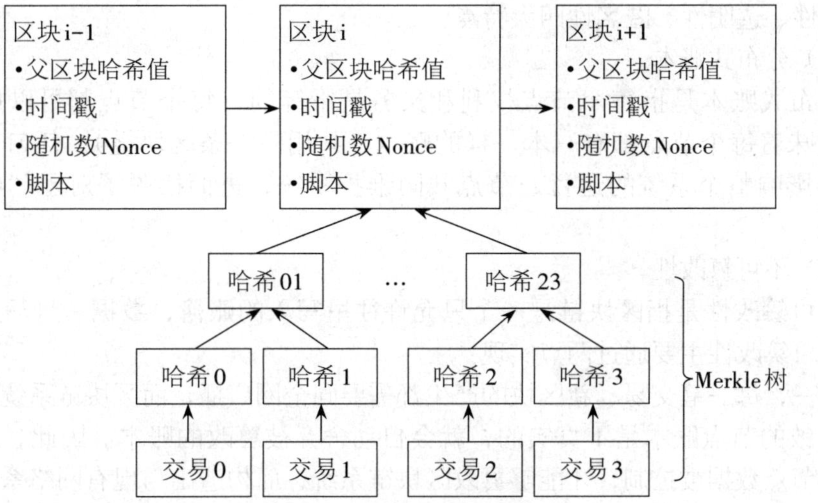

图7-12　区块结构示意图

那么，区块链系统的运行原理是怎样的呢？下面举例加以说明。

节点1创造一条新交易，输入20枚比特币（节点1需要指出20枚比特币的来源），即引用之前的交易，输出两个地址（公钥），将19枚给自己，将1枚给节点2，节点1对整个交易签名（私钥）。在两个区块生成之间发生的所有交易都以类似的方式向全网广播，节点（矿工）完成哈希函数解密[①]，即开发新的区块，待交易得到认证，矿工将这些交易计入新的区块，新的区块延长原来的主链。图7-13显示了区块链的运行原理。

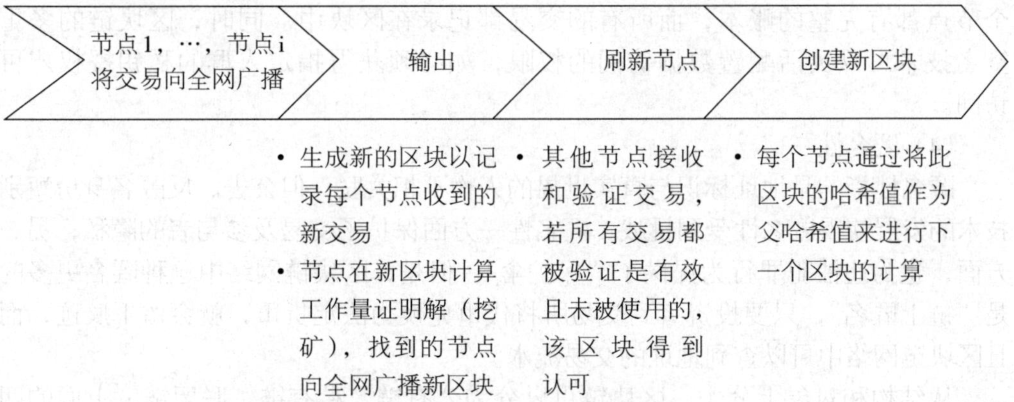

图7-13　区块链运行原理示意图

近年来，区块链技术之所以备受推崇，主要是因为其具有分布式（账本）、不

---

① 为保证区块链达成共识、避免分叉，每一个节点选择延长最长的区块链，即计算难度累计最大（工作量证明的总量最大）的区块链。当两名矿工几乎同时找到工作量证明解，不同节点可能会连接不同的区块，视做暂时“正确”的区块，当下一个区块产生时，各个节点选择难度最长的链，分叉将会就此消失。这种情况下，区块连接成为单条连接，即使分叉也是临时分叉，这样节点所保存的也就是同一个链条。

可篡改性、透明性、匿名性四大特点。

（1）分布式账本

分布式账本是指每个节点权利和义务是平等的，每个节点都可以成为记账者，意味着每个节点都有一本一样的账本（共用同一条区块链），任何节点被摧毁都不影响整个系统的运行，节点共同维护系统，进而摆脱了对于“中心”的依赖。

（2）不可篡改性

不可篡改性是指区块链是一个只允许往里写入的账簿，数据一旦写入便被封存。不可篡改性主要通过两点实现：

第一，每一笔交易、新区块的产生都需要向全网广播，而区块链系统会认为少数不一致的节点账本是不真实的，就会自动舍弃被篡改的账本。因此，只有50%以上的节点数据被控制，才能够篡改区块链系统，而构造出与现有网络系统同样大型的系统需要付出高昂的成本，即使入侵成功，曾经的参与者意识到账本变更，账本中记录的数据变得没有意义，系统中的代币也就失去了价值。

第二，所有区块都是首尾相连的，一笔交易在此区块之后每产生一个区块就是1次确认，经过至少6次确认，该交易才在区块链上被承认是合法交易。若经6次确认后想要修改记录，就必须把后面所有的区块都重新再产生一遍，才能保证区块仍然相连，这是非常难以实现的。

（3）透明性

透明性是指任何人都可以很容易地查询每一笔交易的所有流向。因为每一个节点都有完整的账本，而所有的交易都记录在区块中。同时，区块链的多重签名技术可以灵活配置数据访问的权限，如必须获得指定人群的私钥授权才可访问。

（4）匿名性

匿名性指的是地址标识与真实世界的人物不相关联，但公告、反匿名身份甄别技术的发展使得匿名性受到挑战。匿名性一方面保护了交易及参与者的隐私；另一方面，也为违法犯罪行为提供了“保护伞”。但是，区块链网络中这种匿名更多的是“链上匿名”，只要投资者到交易所将代币兑换为法定货币，就会留下痕迹，而且区块链网络中可以查到地址的交易流水。

从结构和对象上分类，区块链可以分为公有链、私有链、联盟链，上面的四大特点主要是指区块链技术的本质结构特征，只有公有链具备。公有链需要全网共同参与，效率较低；私有链能够保护隐私、提高效率，但是没有做到去中心化，有悖区块链精神。三种链没有优劣之分，只是适用于不同的场景，它们之间的区别参见表7–3。

表7-3 公有链、私有链与联盟链的异同对比

	公有链	联盟链	私有链
开放主体	对所有人开放	只对特定的组织团体开放，公众可以查阅信息及进行交易，但不能参与验证	仅对单独的个人或实体开放，所有参与私有链的主体可能最终都由一个实体控制
中心化程度	去中心	多中心	单一中心
交易效率	慢	较快	很快
适用领域	支付、金融资产交易、存在性证明等（如比特币、以太坊等）	银行或国家清算、结算	公司、政府内部审计和测试，政府主导的产权登记等

7.4.2 区块链技术的具体应用

区块链通过运用数据加密、分布式共识等手段，提高数据公信力、保护隐私、保证数据不可篡改，使得节点无须互相信任便可以进行点对点交易与合作，进而解决高成本、低效率和数据存储不安全等中心化带来的问题。

具体来讲，对于票据与供应链金融业务而言，区块链技术可以减少人为介入，降低成本及操作风险；对于证券发行与交易而言，区块链将弱化并逐渐取消证券登记结算机构和清算机构的作用，降低证券交易成本，还可以加速交易清算速度①；对于客户征信而言，区块链可以降低法律合规成本，保护数据的安全性。

通过建立起基于区块链的点对点互助保险平台，保险公司从中心化组织（与个人订立合同关系）转变为专业咨询和互惠机制管理型组织，不再直接面对风险，降低了其经营成本。现在的保险行业中，投保、核保、理赔全过程都需要投保人提供大量的纸质材料，若证明了事件在承保范围内，还需要人工判断是否理赔以及理赔金额，要花很长时间。如果能将这些业务流程写成智能合约，使用区块链自动执行，有望实现保险产品的自我管理。同时，各方可以利用区块链验证信息，管理数字身份标识、个人信息和历史保单，减少骗保行为。还有就是，保险公司可以利用区块链审视现存的信息技术架构，对产品和风险管理进行改进。

除此之外，“区块链”与“供应链”双链结合，打通了生产到消费的链条，通过全网更新，协调上中下游企业的物流以及资金流转问题。同时，分布式账本的“不可篡改”特性解决了反向保理业务中的票据验真问题，可通过票据数据化完成支付清算，避免“三角债”、票据造假或没有实际交易等问题。

但是，区块链技术并非完美，其所面临的一些问题同样不可小觑：

① 2015年8月，纽约证券交易所智能合约平台Symbiont正式发行了应用区块链技术的证券。

第一，交易效率受到区块产生时间、区块的大小的影响，而一个比特币区块生成的时间为10分钟，每秒钟只能处理7个交易，限制了高频交易的应用，不适合处理实时交易，难以处理有复杂执行逻辑的应用场景。

第二，区块膨胀，意味着储存完整账本需要越来越大的容量，必须为保证系统的安全性消耗更多资源。

第三，信息分发需要全网广播，要求较好的网络性能。

第四，只有成功得到区块合法记账权的那部分算力有意义，其他算力都被浪费了。更重要的是，“去中心化”意味着区块链技术可能会取代金融机构，中心化基础设施的减少意味着强制性、规范性监管变得低效，这些都会带来监管成本和复杂性的提高，给弹性的审慎监管提出了更高的要求。同时，面对分布式总账平台的异军突起，以及类似于SWIFT等已经在全球运营很久的金融电文网络系统，不得不考虑今后该如何发展的问题。

由此看来，区块链的应用结果如何，取决于态度是否谨慎以及实践的最终目的。

7.4.3 比特币的概念及其交易原理

比特币技术起源于2008年由化名为“中本聪”（Satoshi Nakamoto，日本媒体常译为“中本哲史”）、自称日裔美国人的学者在一个密码学邮件组（类似网络论坛，成员用邮件发言）发表的奠基性论文——《比特币：一种点对点电子现金系统》。2009年1月，中本聪挖出第一批50个比特币，该区块被称为创世区块。2010年5月，比特币进行了首笔真实交易。

日常生活中流通的纸币由国家（或某些地区）发行并强制使用，那么比特币从何而来呢？

比特币有两个来源：一个是相互转账，可以通过购物、交易结算实现，也可以通过交易所兑换实现①，即类似于兑换外汇。另外一个就是“挖矿”奖励，包括区块奖励和交易费，区块奖励由比特币系统分配，相当于增加流通的货币。所谓“挖矿”，就是竞争区块的合法记账权，即“工作量证明”。“矿工”用“矿机”反复计算区块头，直到成功“求解”②哈希谜题，便可得到该区块的记账权，第一个“挖矿”成功的“矿工”获得系统分发的比特币③。

---

① 数字货币交易所是投资者使用法定货币购买比特币的场所，国际上有四大这样的交易所，分别为Coinbase、Bitstamp、Bitfinex和Kraken，其中美国交易量最大的数字货币交易所Coinbase于2020年12月提交了IPO申请，最新估值约为80亿美元。2017年9月后，我国境内各大交易平台被清退，国内较大的三家交易所去国外进行了注册，因此，币安、火币和OKEX成了三家开在国外、网站有中文界面的交易所。

② 具体而言，“求解”是指用SHA256算法不断地对区块头和一个随机数据Nonce进行计算，直到算出与预设哈希值bits相匹配的解。

③ 区块奖励是递减的，第一个解决问题的矿工获得50枚比特币，每达到21万枚区域，激励矿工的比特币就会减半。随着矿工人数的增加，求解难度增加，挖矿的难度由比特币网络自动调整，以保持每10分钟产生一个区块，而21万个10分钟接近4年。相应的，2012年区块奖励从50枚比特币减少到25枚，2016年从25枚减少到12.5枚，预计到2140年比特币将无法细分（精确到小数点之后8位），比特币数量达到2 100万枚的上限。在此之后，矿工可以向放入区块的交易收取交易费，以此来继续激励矿工挖矿。

在比特币之前，曾经有许多密码破译者建了多种电子货币，但这些货币往往依赖于政府及现有金融机构所提供的基础设施，结果最终走向失败。而比特币以哈希函数解密设计而成，将电子货币的“发行权”转移到参与者手中，这一P2P[①]电子现金系统的设计实现了“去中心化、发行总量恒定化、独立化”，也就减少了政府和现有金融机构的阻挠，最终得以留存并被广泛推广。

基于上述描述可以看出比特币的主要优势：去中心化、总量恒定、不可篡改性。去中心化是指比特币不像传统货币那样接受各国中央银行的管理，每个参与者平等地拥有“挖矿”的权利。总量恒定，指“共识”中所约定的比特币的总发行量恒定为2 100枚。比特币不可篡改性的实现原理与区块链相似，此处不再赘述。

“去中心化”带来了诸多好处。首先，使得比特币可以免受央行政策的影响，比如政策干预所带来的通货膨胀，重树货币信心；同时，减少中间环节，实现点对点交易，参与者没有外汇限制、没有汇款费用，可以降低交易成本[②]，便捷跨境支付；结合匿名性，进一步减少了受到“中心”监管的程度。

总量恒定保证了比特币的稀缺性，增强了其投资价值。

除此之外，比特币不要求参与者使用真实身份，实现了交易的匿名性。每一个节点（每一个参与者）有一对钥匙，即公钥和私钥。公钥公开，私钥保密；公钥加密，私钥解密；私钥签名，公钥验证。节点向全网广播发生的交易，即比特币从一个地址转到另一个地址，只有正确的数字签名才能使该交易被验证为有效交易，这种非对称加密技术保证了比特币交易的安全性。但是，这也意味着，投资者一旦丢失私钥或者私钥被盗取，比特币将无法找回。因此，私钥需要在可获取性、安全性和便利性之间加以权衡。

对于投资者来说，比特币具体有什么作用呢？

一是作为虚拟钱包，这个虚拟钱包即比特币的地址。目前有两种主流的地址加密方式，即字符串[③]和QR码（二维码）。

二是用于支付，即用比特币来完成交易结算，如扫描上文所提到的二维码即可实现转账支付。

三是创造财富，即通过比特币投资或投机达到财富增值的目的。

四是实现完全自由的交易，比特币不受政府限制，可以帮助富人实现避税，免遭权利剥削和暴力抢劫等。

① P2P，Peer to Peer的简写，中文译为“点对点”，即在比特币电子现金系统中，参与者拥有同等权利。

② 交易费由记录交易的矿工决定，目前矿工挖矿以区块奖励为主，收取较低的交易费，但比特币全部发放后，矿工可能会收取更多的交易费。

③ 例如，比特币创始块地址的Base58代码为1A1zP1eP5QGefi2DMPTfTL5SLmv7DivfNa。

虽然比特币有以上优点，但是，比特币价格波动幅度太大（如图7-14[①]所示），2017年比特币暴涨1 375%，一枚接近20 000美元，但次年又暴跌70%。2021年5月中下旬，比特币更是一度从50 000多美元跌至不到40 000美元，净跌1万美元还多，后续仍呈跌势。因此，投资者可能不愿意用比特币去支付与交易，因为这可能会使其错失比特币上涨的利得，而供应商也会担心其波动带来损失。

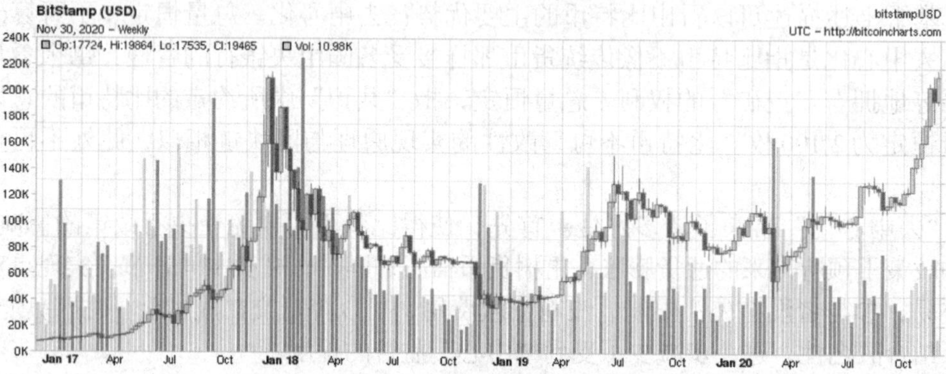

图7-14　Bitfinex交易所比特币/美元价格（截图）

比特币价格的频繁剧烈波动主要有以下三点原因：

首先，比特币是一种虚拟货币，没有实际价值，其优点容易被过度夸大，头部持币人拥有大量比特币便于炒作，加之监管缺失，使其成为一种很好的金融投机对象。其次，“去中心化”特性意味着比特币目前不受各国政府政策的约束，当贸易保护主义抬头、全球经济下行时，比特币就会成为一种全球性的避险工具，吸引很多资本。同时，由于比特币兼具商品与货币的属性，其价格还会受到挖矿成本（矿机设备、电费等）、投资者关注度、前几个交易日的市场行情的影响。

7.4.4 比特币受到的金融监管

比特币的匿名性、去中心化和全球化的特征，以及其交易很难与现实中的交易主体相对应，加上大部分国家和地区对其的监管模糊，导致其容易被用作洗钱工具。现实中，国家通过对银行和投资行为设定限制来进行资本管制，而比特币是通过电子方式转移，挖矿、记账行为分散在各节点上，具有非主权性，方便了其在全球范围的流通，也便于逃税，同时还便于利用来购买非法商品。

目前，比特币的洗钱行为主要是嫌疑人以诈骗等非法行为获得比特币，随后通过注册多个钱包地址等方式，不断模糊资金的来源与流向，在此过程中进行跨国流动，以规避所在国的监管，最后购买商品服务或在交易所换成法定货币。虽然在交易平台或消费场景中会留有痕迹，但是如果交易平台在境外注册或嫌疑人在境外消费，被害人利益很可能得不到保护。

资料链接

① 数据来源：https://bitcoincharts.com/charts/bitstampUSD#rg1460zigWeeklyztgSzm1g10zm2g25zv。图中，左轴为成交量，右轴为价格，单位是美元。比特币实时行情可扫二维码查看。此二维码生成于2021年7月。

这里介绍一个比较有名的暗网黑市“丝绸之路（Silk Road）”落入法网的案例[①]。丝绸之路网站诞生于2011年2月，由一个化名为“恐怖海盗罗伯茨”的人运作，此人的真实姓名是罗斯·乌布利希（Ross Ulbricht）。该网站以“能够随心所欲的自由市场网站”为口号进行对外宣传。2013年10月，罗斯·乌布利希被指控涉嫌贩毒、电脑黑客、买凶杀人以及洗钱等罪名，同时，网站被美国联邦调查局关闭。2015年，罗斯·乌布利希被判处终身监禁。

在“丝绸之路”，用户可以买卖很多非法的东西，包括伪造的护照、违禁药品、武器、黑客软件以及危险化学品，但毒品是其销售的主要产品（如图7-15[②]所示）。购买者在“丝绸之路”的购买过程与现在的网购类似，购买者通过“丝绸之路”下单，用比特币支付，这些比特币由丝绸之路网站暂为代管[③]，接着商品发货。待购买者确认收货后，网站把比特币转给卖方，最后买卖双方还可以获得信誉评级。

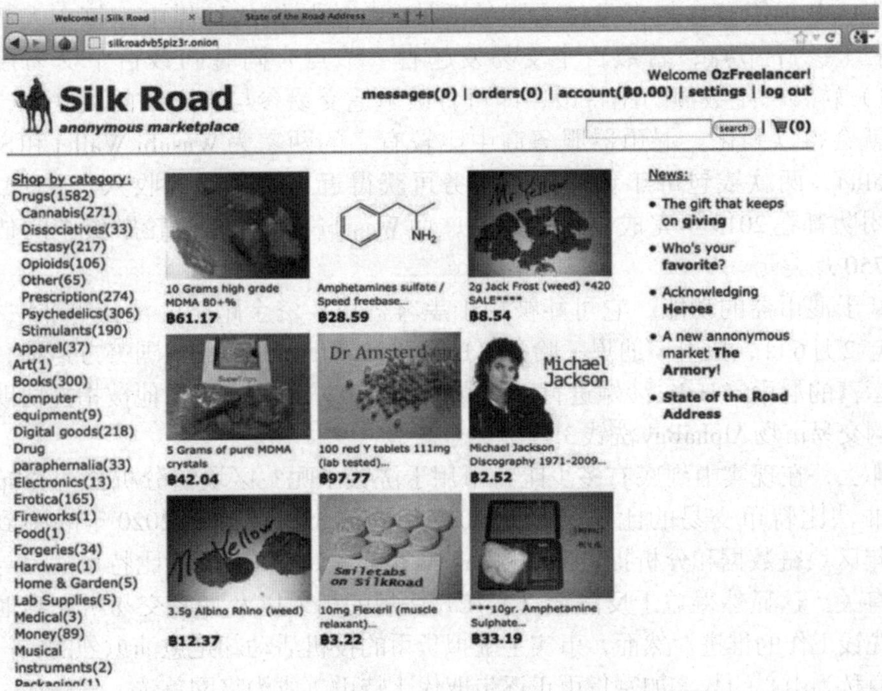

图7-15　丝绸之路网站截图（2012年4月）

网站以Tor隐匿服务的方式运作，使执法人员无法追查服务器位置。罗斯·乌布利希被捕时拥有17.4万比特币，但为避免被追踪，他没有将其兑现，现实生活也并不奢侈。然而。百密一疏的是，罗斯·乌布利希曾经使用同一计算机访问他的个

---

① 从某种意义上，“非法交易”也属于一种“刚需”，“丝绸之路”关闭后，又出现了一些短暂存在的黑市网站，如绵羊集市、黑市重装上阵、丝绸之路2.0、阿格拉等等。

② 资料来源：阿尔文德·纳拉亚南，约什·贝努，等.区块链：技术驱动金融[M]，林华，王勇.等译.北京：中信出版社，2017.

③ 由于网站经营者可能私吞代管的比特币，之后卷款逃跑，所以新出现的黑市多采用多重签名代管方式。

人账号和“恐怖海盗罗伯茨”账户，使得调查人员查到了“恐怖海盗罗伯茨”背后的真实身份。

休·布莱恩·哈尼（Hugh Brian Haney）曾经在丝绸之路网站上贩卖毒品，2018年2月，他将非法所得的比特币转入了一家交易所以兑换为美元，从而转为合法资产存入个人银行账户中，即使他谎称比特币是挖矿所得，还是被联邦探员发现了这笔赃款，2019年他还因涉嫌洗钱和使用非法所得进行金融交易而被捕。

由这个案例可以看出，尽管比特币的匿名性为非法行为提供了保护伞，但当持币人活跃地参与到与他人关联的活动中时，还是很难保持长期匿名，只要转移资产，就会留下痕迹。

这种背景下，混币器于2013年应运而生。混币器是一种通过混币来隐藏交易路径，从而隐蔽参与者身份的服务工具。在区块链的世界中，每个人都可以生成任意多个节点，若数百个交易发起者（节点）同时向数百个交易接受者（节点）转移一定数额的比特币，即可打破单笔交易参与者之间的关联性，匿名性也就会得以强化。混币器服务商中比较有名的两家为Wasabi Wallet和Samourai Wallet，两款钱包每年依靠混币服务可获得近百万美元的收入。除此之外，两支团队都在2019年完成了首轮融资，而Wasabi Wallet在此轮融资中的估值达到了750万美元。

基于混币器的功能，它可能被用于黑客盗币、资金跑路、洗钱等非法行为。2020年2月6日，拉里·迪恩·哈蒙（Larry Dean Harmon）被美国警方逮捕，原因是其运营的混币器Helix涉嫌进行汇款和洗钱业务，具体来讲，他被指控协助比特币暗网交易市场AlphaBay洗钱3.11亿美金。

那么，在现实中到底有多少比特币用于洗钱了呢？区块链分析公司Elliptic表示，非法比特币交易的比例已经从2012年的约35%下降到2020年的不到1%。2019年区块链数据和分析提供商Chainalysis也表示，只有1%的比特币活动与非法活动有关。这显然得益于反洗钱（AML）法规的引入以及加密交易所和其他企业的反洗钱工作的推进。然而，事实上虚拟货币的投机活动却是愈演愈烈的，门罗币等以隐私为中心的数字加密货币正逐步取代比特币，成为暗网首选。

接下来我们讨论一下比特币的监管问题（参见表7-4）。各国对于加密货币的态度不太一致，这尤其突出地体现在比特币的诞生地与其他国家之间，导致该领域可能存在灰色地带。而对于比特币的监管主要涉及比特币牌照的发放①、监管法律法规的出台、比特币的流通范围、比特币的性质（是货币还是虚拟商品）等方面。

① 比特币牌照的发放便于了解交易所的经营状况，保护客户的交易安全，落实反洗钱条款等。

表7–4 **各国对比特币等数字加密货币的监管**

年份	国家	内容
2012	法国	首个在欧盟法律框架下的比特币交易所——法国比特币交易所诞生
2013	中国	中国人民银行等部门发布了《关于防范比特币风险的通知》，明确比特币是一种特定的虚拟商品，否定了其与货币等同的法律地位，同时还特别指出提供比特币登记、交易等服务的互联网站应切实履行反洗钱义务
2015	美国	纽约州金融服务局（NYDFS）宣布BitLicense正式生效，成为首个推出比特币和数字货币监管制度的州
2016	英国	英国证券交易所批准设立首个比特币投资基金
2017	日本	正式实施《资金结算法》(修正案)，数字加密货币在日本成了合法的支付方式
	澳大利亚	宣布"数字货币的购买将不再受到消费税的约束，允许数字货币被视为符合消费税的货币"
	加拿大	首家申请运作比特币投资基金的基金管理公司获得批准
	中国	中国人民银行等七部委发布《关于防范代币发行融资风险的公告》，明确禁止ICO，并要求境内各大交易平台实施清退
2018	韩国	1月30日开始，韩国正式终止匿名数字货币交易，实行实名制
	俄罗斯	财政部完成《数字金融资产法》草案初稿，旨在对数字加密货币和ICO进行监管
2019	印度	印度政府提交最高法院的法案草案，禁止了开采、购买、出售、交易、发行等数字加密货币的各方各面
2020	印度	3月，印度最高法院推翻了该国政府对该国实行的为期两年的数字加密货币交易禁令（该项禁令不允许银行和其他金融机构促进"与虚拟货币相关的任务服务"）
	英国	英国金融行为监管局（FCA）提醒英国加密企业，必须于6月30日之前提交完整的注册申请才能展开后续业务；任何在2020年1月10日前在英国开展业务，并且未在FCA注册的企业都必须停止运营

比特币监管在国际范围内没有达成一致，主要有以下原因：需要政府付出高昂的成本，并且需要各个国家联合起来实施；交易平台只会从地上转到地下；加强监管会对市场产生巨大冲击，最先宣布实施强监管的国家往往最先受到冲击，而且其他国家不同时实施时，该国人民需要付出更高的成本进行比特币交易。

7.4.5 数字货币跨境支付

数字货币主要有代币、公司、国家、超主权四个层面。2008年，代币层面的比特币诞生；在公司层面，2019年Facebook发布了Libor（天秤币）白皮书；在国家层面，各国央行从2014年就开始研究数字货币，而中国人民银行数字货币（DC/EP）的作用主要在于对M_0（纸钞和硬币）的替代。

图7–16是一张2020年底某日CoinMarketCap网站上主要数字货币的行情截图，这个行情与目前的实时行情相比，一定变化巨大，这是由数字货币价格的剧烈波动性决定的。登录CoinMarketCap网站的网页https：//coinmarketcap.com或扫描二维码，便可查询到数字货币的实时行情。此二维码生产于2021年7月。

网址链接

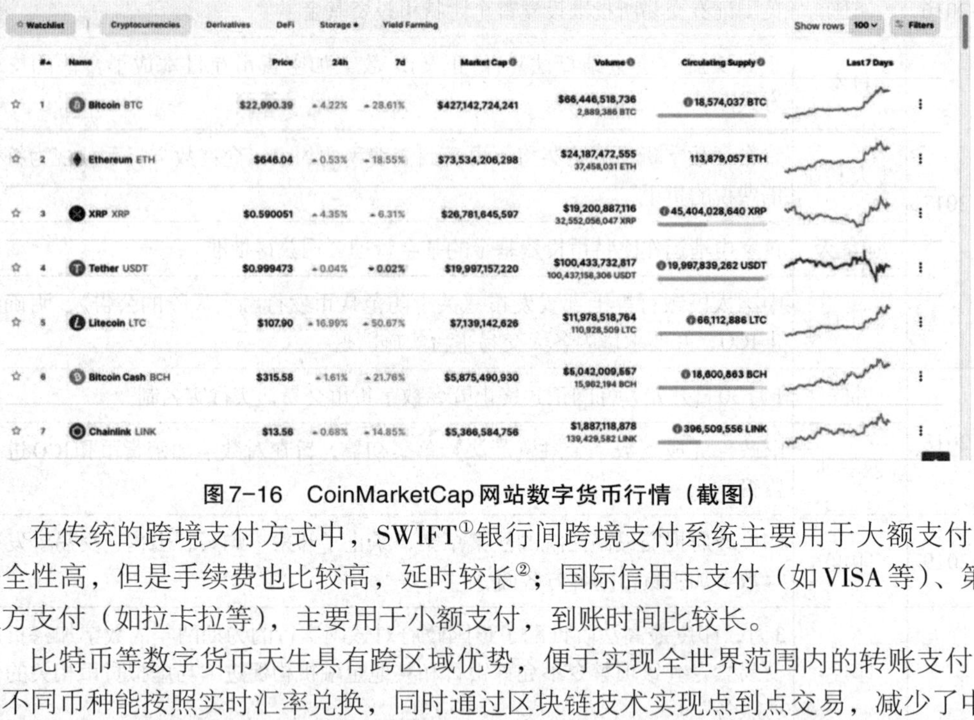

#	Name	Price	24h	7d	Market Cap	Volume	Circulating Supply	Last 7 Days
1	Bitcoin BTC	$22,990.39	4.22%	28.61%	$427,142,724,241	$66,446,518,736 2,889,386 BTC	18,574,037 BTC	
2	Ethereum ETH	$646.04	0.53%	18.55%	$73,534,206,298	$24,187,472,555 37,458,031 ETH	113,879,057 ETH	
3	XRP XRP	$0.590051	4.35%	6.31%	$26,781,645,597	$19,200,887,116 32,552,056,047 XRP	45,404,028,640 XRP	
4	Tether USDT	$0.999473	0.04%	0.02%	$19,997,157,220	$100,433,732,817 100,437,158,306 USDT	19,997,839,262 USDT	
5	Litecoin LTC	$107.90	16.99%	50.67%	$7,139,142,626	$11,978,518,764 110,928,509 LTC	66,112,886 LTC	
6	Bitcoin Cash BCH	$315.58	1.61%	21.76%	$5,875,490,930	$6,042,009,567 15,962,194 BCH	18,600,863 BCH	
7	Chainlink LINK	$13.56	0.68%	14.85%	$5,366,584,756	$1,887,118,878 139,429,582 LINK	396,509,556 LINK	

图7–16 CoinMarketCap网站数字货币行情（截图）

在传统的跨境支付方式中，SWIFT[①]银行间跨境支付系统主要用于大额支付，安全性高，但是手续费也比较高，延时较长[②]；国际信用卡支付（如VISA等）、第三方支付（如拉卡拉等），主要用于小额支付，到账时间比较长。

比特币等数字货币天生具有跨区域优势，便于实现全世界范围内的转账支付，与不同币种能按照实时汇率兑换，同时通过区块链技术实现点到点交易，减少了中间费用，展示出了优于传统支付方式的普惠性。相较于现金，数字货币也有很多优点。例如，系统的记录可以追踪到相关的违法犯罪活动；可以像现金一样快捷支付，无须商业银行账户便可实现流通；可提高货币发行的便利性，减少假币的风险等等。但是，区块链的数据承载能力限制了数字货币的跨境支付规模，更重要的则是监管真空问题。

面对支付手段的变革，以SWIFT为代表的跨境支付系统作为一个中心化支付

① SWIFT系统建立于1973年，通过“SWIFT Code”识别会员银行，完成资金的汇入汇出。

② 首先，开户行通过该系统与代理银行进行业务往来；接着，代理银行之间进行转账；最后，代理银行转账给收款行。每次转账都可能涉及不同的账目系统，进一步加剧了延时问题。

系统，需在效率上进行改进，缩短跨境支付的时间、减少支付成本。从更深远的角度来看，这也是比特币去中心化与主权货币中心化之间的争端。

需要注意到的是，金融科技对于传统手段的挤压与替代，意味着国际支付结算体系、甚至国际货币体系的重构。缩短国际支付链条，打破目前部分国家对于金融体系的垄断①，是重塑世界货币格局、重新定义安全资产、提高主权货币地位的大好时机。

关键概念

远期利率协议　远期外汇综合协议

复习思考

（1）什么是远期利率协议？简述其交易原理。

（2）简述远期利率协议的交易流程。熟悉FRABBA词汇。

（3）远期利率协议和远期外汇综合协议的报价有何异同点？

（4）远期利率协议：

甲公司将在3个月后收入一笔1 000万美元的资金，并打算将这笔资金做3个月的投资，公司预期市场利率有可能下跌，为避免投资收益减少，决定卖出一项远期利率协议来避免利率风险。交易的具体内容如下：

买方：乙银行

卖方：甲公司

交易类型：3×6

协定利率：2.3%

交易日：3月3日

起息日：6月5日

到期日：9月5日

交割日：6月5日

清算利率（参考利率）：英国银行家协会公布的3个月清算利率

清算账户：甲公司在乙银行的账户

试分析在下面两种情况下的资金流向和公司的融资成本：

①3个月后，市场利率下跌。6月3日，英国银行家协会公布的6月5日起息的3个月清算利率为2.1%。

②3个月后，市场利率上升。6月3日，英国银行家协会公布的6月5日起息的3个月清算利率为2.5%。

---

① 例如，规避被美国利用SWIFT系统和美元清算体系制裁的风险。

（5）远期外汇综合协议：

假设现在市场上的利率和汇率水平如下：

	即期汇率	1个月	3个月	1×4个月
美元/欧元	0.8449	53/56	212/215	158/162
美国利率		2.1%	2.25%	2.5%
德国利率	3.00%	2.5%	2.75%	2.85%

又假设投资者预期1×4个月的美元和欧元的远期利率差还会进一步扩大，他可以考虑采取如下策略：

①在1×4的远期对远期互换中用欧元卖出、买进美元。

②卖出1×4的汇率协议。

如果1个月后的市场利率和汇率水平为：

	即期汇率	3个月
美元/欧元	0.8449	166/169
美国利率		2.25%
德国利率		2.8%

试分析两种策略下投资者的盈亏情况和现金流。

第8章 外汇风险及其管理

◇学习目标

- 掌握外汇风险的概念及识别方法
- 掌握外汇风险的分类
- 熟练掌握交易风险、折算风险和经济风险的计量方法
- 熟练掌握外汇风险的管理理论和管理方法

进入20世纪90年代之后，汇率波动愈加剧烈，尤以东南亚金融危机之后，美元兑日元汇率的波动最为典型。外汇风险带来的损失迫使人们不得不考虑各种应对措施，而国际金融市场上各种金融创新的出现为外汇交易者防范外汇风险提供了强有力的工具。本章从如何认识外汇风险着手，介绍常见的三种外汇风险的计量和相应的管理措施。

8.1 外汇风险的识别

8.1.1 外汇风险的概念

外汇风险是指由于汇率波动而使以外币计值的资产、负债、盈利或预期未来现金流量（不管是否确定）的本币价值发生变动而给外汇交易主体带来的不确定性。这种变动可能是损失，也可能是额外的收益。广义的外汇风险是指既有损失可能性又有盈利可能性的风险；狭义的外汇风险仅指给经济主体带来损失可能性的风险。我们将从广义上的概念讨论外汇风险。一般认为，外汇风险产生于不同货币之间的兑换，只要有币种之间的兑换，就不可避免地有外汇风险。当以外币计值的资产负债转换为本币时，由于汇率的波动就会产生外汇风险。实际上，一些以本币计值的预期未来现金流量也可能遭受外汇风险。比如，一个在本国市场上销售汽车的日本公司同一家美国公司竞争，在这种情况下，如果汇率变化，自然会通过两国的生产成本、销售价格的变化影响到两家公司预期现金流量的现值，从而提高或降低日本公司在同美国公司竞争中的地位。

一般来说，预测到的汇率变化会被企业决策者事先考虑并加以处理，只有预料之外的汇率变动会产生外汇风险。我们可以看出，外汇风险有以下几个特点：

（1）起因于未曾预料的汇率变动。

（2）发生在折算或货币兑换的场合。

（3）会造成企业预期现金流量的变化。

（4）可能带来损失或利益。

大多数外汇风险是具有两面性的，一方的损失即为交易对方的盈余，但在外汇期权交易中，也会出现单面性的情况。

8.1.2 外汇风险识别的方法

外汇风险识别的步骤主要有甄别风险事件、确定受险时间、分析受险原因及估计风险后果四步。其识别方法主要有故障树法、头脑风暴法、德尔菲法、模型测试法等。这里主要介绍德尔菲法。

德尔菲法是一种最常用的典型的专家咨询法。其基本特点是：参加者相互匿名，将各自不同的回答进行统计处理，并将上一次征询的结果反馈给本次参加者，他们会对答案做出相应调整，并产生新的答案。其反复征询的结果会使所有专家的意见呈现一定的收敛性。此种方法把对问题的有关回答采用四分点法加以排列，即将所有答案按一定规则排列，并将这一排列做“四分处理”——划分为四个区间，划分区间的点依次叫下四分点、中位数、上四分点。图8-1表示的是某一时期某种外汇贬值可能性的四区间分布。

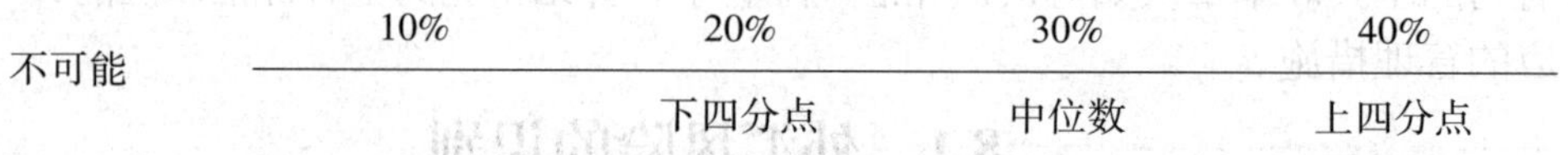

图8-1　某种外汇贬值可能性的分布状况

如果试验反复进行三次，其结果的收敛性如图8-2所示。

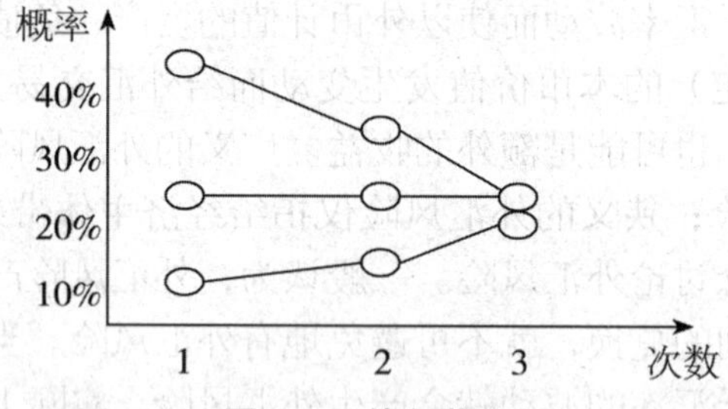

图8-2　德尔菲法

在德尔菲调查中，大多数专家的意见呈现一定的收敛性，是主要的参考依据，专家意见越集中，权威性越高。

8.2 外汇风险的分类

按照分析惯例，一般将外汇风险划分为交易风险、折算风险和经济风险。

8.2.1 交易风险

交易风险（Transaction Risk）指由于以外币计值的未来应收款、应付款在以本币进行结算时，其成本或收益因汇率波动而面临的风险，这是一种流量风险。交易风险从本质上而言应归于经济风险，但由于其发生机制简单、直接且数量巨大，因此我们单独加以介绍。产生交易风险的情形有以下三种：

（1）进出口贸易中，如果外汇汇率在支付货款时比签订合同时上涨或下跌，进出口商的支付或收入额就会相应发生变化。例如，我国某公司1月1日从日本进口一批家电，双方签订6个月的远期合约，合约价值为100万美元，7月1日进行交割。其间汇率变动如下：

	USD/JPY	USD /RMB
1月1日	85.0000	6.2500
7月1日	78.3800	6.2520

由于合同货币为美元，而美元又在半年之内对日元和人民币分别有所贬值和升值，因此对中日进出口商双方而言，均面临外汇风险。汇兑损益计算如下：

	1月1日等值货币	7月1日等值货币
中国进口商（支付人民币）	6.2500×1 000 000	6.2520×1 000 000
日本出口商（收到日元）	85.0000×1 000 000	78.3800×1 000 000

由此可知：

日本出口商损失金额为

（85.0000−78.3800）×1 000 000= 6 620 000（日元）

中国进口商损失金额为

（6.2520−6.2500）×1 000 000=2 000（人民币）

（2）在资本输出输入中，如果外汇汇率在债权债务清算时较债权债务形成时发生变化，债权人或债务人收回或支付的金额也会相应地发生变化。例如，中国国际信托投资公司在日本发行200亿日元公募武士债券，期限为10年，债务形成时市场汇率为USD1=JPY120.3000，其兑换美元数额约为1.6625亿美元。10年后进行债务清偿时美元兑日元汇率变为USD1=JPY80.0000，该公司应该偿还的本金数额变为2.5000亿美元，由此借贷产生的本金损失额约为0.8375亿美元，更不用说每期利息的损失额了。

（3）其他外汇交易。交易者进行期货、期权、远期交易或者外汇银行在即期交易市场上持有各种货币的多头或空头，也面临外汇风险。例如，某投机商预测美元兑日元的汇率呈上涨趋势，已知即期市场汇率为USD1=JPY84.0000，于是他以USD1=JPY85.0000买进一份3个月美元远期合约，价值USD500 000。但3个月后美元不仅未上涨反而下跌了，3个月后即期市场汇率为USD1=JPY76.0000。此投机商持有的500 000美元外汇头寸就出现了损失，净额达450万日元。

8.2.2 折算风险

折算风险（Translation Risk），也称为会计风险（Accounting Risk），是指在对

资产负债表、利润表等以外币计值的会计报表以母国货币进行折算过程中所产生的外汇风险。它是由于报告日和资产负债表各项目发生日的汇率差异所形成的一种账面风险，是一种存量风险。这种风险本质上涉及会计处理，因此也称会计风险。很明显，从经济角度分析，折算风险与实际价值并没有任何关系，即它并未表明汇率波动会对公司国内外贸易产生实际影响。在实践中，大量股市研究表明，当会计数据与现金流量存在较大分歧时，企业股价一般随现金流量的上升而上升，与会计数据的相关性很小。

折算风险多产生在跨国公司将世界各地的子公司的财务报表进行合并统一处理的过程中，在此过程中，各子公司必须把各自不同的功能货币转化为统一的货币记账，才能衡量出综合的收益水平。在折算过程中，由于折算汇率不同，必然会出现折算损益，即表现为折算风险。如何选择折算汇率又取决于不同的折算方法，故折算风险的大小与折算方法密切相关。由于会计从业人员对会计报表不同项目是否都面临外汇风险看法不一，由此而产生了不同的折算方法。历史上曾先后出现过四种折算方法：

（1）流动/非流动折算法（Current/Non-current Method）

这是最先采用的一种方法。它是将流动项目（流动资产与流动负债）按现时汇率计算而将非流动项目（非流动资产和非流动负债）按资产负债表形成时的历史汇率进行折算，利润表中的费用和收入除了一些与非流动性资产和负债有关的项目（如固定资产折旧和无形资产摊销）外，一般均采用报告期间的平均汇率来折算。

这种折算方法有一个明显的缺陷，比如存货按此方法折算将面临外汇风险而长期负债则没有外汇风险。但很显然，长期负债遭受的风险更大，以外币计值的信贷资金无论是应收款还是应付款，当它们以本币表示时，其本币值均随汇率而波动，这使得流动/非流动折算法渐渐被淘汰。

（2）货币/非货币折算法（Monetary/Non-monetary Method）

这种方法是将所有的以合同货币载明的、货币量确定的、与货币价值变动有关的货币性资产负债（包括一切金融资产和一切负债及资本）用现行汇率进行折算，而将非货币性资产（真实资产）按历史汇率进行折算。利润表中各项目的折算除折旧、摊销费按历史汇率折算外，所有费用收入项目均按平均汇率折算。存货是一种流动资产，但仍按历史汇率折算。这种折算方法基本上是从流动/非流动折算法到现行汇率法的过渡。

（3）时态法（Temporal Method）

这种方法类似第二种折算方法，但对真实资产的处理略有不同。如果真实资产以现价表示，则按现行汇率折算；如以历史成本表示，则按历史汇率折算。比如存货，在货币/非货币折算法中以历史汇率进行折算，而在时态法中，如果存货在资产负债表中以历史成本计价，则以历史汇率折算；如以现价计价，则以现行汇率进行折算。在此方法下，收益和费用项目按发生日当天汇率折算，但如果有大量的此类交易发生，则采用平均汇率法。折旧和摊销费采用历史汇率进行计算。

时态法采用的折算方法与原有的财务报表评估资产负债价值的会计原则相一致，它体现了外币折算的本质。1976年美国第8号财务会计准则公告——《外币交易会计与外币财务报表的折算》把时态法确立为唯一公认的会计准则，从此结束了以前允许采用多种方法的局面。

(4) 现行汇率法（Current Rate Method）

这种方法注重汇率变动对公司股东权益净额的影响，即母公司对子公司投资净额上的汇率风险。它是将资产负债表上所有项目（除实收资本外）均采用现行汇率进行折算，在此情况下，资产负债表各项目（股东权益项目中的实收资本采用历史汇率除外）几乎均面临外汇风险，其中，收入和费用项目也按现行汇率折算。美国1982年财务会计准则第52号公告中推荐现行汇率法作为可选的公认会计准则，与时态法同时适用，并指出了所适用的范围。

现在流行的折算方法是现行汇率法。世界大多数国家均采用现行汇率法进行折算，折算风险比以前更大。以上四种方法同中有异，其比较如表8-1所示。

表8-1　**资产负债表各项目所选用折算方法比较**

项目		流动/非流动折算法	货币/非货币折算法	时态法	现行汇率法
现金		CE	CE	CE	CE
应收账款		CE	CE	CE	CE
存货	按成本	CE	HE	HE	CE
	按市价	CE	HE	CE	CE
投资	按成本	HE	HE	HE	CE
	按市价	HE	HE	CE	CE
固定资产		HE	HE	HE	CE
无形资产		HE	HE	HE	CE
应收账款		CE	CE	CE	CE
长期负债		HE	CE	CE	CE
实收资本		HE	HE	HE	HE
留存收益		*	*	*	**

注：CE表示现行汇率法；HE表示历史汇率法。*表示轧算的平衡数额；**表示收益和留存收益表折算结果，再通过平衡轧算法算出累计折算调整额。

例如，美国某公司在海外设有一家子公司，子公司所在国货币用CN表示，母公司的报告货币用USD表示，假定汇率从USD1= CN8.0上升到USD1= CN8.5。用上述四种方法进行折算，其结果如表8-2所示。最后一行为折算净损益，代表折算风险的大小。

表8-2　　不同折算方法对资产负债表的影响

		当地货币	美元 USD1=CN8.0	流动/非流动法	货币/非货币法	时态法	现行汇率法
流动资产	现金	8 000	1 000	941	941	941	941
	应收账款	2 050	256	241	241	241	241
存货（按成本）		12 000	1 500	1 412	1 500	1 500	1 412
合计		22 050	2 756	2 594	2 682	2 682	2 594
固定资产净值		36 000	4 500	4 500	4 500	4 500	4 235
资产合计		58 050	7 256	7 094	7 182	7 182	6 829
负债	应付账款	14 000	1 750	1 647	1 647	1 647	1 647
	长期借款	5 500	688	688	647	647	647
负债合计		19 500	2 438	2 335	2 294	2 294	2 294
股东权益	实收资本	30 200	3 775	3 775	3 775	3 775	3 775
	留存收益	8 350	1 043	1 055	1 088	1 100	902
股东权益合计		38 550	4 818	4 830	4 863	4 875	4 677
负债与股东权益合计		58 050	7 256	7 165	7 157	7 169	6 971
折算损益		—	—	（71）	25	13	（142）

注：括号内为折算损失，留存收益来自利润表各项目。

8.2.3　经济风险

经济风险（Economic Risk），又称实际经营风险（Operating Risk）或预测风险，是指预测之外的汇率变动通过影响企业的生产数量、价格、成本而使企业未来一定时期内的收益和现金流量减少的一种潜在损失。这里之所以指出是预测之外的风险，主要是因为企业在决策时将预测到的汇率风险已经进行了相应的处理，因此意料之中的汇率变动对企业而言不存在不确定性。经济风险与以上两种风险相比而言，它对公司产生的影响是长期的和复杂的。现以日本厂商为例说明日元贬值对日本厂商的对内、对外贸易的影响。

1.对日本厂商收入的影响

（1）对出口收入的影响。日元贬值后，若日本厂商生产的商品在国际市场上可保持原产品的本币价格或适当降价，则出口数量会大幅上升，结果使总收入上升，现金流量增加；当进出口需求缺乏弹性时，如果保持原本币价格，则出口数量会略有上升，此时降价效果不明显，应适当提价，提价幅度小于贬值幅度。

（2）对当地销售收入的影响。日元贬值后，国外同类产品在本国市场上相对昂贵，本国产品相对便宜，如果两国产品替代程度高，竞争十分激烈，则日本厂商的内销量会大幅上升。此时若其产品的需求弹性大于1，则可保持售价不变，促使销售量大幅上升，由此使得日本厂商获得的以日元表示的收入也相应大幅上升，现金流量增多；反之，需求弹性不足时，则可相应提价，幅度小于贬值幅度，这样也可使日元收入增加。当市场上两国商品替代性比较弱时，日本厂商的内销量会略有上升，日元收入略有上升，现金流量略有增加。

2.对日本厂商生产成本的影响

（1）对国内投入要素成本的影响。如果日元贬值，则日本国内很可能存在通货膨胀，因此，虽然在最初阶段以日元计价的投入要素成本可能保持不变，但货币贬值对国内经济产生的通货膨胀作用在时滞效应过去后，最终会导致日本厂商成本开支上升。内销收入变化则取决于要素价格和产品价格的相对变动比例。

（2）对进口要素成本的影响。如果日元贬值，则使得日本商人的进口投入品以本币表示的价格大幅上升，使生产成本上升。如果国内外产品替代程度相当高，则对进口投入品的需求会下降，而相应对本国投入品需求上升，由于贬值的通货膨胀效应，国内投入要素价格和产品价格也会上升，但上升幅度会小于贬值幅度。如果厂商保持产品价格与要素价格同幅度上升，则在需求稳定的情况下，日本厂商的本币收入不变；如果厂商提高产品价格，其幅度大于国内生产要素价格的上升幅度，则收入会增加，反之则下降。如果国内外产品替代程度比较弱，则进口投入品的本币价格会大幅上升，而此要素需求弹性又很小，这样日本厂商以本币表示的生产成本会大幅上升，其上升幅度一般大于本国产品价格的上升幅度。所以，内销的收入会减少，现金流量也会减少。至于外销收入的变化则取决于出口供求弹性的大小。上述影响可用表8-3来表示。

表8-3　**本币贬值对日本厂商的对内对外贸易产生的影响**

项目	经济因素	对收入（Y）和净现金流量（NPV）的影响			
成本					
进口投入物	替代性强	投入成本上升幅度	=	产品价格上升幅度	$\Delta Y=0$，$\Delta NPV=0$
			>		$\Delta Y<0$，$\Delta NPV<0$
			<		$\Delta Y>0$，$\Delta NPV>0$
	替代性弱		>		$\Delta Y<0$，$\Delta NPV<0$
当地投入物	通货膨胀		>		$\Delta Y<0$，$\Delta NPV<0$
			<		$\Delta Y>0$，$\Delta NPV>0$
收入					
出口收入	$\eta m+\eta x>1$	$\Delta P\leqslant 0$，$\Delta Y\Uparrow$，$\Delta NPV\Uparrow$			
	$\eta m+\eta x<1$	$\Delta P\geqslant 0$，$\Delta Y\uparrow$，$\Delta NPV\uparrow$			
内销收入	替代性强	$EP>1$，$\Delta P=0$，$\Delta Y\Uparrow$，$\Delta NPV\Uparrow$			
		$EP<1$，$\Delta P>0$，$\Delta Y\uparrow$，$\Delta NPV\uparrow$			
	替代性弱	$\Delta Y\uparrow$，$\Delta NPV\uparrow$			

注：$\uparrow$表示略有上升，幅度很小；$\Uparrow$表示大幅上升；Δ表示变化净额，所有的变化都是基于以本币计量而言；EP表示需求的价格弹性；ηx表示出口需求弹性；ηm表示进口需求弹性。

8.3 外汇风险的计量

8.3.1 金融风险的一般计量方法

金融风险的计量一般包括蒙特卡罗模拟法、决策树法、模型测试法等等。蒙特卡罗模拟法是采用计算机技术对一个复杂项目进行评估时使用的方法。它利用一个随机数发生器产生具有相同概率的数值，当变量取这些值时，项目指标必存在一个对应的值，这个值便是实际可能发生的一种情况，当变量取越多的次数时，项目指标也就相应越多，而且其指标的概率分布呈现一定的收敛性。另外一种是决策树法，它也涉及风险事件所发生的概率分布问题，这种概率分布不是通过随机数产生，而是通过实验法和调查问卷法得到的。现以决策树法为例来说明。

设A、B、C分别代表三个风险事件，其发生概率如图8-3①所示。

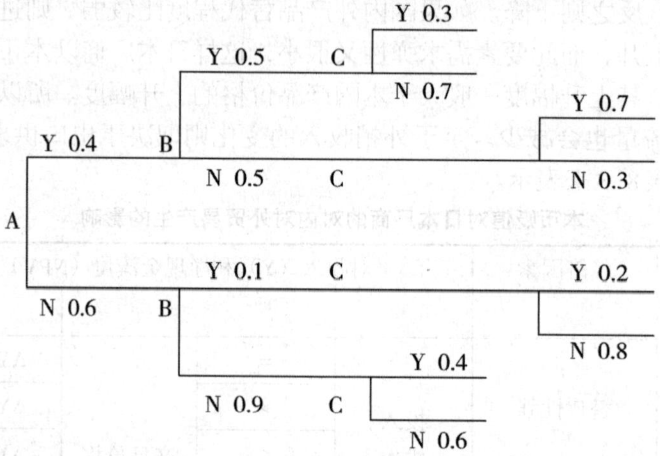

图8-3 决策树法

在实际业务中，决策树法一般用于对某项投资的可行性分析。决策树法不同于常规的净现金流量分析法，它不但考虑了未来的净现金流量，而且考虑了选择权的价值。选择权是指公司可以根据投资结果和项目开始时的未知因素灵活调整自己行为的能力。根据新得到的数据而灵活变动投资方向的能力能够使公司价值得到有效的增长，具有这种灵活性的投资项目都具备选择权的特征。这种选择权赋予投资人做某事的权利，通常是指以协定价格买入或卖出的权利，但不是义务。这类投资应与期权和股票同等看待，因而也应相应进行估值。许多因素要求某些类型的投资分析必须含有选择权，当存在灵活性的选择权和因条件而异的发展机会时，应该重视增长机会的现值（PVG），而这种分析的调整对投资决策产生的影响是深远的。所以，一般把净现值方法和选择权结合起来进行项目评估，在回报呈非正态分布时，

① 图中：Y表示发生；N表示不发生。事件C发生的概率为P（C）=0.4×0.5×0.3+0.4×0.5×0.7+0.6×0.1×0.2+0.6×0.9×0.4=0.428。

可以利用决策树法评估发展选择权的价值。

假设英国某公司正在考虑一项投资项目，其预测现金流量的分布如表8-4所示。

分析（1）：如果未考虑到任何实际操作的选择权，基本的现金流量方案是：第0年净现金投入为2 400万英镑，未来年度内现金流入量最佳预测第一年为100万英镑，第二年为300万英镑，从第三年起到第十二年为止每年有400万英镑的流入量，在折现率为10%的情况下，这个项目的净现值为-20万英镑。

分析（2）：考虑到选择权的价值。假设公司对第一年现金流量（100万英镑）的预测是基于大数法则，即100万英镑发生的可能性最大，占60%，200万英镑占20%，0英镑占20%而估计出的，相应的第二年、第三年数据如表8-4所示，进一步假设，如果第三年产出达1 200万英镑（概率为5%），公司会在第四年追加投资3 000万英镑，这会使得第五年到第十二年每年增加现金流入量2 500万英镑。因此这个增长方案的净现值为6 341万英镑，其概率为5%。从而可知此方案的预期货币价值为317万英镑。

表8-4 **运用决策树法进行风险计量和投资决策分析** 单位：百万英镑

<table>
<tr><td>年度</td><td>0</td><td>1</td><td>2</td><td>3~12</td></tr>
<tr><td>预测的现金流量</td><td>−24</td><td>1</td><td>3</td><td>4（每年）</td></tr>
<tr><td>折现率R=10%</td><td>−24</td><td>0.9</td><td>2.5</td><td>20.4</td></tr>
<tr><td>净现值</td><td colspan="4">−0.2</td></tr>
<tr><td rowspan="5">操作选择权
（选择权的主观预测）</td><td rowspan="5"></td><td rowspan="2">（0.2）2</td><td rowspan="2">（0.2）5</td><td>1（0.20）</td></tr>
<tr><td>12（0.05）</td></tr>
<tr><td rowspan="2">（0.6）1</td><td rowspan="2">（0.6）3</td><td>4（0.60）</td></tr>
<tr><td>0（0.05）</td></tr>
<tr><td>（0.2）0</td><td>（0.2）1</td><td>8（0.10）</td></tr>
<tr><td>如果第三年流量达12，则第四年追加投资30，则增长的现金流量为</td><td>63.41</td><td></td><td>−30
（第四年）</td><td>25（每年）</td></tr>
<tr><td>其概率为</td><td>0.05</td><td></td><td></td><td></td></tr>
<tr><td>增长方案的预期货币价值</td><td>3.17</td><td></td><td></td><td></td></tr>
<tr><td colspan="5">总净现值</td></tr>
</table>

将以上分析综合起来可看出，如果以传统折现法进行衡量，公司的净现金流量现值为-20万英镑，公司应放弃此项投资，但考虑到选择权，公司可能的现金流量为300万英镑左右，所以此项投资还是可行的。

这种投资决策在一般国内企业中经常用到，在涉及对外贸易和投资的企业中也一样适用，只是分析决策过程更复杂，因为还需要考虑到外汇汇率的问题。但原理是一致的，虽然在实际工作中决策树法有一定的局限性，会受人为因素的影响，但仍比传统的折现方法更为科学。

8.3.2 外汇风险的计量方法

1. 交易风险的计量

交易风险可以通过交易风险报告（Transaction Exposure Report）和资金流量报告（Fund Flow Report）来计量，前者是一种静态的反映。在实际中，企业的生产经营呈现连续性的特点，如果以静态的交易报告所计量的风险暴露额作为调整对象，往往会犯错误，因此需要编制隔月或隔季的不同币种的资金流量报告，动态反映交易风险的变动情况。

【例8-1】

现有一公司A为了计量其交易风险的大小而编制资金流量报告。

假设该公司每季度美元交易资金净流入量均为1 260万美元，瑞士法郎的交易资金净流入量为-1 440万美元，同样，欧元交易净流入量为420万美元（它是扣除了交易费用和交易成本以及其他额外支出后的余额）。为了计算方便，我们假定A公司在每个季度内只与美国、瑞士和欧元区国家进行交易，且交易额均相等。

在整个年度内A公司有以下几笔业务：①瑞士法郎和欧元的利息费用分别为24万美元和48万美元，且每半年支付一次。②第二季度将收到欧元区客户进口货物所支付的货款，价值840万美元。③第三季度将收到瑞士客户的一笔贷款，价值600万美元。④第四季度支付瑞士客户一笔电气设备款项，价值120万美元。⑤欧元的远期外汇购买合同在第四季度到期，升水3%，则1 200万美元的欧元合同在交割时将付出1 236万美元。⑥公司资产负债表上载明，其瑞士法郎应收账款为1 056万美元，相应的美元应收账款为516万美元，欧元为288万美元，瑞士法郎应付账款、税金及其他应付款为784.8万美元，美元应付账款及其他应付款为276万美元，欧元为42万美元，所有应收应付款均在第一季度结清（见表8-5）。

由此看出，该公司在整个年度内，瑞士法郎都处于净空头地位，而美元和欧元则处于净多头地位，在全部换算为美元后，该公司总的来说处于多头地位，其净头寸为2 857.2万美元。因此，交易人员只需再做一笔金额为2 857.2万美元的空头交易，轧平头寸以避免风险。

2. 折算风险的计量

折算风险可以通过编制风险资产和风险负债报告来完成，此报告是对外汇会计风险敞口的直接计量。原则上，资产负债表内受险资产与受险负债和股东权益之和应该相等，因此单从资产负债表上并不能看出会计项目对汇率变动的敏感程度，正如前面所讲到的，真正的会计风险的大小不仅与公司资产负债表密切相关，而且与折算汇率的选择有关，并进而与折算方法联系起来。不同的折算方法，又取决于功能货币的选择，因此考虑折算风险的大小不能不涉及功能货币的选择问题。所谓功能货币，是指与企业的生产经营直接相联系的货币，也是企业在生产经营过程中使

表8-5 **A公司的资金流动报告** 单位：千美元

	瑞士法郎	美元	欧元	合计
第一季度（净收入）	−11 688①	15 000⑤	6 660⑦	9 972
第二季度（净收入）	−14 640②	12 600	12 120⑧	10 080
第三季度（净收入）	−8 400③	12 600	4 200	8 400
第四季度（净收入）	−15 840④	240⑥	15 720⑨	120
年度合计	−50 568	40 440	38 700	28 572

注：根据以上所述的各笔交易可知

①=−14 400+10 560−7 848

②=−14 400−240

③=−14 400+6 000

④=−14 400−1 200−240

⑤=12 600+5 160−2 760

⑥=12 600−12 360

⑦=4 200+2 880−420

⑧=4 200+8 400−480

⑨=4 200−480+12 000

用最多的货币。具体而言，当一个企业主要的生产经营集中于某国时，即以该国货币为功能货币，但如果该企业的经营活动只是跨国公司的一个组成部分，其经营活动是母公司经营活动的延伸，则仍以母国货币为功能货币。在此我们以美国财务会计准则委员会第52号公告为标准介绍如何选择功能货币。参见表8-6。

表8-6 **功能货币的选择指标**

子公司	当地货币指标	母公司报告货币指标
现金流量	主要是当地货币，不直接影响母公司的现金流量	直接影响母公司的现金流量，其现金经常汇回母公司
销售价格	短期内对汇率变动无反应，主要受当地竞争支配	短期内对汇率变动敏感，主要由世界范围内的竞争情况决定
销售市场	整个产品在当地拥有较大市场	主要在母公司所在国销售
费用	劳动力、原材料及其他投入要素主要以当地货币标价	生产要素主要来源于母公司所在国
理财	主要表现为当地货币，当地经营活动足以偿付债务	财源主要是母公司，子公司经营活动不足以偿付债务
母子公司间的交易	不经常发生，与母公司经营活动联系很少	经常大量发生，联系密切

选择不同的功能货币决定了不同的折算方法，在不同的折算方法下，其会计风险的暴露是不同的。功能货币是子公司的货币时，采用现行汇率法折算，这样可以保证子公司报表所表述的财务结果和财务关系不变，更好地反映子公司的经营状况，同时还可以揭示汇率变动对母公司在国外子公司的投资净额的影响，即将折算结果以折算调整额这一独立项目放到资产负债表的股东权益项目下。由于子公司的实收资本在现行汇率法下仍按股票发行日的历史汇率折算，如果将逐年累计的折算调整额与实收资本比较，就能反映出汇率变动对母公司投资净额的影响；如果功能货币是母国货币，则采用时态法进行折算。

现举一例说明会计风险的计量过程。

【例8-2】

假设美国有一跨国公司海外子公司A，其当地货币用LC表示，母国货币为美元，又假定公司开业之初，当地货币与美元的汇率为USD1=LC6，并且购买了固定资产，期末汇率为USD1=LC5，存货按成本计价，汇率为USD1=LC5.8，这一年公司净收益为LC3 600，净收益全部计入留存收益。下面我们以公司资产负债表为例来说明折算风险的大小（见表8-7）。

由此可见，在以当地货币为功能货币的条件下，A公司资产负债表中需要轧平的调整项目额为408美元，而在以美元为功能货币的情况下，其税后净收益为633美元。折算损益计入利润表，资产负债表中不存在折算调整额，这个轧平的调整项目额即为折算风险的大小。

3. 经济风险的计量

本章中的经济风险是指实际经营风险，实际经营风险来自货币价值和物价的变动对企业未来收入、各项成本及现金流量的影响。计量这种风险应以企业持续经营为前提，要在相当长的一个时期内进行考察。经济风险的计量是指核算外汇风险对企业现金流量的影响。为了避免不必要的重复计算，一般以企业未来现金净流量来计量，由于企业未来现金流量发生在不同的时间点上，所以用现金流量的净现值进行计算，以消除时间因素的影响。

假设企业未来若干时期内由于连续追加投资而有连续的现金流量，用CO_t表示第t年现金净流出量，CI_t表示第t年的现金流入量，t代表年度，r表示折现率（无风险收益率加风险报酬），它由市场上的平均收益率决定，并根据特定项目的风险大小加以调整。

这一时期现金流量的净现值用NPV_0表示，如果用当期外汇汇率R_t来折算，则

$$NPV_0 = \sum_{t=1}^{n} \frac{(CI_t - CO_t)R_t}{(1+r)^t}$$

现在考虑外汇风险变动对NPV_0的影响，外汇汇率变动后，最直接的经济后果就是原来的现金净流入量在折算成本币时所发生的变化，其间接影响是通过市场物

表8-7　　**A公司资产负债表的折算**

项目		当地货币 LC	功能货币为当地货币（现行汇率法）		功能货币为美元（时态法）	
			折算汇率	美元	折算汇率	美元
流动资产	现金	750	5	150	5	150
	应收账款	300	5	60	5	60
	存货	1 700	5	340	5.8	293
合计		2 750		550		503
固定资产净值		3 800	5	760	6	633
资产合计		6 550		1 310		1 136
负债	应付账款	480	5	96	5	96
	长期借款	3 320	5	664	5	664
负债合计		3 800		760		760
股东权益	实收资本	2 058	6	343	6	343
	留存收益	692		408		633
累计折算调整额		—		（201）		（600）
股东权益合计		2 750		550		376
负债与股东权益合计		6 550		1 310		1 136

注：留存收益=资产总计-负债总计-实收资本，来自利润表的净收益$408。

累计折算调整额=资产总计-负债总计-（实收资本+留存收益）。

价、金融市场的利率（利率平价效应表明外汇汇率与利率之间存在密切关系）影响企业的生产成本和销售价格，进而影响现金流量。用NPV_1表示汇率变动后企业的现金流量，则

$$NPV_1 = \sum_{t=1}^{n} \frac{(CI_{t^*} - CO_{t^*})R_{t^*}}{(1+r)^t}$$

式中：CI_{t^*}——外汇汇率变动后的现金流入量（年度）；

CO_{t^*}——外汇汇率变动后的现金流出量（年度）；

R_{t^*}——第t个年度的外汇汇率。

上述计算方法对跨国公司在海外子公司的经营同样适用。在现实的经济活动中，投资主体一般在连续追加投资若干年后，会在最后一年年末（比如第N年）收回全部投资，这样在第N年年末就有一个净现金流入量，尤其对跨国公司而言，大多数东道国政府对此都会采取一些管制措施，如只允许子公司将投资股息和红利收入汇回母公司并向母公司支付一定的管理费和特许权使用费。此外，东道国一般还允许在项目结束时，有一个额外的资本汇出。考虑到这些因素，可将子公司的现金净流量公式调整为

$$NPV_0=\sum_{t=1}^{n}\frac{(DIV_t+OPF_t-CO_t)R_t}{(1+r)^t}+\frac{TVR_n}{(1+r)^n}$$

如考虑到汇率变动的影响，则

$$NPV_1=\sum_{t=1}^{n}\frac{(DIV_{t^*}+OPF_{t^*}-CO_{t^*})R_{t^*}}{(1+r)^t}+\frac{TV^*R_{n^*}}{(1+r)^n}$$

式中：DIV_t、DIV_{t^*}——汇率波动前后子公司汇回母公司的股息、红利收入；

OPF_t、OPF_{t^*}——汇率波动前后子公司向母公司支付的管理费、特许权使用费和其他有关费用等；

TV、TV^*——汇率波动前后子公司的额外资本汇出。

由此就可得出由于外汇汇率波动而使投资项目遭受的经济风险的大小E[①]。算式 $E=NPV_0-NPV_1$

【例8-3】

假设英国TT公司在美国设有一子公司M，子公司所在地货币用USD表示，预期汇率为GBP1=USD1.5500，由于某种因素变动，使M所在国货币发生贬值，贬值后汇率为GBP1=USD1.6200，贬值前M公司每年净现金流入量约为2 800万美元，贬值后变为3 000万美元，但贬值又增加了M公司的产品竞争力，该公司扩大再生产追加投资引起第二年现金净流出量增加400万美元，贬值后第三年公司归还应付款项。如果M公司的投资收益为10%，此时M公司的经济风险可见于表8-8。

表8-8 **M公司在美元贬值情况下的经济风险计量** 单位：万美元、万英镑

年份	贬值前净现金流量 GBP1=USD1.5500		贬值后净现金流量 GBP1=USD1.6200		现金流量变动GBP	10%的贴现因子	净现值GBP
1	USD2 800	GBP1 806	USD3 000	GBP1 852	−46	0.909	−41.8
2	2 800	1 806	2 600	1 605	201	0.826	166.0
3	2 800	1 806	3 060	1 889	−83	0.751	−62.3
合计	经济风险为+61.9万英镑						

8.3.3 外汇风险量化技术的新发展

在外汇风险管理的实践中，有三种新的量化方法被逐步广泛使用：极限测试（Extreme Testing）、情景分析（Scenario Analysis），以及风险价值（Value at Risk）。其中，极限测试和情景分析侧重于分析市场变量发生变化所带来的风险度的大小，而风险价值则重于描述发生风险的可能性。

1.极限测试法和情景分析法

（1）极限测试（Extreme Testing）

极限测试被用来衡量某些市场变量发生一定方向、一定程度的变化时对投资组

① E为以本币计量的经济风险。

合价值产生的影响程度。例如，对于一个1亿美元的5年期固定利率债券投资组合，当5年期国债收益率上升50个基点时，这一组合将出现多大的损失？

极限测试的程序是：

①选定测试的对象和相关的市场变量，设定测试的幅度和时间段。

②如果风险因素是多个市场变量，需要对变量之间的相关性做出考察。

③计算各个变量在测试幅度内的变化对投资组合的价值影响，即重新评估资产组合的价值。

④根据评估结果，决定下一步的风险管理计划。

下面我们以一个简单的例子来说明极限测试法的具体运用。

【例8-4】

假设欧元兑美元的即期汇率是EUR1=USD1.2800，某银行拥有一份远期合约，合约到期时需要按当时的汇价水平卖出1.5亿欧元。表8-9展示了欧元汇率上下波动6%、波动性为10%时对该笔交易损益影响的测试结果。

表8-9　**欧元汇率变动的测试结果（波动性为10%）**

欧元远期合约：即期汇率=1.2800，执行价格=合约到期时的即期汇率									
	欧元兑美元汇率变动的百分比								
	−6%	−3%	−2%	−1%	0	1%	2%	3%	6%
欧元汇率	1.2032	1.2416	1.2544	1.2672	1.2800	1.2928	1.3056	1.3184	1.3568
损益（万元）	−1 152	−576	−384	−192	0	192	384	576	1 152

选择哪些市场变量进行测试，以及在多大的范围内、多长时间段内进行测试，是极限测试法衡量外汇风险的技术难点。此外，极限测试法只考虑了发生损失的数额，没有考虑这种损失发生的可能性，在实际操作中有一定的局限性。

（2）情景分析（Scenario Analysis）

情景分析和极限测试有许多相似的地方，通常可以互相替代。它们都对未来的情况做出假设，都对现有产品组合价值将受到的影响做出测试，而且都没有考虑相关事件的发生概率。

但是在实务中，两者还是有重要区别的。极限测试对影响金融资产组合价值的市场变量做了大量的研究，并测试这些变量的特定变化会带来什么样的结果。情景分析则有所不同。

情景分析典型的程序是：首先对未来的市场状况做出一个替代假设，然后由此推论出这一假设条件下的相关市场变量，最后将新的市场变量的价值通过模型计算转换成为对现有金融资产组合价值的影响效果。因此，极限测试可以被认为是一种自下而上的方法，而情景分析则是一种自上而下的方法。

在衡量一个或几个关键市场变量的波动产生的风险时，极限测试可以起到很好的作用。然而，在某些灾难性的情况发生而需要做出假设和引申时，就需要使用情景分析法来估计风险。因此，情景分析法常常用于衡量重大的政策变化、罢工、大规模信用危机等事件对特定的金融资产组合可能带来的损失。

2.风险价值

风险价值是一种衡量风险的方法，它使用标准的统计学技巧，衡量在某一特定的时间段里、正常的市场条件下、特定的置信水平（Confidence Level）上，一个涉外经济主体可能蒙受的最大损失。例如，假设一家银行在未来的一年时间里，在99%的置信水平上的风险价值是5 000万美元。这意味着在这一年时间里，在正常的市场条件下，汇率变动100次中将有1次，该银行会蒙受超过5 000万美元的损失。风险价值不仅表示了该银行对市场风险的暴露程度，也指出了发生这一损失的可能性即概率。如果该银行的管理层或者股东对这一风险度感到不满意的话，他们可以运用风险价值的计算方法，确定另外一个合适的风险程度。

（1）风险价值的作用

①信息报告。风险价值可以被用来向管理层和股东大会揭示源自投资和市场交易活动的金融风险。它非常符合信息透明和风险揭示的原则。

②资源配置。对不同的业务种类，风险价值表示不同的风险分配情况，因此它可以被涉外经济主体用来设定各类交易的操作限额，也可以用来决定如何分配有限的资金。通过这种操作，涉外经济主体可以更合理地分配业务风险的承受方向和程度。

③业绩评估。涉外经济主体既然根据风险价值的数据来决定风险的分配格局，那么它也就可以利用这些数字来评估合理的收益状况。这种工具对于交易性业务特别重要，尤其是当涉外经济主体对额外的风险和收益都保持中性立场时。

由于风险价值的上述功能在公司和银行的经营管理中得到了越来越明显和有效的体现，它基本为那些担心衍生产品会带来巨大风险的机构所接受。无论是金融机构、非银行金融机构、资产管理人，抑或是金融监管当局，都已经认识到风险价值这一工具的重要性。使用这一工具的机构，由于掌握了风险的存在方向和程度，会主动建立起一个独立的监管部门，对交易前台和后台的业务操作进行风险控制。而从另外一个比较沉重的角度来说，所有这些做法恐怕都源于对巴林银行和大和银行所遭受的金融灾难的惧怕。

（2）正确运用风险价值需要注意的问题

极限测试和情景分析可以用来回答“在某种情况下会损失多少钱”这样的问题，但是，它们无法解决“发生这种损失的可能性究竟有多大”这一更具实际管理意义的问题。这两个问题的区别就是风险价值应用的本质。仅仅列出一系列最糟糕的情况是远远不够的，必须将多个结果发生的可能性进行量化，这就是风险价值运用中需要做的工作。

在外汇风险管理的实践中，试图去管理所有最差的情况显然是徒劳和不科学的，风险管理的对象实际上是那些由最可能发生的事件所导致的风险。例如，人们对“百年不遇的洪水”这个概念很熟悉，它是描述对某类事件的准备程度的标准，暗示着社会可以应付大部分的水灾，但绝不是所有的水灾。这个概念与外汇风险管理的理念很类似，“风险价值”就是衡量外汇风险管理准备程度的标准。

如何确定准备程度的标准呢？首先，必须能够在任何情况下确定并评估自身的头寸，这是市值评估（Mark to Market）所提出的要求。其次，必须能够确定各种结果发生的可能性，这是概率模型提出的要求。有了为市场风险因素的分布状况而设计的概率模型，加上市值评估的计算方法，就可以得出投资组合未来价值变化的分布模型，进而根据这个模型来确定风险管理的准备程度标准。

正态分布（Standard Distribution）大量地被统计学家们用来衡量某一事件的所有可能结果的发生概率。在外汇风险管理工作中，这一模型也得到了充分利用。风险价值实际上就是正态分布曲线上的一个点（见图8-4），该点在模型的X轴和Y轴上的坐标分别代表了某个结果的数值（如前面例子中某银行在某个投资组合上发生5 000万美元的损失），以及这个结果的发生概率（如1%）。如果使这个点在曲线上移动，就可以得出不同的结果及其发生概率的所有组合。

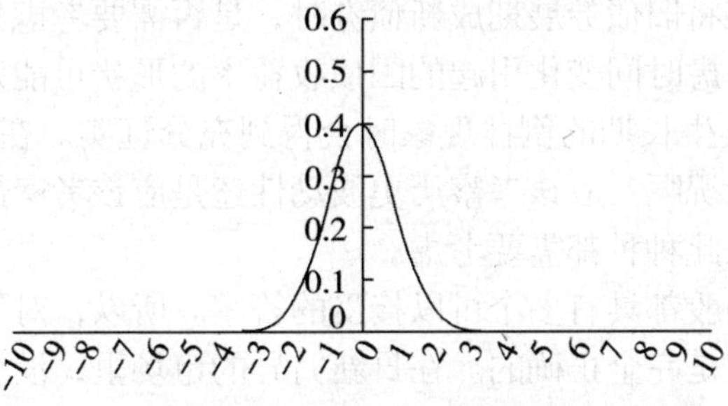

图8-4 风险价值正态分布图

在测量风险价值时还应该考察另外一个必需的标准，那就是时间段。因为讨论未来某个外汇风险价值的分布位置时，必须明确其所处的时间段。使用不同的时间段，如1天、1个月、1年、10年，将得出完全不同的分析结果。

综上所述，在衡量某一涉外经济主体的风险价值时，简单地讲该经济主体的风险价值为1亿美元是毫无意义的。只有指明特定的一个时间段及其发生概率，才能解释该经济主体的风险价值的含义，即在指定的时间段内，在给定的发生概率下，该经济主体蒙受外汇风险最大损失的数额。

(3) 计算风险价值的步骤

风险价值的计算，需要按照下述的五个步骤来进行：

①确定涉外经济主体持有的外汇风险头寸。不同的经济主体的风险头寸规模、形成的渠道各不相同，在确定外汇风险头寸时必然有不同的信息渠道。但无论如

何，应该给这些外币头寸建立起一个完整的数据库，其中包括交易头寸、资产或负债头寸、外币价格、资产或负债存续期、价格的敏感度分析指标等等。

②确定影响风险头寸价值的市场风险因素。市场风险因素的选取是非常繁琐的工作，不仅如此，在建立风险价值模型的过程中，确定将多少市场风险因素纳入分析范围也是一项非常棘手的工作。纳入的因素越多，分析的结果就越准确，但同时所要求的数据就越多，系统也就越复杂。当然，没有哪一组风险因素是完整的，总会出现一些概算错误。市场风险因素是否足够需要视不同的情况而定。为了获得更加准确的结果，风险价值模型需要纳入尽可能多的市场风险因素，而且这些市场风险因素需要在市场环境发生变化时不断更新。

③确定市场风险因素的背景并分派发生概率。在为市场风险因素建立概率分布模型时需要考虑很多问题，如某一个变量的历史波动性、它与其他变量之间的相关性、它的分布曲线形状等等。如果我国某银行拥有1 000万美元的10年期美国国债，如何确定美国国债的市场风险因素并对其分派概率呢？

首先，要考虑以下问题：需要使用历史数据吗？是否需要使用国债的真实收益率？大多数的债券交易并不在交易所里进行，应该使用谁的价格？是使用历史收益率还是使用收益率的变化值？是否需要考虑在资本市场上经常出现的融资成本低于正常水平的情况？在将旧债券展期成新债券时，是否需要考虑其存续期的变化？

其次，还需要考虑时间变化引起的国债收益率的形状可能发生的变化。这一点在国债收益率曲线发生长期的倒挂现象时会得到充分证实。在价格波动性较低时，是否需要考虑这一情况呢？应该考察历史波动性还是应该考察最近的经济数据带来的未来波动性呢？凡此种种都需要考虑。

上述这些问题一般都具有多个可以接受的答案。所以，对不同的风险管理方案来说，没有哪个答案是完全正确的。在日新月异的市场里，没有一套简单的规则可以遵守，只有不断地对已有的外汇风险管理系统进行持续不断的监控和更新，才能建立起既符合实际风险情况，又可以令管理层和股东大会满意的风险价值模型。

④建立所有风险头寸的定价函数，并以此作为市场风险因素的价值函数。现实中可以采取一系列不同的方法。对大多数有价证券而言，对其进行市值评估的过程就是建立一个相对简单的市场风险因素的价值函数。在其他更加复杂的产品如衍生产品中，可以使用衍生产品定价模型，将风险因素的价值输入到模型中去，从而得出其价值函数。

为了简化工作，可以使用风险暴露（Risk Exposure）和敏感度分析指标来概算衍生产品的价值函数。比如，Delta和Delta Vega概算法（Delta和Delta Vega概算法的进一步学习可参见约翰·赫尔所著的《期货期权入门》）就是建立在对风险因素的线性敏感度分析基础之上的一种比较有效的概算法。

⑤使用上述定价函数为所有头寸定价，建立风险结果的分布模型。风险价值就

是这条曲线上的一个点。在第三步完成后，使用第四步中的市值评估方法，就可以得到投资组合价值变化的数值和发生概率。多次重复这一步骤，就可以得出整个风险价值的分布曲线。

风险价值工具是现代风险管理艺术中的一个核心内容，但它同样也有缺陷：某些极端的会导致巨额亏损的事件，可能不会在模型的数据库中出现，但是它的确有可能会发生。在这种情况下，只有将前面所述的极限测试和情景分析两种工具与风险价值结合起来，才能全面地、准确地认知开放经济中各涉外经济主体所面临的外汇风险状况。

8.4　外汇风险的管理

外汇风险管理是风险管理的一个重要组成部分，凡是风险管理的一般方法和原则对外汇风险的管理同样适用。这里，我们只简单介绍一下外汇风险管理的理论，而将重点放在外汇风险的具体管理方法上。

8.4.1　外汇风险管理理论

1. 成本收益分析法

任何一个外汇风险管理人员在使用外汇过程中都应该力图做到在既定的成本下获得最大的收益，或在收益一定的情况下使成本最小。在外汇风险管理中，风险管理的成本主要是交易费用、保险费用、咨询调查费用等，其效益就是使可能的损失减少的数额。以期权为例，期权费用的理论价值体现的就是期权交易双方成本–效益均衡的结果。另外，在进行风险管理方案的评估时，还应力图避免这样一种情况，即为了控制一项风险却增加了另一项新的风险和为此付出成本费用。

2. 风险与报酬分析法

对于某一投资项目而言，经济学家有一个普遍的共识，就是“高风险，高收益”，也称为“风险报酬的对应原则”，这种原则可以通过资本资产定价模型得到的证券特征线来表示，它反映了风险与期望收益的关系。

外汇的风险与收益与证券的风险与收益的关系是一致的，高收益所付出的代价就是高风险，它们之间是正相关关系，如图8–5所示。

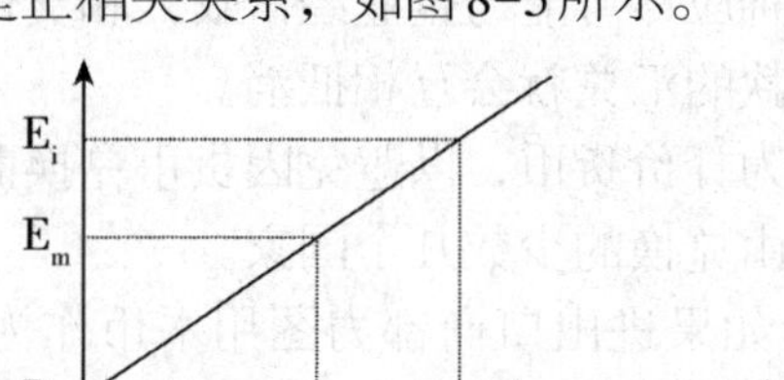

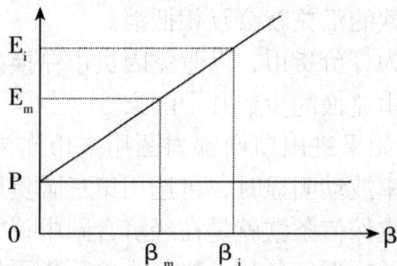

图8–5　高收益与高风险的正相关关系

8.4.2 外汇风险的管理方法

根据对外汇风险所做的划分，我们这里将外汇风险的管理也相应地划分为交易风险的管理、折算风险的管理、经济风险的管理三种。由于各种风险的产生原因、影响、时间不同，所以每一种风险都有其具体的管理方法，但这种形式的划分并不是绝对的，用于交易风险管理的某些手段在一定条件下也可以用于折算风险的管理。在实际业务中，应该具体情况具体分析。

1.交易风险的管理

交易风险的管理有两种方法：商业法和金融法。商业法也叫内部管理方法，一般有以下几种：选择合同货币法、制定保值条款、调整价格法、提前或推后结汇法、多边或双边净额结算法、转移作价法、轧平、参加汇率保险等。金融法也叫外汇交易法，它是利用外汇交易化解风险的一种技术操作方法，比如运用传统的即期交易或衍生金融交易减少风险。

（1）商业法

①选择合同货币法。合同货币的选择问题实质上是外汇风险由谁来承担的问题。进出口商都力图将外汇风险推给对方，但实质上，不管选择哪种货币，至少会有一方面临外汇风险。选择合同货币的一般考虑是：

- 进口商、借贷资金的输入者争取使用软通货，而出口商、借贷资金的输出者争取使用硬通货。软通货是指预测货币币值与其他币种相比（一般是美元）有明显下降趋势，硬通货是指预测该货币币值有明显上升趋势。以进口商为例，若选择软通货，则货款偿付时如果汇率果真下跌，其所支付的外汇额以本币表示的价值就会下跌，即可减少所支付的本币额；若选择硬通货，则恰好相反，需要支付较多的本币。此种方法有一定的局限性，软硬通货都是以人们在一定时期内对某种外汇走势的预测为基础的，预测是否准确直接关系到经济主体是否承担风险，而且软硬通货的规定并不是绝对的，在一定条件下可彼此转化，这使经济主体不能完全规避风险，而且预测一旦出现失误，则有可能大大增加外汇风险。
- 要选择那些可以自由兑换的货币。这种货币流动性大，在调拨时比较方便。
- 选择的合同货币币种应尽可能与企业经常收入和支付的外币币种一致，这样外汇的应收账款和应付账款的汇兑就会互相抵消。
- 应尽量选用本币作为计价货币，以避免因货币兑换而产生的外汇风险，但它仅仅适用于本国货币可自由兑换的少数几个国家。
- 选择第三国货币。如果进出口商都力图用本币作为计价货币，双方争执不下，而且双方预测货币汇率波动明显时，可选用第三国货币进行计价收付。

②制定保值条款。制定保值条款就是在经济合同中议定有关外汇风险承担的条款，保护双方当事人的利益。保值条款一般分为单一货币保值条款和复合货币保值条款。单一货币保值是指将合同货币按签订合约时的汇率折算成保值货币，到合约

到期时再按当时的市场汇率将保值货币折合成合同货币收付。这种保值货币相对合同货币而言其价值应该相当稳定。目前，单一货币保值条款包括黄金保值条款、外汇保值条款和一篮子货币保值。黄金保值条款是指在订立期限较长、金额巨大的合同时，将支付货币按黄金市场价格转化成黄金的盎司数量，合同结束时，再按黄金市价折算回来，如果黄金价格上涨，则支付的货币增多，否则减少。外汇保值条款规定，如果外汇的波动超过一定的幅度，应由买卖双方按一定的比例共同承担外汇风险。由于外汇市场风险很大，而且很难准确预测，因此采用复合货币保值成为一种诉求。复合货币保值也就是一篮子货币保值，是指选用多种货币对合同货币进行保值，它是用货币篮子中的各种货币汇率乘以相应的该货币在货币篮子中所占的比重并求和而得出的一种总的汇率，然后将合同货币以该汇率进行转换，合同到期时，再以市场汇率计算一次货币篮子的汇率并以该汇率再折算回来。复合货币保值最常用的是采用SDR（国际货币基金组织特别提款权，Special Drawing Right）保值。SDR最早由16种货币构成，1981年改为以美元、德国马克、日元、英镑、法国法郎五种货币定价。2015年11月30日，国际货币基金组织正式宣布人民币将于2016年10月1日加入SDR。目前，特别提款权的价值由美元、欧元、人民币、日元、英镑五种货币所构成的一篮子货币的当期汇率确定，所占权重分别为41.73%、30.93%、10.92%、8.33%和8.09%，其值比较稳定。不管采用哪种保值方法，都不可能保证合同货币价值一点不变，只不过是相对地减少其波动幅度罢了。

③调整价格法。在进出口贸易中，进口商（出口商）由于某些经济因素如市场行情、贸易条件等不得不采用硬通货（软通货），此时运用价格调整法可以把汇率风险分摊到价格中去，达到减少外汇风险的目的。调整价格主要有加价保值和压价保值两种。假设P为原单价，I为预期合同货币贬值率，i为名义利率，n为期限，则

即期加价保值公式为：$P(1+I)$

远期加价保值公式为：$P(1+I+i)^n$

同理，即期压价保值公式为：$P(1-I)$

远期压价保值公式为：$P(1-I+i)^n$

此外，远期保值要考虑资金的时间价值和利率损失额。

④提前或推后结汇法（Leads & Lags）。它是指预期某种货币将要贬值或升值时，提前或推迟对有关账款的支付，即通过调整外汇资金的结汇时间来规避外汇风险。但使用时要注意：一是在国际费雪效应短期有效的情况下，除考虑到预期的货币波动外，还要考虑到相对利率的波动因素。比如有甲、乙两国的两家公司A和B，若B公司欠A公司价值1 000美元的货款，3个月后支付，假如B公司预测乙国货币针对甲国货币将要贬值，为了避险，B公司可以提前结汇，力图少支付一点本币。但同时考虑到国际费雪效应，即贬值国货币在远期市场上必定呈现高利率，那

么B公司如果不提前结汇，也可在即期市场买入一笔美元现汇并将美元兑换成本币存入本国银行以赚取利息。这种方法一般用于跨国公司内部交易。二是外汇管制的影响。提前或推后结汇除影响利率、汇率外，还影响一国的国际收支，因此东道国政府一般对由国际贸易产生的信贷期限有所限制。三是此法受进出口合同中既定支付条件的限制，临时更改支付日期不仅会打乱资金计划，还会增加相应的结算成本，并带来一定的风险。

⑤净额结算法。它分为双边和多边净额结算。双边净额结算只涉及两个公司，每一对互联公司都相互抵消各自的头寸以获得净额，结算时只结算净额即可。就操作而言，双边净额结算主要的实际问题是决定采用哪种货币进行结算的问题。多边净额交易是指多个公司之间的互相转划和冲销，使一些公司只剩净债权，而另一些公司只剩净债务，然后拥有净债务的公司直接向拥有净债权的公司清偿。其最终的债权债务的偿还有两种方法：其一是现金总库法，就是净债务人将款项汇到总库，然后由总库将款项再支付给净债权人；其二是直接冲销法，就是债权债务双方直接结算。在不同结算方法下，应收应付账款的规模不同，一般来说，直接冲销法更经济合理一些。

净额结算可以节省相当多的兑换和交易成本，但是它需要一个集团的结算中心以及对分公司的严格规定与之相匹配，所以一般在跨国公司中应用比较广泛。另外需要注意，许多国家外汇管理当局限制双边或多边净额结算。

⑥转移作价法。转移作价一般是跨国公司为了躲避高税收和通货膨胀的影响而采用的。跨国公司可以利用转移作价逃避外汇管制，如提高子公司来源于母公司的原材料价格，降低向母公司销售的产品价格以降低子公司的盈利，而将多得的利润转到母公司。这种情况很普遍，由于大多数发展中国家实行严格外汇管制和低税率并存的政策，好多跨国公司千方百计地将利润汇回本国，宁愿使利润蒙受本国的高税收，也不愿意将资金留在海外遭受不可测的风险。

⑦轧平，也叫配对（Matching）。轧平是指公司在交易中，如果存在金额相等、时间一致的贸易条件，则可以用外币流入来冲销外币流出的一种方法。它有两种，一种是正常轧平，一种是平行轧平。正常轧平指同一种货币的流出量与流入量之间的对冲，正常轧平的首要条件是在一个公司内部，同一种货币必须有双向运动。平行轧平是指不同币种之间的对冲，其条件是相互对冲的两种货币的汇率走势应该一致。轧平交易由于第三方的支付不确定有时会受到一定的影响，比如预期的一项外汇收入未能到期收回，这常常给轧平带来一定的困难。

⑧参加汇率保险（Insure）。西方很多国家的政府都设有专门的机构办理汇率保险业务。参加官方或半官方的机构所开办的汇率保险是控制外汇风险的手段之一，这些保险机构所提供的汇率风险保险是由投保人按期交纳一定的保险费作为报酬由承担机构负担全部或部分的汇率波动风险。比如美国的进出口银行（Eximbank）、

德国的海尔梅斯出口信贷公司（Hermes）、日本的输出入银行（FCIA）、英国的出口信贷担保局（ECGD）、荷兰的尼德兰信贷保险公司（NCIC）等就是这样的机构。

（2）金融法

金融法就是通过一定的外汇操作达到规避风险的目的。这种操作分为两类：一类是利用传统的外汇交易如即期、远期、掉期等；一类是利用金融衍生工具如期货、期权、互换、远期利率协议、远期外汇综合协议等。这些外汇交易的操作方法在前面几章中已经详细阐述过，这里不再赘述。表8-10列示出了由Jesswein、Kwok和Folks某年关于美国大公司经理使用金融法规避外汇风险的调查结果。

表8-10 **金融法在美国公司的使用情况调查**

产品类型	经常使用（%）（A）	偶尔使用（%）（B）	使用一次或两次（%）（C）	使用百分比（%）（A+B+C）
远期合约	72.3	17.9	2.9	93.1
外汇互换	16.4	17.0	19.3	52.7
场外货币期权	18.8	19.4	10.6	48.8
柱形期权	7.0	9.9	11.7	28.6
综合远期合约	3.0	8.9	10.1	22.0
外汇期货合约	4.1	10.7	5.3	20.1
场内货币期权	3.6	6.5	7.1	17.2
场内远期期权	1.8	3.0	4.2	9.0

（3）其他交易操作

①借款和投资。它是通过进行一笔与未来外汇收入和支出在币种、期限、金额等方面都相同，但方向恰好相反的外汇交易，来达到消除外汇头寸风险的目的。以进口商为例，进口商在签订合同后，就可以立即在外汇市场上买进一笔外汇，其币种、期限、金额恰好与进口支付款项完全相同，然后将其投资于货币市场，待期满后可将收回的本金偿还对方。这种方式虽然简单易行，但要占用大量资金。

②借款－现汇交易－投资（Borrow-Spot-Invest，BSI）。BSI法主要用来防范未来外汇支出的风险。对于进口商而言，在合约（合同货币为非本币）签订后，就可以借入一笔本国货币，此笔本币按现汇汇率所兑换的金额恰恰等于未来要支付的外汇，然后用所借来的本币在外汇市场上买进未来需要支出的等值外汇，并将该笔外汇投资于交易对方所在国的货币市场，期限与未来支付期限相匹配，到期后，以收回的外汇本金偿还外汇借款，同时偿还银行的本息。实际操作时，借入的金额不必同未来外汇支出额相等，只需所借入的本金和利息之和等于应偿还额即可。

③福费廷（Forfaiting），又称包买。这是一种长期的国际贸易融资方式，是一种无追索权的贴现。其运作方式是：包买人从出口商那里购买远期票据，出口商取得现款，在票据贴现时是一种卖断，即将票据拒付的外汇风险一并转移给了包买行

（专门的银行或包买公司）。此票据一般是经进口商承兑的远期汇票或本票，并通常由进口地著名银行加具保兑。这种包买票据的时间长（3~7年）、金额大（可达千万美元），包买货币一般是美元、欧元等，票据包买后可继续流通。买卖成交后，出口商外汇风险受险日期为成交日到贴现日，其敞口头寸的大小为合同金额，如果出口商所使用的本币与贴现后的货币币种不一致，则贴现后的外汇风险仍不可消除。

除上述几种业务外，防范外汇风险的手段还有货币市场套期保值、卖（买）方信贷、保理业务、远期信用证贸易融资、对销贸易等多种手段。由此可见，外汇交易风险管理的方法很多，对于不同的主体而言，可以酌情使用其中的一种或几种，但都应遵循风险和收益的对等原则和成本最小化原则。

2. 折算风险的管理

折算风险的管理一般有两种思路，其一是缺口管理法，其二是合约保值法。前者主要是通过资产负债在总额上的平衡实现对风险的控制，后者则带有一定的投机性。

（1）缺口管理法。对于外币资产来说，那些在折算时使用现行汇率的资产对汇率的变动是敏感的，这些资产也称风险资产。同理，那些使用现行汇率法折算的负债称为风险负债。缺口管理的核心即分别计算出风险资产和风险负债的大小，并调整其差额使其变为零缺口，从而避免了汇率风险所带来的损失。

（2）合约保值法。首先确定企业可能出现的预期折算损失（由资产负债表而来），再采取相应的远期交易避免风险。例如，假定美国的瑞士子公司预期其资产负债表存在44 000瑞士法郎的损失，在预测瑞郎贬值的情况下，可以于期初在远期市场上卖出瑞郎，期末再买进等额瑞郎，并进行远期合约的交割。如果期初远期市场汇率为USD1.0594/CHF1，大于预期的期末即期汇率，则在远期市场卖出瑞郎，获得的美元肯定大于购回等额瑞郎所花费的美元，也即交易有利可图；反之，若期初远期市场汇率等于或小于期末即期汇率，则进行远期交易并无意义。我们将要进行交易的远期合约金额用公式表示为

$$\text{预期折算损失}=\text{远期合约上的收益}$$

$$=\underset{(\text{CHF})}{\text{远期合约金额}}\times\left(\underset{(\text{USD/FRF})}{\text{期初远期汇率}}-\underset{\text{汇率}(\text{USD/CHF})}{\text{预期的期末即期}}\right)$$

所以

$$\text{远期合约金额}=\frac{\text{以报告货币计价的预期折算损失}}{\text{期初远期汇率}-\text{预期的期末即期汇率}(\text{RC/LC})}$$

式中：RC——报告货币；

LC——当地货币。

由此可见，这种合约的保值方法与一般套期保值不同，它以折算结果为基础，

并且与预测期末折算汇率密切相关，只有预测准确方可进行。

值得注意的是，交易风险与折算风险有可能发生冲突，如果跨国银行的子公司以母国货币作为交易货币，那么，折算风险无从产生。但据以上分析可知，使用母国货币限制较多，而且不易达到目的，多数情况下不得不使用多种外汇进行交易，为此虽然减轻了交易风险但折算风险却不可避免。

3.经济风险的管理

（1）经济风险的分散管理

根据托宾的资产组合理论，公司（银行）在进行各种业务时，应该尽量使不同业务之间的风险相关系数（ρ）最小，如此分散经营必然使风险降到最低限度。虽然在现实生活中不可能绝对达到ρ=-1（即完全消除风险）的情况，但通过此做法也可以使ρ逼近于-1，达到风险管理的最佳效果。为此可以通过以下途径：

①业务全球化。这是当今世界上跨国公司（银行）的基本特点之一。由于发达国家与发展中国家经济周期的不完全同步性，发达国家经济的繁荣阶段和衰退阶段必然和发展中国家经济周期出现时间上的差异。跨国公司（银行）在全球运作的结果就可以避免经济的剧烈波动造成银行业务的不稳定、风险骤增的情况，而且可以经常性地利用各币种头寸实行互补，从而降低风险、减少损失，增加经营的连续性和稳健性。

②经营业务多样化。在竞争日益激烈的现代社会，公司要想在全球拓展市场，单靠某一种或某几种商品是不行的，必须考虑多种经营。多种经营可从横向和纵向两方面来进行，而现代化的“百货公司式 ”的大型联合公司的出现也正适应了这一潮流。实践证明，实行多种经营对分散企业经济风险的效果是显著的。

（2）经济风险的财务管理

经济风险的财务管理主要指财务多样化。这包括投资的多样化和筹资的多样化。对投资而言，可以选择多种币种进行投资，在同一种币种中选择多种不同类型、不同期限的证券进行投资。公司在选择了不同种类和期限的证券之后，往往根据其对未来市场发展趋势的预测，不断交易与更新所持有的证券，以达到增加收益、降低风险的目的。公司，特别是银行，其证券投资组合管理是一个动态的过程，它需要对投资收益和风险进行数量分析。

①证券收益的平均值与方差分析法

一般来说，证券收益的预期均值（Expected Mean Value）可以代表证券的未来收益水平，其方差（Variance）则代表风险水平，协方差（Covariance）表示这两种证券的相互影响程度。假如两种证券的收益是不完全相关的，当公司持有这两种证券的组合收益高于其持有任何一种证券时，该公司应同时投资于这两种证券。例如，设证券A在未来5年内可能的收益率与此收益率的概率如表8-11所示。

表8-11　　证券A在未来5年内可能的收益率与概率

时期（t）	收益率（r）	概率（p）
1	−25%	0.1
2	1%	0.2
3	10%	0.4
4	18%	0.2
5	35%	0.1

所以，证券A的预期收益率的期望为

$$E(r_A)=\sum_{i=1}^{5} r_i \times p_i = 8.8\%$$

证券A的预期收益率的方差为

$$\sigma_A^2=\sum_{i=1}^{5}[r_i - E(r)]^2 p_i = 2.126\%$$

其投资收益率波动的风险水平（标准差）为

$$\sigma_A=\sqrt{\sigma_A^2}=\sqrt{2.126\%}=14.58\%$$

又假定证券B的预期收益率的期望值和标准差与证券A相同，并且A与B并非完全相关，其相关系数为$\rho_{AB}=0.20$，该公司用于购买证券A与B的比例分别是30%和70%，则这一证券组合的预期收益率为

$$\begin{aligned}E(r_{AB})&=W_A E(r_A)+W_B E(r_B)\\&=0.3\times8.8\%+0.7\times8.8\%\\&=8.8\%\end{aligned}$$

其风险水平为

$$\begin{aligned}\sigma_{AB}&=\sqrt{\sigma_{AB}^2}=W_A^2\sigma_A^2+W_B^2\sigma_B^2+2W_AW_B(\rho_{AB}\sigma_A\sigma_B)\\&=7.49\%\end{aligned}$$

从该例中可以看出，即使两种证券的预期收益与风险水平完全一致，在它们不完全相关时，其证券组合仍可在保持原收益水平的情况下，降低投资风险水平。

根据证券组合管理的经验，如果组合证券中已有十几种不同的证券时，增加新的证券带来的收益将急剧下降，而且，当证券组合已包括了过多的证券时，其边际成本又会迅速上升。因此，应根据实际情况选择最佳的证券规模。

②证券组合的质量评价

证券投资组合在资产负债表中起缓冲作用。公司要在投资期限、利率弹性、信用风险及流动性等方面均达到预定要求，就必须适时调整其证券组合，以达到计划的利润率及信用等级。

公司对其证券组合质量的衡量建立在两个重要概念上：证券的久期（Duration）和证券组合的免疫性（Immunization），它们是公司评价其证券组合质量的基本指标。

• 证券的久期。它从现金流动的角度考虑证券的投资本金与利息的实际回收时间，表现为投资者真正收到此项投资所产生的所有现金流量的加权平均时间。它是经济意义上的期限，可用公式表示如下

$$D=\frac{\sum_{t=1}^{n}\frac{tc}{(1+i)^{t}}+\frac{nF}{(1+i)^{n}}}{P}$$

式中：D——债券久期；

P——价格；

F——面值；

i——利率；

c——股息。

从上面的分析可知，当i上升时，D会缩短，从而也缩短了公司再投资的期限。

• 证券组合的免疫性。证券组合管理中，选择何种证券，取决于管理者对各种证券价格相对市场利率变化的预测，当这种预测比较困难时，最好的办法是让证券处于不受利率影响的"免疫"状态。

由于市场利率与价格成反比关系，而再投资收益率与市场利率同幅波动，所以为了避免利率变动的影响，公司应使证券组合价格风险恰好抵消再投资风险，即让证券组合的到期期限与久期恰好相等而获得"免疫性"。免疫证券组合的概念可表示为

$$H=-\frac{\Delta P/P}{\Delta i/(1+i)}$$

式中：H——证券组合到期期限；

P——市场价格；

i——市场利率。

由于经济风险主要表现在对企业未来现金流量的影响上，因此外汇风险的财务管理主要是指利用一些财务手段对财务状况加以调整来抵消这种影响。这些手段包括前面所介绍的各种金融合约套期保值，目的在于构造一个合理的债务结构，使得因汇率变动导致的现金流入量的减少可以被偿债成本的降低所抵消。

在本币升值的情况下，由于国内成本相对提高，出口相对减少，外币销售收入减少，未来现金流入量的净现值也减少。如果生产出口产品所需的资金是融资获得的，而且所得货币是出口市场所在国货币，那么偿债成本降低，现金流量又会减少，未来现金流量净现值的减少可以因此得到弥补。

【例8-5】

假设德国某跨国公司在美国设有一子公司，当汇率为USD1=EUR0.7828时，该

子公司的现金流量是300万欧元（即2 348 400美元），若欧元升值为USD1=EUR0.7778，由于欧元的升值和出口的减少，导致子公司净现金流量变为270万欧元（即2 100 060美元），现金流量减少了30万欧元。为避免经济风险，公司做如下操作：

在美国借入一笔美元资金价值为

X=EUR300 000÷（0.7828−0.7778）

=USD60 000 000

这笔美元资金偿付成本的降低恰好等于现金流量的变化额。

在实际管理工作中，使用这种方法十分困难，因为未来汇率的变动及其对公司现金流量的影响原则上只能凭借主观判断，其预测的准确与否关系重大，因一般多用估计值，故难免出现误差。

关键概念

外汇风险　交易风险　折算风险　经济风险　外汇风险计量　外汇风险管理

复习思考

（1）什么是外汇风险？讨论外汇风险的影响因素。

（2）比较不同折算方法对公司资产负债表的影响。

（3）如何认识决策树法在投资项目决策中的意义？

（4）讨论证券有效持续期与证券免疫性及其关系。

（5）假设两种资产收益的概率分布如下：

资产A		资产B	
可能利率	概率	可能利率	概率
0%	0.2	0%	0.1
5%	0.3	10%	0.4
8%	0.3	2%	0.1
12%	0.2	5%	0.4

①计算两种资产的期望收益率和标准差。哪一种资产风险更大？

②假设资产A、B的相关系数为0.45，计算它们在比率分别为0.2、0.8的组合情况下，其投资组合的期望收益率和标准差。

第9章　欧洲货币市场业务

◇学习目标

- 了解欧洲货币市场的性质、特点、组成和形成
- 掌握欧洲银行业务
- 掌握欧洲货币市场银团贷款的概念，了解其产生和发展
- 掌握欧洲货币市场银团贷款的种类、资金来源与运用及其组织形式
- 掌握欧洲货币市场银团贷款的条件，了解贷款协议和贷款程序

欧洲货币起初仅指欧洲美元，最初（20世纪50年代）是指在欧洲地区的银行存放和借贷的美元，也即美国国境之外的美元（简称“境外美元”）。随着国际金融市场的变化，欧洲货币所包括的内容已经不仅仅是欧洲美元，现在的“欧洲货币”是指在货币发行国境外流通而不受发行国政府法令管制的所有货币的统称，如欧洲英镑、欧洲瑞士法郎、欧洲日元等。欧洲货币市场则是经营欧洲货币的借贷、存放和投资业务的国际金融市场，这是一个任何政府或国际金融组织都无法轻易控制的市场。在这个市场上，任何政府或大企业都可以不受时间限制地进行有息借款或贷款，这是大银行、大公司和各国政府所利用的世界货币批发市场。欧洲货币市场和欧洲货币一样发源于欧洲，但现在已发展到亚洲、北美、拉丁美洲及其他地区，也就是说在地理范围上它是一个全球性的国际金融市场。虽然“欧洲”这个前缀本身已经失去意义，有人也把欧洲货币市场称做离岸金融市场，但为简化起见，本章仍旧沿用惯例。所谓“欧洲”，也包括了中东特别是远东如东京、中国香港和新加坡的其他国际金融市场。

本章着重介绍欧洲货币市场的特点、形成和主要业务形式。

9.1　欧洲货币市场概况

9.1.1　欧洲货币市场的性质、特点和组成

欧洲货币市场是国际货币市场的核心，它不同于各国的国内货币市场。国内货币市场是为本国的投资者和借款人服务的。国内货币市场上的交易只有一种类型，

即国内投资者通过国内金融机构为本国借款人提供资金。国际金融市场则不同，它不仅为本国的投资者和借款人服务，也为外国的投资者和借款人服务。国际金融市场上的交易有三种类型：

（1）外国投资者和国内借款人间的交易，即在国际金融市场上，外国投资者或存款于银行，由银行贷款给国内借款人，或在证券市场上投资购买各种国内证券。

（2）国内投资者和外国借款人间的交易，即本国投资者或存款于银行，通过银行中介贷款给外国借款人，或在证券市场上购买各种外国证券。

以上两种类型的交易，前者表现为资本输入，后者表现为资本输出。

（3）外国投资者和外国借款人之间的交易，这种交易通常是在某一国际金融中心，外国投资者或通过银行中介或通过证券市场向外国借款人提供资金。这种类型的交易又称为离岸交易。

在欧洲货币市场出现以前，国际金融市场主要是为外国借款人提供资金。国际金融中心则主要是净输出国内资本，因此这种传统的国际金融中心所在地，必须有充足的、经常不断的资金供应来源。一个国家或地区如果没有高度发达的经济，就不可能维持这样的国际金融中心。所以，长期以来这样的国际金融中心只有伦敦、纽约，有时还包括巴黎，以及后来的苏黎世、东京和法兰克福等。它们的作用主要是通过商业银行对外贷款，对外国借款人承保和发行有价证券，以及在二级市场上由国内投资者购买非居民的各种有价证券。

欧洲货币市场产生以后，第三种类型的交易，即离岸金融交易越来越重要，并日益占有重要地位。离岸金融业务主要是为非居民投资者和借款人提供中介服务，即接受非居民的外币存款并为非居民提供外币贷款。欧洲货币市场就是由接受外币存款和用外币提供贷款的银行组成的。随着信贷业务的国际化，对一个国际金融中心来说，国内资本的供应是否充裕已不再是必要条件了，只要它能够有强大的吸引力，把国际投资者和借款人吸引过来，就可能成为一个国际离岸业务金融中心，如卢森堡、开曼群岛、新加坡和中国香港等地。

9.1.2 欧洲货币市场的形成

1.历史原因

一般认为，欧洲货币——最初的欧洲美元出现在20世纪50年代，时值朝鲜战争爆发，中国存放在美国的全部资产被冻结，当时的苏联政府为了免遭同样的损失，并出于保密的考虑，将其资产转移至巴黎、伦敦等地及其他欧洲大陆的银行，存款用美元计值，欧洲美元由此产生。由于当时反苏情绪的存在，社会主义国家不能把美元存入美国银行，担心存款被冻结或被取走，于是将美元存在一个电挂地址是“EURO BANK”的瑞士银行。从那时起，美国以外的美元存款便被称为欧洲美元，接受欧洲货币存款的银行被称为欧洲银行（Eurobank）。但金融机构并没有立即将其贷出，因而欧洲货币的贷放业务也就没有同期产生。1957年，英国因出兵埃及，其国际收支恶化，引发了英镑危机。英格兰银行为了捍卫英镑，实行外汇管制，对英国商业银行提供的英镑贸易贷款加以限制，为维持其经营，商业银行便将已吸收的美元存款贷出，欧洲货币市场得以形成。进入20世纪60年代，欧洲货币市场迅速发展，如今它已成为国际金融市场的主体和核心。由于欧洲货币市场起源于欧洲，而欧洲货币又一直以美元为主体，因此，分析其产生的历史原因主要可从美国和西欧两方面着手。

（1）美国联邦储备委员会对美国银行的管制促进了欧洲美元市场的发展

①“Q条例”。1933年，美国国会授权联邦储备委员会制定了Q条例。该条例是实行银行管制的法案。条例规定，美国联邦储备体系的成员银行不能对活期存款支付利息，对储蓄存款和定期存款支付的利息率不得超过联邦储备委员会和联邦存款保险公司规定的上限。20世纪60年代中期以后，严重的通货膨胀使得美国政府不得不采取紧缩性的货币政策，市场利率上升，超过了Q条例规定的上限，银行存款吸引力下降。而此时西欧各国金融市场的利率水平持续上升，从而促使美国资本大量流向西欧，以获取高利，这就从资金供给方面促进了欧洲货币市场的发展。而同时，由于受到存户减少的打击，促使很多美国银行加速在国外建立新的分支机构，以便能经营自已的欧洲货币借贷业务，从而从资金需求方面促进了欧洲货币市场的发展。

②“M条例”。该条例规定，美国银行吸收国外存款及其分支行在总行账面的存款，必须缴存累进的存款准备金。存款准备金的多少直接影响到银行存款的运用及经营成本。而该条例却对欧洲美元存款不起作用，欧洲的银行就能以较小的利差进行借贷，也即可向储户支付较高的利率，同时仍能向借款人提供较低利率的贷款，进而促进了欧洲货币市场业务的发展。美国政府对资本输出的管制迫使一些筹资机构从美国金融市场转向欧洲货币市场。

③美国国际收支逆差引发的管制措施。20世纪50年代末以后，由于资本大量外流，美国国际收支持续逆差，严重动摇了人们对美元的信心，美国政府采取了一系列管制措施。1963年实施的“利息平衡税”，规定美国人购买外国证券要纳税，美国资本市场的低利率优势因该税的征收而丧失，外国借款人转向欧洲货币市场筹资。1965年，美国为了改善国际收支状况，又实行了对外直接投资自愿限制计划，要求美国银行和其他金融机构自觉地控制贷款数额。1968年，该自愿限制计划变为强制性限制，加剧了美国跨国公司在美国境外为其海外经营活动筹集资金的行为。

（2）美元国际地位的下降促成了欧洲货币币种的多样化

20世纪60年代以后，随着美元在国际货币体系中的地位日益削弱，西欧货币，特别是西德马克和瑞士法郎等货币的地位及作用大大增强。而这些国家政府出于人们大量抛售美元，买进这些硬通货的行为有可能引发本国通货膨胀的考虑，对非居民存款施加种种限制，如不付利息甚至倒扣利息等，迫使西德马克、瑞士法郎的持有者将资金存放到伦敦或卢森堡，出现了境外西德马克、境外瑞士法郎等欧洲货币，这就促成了欧洲货币币种的多样化，原来的欧洲美元市场也就转化为欧洲货币市场。

（3）欧洲货币市场的兴起还得益于欧洲各国政府实行的市场开放政策

经过第二次世界大战后十几年的恢复和发展，西欧国家外汇储备逐渐增加，普遍放宽或解除了外汇管制，到1958年底，西欧的多数国家基本上实现了货币的自由兑换。这使得投资者可以更自由地转移其资金，并在投资币种方面有了更多的选择余地。事实上，当时一些国家的中央银行已开始将它们的一部分美元储备存放在欧洲的私人银行里，而不是将这些储备投资于美国国库券或其他美国债券。

随着时间的流逝，一些历史条件发生了变化，如美国在1968年大幅度降低了用以限制资金外流的"利息平衡税"，70年代后又完全取消了该税，1973年后对存款利率的管制也逐步取消，但这些金融政策的变化并没有减缓欧洲货币市场的发展势头。从20世纪70年代开始的亚洲货币市场的产生和发展，更使得欧洲货币市场的范围扩大到全球。[①]

以上因素只是促成欧洲货币市场产生和发展的外在因素，而促使该市场产生、发展的内在原因在于欧洲货币市场的运营机制适应了以经济国际化为特征的第二次世界大战后资本主义经济的发展需求。

2.内在原因

欧洲货币市场是一个成本低、效益高，方便而灵活的金融市场，对资金的供求者均有吸引力，这一内在优势是欧洲货币市场产生和发展的根本原因。

（1）在欧洲货币市场上进行的一切金融交易，均不受任何国家金融法规、税制和政策的约束。在欧洲货币市场从事境外货币经营活动的银行称为欧洲银行。欧洲银行不受任何一国金融法规的制约，经营境外货币存款业务没有准备金要求，也无须缴纳存款保险金，因而可以为存贷双方提供更有吸引力的利率。

（2）欧洲货币市场存款和贷款的利率，虽然以货币发行国的利率为基础，但其存贷利率之差小于货币发行国，并且不受任何国家货币当局的管制。大多数欧洲货币的存贷利率差为0.125%，有时甚至更低。

（3）欧洲货币市场上欧洲货币业务的发展及其能按较小的利差经营业务的另一个原因与税收有关。经营非居民的货币业务，特别是在加勒比海和亚洲的一些避税港，银行的利息收益只需缴纳很少的税金或根本不需要缴税，从而降低了银行的经营成本。

---

① "欧洲（Euro）"这个前缀越来越和原本的意义相脱离，因为办理储蓄的银行并不需要在欧洲。这些银行可以分布在欧洲、加勒比海地区或亚洲。例如，亚洲货币市场的总部在新加坡，但它却是欧洲货币市场的一个重要组成部分。

（4）欧洲货币市场是一个批发性质的市场，欧洲货币交易主要是银行间交易，交易额以百万美元或以更大的单位计，由此也降低了欧洲银行的运营成本。

（5）欧洲货币市场交易中使用的货币，主要是发达国家的可以自由兑换的货币，种类很多，投资者和筹资者可以自由选择使用市场通用的任何一种货币。

（6）欧洲货币市场的存款者和贷款者可以自由选择存款和贷款的方式、地点和条件。

（7）在欧洲货币市场进行金融交易方便而快捷。欧洲货币市场和外汇市场一样，并不是存在于某个特定的地方，它是一个无形的市场，由遍布于世界各地的参与者构成，这些参与者通过电话、电传以及电脑信息系统彼此联系，是一个连续且不受时间限制的市场。欧洲货币市场的经纪人拥有复杂的国际通信网络，其作用就是为存贷方寻找能提供最优惠利率的银行。

综上所述，一系列历史和内在原因促成了欧洲货币市场的产生。而二战后以生产国际化、资本国际化和市场国际化为特征的经济国际化，其直接后果必然引起金融领域的重大变革，导致货币和资本市场的国际化。跨国公司的迅速发展，要求有一个国际性的货币市场为其大量的闲置资本提供生息取利的机会，或为其提供大量的借贷资金。即跨国公司的行为对货币和资本市场的国际化提出了直接的要求。而欧洲货币市场高效、自由的运营机制则恰好适应了这种客观需求。

9.1.3　欧洲货币市场的现状

欧洲货币市场自20世纪50年代初开始出现，经过数十年的发展，现在已成为一个举世瞩目的国际金融市场。参与欧洲货币市场业务的主要有各国的工商企业和跨国公司、各国商业银行（含跨国银行）及其海外分支机构、各国中央银行和外汇投机者。另外，一些国际性机构，如世界银行、国际清算银行、各种区域性开发银行，以及与欧洲经济共同体（欧盟前身，下同）关系密切的一些机构，也是该市场经常的参加者。在该市场上，20多家世界级大银行发挥着决定性的作用，这些银行把它们吸收的巨额存款转贷给欧洲银行及各国银行，或直接在该市场运用资金，把欧洲货币市场与各国国内金融市场联为一体。欧洲货币市场资金规模极其庞大。随着互联网时代的到来，欧洲货币市场的规模前所未有地膨胀。欧洲货币市场交易品种繁多，可兑换的货币种类齐全，除美元、欧元、日元、英镑、瑞士法郎等币种外，发展中国家的货币也频繁出现。同时，欧洲货币市场与外汇市场的紧密联系也使其交易更加灵活、频繁，市场规模与日俱增。

表9-1显示了2003年时美元、欧元以及英镑等市场上主要的欧洲货币的合约余额。从该表中可以看出，21世纪之初美元以及欧元是最为活跃的欧洲货币，其欧洲货币余额超过了1万亿美元，这几乎等于当时其各自国内市场上美元和欧元存款的数量。此外，欧洲货币市场上其他主要货币的交易也十分活跃，这种格局时至今日并没有发生根本性的改变。

表9-1 **按发行国（或地区）排序的欧洲货币市场**

	欧洲美元发行国/地区		欧元发行国		欧洲英镑发行国	
1	美国	805 797 151	德国	584 898 553	英国	72 861 488
2	超国家机构	98 201 016	法国	169 601 599	超国家机构	30 385 692
3	德国	78 953 610	美国	124 512 541	德国	26 587 503
4	墨西哥	44 155 424	荷兰	79 476 899	美国	17 761 061
5	英国	32 095 099	英国	59 727 480	瑞士	10 231 898
6	荷兰	29 727 501	超国家机构	57 874 002	荷兰	6 291 495
7	意大利	28 194 806	西班牙	49 919 138	意大利	2 352 878
8	日本	26 093 719	意大利	30 576 678	加拿大	1 317 039
9	瑞士	20 892 986	瑞典	18 048 142	瑞士	1 288 845
10	加拿大	19 564 442	奥地利	10 472 872	日本	1 036 576
11	瑞士	16 779 787	加拿大	10 148 028	开曼群岛	804 604
12	西班牙	16 715 132	日本	8 957 821	奥地利	723 639
13	奥地利	12 084 301	瑞士	8 205 901	挪威	645 445
14	马来西亚	7 780 693	比利时	7 467 391	西班牙	619 873
15	韩国	5 985 366	葡萄牙	7 314 264	芬兰	617 750
16	瑞典	5 761 833	墨西哥	6 031 572	波兰	409 930
17	新加坡	4 415 527	丹麦	5 467 549	澳大利亚	363 308
18	中国香港	3 802 508	澳大利亚	4 668 701	比利时	306 748
19	芬兰	3 204 261	芬兰	4 129 309	葡萄牙	212 030
20	卡塔尔	3 024 166	波兰	3 593 878	爱尔兰	117 810
21	其他	18 501 125	其他	25 936 040	其他	0
22	总计	1 281 730 423	总计	1 277 028 361	总计	174 935 609

注：超国家机构包括国际货币基金组织、世界银行以及其他国际性机构。

资料来源：根据摩根士丹利资本国际（Morgan Stanley Capital International，MSCI）公司出版的欧洲货币信贷指数（2003年1月）整理。

在2000—2007年间，欧洲货币市场资金规模的年均增长率达到15.3%。受全球金融危机的影响，2008年和2009年欧洲货币市场资金规模出现负增长，2010年有所缓和。到2011年6月，也就是10年前，欧洲货币市场的资金规模就已经达到224 870亿美元。

9.2 欧洲银行业务

欧洲银行的主要职能是发起和联合经营欧洲货币贷款和银团贷款，包销债券、接受欧洲货币存款。在经营有关欧洲货币资产及负债业务时，银行面临着与国内业务相同的风险——信用风险、流动性风险和利率风险。不过，欧洲银行的大部分资产与负债都有固定的期限，每一笔存款（负债）通常都有一笔币种相同、期限相近的资产与之相对应，因而大致可以做到账面头寸相抵。

欧洲银行的传统业务按其性质可分为两类：贸易融资和国际借贷。

9.2.1 贸易融资

1971—1981年是欧洲货币市场急速发展的时期。这一时期，该市场的融资方式以贸易融资为主。一些国家的政府为了支持出口商出口成套设备和对大型工程项目进行投资，必须解决出口商和投资者的资金困难。因此，他们广泛利用欧洲货币市场的资金，组织出口商和有关银行使用出口信贷，以扩大出口市场。出口信贷一般有两种形式，即买方信贷与卖方信贷。在卖方信贷中，买方与卖方签订了延期付款的合同后，由欧洲银行向卖方提供资金，以利卖方资金周转，买方则只交一部分定金，货到之后分期付款。买方信贷则由买方或买方银行从欧洲货币市场借入资金，用以支付进口货款。

在国际贸易中，远期汇票经进口商银行在汇票背面签上“承兑”字样与承兑日期，就成为银行承兑汇票，银行承担了保证到期付款的义务。国际承兑票据有三种基本类型：一是为本国出口融资的承兑票据；二是为本国进口融资的承兑票据；三是为两个外国之间的贸易或外国在东道国的商品储存融资的国际承兑票据。对于银行来说，只要签字承兑通常就能赚取手续费，在票据贴现之前，并不占用银行的资金，银行也可将贴现的承兑票据在承兑票据的二级市场上出售。

9.2.2 国际借贷

1982年之后是欧洲货币市场平稳发展的阶段。该市场业务既有贸易融资，同时，非贸易的借贷业务也快速增加，业务种类有很多创新。欧洲银行从事的国际借贷业务按其构成可分为欧洲短期信贷和欧洲长期信贷。

1.欧洲短期信贷

短期信贷是指欧洲银行接受短期外币存款并提供1年以下短期贷款的信贷业务。短期贷款多数为1~7天或1~3个月，少数为半年或1年。在欧洲货币市场上，欧洲银行的负债约有95%是期限不超过1年的短期存款，80%左右的资产期限也在1年以下。欧洲银行的标准存款期限为1、2、3、6、9和12个月。

欧洲银行信贷业务按交易对象划分有两种类型：第一种类型是零售业务，即办理客户与银行间的交易；第二种类型是银行同业间的交易。欧洲银行短期信贷的每笔交易金额一般都很大，通常最小的交易单位是100万美元。由于交易金额大，很少有个人参加，所以欧洲短期信贷市场基本上是一个银行间的批发市场。短期信贷业务主要凭信用，一般不签订贷款协议，无须缴纳担保品，交易双方通过电话或电传就可以完成。

（1）欧洲短期信贷的资金来源

欧洲短期信贷市场的资金来源主要有以下几种途径：

①欧洲银行吸收的存款大多是固定利率的短期存款，而其中多数又是银行同业间存款，欧洲银行往往将多余的存款转存于其他银行以赚取利息。

②跨国公司、其他工商企业以及非银行金融机构的存款也是资金来源之一，如美国企业将存在国内银行的美元存款转存到欧洲银行，出口商将其外币收入存入欧洲银行。由于跨国公司拥有大额的流动资金，其投入欧洲短期资金市场的数量是相当可观的。

③各国中央银行为了达到谋取利息、调节国内货币市场以及储备多样化的目的，也在欧洲银行存款。20世纪70年代以来，发展中国家，特别是石油输出国中央银行在欧洲银行的存款迅速增加。

④国际清算银行作为各国“中央银行的中央银行”，除了办理西方主要国家的多边清算业务以外，还接受各国中央银行的存款。该行把各国中央银行的存款以及由其他途径得到的货币投入欧洲货币市场，构成欧洲货币市场短期信贷资金的重要来源。

（2）欧洲短期信贷的资金运用

欧洲银行获得的短期资金不仅用于提供短期信贷，而且越来越多地用于中长期信贷，因而其资金使用及流向极其复杂。概括起来，资金的主要去向大致有以下几个：

①银行是最大借款人。欧洲短期信贷市场基本上是一个银行间的拆借市场，欧洲银行不仅是存款人，也是市场的主要借款人。这种银行间的存款和借款总额约占欧洲信贷市场信贷总额的2/3。在欧洲信贷市场上，银行间的信贷为少数世界级的大银行所控制，它们能够吸收大量的现金存款，然后再转借给其他较小的欧洲银行。较小的欧洲银行由于资历、信誉与这些大银行相比稍逊一筹，难以得到最初来源的存款，不得不向大银行转借。银行间的借款成了欧洲信贷市场，特别是短期信贷市场上资金的主要去向。

②跨国公司和其他工商企业是欧洲信贷市场资金的最终使用人。欧洲货币市场上的短期资金在银行间辗转借贷后最终将成为对跨国公司和工商企业的贷款，由于期限短，多用于对外贸易融资。

③西方国家的地方市政当局、国有企业是欧洲短期信贷市场资金的另一个最终使用者。由于在欧洲短期信贷市场上借款仅凭信用，对借款者的资信要求高，发展中国家的工商企业等机构较少进入该市场。

下面借用一个实例来说明欧洲货币市场的一般存贷款交易流程。

美国A公司打算把一笔1亿美元的资金存入欧洲货币市场，存期3个月。A公司通过电话询问几家欧洲银行的存款利率，决定将该笔资金存入利率最高（10%）的英国B银行。A公司向B银行开出接受承兑凭证，B银行则向A公司提供确认。在存款的起息日，A公司委托美国的一家银行把资金转到B银行的账户上。B银行接受A公司的存款时，就得到了一笔3个月的资金。假设这时没有借款人需要这笔资金，而且B银行又认为利率将下降，则B银行可把这笔资金在银行同业市场上贷出。这时，B银行面临两种选择：直接打电话跟其他银行联系，立即谈判这笔交易；跟欧洲货币存款经纪人联系，请他帮忙联系一家银行。如果B银行打算通过经纪人寻找理想的存款银行，其程序可能是：

B银行打电话给经纪人，问："3个月存款什么价？""1/16，3/16，巴黎地区银行。""好，1/16，1亿美元。""好，你的交易对象为D银行。""好，成交。"

上述经纪人回答的1/16和3/16指的是存款利率为10%加上一个百分点的1/16，贷款利率为10%加上一个百分点的3/16，其中10%是双方共知的"大数"，因此无须报出。在B银行确认可以交易后，经纪人就告诉D银行，B银行以10.0625的利率贷给它1亿美元，期限为3个月。在当天结束时，该经纪人会向B银行和D银行做出确认，B银行和D银行也直接对交易进行确认。月底，该经纪人将收到这笔交易的佣金（大约一个百分点的1/32左右）。

（3）欧洲货币市场的利率

欧洲货币市场的利率就是在欧洲货币市场上对存款支付和对贷款收取的利率。在欧洲货币市场上，欧洲美元的利率有一定的代表性。欧洲美元存款有通知存款和定期存款两种。通知存款的期限为1天和7天，定期存款的期限从7天到9个月和1年到5年不等。放款期限通常为3个月和6个月。

在欧洲货币市场上，做市银行所报的利率包括拆入利率和拆出利率，银行按拆入利率吸收存款，按拆出利率向其他欧洲货币银行贷款。交易商的报价可以通过诸如路透在线服务等渠道来获取。大约50%的即期交易和远期交易通过伦敦银行来进行，因此，伦敦银行同业拆入利率（LIBID）和伦敦银行同业拆出利率（LIBOR）就成为最常见的利率报价。其他欧洲货币市场的存放款利率通常是以伦敦银行同业拆出利率为基础，再加上一个加息率来计算的。目前，另外一种较流行的基准是欧元银行同业拆放利率（EURIBOR），该利率是欧元区主要银行间对欧元存款的利率。由于欧洲货币市场是一个没有管制的资金借贷市场，其利率的高低涨落随市场资金供求状况而经常变化，但资金供求状况往往又取决于欧洲货币发行国国内市场利率的变化。一般来说，欧洲货币市场的存款利率比国内存款利率高，欧洲货币市场的贷款利率比国内贷款利率低，因此，欧洲货币市场的存贷款利差低于国内的存贷款利差。但由于欧洲货币市场的成本低于国内市场，导致欧洲银行所赚取的利润并不比国内银行低。

一般来说，欧洲货币市场上对公司借款者的利率依赖于借款者的资信等级。在欧洲货币市场上，利率差价常用基点来报出，一个基点通常是0.01%。对AAA级公司借款者的大额贷款利率一般比LIBOR高出15~25个基点。而对于资信状况好的大型跨国银行，由于其违约风险与利率风险较低，可以报出低至12.5个基点的利差；对于金额较小、期限较长、市场环境多变或者资信较差的银行，利差就会较大。

（4）欧洲短期信贷的滚动定价法

从事欧洲信贷的风险比银行同业拆借的风险要大。因此，欧洲信贷的利率必须能够补偿银行或银行辛迪加所承担的额外信贷风险。欧洲信贷采用的是滚动定价法，这使得欧洲银行最后在欧洲货币定期存款上支付的利息不会超过它们在贷款上的收益。可以视欧洲信贷为一系列期限更短的贷款，而且在每期到期时（每期一般3个月或者6个月），贷款会被滚动而且基准贷款利率被重新确定为下一期间的LIBOR。

【例9-1】

Teltrex国际公司每年可以从伦敦的巴克莱银行贷款3 000 000美元，该贷款的年利率是LIBOR加上0.75%的贷款边际费率，而且每3个月重新滚动一次。假定3个月期LIBOR是5.53125%，进一步假设第二个3个月的LIBOR是5.125%，Teltrex如果想获得一项6个月期的欧洲美元贷款，它需要支付的利息按照滚动定价法为

3 000 000×（0.0553125+0.0075）÷4+3 000 000×（0.05125+0.0075）÷4

=47 109.38+44 062.50

=91 171.88（美元）

2.欧洲中长期信贷

欧洲中长期信贷是欧洲银行业务的一个组成部分，其期限一般为2~3年、5年、7年、10年甚至10年以上。欧洲中长期信贷的主要贷款人是银行，借款人则大多是跨国公司、国际组织和各国政府。凡政府部门或国际机构的借贷一般都签订合同，有的还需要借款方的官方机构或政府担保。如果贷款金额大、时间长，则往往由若干家银行组成银团或财团，由一家银行牵头共同贷款，这种形式又被称做辛迪加贷款。有关国际银团贷款的具体内容后文将详细介绍。

9.3 欧洲货币市场银团贷款

9.3.1 欧洲货币市场银团贷款的概念

欧洲货币市场银团贷款一般被称做国际银团贷款（即辛迪加贷款）。国际银团贷款是指由一家或几家银行牵头，多家国际商业银行参与，共同向一国政府、某一企业或某一项目提供高额资金、期限较长的一种国际贷款。银团贷款是国际商业银行贷款中最典型、最有代表性的贷款方式。顾名思义，银团贷款的主要贷款人是银

行，与欧洲货币市场短期信贷不同，借款人不是银行，而是大跨国公司、国际组织和政府。

9.3.2　欧洲货币市场银团贷款的产生和发展

国际银团贷款产生于20世纪60年代后期。当时由于出现国际债务危机，各大商业银行出于确保资金安全的考虑，不敢大胆放款。各国政府也限制本国银行的对外贷款规模，如瑞士政府就规定，外国人借款不得超过1 000万瑞士法郎，超过者必须经过批准；美国政府规定，对外贷款累计总额不得超过该银行资本的15%。但是，国际资金需求却越来越大，动辄上亿甚至十几亿美元，这远非一家银行所能承担。于是，在欧洲货币市场上率先出现了银行联合贷款的方式。银行联合起来向一个项目贷款，银行间彼此合作，共同调研、共担风险，从而提高了借贷双方的安全性。由此，银团贷款产生并迅速发展，其贷款总额约占国际资本市场借贷总额的一半以上，占发展中国家长期借款的85%以上，在数量上远远超过了传统的出口信贷和作为援助提供的国家信贷等国际借贷的其他形式。

欧洲货币市场银团贷款急剧扩展大致可以归结为以下几个原因：

①由于石油美元存款的大规模增加，以及美国取消对资本输出的限制等因素，使得流入欧洲银行的资金大增，增加了欧洲货币市场的可贷资金总额。

②20世纪70年代发生的两次石油危机，造成了一些石油进口国巨额的国际收支赤字，为解决国际支付问题，许多国家不得不在欧洲货币市场进行中长期资金融通。

③国际银团往往由几十家甚至上百家银行组成，各个银行在一笔贷款中只承担一部分，这分散了银行提供中长期贷款的风险，提高了欧洲银行提供中长期信贷的积极性，促进了银团贷款的发展。

④转期信贷技术的运用，有利于将短期资金转变为中长期资金。所谓转期信贷，指的是银行同意在未来一段时期内，连续向借款客户提供一系列短期贷款。比如双方约定在未来的5年内，由银行连续提供6个月期限贷款，新旧贷款首尾相接。转期信贷的利率，每隔一定时期（一般为半年）根据市场利率重新商订一次，如果借贷双方达成协议，贷款可以继续下去；若双方达不成协议，贷款即告终止。因而，转期信贷实际上是一种浮动利率贷款，银行通过对这种转期信贷技术的运用，就有可能在短期资金的基础上，不必冒太大的风险提供中长期贷款。

9.3.3　欧洲货币市场银团贷款的种类

（1）直接银团贷款

直接银团贷款是指银团内各参加贷款的银行直接向某国家的借款人放贷。但必须经参贷银行共同协商，在贷款总协议中指定代理行办理具体贷款事宜。

（2）间接银团贷款

间接银团贷款是指由牵头银行先向借款人贷款，然后由该行再将总贷款权分别转售给其他参加银行。放贷后的管理工作由牵头银行长期负责，直至贷款全部偿还。

（3）一次性贷款

一次性贷款是指在贷款期间不用偿还本金，全部本金在到期日偿还，而利息则按协议分期支付。

（4）期限贷款

期限贷款是指在贷款签约后，借款人按约定逐步提取贷款资金，经过一段宽限期后，逐步偿还本金，或到期一次偿还本金。利息通常是每3个月或半年支付一次，利率可以是固定利率，也可以是浮动利率。

（5）循环信用贷款

循环信用贷款是指银团承诺在未来的一段时期内，连续向借款客户提供一系列短期贷款，旧的贷款到期偿还后银团自动提供新的贷款，借款人可以随时提用。借款人有权不提取新的贷款，但对未提取部分每年要支付固定比率的手续费。偿还方式是可分批偿还或最后一次性还清。

（6）期限贷款和循环信用贷款

期限贷款和循环信用贷款是指先确定贷款期限，再给予贷款额度。在额度用完后再恢复原贷款额度，循环使用直至贷款期终止。该种贷款费用较高，但借款人使用起来有较大的灵活性。

9.3.4 欧洲货币市场银团贷款的资金来源与运用

欧洲货币市场上银团贷款资金的来源主要有：

（1）接受欧洲货币存款

欧洲中长期信贷的资金来源多数是短期性的，主要是工商企业、各国政府机构等在欧洲货币市场上的短期存款，以及其他欧洲银行取得的3~6个月的欧洲银行间的信贷。许多较小的欧洲银行得不到最初来源的存款，往往求助于银行间的拆借来满足自己客户的贷款要求。丰富的短期资金来源通过转期信贷技术用于欧洲中长期信贷，成了该市场资金的主要来源。

（2）欧洲中长期信贷资金的来源也有长期性的

这主要是发行的浮动利率本票和欧洲货币存款单。浮动利率本票指一种利率可以根据市场利率定期调整的可转让的无记名信用工具。它和一般债券的不同在于其利率可以每3个月或6个月随市场利率的变动进行调整。在市场利率上升时，浮动利率本票的利率也相应提高，可以保证投资者的收益；当市场利率下降时，则可以保护借款人的利益。为了使投资者有最低的收益保障，浮动利率本票一般都定有最低利率，这对担心因利率下降而受到损失的投资者来说具有较大的吸引力。浮动利率本票自1975年在欧洲货币市场首次出现以来，已成为欧洲银行获取中长期资金的手段之一。

欧洲货币存款单是可转让存款单的一种。可转让存款单是指具有转让性质的定期存款凭证，到期时，持有人可向银行提取本息，在到期前持有人若需要现金，可以转让。欧洲货币存单是以欧洲货币为面值发行的可转让存款单，其中主要是欧洲美元存款单，用其他货币发行的较少。欧洲货币存款单是欧洲银行为适应借款客户对贷款期限延长的要求，吸引中小额非银行资金存款而发行的，期限从隔夜到5年以上都有，也是欧洲中长期信贷市场的资金来源之一。

20世纪70年代以来，欧洲信贷使用的范围显著扩大，借款人的结构也发生了显著的变化，表现在：

（1）国际银团贷款的使用方向发生了明显变化

20世纪70年代中期以前，欧洲中长期信贷主要用于纯商业筹款，如对外贸易、新企业投资、扩大生产能力和偿还紧急债务等。70年代中期以后，欧洲货币市场银团贷款逐渐转向为社会经济基础设施建设提供信贷，用于交通、通信、能源、住宅等行业领域。此外，近年来欧洲中长期信贷正在日益发挥国际储备的作用，许多国家越来越经常地利用欧洲信贷弥补它们的国际收支赤字。

（2）国际银团贷款的借款人类型发生了很大变化

本来欧洲信贷的主要借款人是美国和西欧的跨国公司，它们通过欧洲货币市场筹集国外投资所需的资金。20世纪70年代以后，由于受西方国家经济“滞胀”的影响，对外投资活动减少，跨国公司作为欧洲信贷借款人的意义相对减弱。与此同时，各国政府、中央银行和国家机构作为欧洲货币市场中长期信贷借款人的作用显著增长。

9.3.5 欧洲货币市场银团贷款的组织形式

国际银团贷款主要涉及借款人与银行，而银团中的银行则有不同的分工，如牵头银行、管理行、代理行和参与行。

（1）牵头银行

牵头银行可以是一家，也可以是多家组成的管理小组。牵头银行的主要职责是：

①银团贷款的组织者和管理者。

②与借款人直接接触，商定贷款期限和贷款的其他条件。

③与其他参与贷款的银行协商各自的贷款份额及各项收费标准。

④发挥牵头行的技术优势，为借款者和各银行提供金融信息，分析金融市场动向。

借款人一般把与自己有业务关系的银行作为牵头行，以便可以对贷款本身有更好的了解。信誉好的国际大银行，也有主动向借款人提出作为牵头行的。被确定为牵头行之后，牵头行就要立即负起责任，履行其职责。借贷双方通过协商达成初步协定后，牵头行就要立即着手向市场发布一份筹资备忘录，向各银行说明借款人的借款意向，介绍借款条件及借款人的经营状况、财务状况及资信情况，组织贷款招标或邀请其他银行参与这笔贷款。

（2）管理行（共同经理行）

若干银行与牵头银行组成管理小组，共同管理借贷中的一切事务。管理行在贷款中承担相对大的份额，管理行要协助牵头行做好全部贷款工作。在贷款中，如出现贷款总额低于借款要求的情况，管理行有责任补足缺额。它可以向借款人“全部承贷”，即担保补足贷款的不足部分，也可以向借款人表示承担部分缺额，若确实不能补足缺额，则借款人只好减少借款。

（3）代理行

代理行是牵头行中的一家银行，是贷款银团的代理人。它受借贷双方的委托，负责管理该笔贷款的具体事项。其职责包括同借款人的日常联系，通知各银行及时按规定拨款，负责计算和收取应偿还的利息和本金，并按各参与行在贷款中所占份额而分配给有关银行。

（4）一般参与行

一般参与行是指由牵头行组织招标或邀请而以本行资金参与贷款的银行，一般都是分散在不同国家的大银行。它可以是十几家、几十家，甚至是百多家银行。参与行的数目由管理小组根据贷款的具体情况确定，也可以由借款人选择，采取招标制或密商制，即由公开或不公开的方式选择产生，参与行各自承诺其贷款份额。同牵头银行在银团贷款方面有过良好合作关系的银行一般都会被邀请参与贷款。银团中各银行之间的关系如图9-1所示。

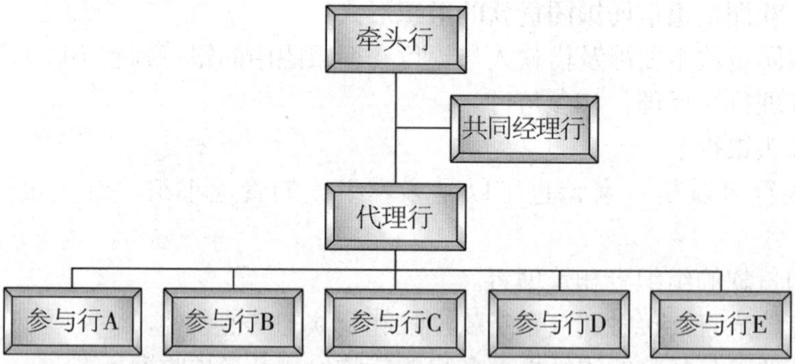

图9-1　国际银团贷款的组成银行

9.3.6　国际银团贷款的贷款条件

1. 贷款期限

贷款期限的含义包括连借带还的期限，由宽限期和偿付期组成。宽限期是指借款人只提贷款而无须偿还本金的期限，宽限期一结束，就需要开始偿还借款。宽限期内，借款人要支付利息。银团贷款的期限少则2~3年，长者可达15年，一般为5~10年。如7年期限，宽限期3年，则偿还期为4年。

2. 银团贷款的成本

银团贷款的成本由利息和费用两部分构成。

（1）利息

①利率制定标准

贷款的利率通常以固定利率或浮动利率来计算，前者指的是贷款利率由借贷双方商定，一经确定后在贷款期限内就不再变动。而按后者计算的贷款利率随国际金融市场利率的变动而调整。20世纪70年代以来，通常采用浮动利率，即伦敦银行同业拆借利率加差额，一般在LIBOR的短期利率基础上再附加一个利率来计息。在其他的金融中心则使用其他参考利率，如SIBOR（Singapore Inter-Bank Offering Rate）指新加坡银行同业拆借利率，PIBOR（Paris Inter-Bank Offering Rate）是巴黎银行间同业拆借利率，BRIBOR（Brussels Inter-Bank Offering Rate）是布鲁塞尔银行间同业拆借利率。竞争使欧洲货币的各种不同利率之间存在密切的联系。附加利率随贷款期限的延长增加，如7年的贷款期，前两三年的附加利率为0.3125%，中间两三年的附加利率为0.5%，最后两三年的附加利率为0.625%。

银团贷款利息的高低，根据借款人的信用程度的不同而定，因而在浮动利率贷款中，附加利率的高低也因借款人的信用程度不同而异，并且差幅通常较大。

②利息的支付

贷款利息一般是在每一个计息期末支付一次，计息期为3~6个月，一年按360天计算，按实际贷款天数计息。其公式为

贷款利息=贷款额×年利率×实际贷款天数/360

中长期贷款的利息是分期支付的，虽然是一种单利计算方法，但由于计息期较短，支付次数多，实际上相当于一种复利。

【例9-2】

设某银团贷款的利率以A、B、C、D、E五家银行所报的6个月期银行同业拆借利率平均数作为利率基础，附加利率为0.50%，则其利率构成见表9-2。

表9-2　**某银团贷款的利率构成**　单位：%

利率	本期	6个月后
A	12.00	12.02
B	12.01	12.03
C	12.02	12.04
D	12.03	12.06
E	12.04	12.07
平均数	12.02	12.04
附加利率	0.50	0.50
最终利率	12.52	12.54

设上例的贷款金额为100万美元，分6次还清，则第一、二次应付利息为

100×12.52%÷2=6.26（万美元）

100×12.54%÷2=6.27（万美元）

（2）费用

银团贷款的各种费用根据贷款方式、贷款期限、贷款金额、资金供求情况、借款人资信情况而有所不同。一般包括以下几种：

①牵头费。这是借款人付给牵头银行，作为其组织和安排贷款的酬金，也称做管理费。费率一般为贷款金额的0.25%~0.5%，一次付清或按每次用款额分次支付。即使银团贷款协议没有达成也要支付该笔费用。

②代理费。这是借款人付给代理银行，作为其提供服务的酬金，包括代理银行在为借款人进行日常联系、交往中所产生的费用，如电报费、办公费、电传费等等。其数额高低视贷款金额多少和组织贷款的事务简繁而定，一般1亿美元的贷款，每年收费可达5万~6万美元。金额每年支付一次，直至贷款全部偿还为止。

③杂费。这一般是指在贷款协议签订前发生的一些费用，如车马费、宴请费、律师费、文件费等，其费用无一定标准，由借款人与管理小组协商，一般在4万~10万美元，由借款人一次付清。

④承担费。承担费是对未提用的贷款余额所支付的费用。贷款协议签订后，各贷款参加行即承担准备资金供借款人使用的义务，如果借款人没有按期用款，致使贷款银行的资金闲置，就要对未按期提用的部分支付承担费以赔偿银行的损失。有的贷款规定从签订贷款协议之日起就开始收取承担费，有的规定在签约的一两个月后开始收取，除非全部贷款在签订时一次取完或一两个月内提取完毕。其收费标准是根据未提完的贷款余额，按一定费率计收，一般为年率0.25%~0.5%。

【例9-3】

设有一笔辛迪加贷款，价值4亿美元，由1家牵头银行，8家经理银行，20家参与银行组成的贷款辛迪加提供。贷款采用全额包销。其中牵头银行包销8 000万美元，每家经理银行各包销4 000万美元。最终牵头银行承担了4 000万美元的贷款，各经理银行提供2 000万美元，其余的贷款由每家参与银行各负担1 000万美元。前端费的分配分别为，牵头费0.125%，管理费0.125%，参与费0.25%。则

牵头费：牵头行4×0.125%=0.005（亿美元）

管理费：牵头行0.8×0.125%=0.001（亿美元）

经理行0.4×0.125%×8=0.004（亿美元）

参与费：牵头行0.4×0.25%=0.001（亿美元）

经理行0.2×0.25%×8=0.004（亿美元）

参与行0.1×0.25%×20=0.005（亿美元）

前端费用的分配见表9–3。

3. 利息期

在贷款协议中，一般都要在贷款条件项内规定利息期。利息期是指两方面内容：一方面是确定利率的计算和交付日期；另一方面是确定利率的调整日期，如3个月或半年调整一次。

表9–3 **前端费的分配** 单位：万美元

费用	牵头行	经理行	参与行	总和
牵头费	50	—	—	50
管理费	10	5×8	—	50
参与费	10	5×8	2.5×20	100
总和	70	10×8	2.5×20	200

4. 贷款的偿还

银团贷款的中长期贷款本金偿还方式有多种，在协商时要明确确定下来。一种是贷款到期一次偿还，这适用于贷款金额不大的中期贷款。另一种是分次等额偿还，适用于贷款金额巨大，在2亿美元以上，期限较长，在8年以上的贷款。该种方式下，借款人通常有3年以上的宽限期，在宽限期内还息不还本。宽限期后开始每半年等额偿还一次本金及利息，到期本息全部付清。还有一种是逐年分次等额偿还，这种形式的特点是无宽限期，贷款金额较少，在1亿美元左右，期限一般在4~5年，从第一年起，每年等额偿还本金及利息。这三种方式中第一种对借款人最有利，第二种次之。

5. 提前偿还

贷款协议中的提前偿还条款赋予借款人以提前偿还贷款的权利。在一般情况下，如借款人需要，期限越长越有利，但前提是所用货币的汇率和利率不变。但在某些情况下，则提前偿还更为有利。例如：

（1）某种借款货币汇率上浮较大，继续贷款将蒙受巨大损失，在可以获得其他货币资金贷款或自有外汇较充裕时，可以提前偿还贷款。

（2）贷款采用浮动利率，而利率上涨幅度较大时，若有其他优惠利率贷款来源或自有外汇资金充足，则可提前偿还以减轻损失。

（3）在贷款采用固定利率而国际金融市场利率下降幅度较大，且仍有继续下降的趋势时，借款人应借入其他低利率新贷款，提前偿还旧贷款，以减轻高利息负担。

6. 贷款所用货币选择

一笔银团贷款，可以同时选择并借贷多种货币。在浮动汇率制度下，首先要考虑货币的风险，但同时也要考虑货币的可利用性和借款的目的。借款人在选择借入的货币时，一般要坚持以下几条原则：

（1）借款货币最好与使用货币相结合，如购买日本设备最好借日元，若借美元买日本设备，一旦美元贬值，借款人就会吃亏。

（2）借款货币要与购买设备后生产产品的主要销售市场相结合，如借日元买日本设备，设备生产的产品销往日本，则偿还日元贷款十分方便。如果不是这样，就会面临较大的汇率风险。

（3）借款货币最好选择软币，即有汇率下浮趋势的货币，将来偿还贷款就可以取得币值下浮的好处。但软币利率较高，要权衡得失。与此相反，尽量不要选择硬币，即汇率有上浮趋势的货币，以防止还贷时受到币值上浮的损失。

（4）若硬币上浮的幅度小于硬币与软币的利率差，则还可以借硬币；若大于软、硬币的利率差则借软币。

9.4 欧洲货币市场的金融创新

9.4.1 票据发行便利

票据发行便利（Note Issuance Facilities，NIFS）是20世纪80年代欧洲货币市场的一大金融创新。是指银行与借款人之间签订协议，银行承诺在未来一段时间内以承购连续性短期票据的形式，向借款人提供信贷资金。

1982年始于墨西哥的国际债务危机发生后，国际银团贷款规模大幅下降，票据发行便利受到贷款人和投资者的欢迎。此后，票据发行便利逐渐成为西方国家运用浮动利率票据和商业票据筹资的补充，进而出现了多种创新方式，如短期票据发行便利、全球循环承购便利、抵押承购便利以及可转让循环承购便利等等。其基本做法是先由借款人与包销方签订协议，由包销方承诺如不能在二级市场将短期票据全部售出，则包销方负责购买未能售出的票据，或者向借款人提供等额贷款。本质上是一种向借款人提供通过短期票据获取中长期资金便利的融资方式。票据发行便利的成本主要由票据本身的利息、借款人的信用等级所决定的费用部分（前端费、报销费、承诺费以及使用费）构成。

9.4.2 循环贷款和浮动利率贷款

利率互换兴起后，使得对于以固定利率贷出长期资金，而以超出预期的高利率取得短期融资的利差风险的规避相对容易一些。在现实中，由于借款人往往需要借入长期资金，银行基于自身资金安全性和盈利性的考虑，可能会拒绝对借款人的短期贷款延期或者大大提高价差，对借款人非常不利。循环贷款（Revolving Loan）或者浮动利率贷款（Floating-Rate Loan）作为一种中长期贷款，既顾及到了银行的安全性、盈利性的需求，也顾及到了借款人对于长期有保障的资金融通的偏好。在该种方式下，贷款利率在每期都会基于货币市场的现行利率加上价差进行调整。由此，银行的利率风险得到了控制，借款人的融资也在商定的较长期限中得以保障。

9.4.3 有上限或下限的循环贷款

在循环贷款方式下，实际贷款利率会设定上限（Cap）或者下限（Floor），如贷款合同规定，年率不超过上限8%，不低于下限3%。该类贷款与欧洲存款或欧洲贷款的欧式期权相类似。当价格升高时，可以看做是看涨期权；当价格降低时，可以看做是看跌期权。由于贷款的市场价格与利率反相关，故利率下限对应于本票的看涨期权，反之，利率上限对应于本票的看跌期权。例如，一笔1年期的新西兰元贷款，金额200万，每半年付息一次，年利率下限为4%，半年利率下限为2%。马上开始的这个期间的利率为4.5%，即实际付息利率为2.25%。这里，4%的利率下限就是本票的看涨期权，贷款方持有该期权，借款人是该期权的卖方。

时至今日，欧洲货币市场的比较优势已经被削弱，与优质借款人进行简单的资金批发交易在世界任何地方都可达成。加之美国等国废除了对于金融市场进行监管的系列法令，世界上大部分的主要货币已不再受管制。因此，各国税务当局正在进行跨国合作，各国政府之间交换外国存款或者外国投资收入的信息，国内银行业务与国际银行业务已经没有太大的差别，欧洲货币市场已经变成了真正的国际市场。

● 关键概念

欧洲货币市场　欧洲银行业务　欧洲货币市场银团贷款　票据发行便利　循环贷款　有上限或下限的循环贷款

● 复习思考

（1）简述欧洲货币市场的性质、特点及组成。
（2）欧洲货币市场业务主要包括哪些内容？
（3）什么是欧洲货币市场银团贷款？其主要资金来源是什么？
（4）简述欧洲货币市场的金融创新方式。

第10章　国际融资业务

◇学习目标

- 掌握国际贸易融资的类型和各类短期贸易融资及中长期贸易融资的内容
- 掌握国际工程项目融资的概念、类型与风险，着重掌握BOT项目融资的内容
- 掌握国际租赁融资的概念、利弊、形式和国际租赁程序
- 了解国际债券的发展、融资特点、发行人及信用评级
- 掌握外国债券的概念、分类和发行
- 掌握欧洲债券的融资特点、种类、外国债券与欧洲债券的区别，了解主要的欧洲债券市场
- 掌握欧洲债券发行费用的核算、收益分析和国际债券的利率风险

融资即融通资金，指资金在持有者之间流动，以调剂余缺。融资分为国内融资和国际融资两种。如果资金的融通发生在本国资金持有者之间，而不涉及其他国家的资金持有者，就是国内融资；如果资金融通涉及其他国家，超越了国境，则是国际融资。国际融资具有以下三个特点：

一是国际融资主客体具有复杂性。

国际融资的主体是指融资双方的当事人，包括筹资人和贷款人。国际融资当事人的构成比较复杂，大体可归纳为以下四类：①居民金融机构；②居民非金融机构；③非居民金融机构；④非居民非金融机构。国际融资的借贷双方至少有一方其居住地不在本国，也就是其中一方应属非居民的金融机构或非居民的非金融机构。

国际融资的客体是指国际融资所使用的货币，它可以是筹资人所在国货币，也可以是贷款人所在国货币，还可以是第三国货币，但都必须是可兑换货币。国际融资中经常使用的是一些国际通用货币，如美元、英镑、欧元、特别提款权（SDR）等。融资当事人使用何种货币是一个很复杂的问题，通常必须根据各种货币汇率的

变化和发展趋势，结合融资条件等因素综合考虑，才能做出决策。

二是国际融资具有风险性。

国际融资与国内融资相比风险较大。除了商业风险，即债务人经营管理不善，出现亏损，到期无力偿付贷款或延期偿付的风险外，国际融资还面临国家风险和外汇风险。国家风险是指由于某一主权国家或某一特定国家的有主权的借款人（如财政部、中央银行或其他政府机构）或其他借款人，不能或不愿对外国贷款人履行其债务责任的可能性。外汇风险指在国际融资活动中，以外币计价的收付款项、资产与负债业务，因汇率变动而蒙受损失的可能性。

三是国际融资具有被管制性。

国际融资通常是分属不同国家的资金持有者之间跨国境的资金融通和转移，是国际资本流动的一个重要组成部分。国际融资当事人所在的国家政府，从本国政治、经济利益出发，为了干预本国的国际收支，贯彻执行本国的货币政策，以及审慎管理本国金融机构尤其是银行，会对本国居民（包括金融机构和非金融机构）对外从事的融资行为施加一定的干预和管制。

国际融资有多种形式，如国际贸易融资、国际银团贷款、国际工程项目融资、国际债券融资、政府贷款、世界银行贷款、国际货币基金组织贷款等。

本章主要介绍国际贸易融资、国际工程项目融资、国际租赁融资和国际债券融资这四种主要的国际融资形式。

10.1 国际贸易融资

10.1.1 国际贸易融资的类型

在国际贸易业务中，出口方对资金的需求表现在两个阶段：一是从出口方与进口方签订销售合同到组织货物出口阶段。在此过程中，出口方可能出现资金困难，如出口方利用自有资金购买货物，占用了资金。二是从货物出运到收到货款阶段，由于出口方交货与收到货款往往不同时发生，出口方面临在途资金占用。另外，在赊账方式下，出口方还面临进口方延迟付款造成的资金占用。

进口方对资金的需求也表现在两个阶段：一是从进口方与出口方签订销售合同到收到货物之前。在这个阶段中，进口方可能向出口方预付货款或者开立信用证等，占用了资金；二是从进口方收到货物到该货物效益实现之前。对于从事商业流通的进口方而言，其进口的目的是将货物转售出去以获得差价利润，那么在该货物转手之前即存在资金占用；而对于那些进口大型机械设备或大量工业原材料进行生产和加工的进口商而言，则资金占用的时间更长。贸易双方在不同阶段对资金需求的期限各异，提供融资的对象也可能视不同的贸易条件而有所不同。国际贸易融资主要有以下几类：

（1）按融资的期限划分

①短期贸易融资。融资期限在1年以下，包括打包放款、进出口押汇、贴现、国际保理业务、预付款、信用证（或商品抵押放款）、透支等。

②中长期贸易融资。融资期限在1年以上，包括出口信贷、福费廷业务等。

（2）按接受贸易融资的对象划分

①对出口方融资。包括进口方提供的预付款，保理商提供的国际保理业务，包买商提供的福费廷业务，银行提供的打包放款、进出口押汇、贴现、信用证抵押放款、付款交单凭信托收据借单等。

②对进口方融资。包括出口方提供的赊账交易，托收结算方式下的承兑交单，银行提供的承兑信用、信用证开证额度、透支、商品抵押贷款、凭信托收据借单等。

10.1.2 短期贸易融资

1.对出口方融资

（1）进口方提供的融资——预付款

进口商在收到货物单据之前，就付出全部或一部分货款，这就是进口商对出口商提供了预付货款。这种融资方式手续简便、费用少，对出口方最有利。

（2）银行提供的融资

①无抵押贷款（Unsecured Loans）。这是指为了支持出口，专门给出口商品的生产商提供的贷款。在生产厂家取得出口商的保证之后，银行即可办理无抵押的贷款。

②出口商品抵押贷款（Export Commodities Mortgage）。如果出口商所出口的商品不是自行生产的，而是进行采购并积累预定的出口商品储备，这时所需融资可以以国内货物作为抵押，从银行取得贷款。但是货物畅销与否，银行难以预料，因而在提供贷款时，往往以货物市值的一定百分比贷出，而且随市价变动而调整。但如果已经贷出资金，银行往往要求出口商归还部分贷款，或提供新的抵押品，以保持与所提供贷款的一定比例关系。

③打包放款（Packing Credit）。对出口方融资的打包放款通常指出口方收到进口方开证行开来的信用证，在货物出运之前，将正本信用证作为抵押，向银行申请一定比例的款项（一般不超过信用证金额的80%），以做准备货物之用。该项融资的期限一般不超过信用证的有效期，但有时银行还视情况规定一个最长融资期限，原则上不超过6个月，期限一到，银行无条件收回贷款。银行在发放打包放款时主要考虑以下两个方面：其一，开证行资信好，信用证条款明确，执行无困难；其二，出口企业资信好，出口履约能力强，能按信用证条款及时出口收汇。如果出口方符合上述两种情况，就可以顺利申请贷款，而且贷款金额可高达信用证金额的90%。

另一种方式的打包放款使用红条款信用证，即由进口方向开证行申请在信用证上用红字加列条款，授权出口地的通知行或保兑行在交单之前，向出口方预先垫付全部或部分款项，待出口方交单议付时，出口地银行再从议付金额中扣除已垫付的本金和利息，将剩余金额付给出口方；若出口方不能按时装货交单，出口地银行可向开证行提出还款要求，开证行应立即偿还出口地银行的本息，再向开证申请人（即进口方）索取这笔款项。这种打包放款在国际上用得较少，一般用于向新西兰和澳大利亚购买羊毛等商品。

④出口押汇（Bills Purchased）。出口押汇即出口方以出口货运单据作抵押，向出口方银行申请融通资金。根据不同的结算方式，出口押汇可分为信用证出口押汇和托收出口押汇。

• 信用证出口押汇。出口方装运货物后，由于收到货款需要一段时间，如果出口方急需资金，可按照信用证的规定，向议付行提交全套单据，议付行进行审核，单证相符后，以信用证项下的出口单据作抵押，先垫付给出口企业扣除利息及手续费后的净款，这种融资即信用证出口押汇。

• 托收出口押汇。托收出口押汇指托收行买入出口方交来的跟单汇票，从汇票中扣除预计的利息和手续费，将余额付给出口方，以解决出口方资金占用的问题，其押汇利率的确定与信用证出口押汇一样。

⑤票据贴现（Bills Discount）。票据贴现是信用证项下的一种融资方式。如果进出口双方商定以远期信用证方式成交，那么出口方取得开证行承兑的远期汇票后，可向银行申请贴现以取得贷款，银行扣除贴现利息后将汇票余额付给出口方。一旦开证行到期不能履行付款义务，付款行有权要求出口方归还贷款。

2.对进口方融资

（1）出口方提供的融资

①赊账（Open Account）。这种方式对进口方最有利，它一般是建立在出口方对进口方完全信任的基础上。出口方将货物所有权交给进口方后，只要进口方在收到货物后的1~3个月内付款即可。这样一来，若进口货物是消费性商品，进口方就有相当的时间将货物再销售出去以取得资金来归还出口方的货款；若进口货物是资本性商品，进口方也获得了出口方较长时间的贸易融资。

②票据信贷（Bills Credit）。这是指出口商将装船货物单据直接随汇票寄给进口商，进口商于一定期间内向出口商支付汇票上的金额，或是进口商银行依出口商提交的单据承兑汇票。美国出口商对外国进口商提供信贷的期限一般在90~120天之间，也有较长时间的，要依商品性质、进口方资信而定。

（2）银行提供的融资

①信托收据（Trust Receipt，T/R）。在跟单托收中采取远期付款交单（远期D/P）的交单方式时，进口方可以向银行开立书面保证文件即信托收据，凭以取出

提货单据，以便取得货物并把握有利的市场机会尽快出售，获得货款后返还银行以换回信托收据。在这个过程中，进口方获得银行提供的融资。

②承兑交单（Documents against Acceptance），即跟单托收中的D/A。出口方通过银行向进口方出示一张远期汇票，进口方承兑后就可以从银行取得运输单据并提货，再将货物转售或用到生产和消费中去。若在付款日到期之前，进口方已将货物销售出去，那么进口方就可以利用出口方提供的短期资金而无须占用自己的资金。在承兑交单结算方式下，出口方为了保证安全收款，往往要求由银行承兑汇票。如果银行对汇票进行承兑后，进口方必须于汇票规定的付款日前将有关款项付给银行，以便银行可在付款日准时兑付出口方开出的汇票，这一过程中进口方得到银行的融资。

③承兑汇票贴现（Re-finance）。这是一种给进口方的短期融资方式。在出口商要求进口商用现金支付的情况下，进口商可以与银行协议，向银行签发远期汇票，由银行承兑，进口商持银行承兑汇票去贴现，以贴现所得现款支付给出口方。承兑汇票贴现业务也被称为资金再融通业务。

(3) 信用证结算方式下的融资

①开证额度。由于信用证是银行对出口方做出的付款承诺，一旦开证申请人（即进口方）丧失清偿能力，银行就要面临款项收不回来的风险。因此，银行一般要求进口方在申请开立信用证的同时交纳一定的保证金或其他抵押品或有第三方的担保。但是，银行为了提高自身的竞争力，往往根据进口方的经营能力、商业信誉和经营作风给予一定比例的保证金减免。若进口方是开证行的存款户或与开证行有长期的业务往来关系，往往可以获得减免全部保证金的优惠，从银行取得较大额度的资金融通。

②进口押汇（Inward Documentary Bills）。在出口方将所有单据交给银行要求进口方付款赎单阶段，如进口方无足够的资金向银行赎单，而由开证行替进口方垫付货款，这样进口方就可以从银行取得单据，获得银行融资，这种融资方式称进口押汇。

③担保提货（Delivery Guarantee）。在货物到达目的地港口阶段，当货物先于提单到达目的地港口时，进口方为了抓住市场有利机会及早提货，可要求银行出具担保提货书，代替提单向航运公司提货，待提单收到时，再将提单交给航运公司以换回担保提货书，这种融资方式称担保提货。

3. 国际保理业务（International Factoring）

国际保理是指在赊账或承兑交单结算方式下，保理商买进供应商（出口方）以单据表示的对债务人（进口方）的应收账款，即无追索权贸易融资，并提供信用销售控制、销售分户账管理、债款回收和坏账担保等服务。这种综合性金融服务就是保理业务。

（1）国际保理业务的服务内容

①贸易融资（Trade Financing）。出口方在发货或提供技术服务后，将单据递交保理商，保理商立即以预付款形式向出口方提供不超过单据金额80%的无追索权融资，相应地按市场优惠利率（如LIBOR）加上适当的加息率（通常为2%）计算利息，以解决出口方因赊销而引起的资金占用问题。相对于其他融资形式，国际保理业务提供的融资具有手续方便、操作简单的特点。同时出口方可以将这种预付款看作正常的销售收入，使得表示企业经营能力的财务指标（如流动比率等）得到改善。

②销售分户账管理（Maintenance of the Sales Ledger）。保理商为出口方开立两个账户：应收款账户（销售收入账户）和透支账户（贷款账户），保理商收到出口方提交的发票副本后，将债务人的名称、地区、发票金额和付款期限等事项记入应收账款户中。如果出口方申请融资，保理商则在透支户中借记80%发票金额（通常融资额在发票金额的80%左右）；保理商收到进口方支付的100%货款后，同时记入应收账款户和透支户。出口方与保理商签订保理协议，将售后账户交由保理商管理，其最大的益处是降低了经营成本。

③信用销售控制（Credit Control）。在保理协议有效期内，出口方可以随时要求保理商为自己的客户指定一个信用销售额度（Credit Line），出口方在信用销售额度内的销售叫核定应收账款（Approved Receivables）。每月底，保理商向出口方提供一份完整的未付应收账款结算单，内容包括：每个客户的信用销售额度、信用销售额度的变化、有效日期、未付应收账款余额和未指定应收账款等。

④坏账担保（Full Protection Against Bad Debts）。保理商对核定应收账款提供100%的坏账担保，即如果进口方接受出口方提供的商品或服务，却因为破产倒闭或故意拖延付款等原因给出口方造成呆账和坏账，保理商承担100%的赔偿责任。但是，如果出口方因为产品质量、服务水平、交货期等贸易纠纷而造成呆账和坏账，保理商不作担保，并要对出口方的预付款行使追索权。

⑤催收账款（Collection from Debts）。出口方把应收账款卖给保理商，以后的债款收取与出口方无关，基本上由保理商负责。一旦进口方到了付款期限仍未付款，保理商在征得出口方同意之后可采取法律手段要求进口方付款。保理商拥有较丰富的收债经验、专业的收债技术和专门的律师部门来处理有关债务的催收和追索，实施起来得心应手。而出口方将销售和收债环节分离开，既解决了营运资金的占用，又节省了与收债有关的费用支出。

（2）国际保理业务对各方当事人的利弊分析

①国际保理业务对申请者的好处如表10-1所示。

表10-1　　国际保理业务对进出口方的益处

对出口方	对进口方
由于出售货物后即可获得80%的预付款融资或100%贴现融资，可以对新的或现有客户提供更有竞争力的D/A或O/A付款条件，以便扩展海外市场，增加出口营业额	利用D/A或O/A优惠付款方式，以有限的资本购进更多货物，加快资金流动，扩大营业额
债权可获得100%的保障，不必担心买方信用风险	纯因公司的信誉和良好的财务表现而获得买方信贷，无须抵押
买方资信调查、销售账管理和催收账款都由保理公司负责处理，减轻业务负担，节约管理成本	节省了开立信用证和处理繁杂文件的费用
免除了一般单项交易的烦琐手续，出口保理商和出口方同在一国之内，无语言和法律方面障碍，提高了工作效率	在批准信用额度后，购买手续简化，进货迅捷，与进口保理商在同一国，无语言障碍

但国际保理业务对出口方也有不利之处，最主要的是成本较高。保理业务的管理费用超过信用证和托收方式下的手续费，所以对于买主零散、销售量不大的出口方来说，也并不是很好的选择。但对于一个从事批发业务的大中型出口企业来说，叙做保理业务的收益将远远超过保理费用支出。

②保理商办理保理业务的有利之处：

• 增加收益。保理费用一般为销售金额的0.75%~1.75%，这是一笔可观的管理费收入。

• 优化资产结构。保理商对出口方的融资包括两部分：一是无追索权融资，由于保理商可以事先调查进口方信用，并核定信用额度，因此这部分融资风险较小；二是有追索权融资（指超过核定信用额度部分的融资），由于有出口方的应收账款作抵押，一旦进口方拒付，保理商可向出口方索要已支付的款项，所以比一般的信用贷款安全得多。

• 带动其他业务的拓展。出口方与其赊账进口方之间的往来是有连续性的，所以保理业务本身将循环不息，若保理商其他业务也富有竞争力，则将吸引出口方与保理商建立其他业务往来。

（3）国际保理业务组织模式和叙做程序

①组织模式

国际保理业务中涉及的保理商有两种：出口保理商和进口保理商，分别指位于出口方所在地的保理商和位于进口方所在地的保理商。国际保理业务的组织模式因此分为两种：双保理商模式和单保理商模式。

• 双保理商模式（Two-Factor System）。涉及进出口双方保理商的保理业务叫双保理商模式。在此模式下，出口方与出口保理商签订保理协议，将其国外的应收账款转让给出口保理商，由出口保理商与进口保理商签订代理协议，向进口保理商转让有关的应收账款，并委托其直接与进口方联系，由进口保理商提供坏账担保、债款催收和指定销售额度等服务。双保理商模式下各方之间的关系见图10-1。

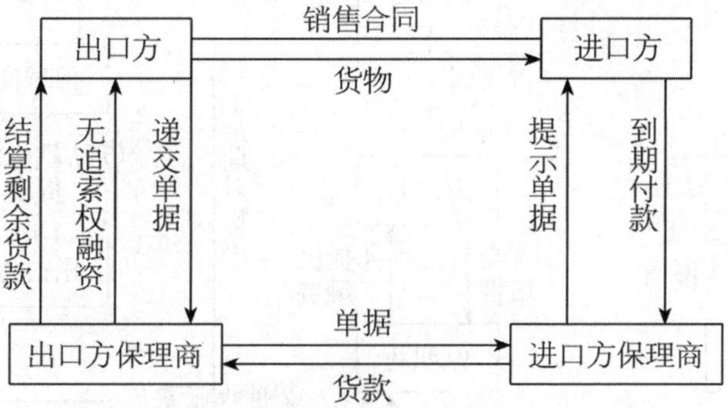

图10-1 双保理商模式下各方的关系

如果出口保理商是国际保理商联合会的会员，则其寻找的进口保理商也必须是该会会员，出口保理商和进口保理商签订的代理协议是以国际保理商联合会颁布的《国际保理业务惯例规则》（Code of International Factoring Customs，IFC）为基础的。

- 单保理商模式（Single Factor System）。涉及一方保理商的国际保理业务叫单保理商模式，常用于进出口双方一方没有保理商的国家或地区。其有两种形式：直接进口保理商形式（Direct Import Factor System）和间接出口保理商形式（Indirect Export Factor System）。在直接进口保理商形式下，出口方与进口保理商联系，由其指定进口方的信用额度，负责收取应收账款和提供坏账担保服务等。该形式适用于出口方的客户集中于某一个国家或地区的情形，目前在国际贸易中用得不多。在间接出口保理商形式下，出口方与本国的出口保理商联系，并由此获得全部保理业务服务。

单保理商模式下各方的关系如图10-2所示。

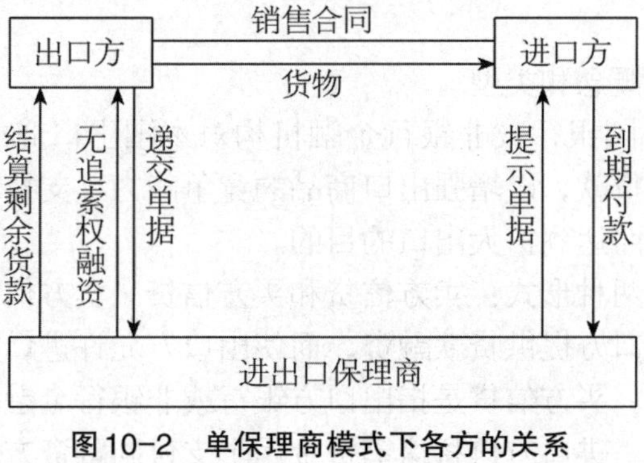

图10-2 单保理商模式下各方的关系

②叙做程序

国际保理业务的叙做程序包括申请信用销售额度阶段、发货取得有关单据阶段和进口方支付货款阶段。其具体步骤见图10-3。

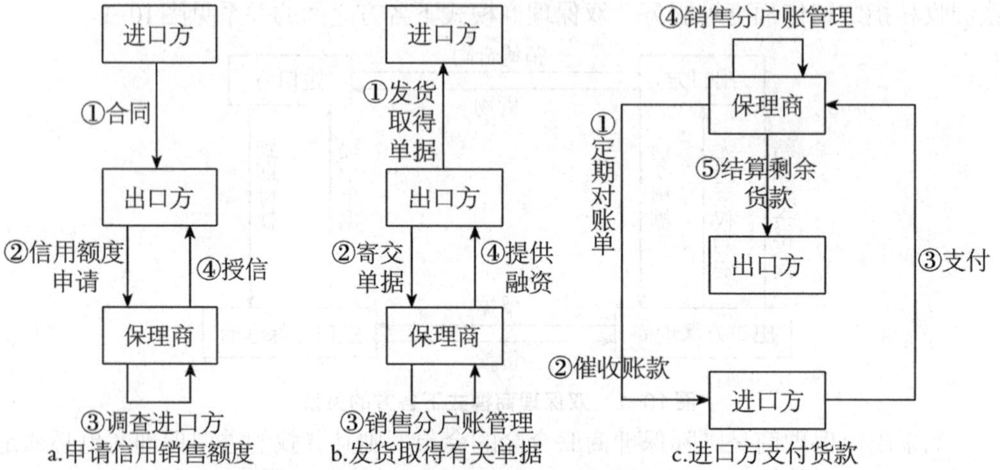

图10-3 国际保理业务的叙做程序

a.申请信用销售额度阶段。出口方接到进口方的订单后向保理商提出叙做保理业务，并将需要指定信用额度的进口方结算及有关信息提供给出口保理商，由保理商对进口方的资信进行调查，确定有关的信用额度并通知出口方。

b.发货取得有关单据阶段。出口方向进口方发货，在将货运单据寄交进口方的同时，把销售发票副本送交保理商，保理商整理销售分户账，向出口方支付不超过发票金额80%的预付款融资。

c.进口方支付货款阶段。保理商定期（一般每月一次）向进口方出示应收账款结算，到付款期限时，要求进口方支付货款。进口方支付全部货款后，保理商整理销售分户账，扣除相应的融资利息和管理费用，将剩余货款付给出口方。

10.1.3 中长期贸易融资

1.出口信贷

（1）出口信贷的概念和类型

出口信贷是指一国银行或非银行金融机构对本国出口商或外国进口商（或银行）提供利率优惠的贷款，以增强出口商品的竞争能力，支持本国大型机械设备等资产性货物出口，从而达到扩大出口的目的。

出口信贷主要有两种形式：卖方信贷和买方信贷。卖方信贷是指出口方银行或非银行金融机构向出口方提供贷款融资，而使出口方允许进口方以延期付款的方式进口大型机械或设备。买方信贷是指出口方银行或非银行金融机构向外国进口方或进口方银行提供融资，进口方再将这笔资金用于支付向融资方所在国进口的大型机械设备。

此外还有以下形式：

①信用限额安排。这是20世纪60年代后期发展起来的一种出口信贷新形式，有购物信用限额和项目信用限额两种。

- 购物信用限额。出口方银行向进口方银行提供一定的贷款限额，以利于向进口商融通资金，帮助进口商购买出口方银行所在国的出口消费品。
- 项目信用限额。出口方银行向进口方银行提供一定的贷款限额，用以满足进口商购买本国工程设备或基础工程建设资金需要。

②混合贷款。卖方信贷和买方信贷是推动一国出口的有力工具，但这类信贷条件往往比较严格，比如贷款资金不能用于进出口商为进出口设备所需的当地费用开支。一些出口国为扩大本国设备出口，在本国银行发放卖方或买方信贷的同时，从出口国政府预算中专列一笔资金，作为贷款发放给进口商以满足其各种需要，如用此款购买设备或支付当地费用等。这种为满足同一设备项目的融通资金需求，卖方或买方信贷与政府贷款混合发放的贷款就是混合贷款。

③存款协议。进口方银行与出口方银行签订一个存款协议，规定出口方银行在进口方银行开立账户，在一定期限内存放一定金额的存款，并在期满之前保持约定的最低存款数额，以供进口商在出口国购买设备之用。

（2）卖方信贷（Supplier's Credit）业务程序

发放卖方信贷的具体程序如图10-4所示。

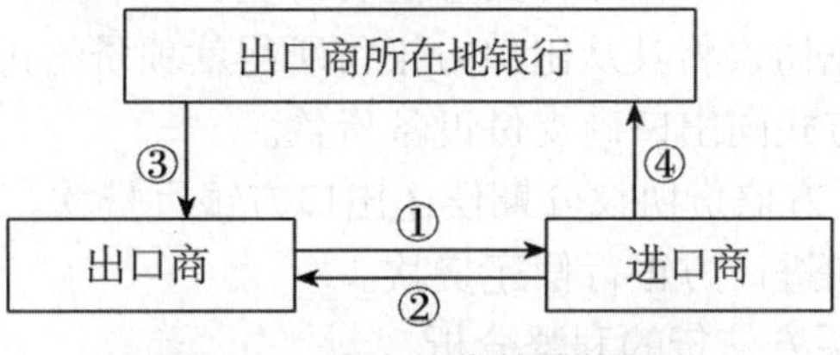

图10-4 卖方信贷的具体程序

①进出口商双方签订合同，出口商以延期支付方式向进口商出售大型设备。

②进口商预先支付10%~15%的定金，在分批交货、验收和保证期满时再支付10%~15%的货款，其余货款在全部交货后若干年内分期偿还（一般每半年还款一次），并由进口商承担延期付款期间的利息。

③出口商依据进出口方的延期支付合同向出口方所在地银行要求中长期出口信贷，签订信贷协议，获得优惠贷款融通资金。

④进口商随同利息偿付出口商的贷款，出口商再用此款偿还银行贷款本息。

（3）买方信贷（Buyer's Credit）业务程序

买方信贷分为由出口方银行向进口商和进口方银行提供贷款两种方式。

①出口方银行直接向进口商提供贷款，其具体程序如图10-5所示。

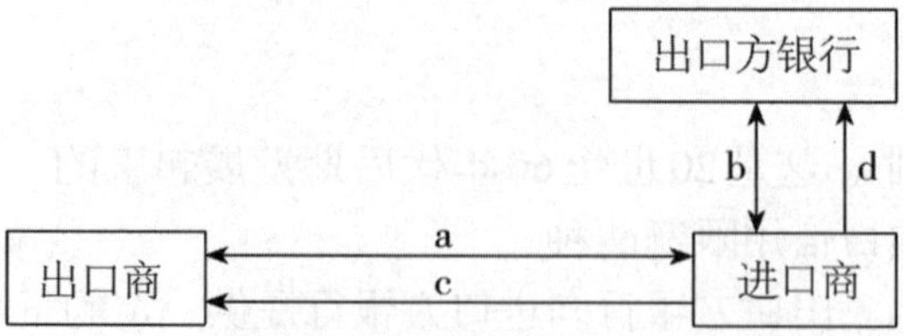

图 10-5　出口方银行直接向进口商提供贷款

a.进出口双方签订贸易合同，进口方预付相当于货价15%的现汇定金。

b.进口商与出口方银行签订贷款协议。

c.进口商用其所得贷款，以现汇方式向出口商支付货款。

d.进口商按贷款协议条件向出口方银行偿还贷款。

②出口方银行向进口方银行提供贷款，其具体程序如图10-6所示。

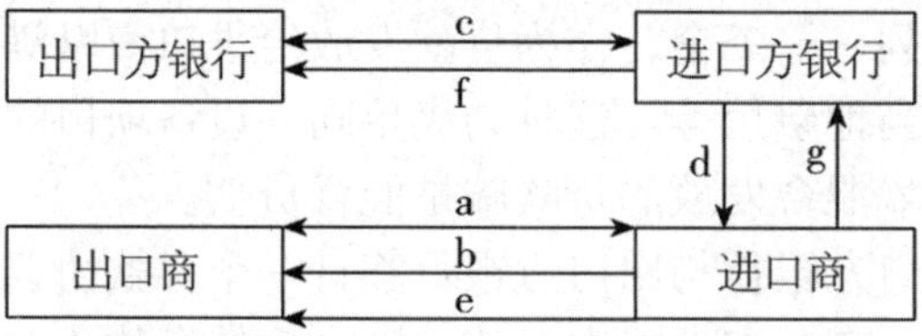

图 10-6　出口方银行向进口方银行提供贷款

a.进出口双方签订贸易合同。

b.进口商向出口商预付相当于货价15%的现汇定金。

c.进口方银行与出口方银行签订买方信贷协议。

d.进口方银行根据协议将其从出口方银行所得款项贷给进口商。

e.进口商以现汇方式向出口商支付设备货款。

f.进口方银行按买方信贷协议分期偿还出口方银行贷款。

g.进口商按协议向进口方银行偿还贷款。

（4）卖方信贷和买方信贷的利弊分析

①对于出口商

使用卖方信贷，可以由进口商负担一切费用和风险，并加在货价上以增加出口商的利润。但由于货款没有进口国银行担保，有可能出现不能按期收回货款的风险。

若使用买方信贷，出口商能收到现汇，风险小、资金周转快，同时，能够简化手续和改善财务状况。因为收入的是现汇，制定出口价格时无须考虑附加的信贷手续费等费用；另一方面，由于收入现汇，没有卖方信贷形式下的应收账款，一定程度上改善了年末财务报表状况。但因各项费用由买方自己负担，出口商只能报现汇价，获利少。

②对于进口商

使用卖方信贷，进口商只需和出口商洽谈就可以签订贸易协议，不需要自己向银行贷款，省时省力，而且除预付定金外无须再付现汇。但是，由于出口商须向银行借款，要负担利息、保险费等费用，有时还要另加风险金，因此货价较高，一般高出市价3%~10%，而且进口商无法了解货物的真实价格。

若采用第二种买方信贷，进口商可以集中精力于技术条件和商务条件的谈判，而将类似商品属性、规格、质量标准等不熟悉的问题交给银行处理。由于使用即期现汇成交，可不纠缠利息问题。信贷条件则由双方银行另行协商，手续费也由双方银行直接协商解决，减少了收费数额和中间环节，这就使进口商在贸易谈判中处于有利地位。但采用第一种买方信贷进口方须同出口国银行打交道，办理贷款手续。

③对于出口方银行

使用卖方信贷，出口方银行要经常关注出口商的生产经营情况，关注进口商的贷款清偿情况。使用买方信贷，若出口方银行贷款给进口方银行，则风险小；若贷给进口商，则须担保，由银行或其他金融机构担保，也无太大风险。

④对于进口方银行

使用卖方信贷不与进口方银行发生关系。使用买方信贷，对进口方银行而言，在金融业特别是银行业竞争愈来愈烈的形势下，承做买方信贷可拓宽与企业联系的渠道，扩大业务量，增加收益。

从以上的分析看，买方信贷无论是对进出口商还是对双方银行都是利多弊少，对发展中国家尤其重要。

2.福费廷

（1）定义

福费廷（Forfeiting）是指在延期付款的大型设备中长期贸易中，出口商把经过进口商承兑的、期限在3~12年远期的汇票，无追索权地给予出口商所在地的银行(或大金融公司)，以提前取得现款的一种融资形式。它属于出口卖方信贷。

（2）福费廷业务的产生与发展

第二次世界大战后，出现了一种新的中长期（3~12年）资金融通形式——福费廷，1965年以后从西欧国家开始推行，自20世纪末以来，在德国、瑞士、东欧国家及发展中国家的设备贸易中得到发展。由于出口成套设备的筹资额大、时间长，一般金融机构难以承担，为了促进资本设备出口，西欧国家的大银行或其附属银行，专门为出口商承担特殊融资，即福费廷代理融资。福费廷实际上是一种较复杂的、变相的出口卖方信贷，是专门的代理融资技术，它包括四方当事人：出口方、进口方、福费廷方和担保方。

（3）对各方的利弊分析

①对出口方

其好处在于：

- 加速资金融通。出口方交货后可立即获得无追索权的融资。

• 减少和避免出口收款风险。由于福费廷公司于出口方交货后即提供固定利率融资，福费廷业务将出口方可能承担的进口方和进口方担保人信用风险、进口国国家风险、利率风险、汇率风险等转嫁给福费廷公司。

• 手续简便易解，提交的单据少。

• 向进口方转移部分融资费用。出口方在贸易谈判阶段，可以申请获得福费廷公司在一定期限内（选择期）决定是否叙做的选择权和有关利率和费用的报价，这样，出口方就可以适当提高交易价格以转嫁部分融资费用。

其不利在于：

• 融资成本较高。由于福费廷公司承担汇率等多种风险，融资的利率一般为融资货币的市场利率加上一个加息率。融资成本还包括承担费、延期费等。

• 很难找到一个使福费廷公司满意的担保方。

• 出口方须了解进口国有关商业票据和担保的法律规定。

②对进口方

其好处在于：

• 获得出口方提供的中长期国家利率的贸易融资。

• 提交的单据少，手续简单。

其不利在于：

• 长期占用银行信用额度。福费廷公司要求进口方对其债务提供担保，银行担保将长期占用进口方的银行信用额度。

• 出口方转嫁的部分融资费用可能致使货物的进口价格较高。

• 进口方须承担银行的担保费。

③对福费廷方

其好处在于：

• 文件简单，手续方便。

• 债权资产可在二级市场上流通。据统计，福费廷业务中使用的债权凭证的95%以上都是汇票和本票，可在二级市场上自由流通。

• 收益率较高。由于其承担多种风险，相应地收益率也较高。

其不利在于：

• 由于对出口商的融资是无追索权的，须承担出口贸易融资中的所有风险。

• 必须了解进口国有关商业票据和保函的法律规定。

• 必须调查担保人的资信情况。

④对担保方

其好处在于：

• 可获得一笔可观的担保费收入。

• 文件简单，交易迅速。

● 扩大担保人在国际市场中的影响。

其不利在于：

对到期票据负有绝对的、无条件的付款责任。

（4）福费廷的叙做程序

福费廷的具体叙做程序如图10-7所示。

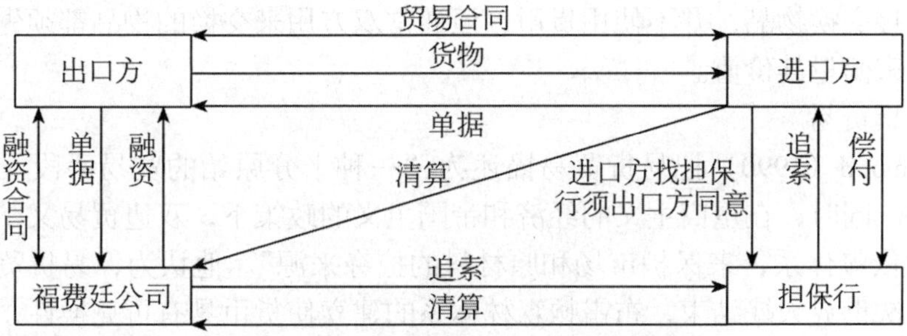

图10-7 福费廷的具体叙做程序

①进出口商在洽谈贸易时，如想使用福费廷，应事先和当地银行或金融公司约定，以便做好多项信贷安排的准备。

②福费廷公司经多方调查和比较后提出报价。

③出口方分别与进口方和福费廷公司签订有关合同。出口方根据福费廷公司的报价，将融资费用全部或部分打入出口商品价格并向进口方报价，一旦对方同意，双方签订贸易合同；另一方面，出口方确认福费廷公司的报价并与之签订融资合同。

④提交票据。出口方按贸易合同要求向进口方提供货物后取得债权凭证，再向福费廷公司转交债权票据，并申请融资。

⑤获得资金融通。福费廷公司收到约定的债权单据后，向出口方提供贷款，并扣除相应的融资利息和其他费用。

⑥到期票据结算。票据到期时，福费廷公司与进口方清算货款，若进口方拒绝支付，则担保人负责向福费廷公司还款。

10.1.4 对销贸易

对销贸易甚至可以追溯到史前时代，当时钱币比较稀缺，使得这种贸易形式非常流行。2000年的时候，据世界银行和美国商务部估计，当时几乎一半的国际贸易是通过对销贸易的形式进行的。20世纪80年代发生的发展中国家债务危机使得很多债务国缺乏足够的外汇储备和银行授信额度，从而无法开展正常的商业贸易，引发了对销贸易的高涨。

1.对销贸易

（1）对销贸易的概念

对销贸易是一种伞形的条约，用来定义各种不同类型的交易，即卖方向买方提供商品或者劳务，同时承诺向买方购买商品和劳务（Hennart，1990）。对销贸易有时涉及资金，有时不涉及资金。当为后者时，对销贸易就成为易货贸易。

（2）对销贸易的形式

Hennart（1989）定义了六种对销贸易的形式：易货贸易、结算协定、转售贸易、回购贸易、互购和补偿贸易。前三种不需要使用现金，后三种需要。易货贸易中双方直接交换物品，并不使用货币，但通常双方用来交换的物品都须先以一种公认的货币来衡量其价值。

①易货贸易

Hammond（1990）把易货贸易描述为“一种十分原始的贸易手段。它孕育了双边贸易。同时，在重商主义的经济和帝国主义的政策下，双边贸易又孕育出紧密的殖民地依赖体系，来保护市场和原材料的掠夺来源”。他认为，易货贸易一直盛行到第二次世界大战结束，布雷顿森林体系的建立使货币具有可兑换性，而且孕育了自由贸易。

今天，易货贸易是一种在特定情形下发生的典型的老式商品交易。进入21世纪以来，一些国家的政府与企业在对外贸易活动中仍一直寻求与其贸易伙伴开展易货贸易与相关项目合作。如埃及政府就提出，希望从俄罗斯、乌克兰、澳大利亚等国以易货贸易方式进口小麦，埃及则以柑橘、磷酸盐、冶金制品等作为易货物品。

自2015年以来，以去产能、去库存、去杠杆、降成本、补短板为重点的供给侧结构性改革成为我国改革的重点任务，易货交易这种“以物易物”的交易形式有利于盘活企业库存，契合了企业的“去库存”之需，可以节省交易成本，避开资金链断裂的风险，提高资源的利用率，从而摆脱经营困境，是推动供给侧结构性改革的重要手段，对我国经济提质增效及和谐可持续发展具有重要意义。

②结算协定（又称双边结算协定）

结算协定是一种物物交换的形式，贸易双方签订合约向对方购买一定量的商品或劳务。双方均为对方设立一个账户，当一国从对方进口货物时，便记入账户的贷方，双方约定的期限结束后，若账户不平衡，则可通过支付货币或转让商品来使之平衡。结算协定在物物交换中引入了信用的概念，它使双边贸易无须即时结算。定期检查账户是否平衡，若不平衡则以约定的货币来结算。Anyane-Ntow和Harvey（1995）指出这种双边结算协定通常发生在第三世界和东欧的一些国家，2011年6月23日，中国人民银行与俄罗斯联邦中央银行在俄罗斯签订了新的双边结算协定。协定签订后，中俄结算从边境贸易扩大到了一般贸易，并扩大了地域范围。

③转售贸易

转售贸易是指第三方在一个国家的结算协定出现不平衡时，用硬通货采购然后再转售。第二个买家通过向账户不平衡的原始结算协定参与方购买货物和劳务来实现自己账户的平衡。Anyane-Ntow和Harvey（1995）举了一个转售贸易的例子，美国通过罗马尼亚-巴基斯坦结算协定向巴基斯坦出口化肥。

④回购贸易

回购贸易指通过出售设备来转让技术，作为交易的一方，卖方同意在工厂建成后购买一定比例的产品。Hennart（1989）指出，货币通过两种方式参与到协议中：第一种方式，工厂的买方通过在资本市场借贷支付给卖方；第二种方式，工厂的卖方同意在一段时间内购买足够多的产品，使买方可以偿还借款。回购贸易可以视作在买方国家的一种直接的投资形式。回购贸易的例子包括日本与中国台湾、新加坡、韩国等国家和地区签订协议，用一定比例的产品交换电脑芯片生产设备。

⑤互购

互购和回购贸易类似，但具有一些显著的不同。两者参与双方通常是东方技术进口国和西方技术出口国，互购和回购贸易的不同在后者。西方国家的卖方要购买的商品和出口的设备无关，或者该商品还没有生产出来，卖方同意以进口方的定价购买由进口方给出的货物列表，列表上的货物经常是卖方不易买到的东西。作为互购的一个例子，Anyane-Ntow和Harvey（1995）引用了一个意大利用工业设备交换印度尼西亚橡胶的协议。

⑥补偿贸易

补偿贸易可以看作包含航天、国防工业的相互贸易协议。补偿贸易是工业国家和国防、航空工业国家之间的互惠贸易协议。Hammond（1990）引用通用动力公司销售F-16战斗机给土耳其和希腊用以交换橄榄油，以及水电站项目、旅游推介、飞机联合制造的例子加以说明。

2.对销贸易的利弊分析

对销贸易在20世纪八九十年代的国际贸易中非常重要。关于它的争论中既有支持对销贸易的，也有反对的。Hammond（1990）指出，国家对对销贸易的支持既有消极的动机，也有积极的动机。消极的动机是指强迫国家或公司参与对销贸易而不论其是否期望，包括节省外汇或硬通货，贸易不平衡的改善和保持出口价格。积极的动机包括促进经济发展、增加就业、技术转让、市场扩大、增加利润、降低获得供应的费用、减少过剩产品数量、提高营销技能等。

反对对销贸易的人声称这种交易破坏了自由市场的基本运作，从而导致资源没有得到有效的应用。反对者还声称交易费用在增加，在培育双边贸易的过程中多边贸易被抑制。总之，不使用货币的贸易表明了在经济发展上的倒退。

无论对销贸易对于全球经济到底是好还是坏，在不远的将来它都将随着世界贸易规模的扩大而增长，这是毋庸置疑的。

10.2 国际工程项目融资

10.2.1 项目融资概述

1.项目融资的特征及要素

对项目融资不存在严格的定义，但所有被称为"项目融资"的融资方式都具有一个共同特征：融资不是主要依赖项目发起人的信贷或所涉及的有形资产。在项目融资中，提供优先债务的参与方的收益在相当大程度上依赖于项目本身的效益，因此他们将其自身利益与项目的可行性以及潜在不利因素对项目影响的敏感性紧密联系起来。

项目融资通常包含以下要素：①在一定程度上依赖于项目的资产和现金流量，贷款人对项目的发起人（在一些例子中即借款人）没有完全的追索权；②贷款人需要对项目的技术和经济效益、项目发起人和经营者的实力进行评估，并对正在建设和试运营中的项目本身进行监控；③贷款和担保文件很复杂，并且经常需要对融资结构进行创新；④贷款人因承担项目风险（经常是政治风险）而要求较高的资金回报和费用投入。

2.项目融资与其他有限追索权融资的区别

从使用的担保结构可以看出项目融资和其他有限追索权融资的不同。

例如，对用来购买或开发房地产项目的贷款，有时贷款方仅对出售特定的房地产所得和项目自身收益有追索权，而对借款人没有追索权，这样的贷款将用房地产和租金收益权作担保。又如，长期船运协议或船舶使用协议通常是船舶项目融资的基础，唯一的担保是把船舶本身作为抵押并将航运收益权转让给贷款人。

同样，在项目融资中，担保常采用项目有形资产抵押以及项目现金流量转让的方式。但与一般的有限追索权融资不同，项目融资还要求考虑项目技术可行性和经济效益的可靠性。在技术测试中，可能涉及比建造船舶和房地产建设更高深的技术，因此项目的竣工风险很大。在经济效益测算中，项目有形资产的价值可能大大小于项目先期使用的资金，因此准确测算项目经济效益是至关重要的。

此外，必须解决在贷款人和项目其他参与方之间风险分担的问题，随着项目的进展，从一个阶段到另一个阶段，风险分担可能会不同。

3.项目融资的适用范围

项目融资被广泛应用于油气等自然资源开发项目、豪华饭店的建设以及大型农业发展项目等领域。当今的项目融资主要集中在大规模的基本建设项目，如发电站、道路、铁路和机场。尤其在东南亚新兴工业化国家和中国，这些项目经常采用BOT（Build-Operate-Transfer，建设－营运－转让）方式。

10.2.2 采用项目融资方式的优势

项目融资的成本高于一般的融资方式，因为：贷款人的技术专家和律师需要较长时间来评估项目、讨论拟定复杂的项目融资文件；可能要求附加保险，特别是对重大损失和政治风险的保险；在项目的执行期中，需要花额外的费用来监控技术进展、运营以及贷款的使用；按照贷款人或其他参与者的要求，用来评估其他风险所花的费用。

但采用项目融资方式显然具有一定优势。对项目的发起人和运营方来说，项目所带来的利益应足以弥补上述额外的成本；对于借款人，项目融资方式的吸引力在于风险分担、政治风险、财务待遇、借款限额和税收减免等方面的规定。

（1）风险分担。当项目贷款人完全或部分丧失对借款人和发起人的追索权时，贷款人必须全部或部分承担在项目不能产生足够的现金流量情况下的风险。风险分担在借款人的实力与项目的规模相比较小时显得十分重要，如项目失败，不至于造成借款人或项目发起人破产。

（2）政治风险。贷款人承担一定的政治风险，如价格控制、税收、进出口壁垒、市场竞争、国家征用或国有化等对其还款付息额的影响。

（3）财务待遇。一般的借款可能对借款人或项目发起人的资产负债表产生不利影响。但在项目融资情况下，项目发起人在或取或付协议（Take-or-Pay）①、收费（Tolling）②、项目使用（Throughput）③合同中承担的责任（甚至是担保责任），并不总是显示在资产负债表或会计附录中。

（4）借款限额。当项目发起人的公司章程或已存在的信贷协议规定了它的借款限额时，它可以使用一种法律上不视为借款的融资方式，如预先购买合同（Advanced Purchase）④、委托人借款（Trustee Borrowing）或产品支付（Production Payment）⑤合同。

（5）税收减免。对资本性投资和新成立的公司的税收减让政策使项目发起人愿意采用项目融资方式。

10.2.3 项目融资的参与方

（1）项目发起人。项目发起人可以是一个公司或一个由像承包商、供应商、项目产品的购买方或使用方构成的多边联合体或财团，甚至可以包括与项目无直接利益关系的成员。

（2）项目公司。项目公司是经营项目的实体，其身份、注册地址和法定形式取

---

① 该协议由买方和卖方签订，买方同意不断地支付预定数量的货款用来购买产品或服务，即使没有得到货物或接受服务。

② 收费合同，其中设备——如冶炼或精炼厂——的使用方保证至少提供一定数量的原材料用于冶炼或精炼，并使所支付的使用费足以负担设备拥有方的成本和偿债的需要，即使没有使用该设备，使用方可能也必须支付承担费/生产能力预订费。

③ 使用合同，其中设备——如输油管道——的使用者向管道拥有方保证，将从该管道中输送至少一定数量的石油或天然气，并使所付的使用费足以支付管道拥有方的成本和偿债的需要。

④ 在该协议下，贷款人可以建立一个特殊目的的公司来购买规定数量的未来产品和/或现金收益。项目公司交付产品或收益的进度将被设计成与规定的分期还款、偿债计划相配合的模式。

⑤ 是一种融资方式，购买方购买未分割的矿产或项目公司生产的产品，而在项目生产期，项目公司必须定期地将一定的生产收益支付给购买方。

决于多种因素。首先，当地政府可能规定了外国投资的方式：独资经营或合资经营。其次，有限责任、合作企业等概念可能与发起人熟悉的有所不同。再次，项目所在国和项目发起人国家税收制度和外汇条例的影响。这些因素都可能影响项目所有权结构以及项目发起人之间的关系。

（3）借款人。借款人可以是也可以不是项目公司。一个项目融资可能有几个借款人，它们分别筹资以满足各自参加项目的需要，如建筑公司、运营公司、原料供应商或生产购买方（Off-Taker）。

（4）银行。许多大规模的项目需要银团贷款。尽量组成一个由许多国家银行参加的银团，从而避免所在国政府对项目的干涉，因为所在国政府可能不愿意因此破坏与这些国家的经济关系。商业银行可以作为担保行参加银团。

（5）安排行。负责融资和银团贷款的安排行通常在贷款条件和担保文件的谈判中起主导作用。

（6）管理行。在项目的文件和围绕项目的主要场合中，可能指定项目的管理行和主要管理行（Lead Manager）。管理行通常不对借款人或贷款人承担任何特殊责任。

（7）代理行。代理行的责任是协调用款、帮助各方交流融资文件、送达通知和传递信息。其不对贷款人的贷款决定负任何责任。

（8）工程银行（the Engineering Bank）。工程银行的责任是监控技术进程和项目的业绩，并负责项目工程师和独立的专家间的联络。其很可能是代理行或安排行的分支机构。

（9）担保委托人。在一个涉及银团贷款的项目融资中，经常由一个具有信托资格的代理行来保管担保资产。在其他项目融资中可能有不同的贷款人组织或其他债权人对担保资产有兴趣，这将需要指定一个独立的信托公司作为担保委托人。

（10）财务顾问行。财务顾问行将准备项目情况备忘录（Information Memorandum）的提纲，以及项目的特点和经济效益可行性分析，提出与项目成本、市场价格和需求、汇率等有关的假设，并报告各项目发起人的情况。

（11）专家。被项目发起人或财务顾问选中的具有国际声望的技术专家将负责准备或至少检查项目的可行性报告。其通常继续参加对项目的监控，当项目发起人和贷款人对项目文件规定的竣工测试有争议时充当仲裁人。

（12）律师。大规模项目融资所涉及的项目文件十分复杂，加上来自不同国家的参与方，这使律师的作用变得必不可少。

（13）国际机构。许多发展中国家的项目是由世界银行及活跃在私人企业界的商业贷款分支机构，即国际金融公司（IFC）或区域发展银行共同提供融资的。

（14）所在国政府。许多情况下，即使在BOT基础设施项目中，所在国政府也不会作为借款人或项目公司的所有人直接参与项目融资。但其可能通过一个代理人获得项目的股权利益，成为项目产品的购买者或项目所提供服务的使用者。尽管其很少直接参与项目，但它起着很关键的作用，如给予有关的批准或运营特许，给予项目优惠待遇或保证外汇来源。

（15）保险公司。必要的保险是项目融资的一个重要方面。

（16）租赁公司。如果对工厂和设备的残值或其他资产有资本减税，项目融资可能有一个或一个以上的租赁公司参与。其作用是获得项目公司所需的部分或全部资产，并将其出租给项目公司来换取连续的租金回报，该租金回报应抵消上述资产。

（17）评级机构。由于税收的缘故或为了达到更好的评级，一些项目在银行的支持下，可能通过发行债券来筹资。如果债券要被评级，应在早期咨询有关的评级机构，因为评级机构的政策可能是以融资结构为基础的。如果是这样，提供支持的银行自身的等级就很重要。

10.2.4 项目融资的类型与阶段

1. 项目融资的类型

项目融资的基本结构有两种：①有限追索权或无追索权贷款，依靠项目现金流量来还款；②用被称为“预先购买”或“产品支付”的方式预先支付一定数量的资金来购买项目的销售收益（或项目收益）。对适当的项目可以在上述基本结构中使用融资租赁、出口信贷、发行证券等技术。

2. 项目融资的阶段

一般来说，项目融资至少包括两个阶段：

（1）建造（开发）阶段

在这一阶段中，贷款被发放，偿债可能通过两种方式被推迟：在产生现金流量的运营阶段到来之前采用利息转本；在运营阶段之前，允许用新发放的贷款支付利息。建造阶段对贷款人来说是高风险期，对这一阶段的融资，常通过获得项目发起人的有法律约束力的担保来使融资具有完全追索权。或者，在建造阶段，贷款人要求比项目其他阶段高的利率，同时用建造合同和相关的履约保函作担保也将减少风险。当项目按照预先决定的、项目文件中的所有各方同意，并经独立的专家审核了的标准被认为是圆满竣工时，对发起人的追索权将不再存在，或者降低较高的利率。这时，项目进入运营阶段，项目应产生现金流量，开始偿债、分期还款。

（2）运营阶段

在这一阶段，贷款人将用销售收益或项目产生的其他收益作为担保品。偿债的速度通常取决于项目预期产量和应收账款。现金净流量的上交部分将自动支付给贷款人。如项目产量或市场对产品的需求比预期的低，或贷款人担心项目前景、项目发起人、有关的经济环境或政治气候时，贷款的条款经常写明上交份额将增至100%。

图10-8将对项目的阶段作一直观表述。

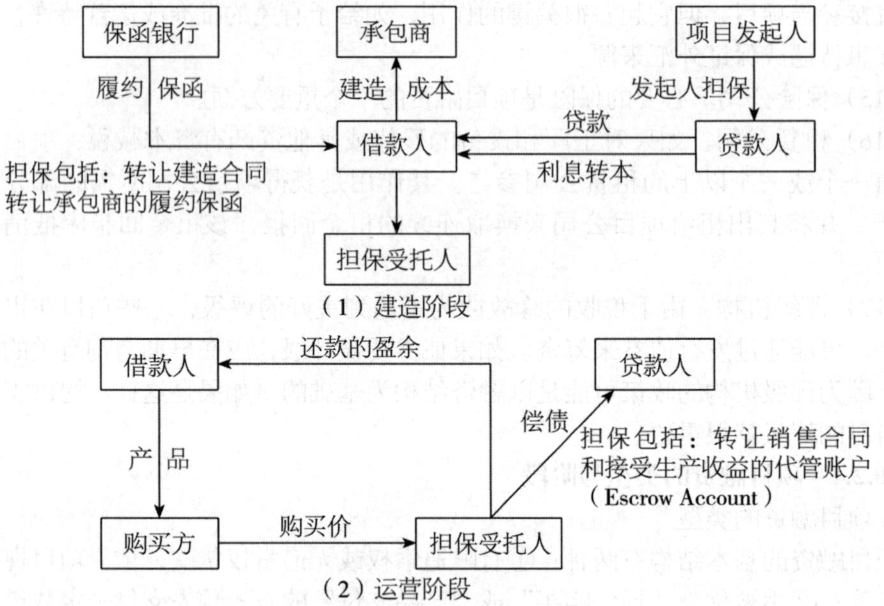

图10-8 项目的阶段

10.2.5 项目融资的风险

1.信用风险

项目融资中，即使对借款人、项目发起人有一定的追索权，贷款人也将评估项目参与方的信用、业绩和管理技术。这些参与方包括借款人和任何担保人、承包商、项目发起人、生产购买方、项目借贷方、项目运营方、项目使用方、保险公司等。

2.建设和开发风险

贷款人在评估建设和开发阶段的风险时，将仔细研究可行性报告中使用的方法和假设，必须考虑以下因素的可能性和影响：矿藏量不足，能力、产量和效率不足，成本过高，竣工延期，土地、建筑材料、燃料、原材料和运输的可获得性，劳动力、管理人员和可靠的承包商的可获得性，不可抗力等。

其中一些风险可以通过以下方式降到最低程度：保证项目公司与信用好和可靠的伙伴就供货、燃料和运输签订有约束力的、长期的、固定价格的合同；建立项目自己的供给来源和基本设施；要求供货商、承包商和转包商出具履约保函和竣工担保，并转让给贷款人；购买商业保险，并确保出口信贷担保支持；在项目文件中订立严格的条款，涉及承包商和供货商的有延期惩罚、固定成本，以及项目效益和效率的标准。

3.市场和运营风险

与运营阶段相联系的风险有：是否存在该项目产品的国内和国外市场；可能的

竞争激烈程度，是否有相似的项目竣工；预计的产品国际价格、适用关税和贸易壁垒；市场准入情况，有形的途径（运输和通信）或商业途径（潜在的顾客是否能自由购买产品，中央计划部门是否控制市场）；时效性，即当项目到运营阶段时，项目产生的产品或服务是否仍有市场，项目所用的技术是否可能被超越；新技术，通常由于担心项目延期、成本超支或项目完全失败，贷款人将不愿意贷款给未经测试的技术，但需要同时考虑被竞争者的革新取代的风险。

长期的或取或付（Take or Pay）合同、使用合同或收费合同在规定的能够抵消运营成本和债务的价格水平上，为产品保证一个市场，可以减少运营风险。

4.金融风险

项目发起人和贷款人必须重视金融风险（金融风险必须包括在可行性研究内），如汇率波动，利率增长，国际市场商品价格上涨特别是能源和原材料价格上涨，项目的产品价格在国际市场上下跌，通货膨胀，国际贸易保护主义和关税的趋势。

这些风险可以在融资合同中通过多种途径来解决：如在融资协议中包含套期保值（Hedge）技术来应付汇率和利率风险，通过货币和利率互换（Swaps）、利率封顶（Interest Caps）、利率区间（Collars）和保底（Floors）以及其他技术；参考一系列因素来设计偿债计划，包括市场价格、通货膨胀率、能源费用、税率和影响上交贷款人的项目收入中“贡献份额”的因素，或可能存在的有关项目发起人责任的或取或付协议、使用协议；在融资协议中包括针对产品价格下跌的保护措施，即套期保值技术（Hedge），如远期销售（Forward Sales）、期货（Future）和期权（Option）合同，但有时会因收到追加保证金通知而陷入需要进行附加融资的风险。

5.政治风险

在任何国际融资中，借款人和贷款人都承担政治风险，如借款人所在国现有政治体制的崩溃或颁布新税制、汇兑限制、国有化或其他可能损害项目成功以及项目投资安全保证、偿债和变现前景的法律。在项目融资中，政治风险显得格外敏感。

可以通过以下方式来减轻政治风险：授予项目发起人的特许证书内容如果有模棱两可的情况应交发证机构检查和确认，对特许证书的任何修改、更新、撤销，应事先通知贷款人，如果项目公司失败，贷款人可寻求把特许证书转让给自己或由贷款人提名的公司；寻求免于征用和国有化，以及在发生这些情况时能得到适当补偿的保证；如有可能，应从中央银行得到可以获得外汇的长期保证；如果项目产生“硬通货”，通过销售合同，贷款人从海外接受、控制和保留现金流量；项目发起人和贷款人应熟悉所在国的税收和关税法令，使项目及其融资结构利用避免双重征税条约和双边或国家间贸易协议的有利之处，项目发起人求助于转移价格（Transfer Price）方式来避免征税和外汇汇划的限制；向商业保险公司或官方机构（如出口信贷机构或多边发展机构）投保政治险。

6.法律风险

许多项目是在第三世界国家进行的，这里的法律系统较为落后。担保和强制获得担保品的法律不健全，现有法律可能排除对不动产的所有权，而对项目融资，特别是当追索权有限时，取得有效担保非常关键；对知识产权保护不够；缺乏有关公平贸易和竞争的法律；“信托”的概念可能还未被意识到，将对担保品的分享和贷款人权益的可转让性造成困难；争议难以解决，外国法律可能不允许运用，仲裁受到限制；当地律师和法院可能对项目中的争议不熟悉，当地法律系统运行迟缓、费用高。

对项目贷款人来说，应在早期通过律师对法律风险进行彻底的研究，如有可能，最好征求所在国政府的法律机构的确认，在一些情况下，可能需要修改法律条款，把通过针对本项目的新法律作为融资先决条件。实现这一点的可能性取决于项目的大小、特征和对当地经济的重要性。

7.环境风险

随着公众愈来愈关注工业化进程对自然环境和在环境中休养生息的人类的健康福利的影响，许多国家颁布了日益严厉的法令来控制辐射、废弃物、有害物质的运输和低效使用能源及不可再生性资源。因此，在项目融资过程中项目发起人和贷款人可能受到因污染而产生的罚款和惩罚，以及付出其他环境成本。

项目贷款人可以通过以下方式保护自己：熟悉所在国与环境保护有关的法律，并将其纳入项目总的可行性研究之中；估计项目的环境责任风险，包括借款人、项目所在地、与项目所在地往来的供应和运输；借款人应确保由专家对收集的材料进行研究；必须将环境保护计划作为融资的一个特殊前提；项目文件应包括借款人的陈述、保证和约定，用来确保借款人重视环保并遵守有关法规的行为；对项目的不断监督应包括环境评估，该环境评估应以环保立法的变化为基础；还可通过投保降低风险。

10.2.6　项目融资的典型方式：BOT项目融资

1.BOT项目融资的定义及其在我国的发展

（1）定义

BOT融资是项目融资的一种方式。BOT是英文“Build-Operate-Transfer”的缩写，意即“建设—营运—转让”，是指东道国政府把由政府支配、拥有或控制的资源以招标形式选择国际商业资本或私人资本等发展商，政府通过与其签订协议，授权其为此项目筹资、设计、建设，并授予发展商在项目建成后的一定期限内通过经营收回投资、运营、维修费用和一些合理的服务费、租金等其他费用，以及取得利润等投资回报的特许权。在授权期结束后，发展商将项目无偿转让给政府。

由于我国目前私人资本实力尚不够雄厚，无法承担对基础设施的投资，因此对我国来说，开展BOT方式实际上是中国政府或地方政府与外国私人资本或商业资本的特许权协议关系，是吸引外资参加国内基础设施建设的一种手段，所以我国的

BOT融资方式也被称为“外商投资特许权项目”。

（2）BOT融资方式在我国的发展

BOT融资方式出现于20世纪70年代末80年代初。目前国际上公认的第一个BOT项目是20世纪80年代初土耳其为建设火力发电厂而提出的。然而，真正使BOT方式成为国际瞩目的一种融资方式的是菲律宾的诺瓦塔斯发电厂项目。此后，BOT方式作为建设基础设施项目的一种重要的融资方式逐渐在国际上流行起来。

BOT融资方式在我国出现已经30余年。1983年，香港合和集团就和广东省政府合作，首次采用BOT方式在深圳投资建设了沙角火力电厂B项目，资金以无追索权的项目融资方式在国际资本市场筹集。由于当时市场环境尚不具备，此项目的具体做法尚不规范，因此当时并未引起多大注意。10年以后，BOT方式才逐渐引起人们的重视。

2.BOT项目融资的叙做

一般来说，每一个BOT项目的叙做均要经历项目的确定、招标、评标和决标、授权、建设、运营和移交几个阶段。

（1）项目的确定

BOT项目的确定可以采用两种方式：一是政府直接确定；二是私营部门提出，政府确定。在前一种方式下，政府的主要工作是对候选项目进行技术、经济及法律上的可行性研究，确定适合采用BOT方式建设经营的基础设施项目。在后一种方式下，政府充分利用私营部门在选择项目上的经验和对项目经济效益的关注，由私营部门根据政府的需要提出项目建议，然后由政府决策确定项目。

（2）招标

在国际上，通过竞争性招标程序选定BOT项目的授权单位是比较普遍的做法。政府通过此种方法选定BOT项目的授权单位，有利于取得更快的建设速度、更低的成本、更合理的运营价格。在BOT项目的招标阶段，政府的主要工作包括两个部分：一是对投标者进行资格预审，二是准备及发出投标邀请书。

①对投标者进行资格预审

采用BOT方式建设的基础设施项目往往是一些投资大、工程量大的项目，政府在发出投标通告后往往会有大量的投标者表示投标意向。在这种情况下，政府通常采用资格预审的方式先淘汰一部分竞争者，剩下少量几个进行最后的评估。BOT项目的资格预审一般要经历以下几个阶段：

- 政府发出BOT项目资格预审的通告。在通告中应明确以下内容：工程项目的概述、拟给定的授权经营期限、参加预审的资格、获取资格预审文件的时间和地点等。
- 出售资格预审文件。

• 评审。

②准备和发出投标邀请书

政府在完成对投标者的资格预审工作后，应通知所有通过资格预审的投标者前来购买标书。一般说，一个BOT项目的标书除了一般项目招标书应该具有的基本内容外，还应包括投标条件、政府评估投标者所提供建议书的一般基础、政府对项目的各种要求、对专营期限的要求及有关专营权的相关资料。

有意参与某一BOT项目投标，并已通过政府的招标资格预审的发展商收到政府的正式招标书后，就进入了投标的准备阶段。在此阶段，发展商的主要工作是制定并向政府提交详细的投标书。投标书一般应包括建筑合同草稿、聘用设计师的合同草稿及各项保证协议和制定财务决策的依据。

在这一阶段，发展商的另一个主要工作是和金融机构接触，以取得金融机构的贷款意向。

（3）评标和决标

评标是政府根据招标文件的要求，对所有的标书进行审查和评比的行为。在BOT项目中评标的主要内容是确立评标的一般标准，不同的BOT项目的评标标准不同。决标是政府在评标的基础上，最终决定中标者。

（4）授权

在确定了项目的发展商后，政府必须和发展商进行实质性谈判。谈判的内容涉及项目的技术、经济、法律等多个方面。通过谈判，正式形成涉及项目建设、经营及转让的所有法律文件，主要的是授权法律和特许权协议。

①授权法律

授权法律是政府就某一BOT项目的建设和经营而制定的专门法律，其主要作用是明确发展商在专营期内负责建设、经营和转让项目的法定权利和义务，保证工程项目的顺利进行，为项目发展商从金融市场筹措建设资金提供法律基础。一般来说，授权法律包括以下内容：

• 总则。这主要包括制定该法律的目的，有关专用术语的定义，明确本法律是所有与该BOT项目有关的协议、合同及条例制定的基础。

• 授予工程项目开始的权利。这主要包括授予项目发展商独家开发项目及和项目相关的土地使用权；授予发展商建设或经营项目所需的设备购买权；授予输出工程项目产品的权利等。

• 专营权和其他特许权。授予发展商这些权利的目的是确保发展商在维持正常项目的投资工程外，必须保证其取得一定的投资回报，并要确保不因这些投资回报过高而引起政治上的关注。授予发展商取得回报的权利包括收费权、销售项目产品的权利、取得产品权利。此外，还包括授予自由兑换外汇、专营权转移、税收优惠、聘用外籍工人等权利。

• 项目的建设。授权法律必须规定，发展商必须在一定的期限内完成主体项目的建设，在主体项目建成后的一定期限内完成辅助项目的建设。对于发展商无法按政府的规定完成项目建设的，必须视具体原因采取不同的措施。在项目建设期间，政府有权按照国家有关法律、法规和规章，对工程的质量、进度、环境等进行监督检查，并有权要求发展商提供有关资料。

• 项目的经营。授权法律必须规定项目经营的期限，规定项目产品或服务应达到的标准。规定在经营期间，政府有权对发展商的经营管理状况进行监督检查，并可根据需要随时要求发展商提供相应资料。

• 项目的转让。首先必须规定项目转让的范围，这就要求确定转让时发展商应提供的项目资料范围。同时必须规定，在项目正式转让前的规定期限内，发展商必须为政府安排的项目上岗人员提供技术和岗位的培训。在项目转让后，政府不承担在专营期间形成的任何债务。

②特许权协议

特许权协议是政府和项目发展商之间在授权法律的指导下就项目的建设、经营和转让而签订的规范双方权利和义务的法律文件，是政府在保持应有权益的前提下，向财团法人业主授予充分权利的协议。经过批准的、符合项目所在国相关法律条款及现行政策的BOT项目协议是财团法人业主签订建设总承包合同和向贷款金融机构落实长期贷款合同的依据。一般情况下，特许权协议包括以下内容：

• 建筑方面的规定，包括设计责任、建设责任、建设时间、项目的建成、工程的保险、政府对于项目机关的土地移交责任、履约保证金。

• 发展商的公司结构及财务安排，包括收益及税收、融资方面条款、发展商的公司结构。

• 经营工程的条款，包括设施运作的安全和效率问题。设施运作的保险、设施运营的时间、维持设施正常运营所需要的设备的保养和维修等应由发展商负责；发展商应接受政府对其在项目运营过程中的财务状况的监督；发展商必须同意政府提出更改经营条件的合理要求。

• 违约及违约的处理。

• 适用方法。

（5）建设

BOT项目的建设一般是通过交钥匙合同[①]方式进行的，即发展商在取得政府的授权后，通过项目建设总承包协议，规定由建设总承包者负责项目的规划、设计、建筑施工、设备安装等，直到项目建成投产且工程质量、产品质量符合政府的有关

① 交钥匙合同是建造和安装所有设备的合同，合同规定在项目竣工并立即可以运营时移交项目。

要求为止。

（6）运营和移交

在项目建成后，发展商即拥有了经营项目取得收益的经营权利。发展商可以自己直接经营，也可以委托其他机构经营。在经营过程中，必须向政府提供特许权协议中规定的有关资料，直到经营期结束。

在项目授权期满后，发展商必须将项目无偿转让给政府，这是政府进行BOT项目最终和最为重要的权益。在移交前的若干年，政府和发展商应分别指派代表组成转让委员会，制定项目转让的具体标准和办法。发展商在将项目转让给政府时应提交以下实物、资料：备品、备件；维修、库存、保管记录等方面的资料；可转让的许可证、执照、证明文件；专有的资料，如软件、经营手册、商业机密等；债权债务资料；各类人员的工资及福利情况；其他转让所需的资料。

3.BOT项目融资的图例结构

（1）一般及整个结构（见图10-9）

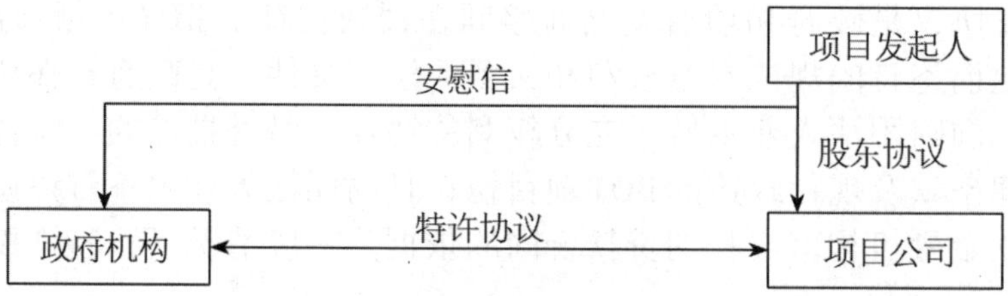

图10-9（a） 特许

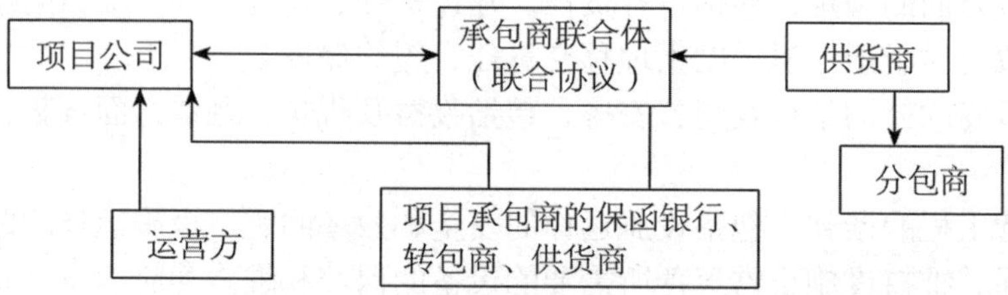

图10-9（b） 建设

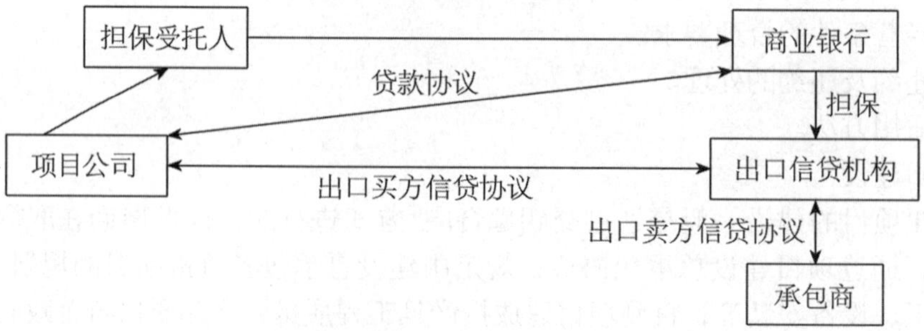

图10-9（c） 融资

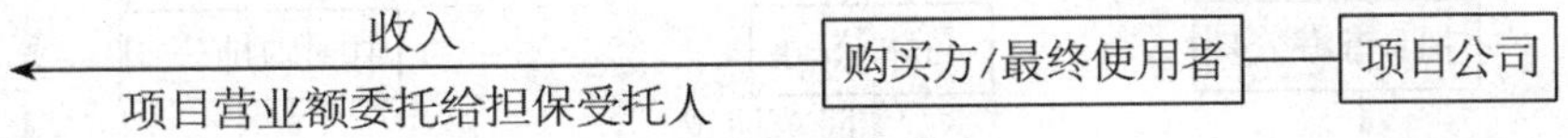

图10-9（d）　运营

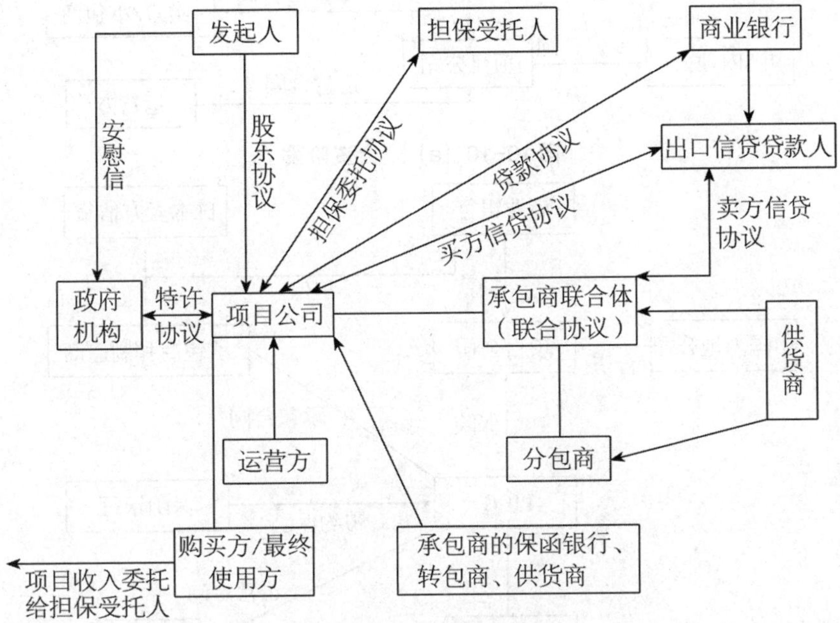

图10-9（e）　整个结构

①项目发起人建立股份有限公司，即项目公司被授予特许权，股东出具给政府安慰信（Letter of Comfort）[①]。

②项目公司与承包商签订建造合同，接收保函和分包商、供货商转让的保函权益；签订运营协议。

③项目公司与商业银行签订贷款合同，与出口信贷机构签订买方信贷合同；商业银行以项目资产作为抵押为出口信贷机构的贷款进行担保。

④项目公司将项目收入委托给担保受托人。

（2）深圳沙角B电站的项目融资结构

最早在中国完成的有限追索权融资项目是位于深圳的42亿港元沙角B电站项目。该项目的结构如图10-10所示。

① 安慰信是意向担保的一种，它是由项目主办人或政府机构向贷款人出具的，旨在提供特定信用性保证的意向表示，其内容往往不限于承诺信用之债，还可能是追加投资承诺或者债务主体变更承诺。

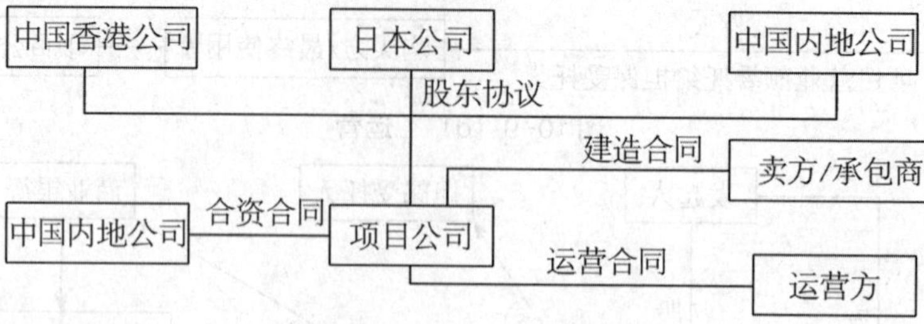

图 10-10（a） 合资阶段

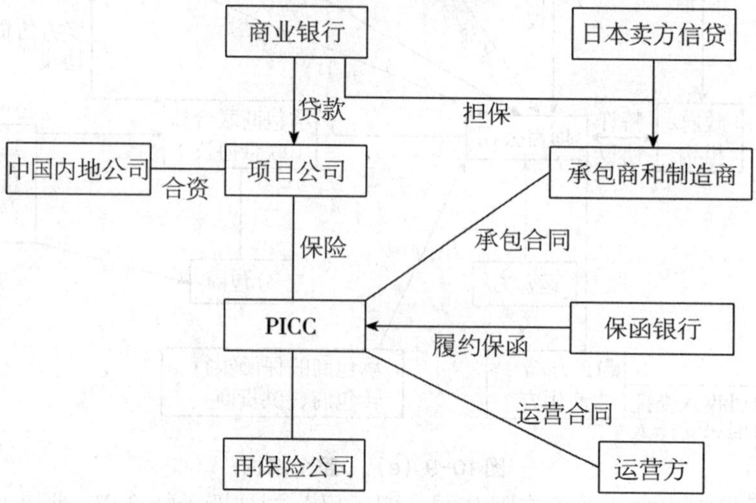

图 10-10（b） 融资

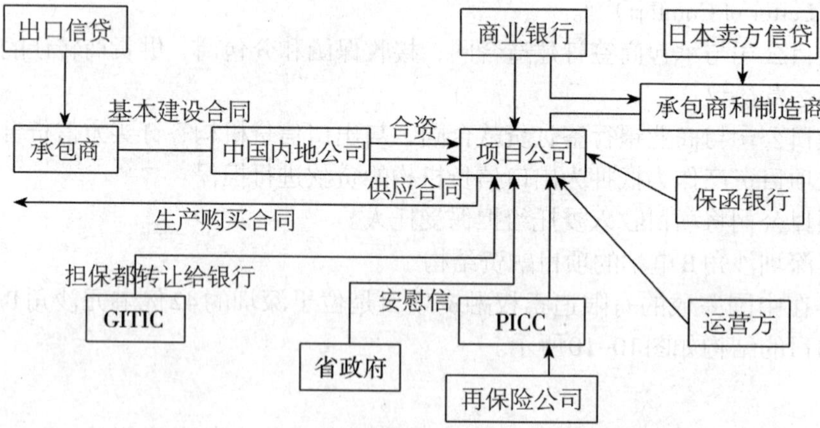

图 10-10（c） 项目生产的购买、担保和安慰信

①负责深圳特区电力建设的中国内地公司与一个中国香港地区公司合资；该香港地区公司是由中国内地、中国香港地区和日本公司共同参股组成，起特别工具公

司（Special-Purpose Vehicle，SPV）①的作用。

②按照合资合同，SPV负责签订制造、供应和购买合同，并负责筹集所需的外汇资金。项目完工后10年内，由SPV负责项目的运营，存留项目利润，并负责筹集项目运营和偿债所需资金，在运营期结束时项目将转交给中国内地公司。

③一个由日本公司和中国香港地区公司组成的承包商/制造商负责按照交钥匙合同方式建造项目设备，日本方面的承包商/制造商提供卖方信贷；根据合同延期支付的进度款由一个商业银行组成的银团提供担保（卖方信贷被再融资，从而降低成本，并使利率固定；另外，再用由商业银行提供的预付承包商的贷款代替银团担保）。

④银团还以贷款形式向项目公司提供了所需的其他资金。

⑤项目运营阶段的早期，是由一个在电站管理方面有国际声望的公司（其任务之一是培训当地的运营公司）负责的。

⑥中国内地方以固定价格向电站提供燃煤，并与项目公司签订了生产购买合同，该合同规定了购买价格和最低购买量，使得销售收入足够支付项目的成本、债务，并满足发起人所期待的投资回报。

⑦广东国际信托技术公司（GITIC）作为政府指定的担保人为中国内地方在合同中承担责任担保。该担保项目的权益被转让给商业银行，同时以广东省政府的名义提供了安慰信。

⑧中国内地方负责铺设与项目有关的基本通信线路（所需资金主要来源于不承担项目风险的出口信贷）。

⑨中国人民保险公司（CPICC）提供有形损害（Physical Damage）及其连带损失的保险。

10.3 国际租赁融资

10.3.1 国际租赁融资的概念

英国设备租赁协会对租赁的定义如下：所谓租赁，就是承租人从制造商或卖方处选择租用资产，而在出租人和承租人之间订立合同，根据该合同出租人保留该生产的所有权，承租人在一定期间内支付规定的租金以取得使用该资产的权利。当以上活动跨越国界进行时，便称为国际租赁。

我国对“国际租赁”的定义如下：国际租赁指位于不同国家的出租人与承租人之间的在约定期间内将出租资产交给承租人有偿使用的租赁关系。

租赁融资的一般特征可以概括为两点：第一，融资和融物相结合。出租人出租设备的目的是收取用租金形式表现的超过购买设备所需机会成本的超额利润，是一种投资行为或贷款形式；承租人租赁设备以取得设备使用权的目的是弥补本身资金

① 该公司是为特殊目的而设立的，如为了获得表外处理或优惠的税收待遇或将母公司资产与该特殊工具公司的债权人分离开。

不足同时又可以取得预期的高额利润，因此是一种筹资行为。第二，租赁的使用权和所有权分离。在租赁过程中，出租方向承租方让渡的是物件的使用权，并未将所有权让渡给承租方；而承租方取得的是物件的使用权，没有所有权。

10.3.2 国际租赁融资的利弊

1.对承租人的利弊

（1）有利方面

①融资相对容易。对某些企业来说，寻求其他融资方式有时十分困难，此时租赁可能是唯一能获得的融资方式。这对那些规模不大、信誉不高的中小企业来说更是如此，这些企业一般很难获得银行的优惠贷款。

②融资期限长。某些形式的租赁（如金融租赁、维修租赁等）其租赁期限接近租赁物的经济寿命，而贷款的期限则远短于所融物资的经济寿命，故同样物品采用租赁方式的融资期限长于其他融资方式所能提供的融资期限。

③融资额度高。金融租赁等租赁方式的融资额度一般高达100%，它不仅对租赁物的全部价格提供融资，而且有时对与购买租赁物有关的附加费（如运输、保险、维修、安装等费用）也提供融资。而分期付款等信贷方式一般不是全额信贷，买者需即期支付所购物品价格的一部分。

④额外成本节省。首先，在一些西方国家，承租人往往能获得税务上的一些好处，如其租金可作为生产成本从应纳税收入中扣除。其次，大的租赁公司往往有较高的银行信誉，有些本身就是大银行的附属机构，故能从银行获得条件较少的贷款，从而使租赁成本下降。

⑤融资灵活方便。租赁将融资融物化为一体，无须像有些融资方式那样先向银行借款再购货，减少了环节，简化了手续。

⑥有利于引进先进技术设备。对于某些技术含量高的产品，许多国家限制其出口，而国际租赁不属于进出口贸易，不受此限制的影响。

⑦不影响承租人的信誉和借款能力。由于租赁采取表外负债形式，租金列为经营成本，故不影响承租人的流动比率和负债比率。对一个国家来说租赁则不算该国的外债。

⑧租金可避免通货膨胀的影响。租金一般是按预定的金额分期支付的，每期租金数额往往固定不变，故其不受通货膨胀的影响，反而可能因通货膨胀得利。

（2）不利方面

①由于租赁中出租人往往要承担许多额外的风险和义务（如维修等），故租赁费用有时较普通信贷高。

②承租人对租赁物只有使用权，没有所有权，故不能将其移动地址、进行技术改造或抵押等。

③租赁期满时租赁物残值往往归出租人所有，这对承租人来说是净损失。

④租赁期初需付一笔保证金给出租人，保证金利息很低，甚至无息。

2.对出租人的利弊

(1) 有利方面

①如果出租人本身是制造商或销售商，则租赁能增加其产品销售量。

②有些租赁方式，由于出租人承担了租赁物所有权引起的成本与风险，故租金收入较分期付款中卖方能获得的收入要高。

③较之一般信贷，租赁提供的信贷能在租赁物上获得较可靠的保障，如承租方无力支付租金，出租人可收回租赁物以避免损失。

④租赁能使出租人获得一些税务上的好处，如折旧免税、投资免税等。

(2) 不利方面

①租赁回收期长，不利于资金迅速周转。

②出租人常须承担所有权责任与风险。

③租赁常使出租人受到通货膨胀影响。

10.3.3　国际租赁融资的形式

国际租赁融资的形式很多，根据不同的划分方法，有多种不同类型的租赁业务。下面主要介绍几种常见的国际租赁融资形式。

1.金融租赁和经营租赁

从利用租赁的目的和收回投资的角度，租赁可分为“完全支付”的金融租赁和“不完全支付”的经营租赁两种基本形式。维修租赁、衡平租赁、综合性租赁和回租租赁等都是在这两种基本形式上发展起来的租赁方式。

(1) 金融租赁（Finance Lease）

金融租赁又称融资租赁，是指企业在需要筹款添置机械设备时，租赁公司不是向其直接贷款，而是将代其购入的机械设备租赁给企业，从而以“融物”代替“融资”。根据这种租赁形式的性质，租赁合同一经签订，就不得解约，租期也较长，租赁物的选择、修理、保养、管理均由承租人负责和承担。合同期满后，机械设备按合同规定处理。一般处理方法有三种：①合同期满后将设备退还租赁公司；②续租；③留购，以名义货价（或象征性价格）把设备买下，办理产权转移的法律手续。

其主要特点是：

①金融租赁是一项涉及三方当事人——出租人、承租人和供货商，并至少有两个以上合同——买卖合同和租赁合同构成的三边交易。

②定金付清。基本租期内的设备只能租给一个特定用户使用。租金总额=设备货价+前项资金的延付利息+租赁手续费-设备期满时的残值。

③租期较长且合同不可撤销。

④承租人自行选定设备，出租人只负责按承租人的要求融资购买设备，因此设

备的质量、数量、规格、技术上的检定验收以及维修、保险等事宜均由承租人负责。

⑤设备所有权和使用权分离。法律上所有权属于出租人，经济上使用权属于承租人。

⑥租赁合同期满时，承租人对设备有权选择留购、续租或退租。

（2）经营租赁（Operating Lease）

经营租赁也称服务性租赁（Service Lease），是一种不完全支付租赁，规定出租人除提供融资外，通常也提供特别服务，如保险和维修等。

其特点如下：

①不完全支付。基本租期内，出租人只能从租金中收回设备的部分垫付资本，需通过该项设备以后多次出租给多个承租人使用，才能补充未收回的那部分投资和其应获利润。因此，其租期较短，短于设备有效寿命。

②可撤销。在租赁期满之前，承租人预先通知出租人就可终止合同，退回设备，以租赁更先进的设备。

③租赁物由出租人批量采购，这些物件多为具有高度专门技术、需专门保养管理、技术更新快、购买金额大、通用性较强并有较好二手货市场、垄断性强的设备，需要有特别服务的厂商。出租人提供维修管理、保养等项专门服务，并承担过时风险，负责购买保险，因此，租金较金融租赁高得多。

④在经营租赁方式下，承租人账务上仅作为费用处理，而资产仍在出租人的账簿上。这种租赁业务一般由制造厂商租赁部或租赁专业公司经营。

（3）维修租赁

金融租赁加上一定的服务条件即为维修租赁（Maintenance Lease）。

其特点如下：

①租赁费包括服务费，较为昂贵。

②租期较长，通常为两年以上。

③租赁物多以车辆为主，其目的是减轻承租人对车辆等的维修、管理业务。

④在合同期限内，原则上不能中途解约。

（4）衡平租赁（Leveraged Lease）

衡平租赁也称杠杆租赁或代偿贷款租赁，是金融租赁的一种特殊方式。出租人在购进租赁物时一般只需投资购置设备所需款项的20%~40%，即可在经济上拥有设备的所有权，享受对设备100%投资的同等税收待遇。设备成本的大部分由银行、保险公司和证券公司等金融机构的贷款支付。银行等金融机构提供贷款时，需要出租人以设备第一抵押权、租赁合同和收取租金的受让权作为对该项借款的担保，购置成本的借贷部分称为杠杆。出租人可以用少量的资金带动巨额租赁交易，通过这一“财务杠杆”（Financial Leverage）的作用，交易双方均可获得更多的经济利益。对出租人来讲，这种杠杆作用可使出租人的投资扩大3~5倍，而且能使出租人以较少的现款投资享有设备成本100%的全部减税优惠，同时，银行的融资通常不能向出租人追索，它靠出租设备的租赁费来偿还。对承租人来讲，出租人所得的减税或免税优惠可以较低租赁费的形式转让给承租人。

衡平租赁具有以下特点：

①衡平租赁是一项采用特殊形式的定金付清的真实租赁，在法律上至少涉及三方面关系人：承租人、出租人和长期贷款人。

②贷款人提供的贷款成为该项租赁交易的基本部分，而且对出租人没有追索权。

③出租人购买出租的设备，其自身的投资至少为价格的20%。

④出租人的投资虽然只有设备成本的20%~40%，却可获得100%的所有权的税务优惠。

⑤出租人对承租人使用设备不加任何限制。

⑥租金不得预付或延期偿付，而且租金的偿付必须是平衡的，即各期所付租金的金额大致相当。

⑦租赁期满，出租人必须将设备的残值按市价售予承租人，但承租人不得以象征价格付款购买设备。

（5）综合性租赁

综合性租赁是租赁和其他贸易方式相结合的一种租赁方式。如它与补偿贸易、来料加工、包销、买方信贷、卖方信贷、信托投资、合资经营、合作经营等方式相结合，可形成与纯粹租赁有别的另一种租赁形式。

例如，租赁和补偿贸易相结合的综合租赁形式，是指出租人将机器设备租给承租人，而承租人以所租赁机器设备生产的产品来偿付租金；租赁和加工装配相结合的租赁形式，是指承租人用租赁方式引进设备，开展来料加工业务，以加工费分期支付租金。这种结合的方式较多，具体的选用取决于租赁设备的种类、承租人的财务状况等多种因素。

2.节税租赁和销售式租赁

按有关税收优惠，租赁融资可分为节税租赁和非节税租赁。

（1）节税租赁

节税租赁在美国被称为真实租赁（True Lease），亦即在税收方面能真正享受租赁待遇的租赁。在节税租赁中，出租人有资格获得加速折旧、投资优惠等税收优惠，并以降低租金的形式向承租人转让部分税收优惠，承租人支付的租金可当作费用从税前利润中扣除。

（2）非节税租赁

非节税租赁（Non-tax Lease）在英国被称为租购，在美国则被称为销售式租赁。这类销售式租赁在考虑以租赁及税收为基础的国家税法上通常被当作分期付款交易来对待。

一般销售式租赁交易在税务方面享受买卖交易待遇，即由承租人而不是出租人作为物主享受折旧税收优惠和期末残值，但所支付的租金不能当作费用从成本中扣除。

节税租赁和非节税租赁两种形式的最大区别在于经营节税租赁的租赁公司因能享受税收优惠且能从期末资产残值中获益而降低租赁利率，致使租赁实际成本低于贷款成本，承租人因此而受惠；而非节税租赁因其内含实际利率不可能比贷款利率低而使租赁成本在一般情况下不会低于贷款成本。

3.直接租赁、转租赁和回租

从出租人设备贷款的资金来源和付款对象来看，租赁融资可分为直接租赁、转租赁和回租。

（1）直接租赁

直接租赁指购进租出的做法，即由出租人用在资金市场上筹措到的资金，向制造商支付货款，购进设备后直接出租给用户。直接租赁一般由两个合同构成，出租人与承租人之间的租赁合同，出租人与厂商之间的买卖合同。

（2）转租赁

转租赁是租进再租出的做法，即由出租人从一定租赁公司或从制造厂商租进一项设备后转租给用户。转租赁一般由三个合同构成，有三种不同的模式，如图10-11所示。

在图10-11中，a、b、c、d的含义各有不同。

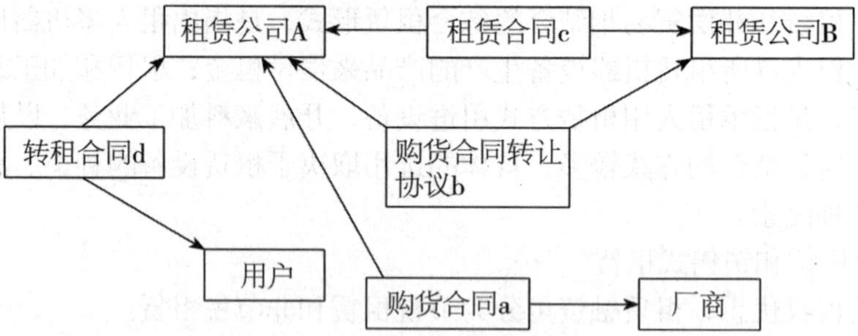

图10-11（a） 转租赁

在（a）模式中：

a.租赁公司A与厂商签订购货合同；

b.租赁公司A与租赁公司B签订购货合同转让协议——仅把物权转让给租赁公司B，保留其他权利；

c.租赁公司A以承租人身份与租赁公司B签订租赁合同；

d.租赁公司A以出租人身份与用户签订转租赁合同。

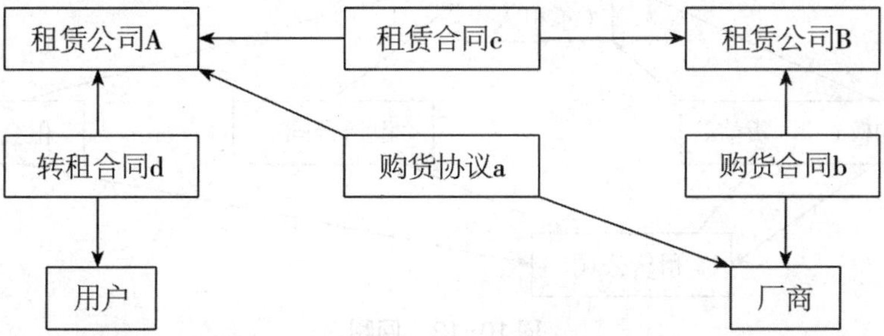

图10-11（b） 转租赁

在（b）模式中：

a.租赁公司A与厂商签订一项购货协议；

b.在购货协议基础上租赁公司B按租赁公司A与厂商谈定的设备型号、价格、交货期等要求，与厂商签订购货合同；

c.租赁公司A以承租人身份与租赁公司B签订租赁合同；

d.租赁公司A以出租人身份与用户签订转租赁合同。

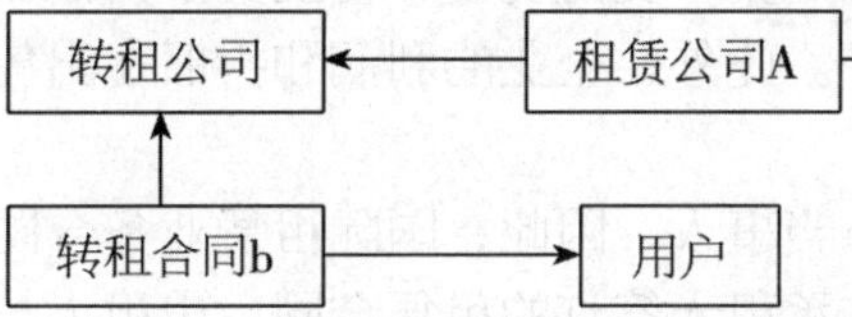

图10-11（c） 转租赁

在（c）模式中：

a.租赁公司A以承租人身份与厂商直接签订租赁合同；

b.租赁公司A再以出租人身份与用户签订转租赁合同。

直接租赁与转租赁的主要区别是：转租赁从租赁公司获得租赁融资便利，直接租赁则从银行、金融机构以传统信贷方式直接获得融资便利。一般情况下，只有在租赁内含利率低于贷款利率时，租赁公司才会考虑转租赁，否则再加上自己的利润，租赁成本便会大大高于贷款购买成本，从而失去竞争性。当然在其从银行筹措不到资金，而别家租赁公司又乐于向其提供融资时（一般发生在跨境租赁中），其也会采用转租赁。

（3）回租

回租租赁，也称售后租赁，有两种方式：一是指由设备物主将自己拥有的部分资产（如设备、房屋）卖给租赁公司，然后再从该租赁公司租回；二是国内租赁机构根据企业要求，先从国外购进企业所需物件，再以相同价格转租给国外租赁公司，取得货款后，再从国外租赁公司租回该物件转租给国内企业使用，以取得租金，如图10-12所示。

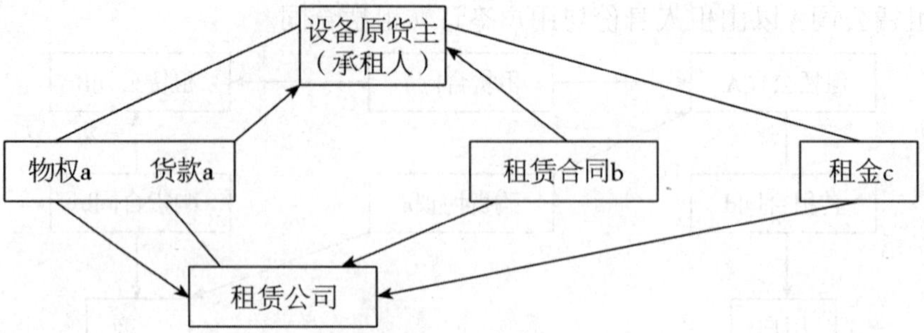

图10-12 回租

a.设备原货主将设备出租给租赁公司，租赁公司得到设备的物权，设备原货主得到设备的货款；

b.设备原货主以承租人身份与租赁公司签订一项租赁合同，将出租的原设备租回使用；

c.租期开始，承租人向出租人付租金。

回租是当企业缺乏资金时，为改善其财务状况而采用的对企业非常有利的一种做法，通过回租，承租人能把固定资产变为现金，再投资于其他业务方面，但同时在租期内仍可继续使用这项资产。此外，企业的利润和折旧在出售时便可收回。

10.3.4 国际租赁业务合同

一笔国际租赁业务涉及多方当事人，因此，国际租赁业务合同较复杂，应由多个合同组成，至少包括出租人与承租人签订的租赁合同、出租人与供货人签订的进出口购销合同、出租人与金融机构签订的贷款合同，以及承租人与供货人签订的设备维修保养合同和保险合同等。

1.进出口购销合同

进出口购销合同是由出租人作为买方，按照承租人与供货商磋商达成的条件，就买卖某项设备各自应享有的权利和应承担的义务，代承租人与供货商签订的，并由承租人连署签字确认同意的书面协议。

进出口购销合同的基本内容和性质与一般进出口合同类似，但其中还包含一些与租赁有关的条款，这些条款包括以下内容：

（1）卖方（供货人）要在进出口购销合同中确认合同货物是作为买方（出租人）和用户（承租人）之间签订的租赁合同中的标的物，由买方向承租人出租。

（2）卖方要对买方和承租人保证合同规定货物的规格、式样、质量、性能及其他全部条件均符合承租人的使用目的。

（3）保证期内有关合同规定的质量及卖方提供的服务和应承担的义务均由卖方直接向承租人负责。

（4）与租赁有关的特别条款（合同中其他任何条款如与特别条款有抵触时，以特别条款为准)。

(5)合同由买卖双方签字,但承租人要同意并确认此合同条款,一般要求承租人在合同中附签。

2.贷款合同

贷款合同又称融资合同,是出租人与有关金融机构之间达成的融通资金协议。其主要内容包括:融通资金的双方当事人、融资目的、金额与期限、借款利率、还款资金来源及还款方式、各方权利义务、担保条款及违约责任等。

3.国际租赁合同

租赁合同是出租人和承租人为租赁一定财产而明确相互权利与义务的协议。租赁的法律形式主要表现在租赁合同中,因此租赁合同是租赁业务众多合同中的主要部分。其通常包括一般性条款和特殊性条款两类法律条款。

(1)一般性条款

①合同说明条款。该条款说明合同的名称,当事人的名称、住所、国籍,合同签订的日期、地点,出租人应承租人要求购进承租人选定的设备,按照双方共同商定的条款租赁给承租人使用,这一说明明确了出租人只承担融资责任。

②合同实施的前提条件条款。租赁合同须在履行了前提条件或生效条款后方能生效。其实施的一般前提条件有:项目批准件、进出口许可证和偿还租金保证函等。

③租赁设备条款。此条款写明租赁设备的名称、制造厂家、出厂日期、规格、型号、数量、设备的技术性能、交货地点和使用地点等。

④租赁设备的交货和验收条款。此条款中规定,承租人确认出租人与供货人之间有关进出口销售合同中的租赁设备是承租人根据自己的需要所选定的,承租人须向出租人提供出租人认为必要的各种证明,还应规定设备交付和验收时各方所负的责任。

⑤税款费用条款。租赁交易中涉及的进口关税、进口工商税和海关当局规定的增值税和产品税等税款的费用,如果未做其他规定,则应由承租人支付。支付方法在租赁合同中应做出规定。

⑥租期和起租日期条款。租期即合同有效期或承租人使用租赁设备的基本期限,其长短可由双方当事人协商而定。起租日即租金开始计算日,一般有付款日、提单日、开证日或交货日等几种算法。租期的起止应有明确规定。

⑦租金支付条款。租金是租赁合同的主要内容。除明确规定除非因出租人的过错,承租人有义务按照租赁合同规定向出租人支付租金外,此条款还应具体规定以下内容:

一是明确规定租金的构成和计算方法。

一般说来,租金有五个构成要素:购买租赁资产的货款;预计的名义货价,也称设备残值,指租赁物件在租赁期满后的市场价格;利息,指出租者为承租者购置租赁设备而向银行贷款所支付的利息;租赁手续费,指出租者为承租者办理租赁资产所开支的营业费用（如办公费、工资、差旅费、税金等）和利润；租赁期限。

租金的计算方法很多，下面介绍几种：

• 附加率法，是在租赁资产的设备货价或概算成本上再加上一个特定的比率计算租金的方法。其公式为

$$R=PV\cdot(1+n\times i)/n+PV\times r$$

式中：R——每期租金；

PV——租赁资产的货价或概算成本；

n——还款次数，可按月、季、半年或年计算；

i——与还款次数相应的折现率；

r——附加率。

例如，某个租赁项目的概算成本为1 000 000元，租赁双方商定分3年6期偿还租金，即从起租日开始，以后每隔半年等额偿还一次租金。年利率7.05%，附加率5.5%。求平均每期租金和租金总额。

解：PV=1 000 000，n=6

每期利率i=7.05%÷2=3.525%

每期平均租金为

$$R=1\,000\,000\times(1+6\times 3.525\%)\div 6+1\,000\,000\times 5.5\%=256\,916.67\text{（元）}$$

租金总额为

$$R_{总}=6R=6\times 256\,916.67=1\,541\,500\text{（元）}$$

• 年金法，是以现值理论为基础，将一项租赁资产在未来各租赁期间内的租金额按一定比例折现，使其租金总和等于租赁资产的概算成本，以此来计算租金的方法。年金法又分为等额年金法、等差变额年金法、等比变额年金法。

a. 等额年金法——后付（见图10-13）、先付（见图10-14）。

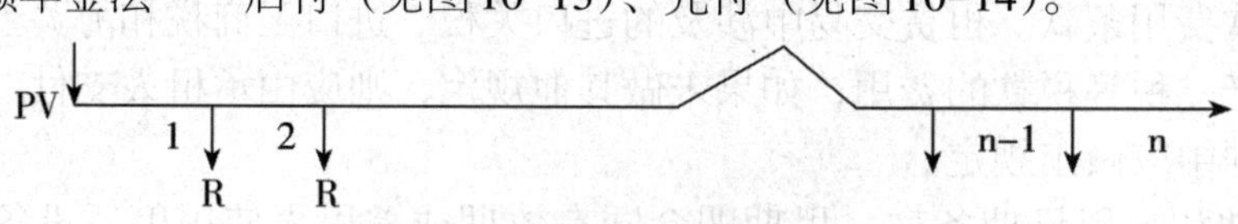

图10-13　等额年金法——后付

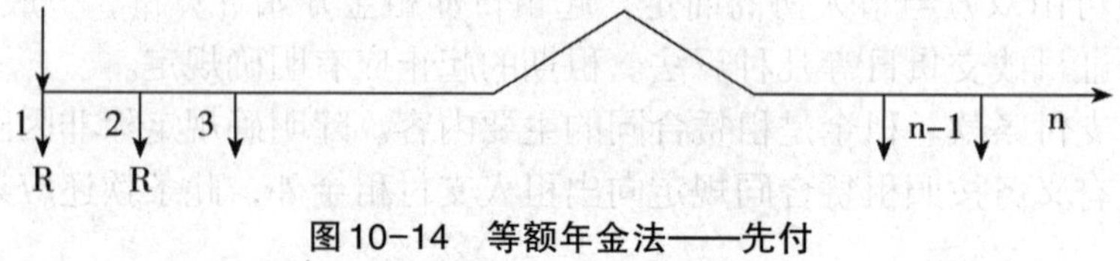

图10-14　等额年金法——先付

• “后付”，即在每期期末支付租金。其计算公式为

$$R=PV\times i\times(1+i)^{n}/[(1+i)^{n}-1]$$

• “先付”，即在每期期初支付租金。其计算公式为

$$R=PV\times i\times(1+i)^{n-1}/[(1+i)^{n}-1]$$

b.等差变额年金法（见图10–15）。等差变额年金法即从第二期开始，每期租金比前一期增加一个常数d。其公式为

$R_n=R_{n-1}+d$

$R_1=PV\times i\times(1+i)^{n-1}/[(1+i)^n-1]+\frac{(n-1)d}{(1+i)^n-1}-d/i$

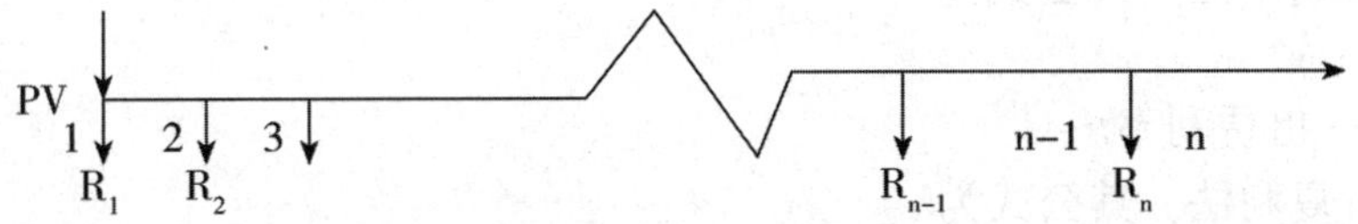

图10–15 等差变额年金法

租金总额为

$$\sum^n R_j=nR_1+\frac{n(n-1)}{2}d$$

c.等比变额年金法（见图10–16）。等比变额年金法即从第二期开始，每期租金与前一期租金的比值是一个常数q（q>0）。等比租金的公式为

$R_n/R_{n-1}=q$

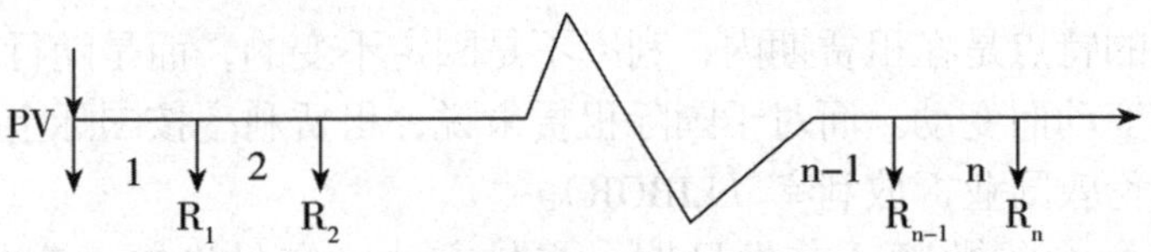

图10–16 等比变额年金法

$R_1=PV(1+i-q)/[1-(\frac{q}{1+i})^n]$

租金总额为

$\sum R_j=R_1(1-q)^n/(1-q)$

• 递算式计算法。其公式为

R=多期占款本金数×年利率×占款年数+各期应还本金数

该公式的含义是，每期付清当期的利息和该期本金，一般的做法是每期的应付本金等额。假设一笔租赁业务，租赁资产的概算成本为150万元，租赁期为3年，每年年末支付租金，利息和手续费年率为7%。用该方法计算各年租金可列计算表如表10–2。

表10–2 递算式计算法的计算表

	占款年数	本金余额	应付本金	利息额	租金R
1	1	150	50	10.50	60.50
2	1	100	50	7.50	57.50
3	1	50	50	3.50	53.50
应付总额				21.50	171.50

• 年息法。其公式为

$R=PV_c/n$

式中：c——年息数；

n——租期。

• 租赁利率法。其公式为

$R=PV（1+y）/n$

式中：y——租赁利率。

• 银行复利法。其公式为

$\sum^{n} R_j=PV（1+i/m）$

式中：m——复利次数；

i——年利率。

• 平均分摊法：其公式为

R=（PV-预计残值+利息+手续费）/租赁期数

• 浮动利率法：

这种方法的特点是在租赁期内，利率不是固定不变的，而是随行就市，随着国际金融市场的变动而变动。而对于国际租赁来说，租赁利率按国际金融市场利率变动，一般是指伦敦同业拆放利率（LIBOR）。

二是明确租金的数额、交付日期、交付方法、交付次数、交付地点和使用币种等。

三是规定缴纳租金期数。

四是明确第一次缴纳租金的时间。

五是确定租金缴纳形式，一般有固定费率法和递减费率法两种。

六是明确关于租金的变更条款。

（2）特殊性条款

①购货合同与租赁合同的关系条款。在金融租赁交易中，租赁合同是购货合同成立的前提，是主合同；购货合同是租赁设备的依据，是辅合同。

②租赁设备的所有权条款和使用权条款。

③承租人不得中途解约条款。

④对出租人负责和对承租人保障的条款。由金融租赁的性质所决定的关于租赁设备的质量、性能、适用与否等问题，出租人对承租人不承担任何责任。但为了保障承租人的利益，在租赁合同中应规定出租人将对租赁设备供货人的索赔权转让给承租人。

⑤对承租人违约和对出租人补救的条款。

⑥租赁设备的使用、保管、维修和保养条款。

⑦保险条款。对租赁物件保险是为了保证承租人和出租人不受意外损失的一项重要措施。这一条款应规定承租人或出租人必须向双方商定的保险公司为租赁物件投保以出租人为受益人或以出租人和承租人为共同受益人的财产险和第三者责任险，并由承租人承担有关的保险费用或由出租人通过提高租金的形式从承租人处得到补偿。投保的租赁物件价值不应低于物件总的成本价或租金总额或全价更换此物件的价值。在此条款中，必须列明保险的范围、投保人、选择的保险公司、投保的时间、保险的受益人等内容。

⑧租赁保证金和担保条款。在金融租赁中，出租人通过融通资金购买租赁物件并出租给承租人使用，因此出租人面临着承租人违约而难以收回投资的风险。为此，出租人往往要求在租赁合同中规定必要的担保以转移或减少自身可能面临的风险，确保自身的经济利益不受损失。金融租赁的担保一般有两种形式：一是保证金；二是第三者的信用担保。保证金是指由出租人和承租人双方商定金额或按租金总额的一定比例由承租人向出租人交纳，作为承租人履行租赁合同的保证。第三者信用担保是指由承租人提出经出租人同意的第三者用自身的商业信誉为承租人履行租赁合同项下的全部义务提供担保。

⑨租赁设备租赁期满的处理条款。租赁设备期满处理问题，不同国家有不同的法律规定。在我国，金融租赁的承租人有三种选择权——留购、续租或退租。但在现行金融租赁交易中，大多数承租人在租赁期满，将应交的租金及其他款项付清后，只需支付名义货价即可获得租赁设备的所有权。

⑩对第三方的责任条款。该条款是规定了涉及第三方（出租和承租双方以外的有关方面）的权益的条款。

转租赁条款。在租赁期间，承租人有权要求将租赁设备转租给其他人使用，但必须取得出租人的书面同意，即转租赁条款。

租赁债权的转让和抵押条款。出租人有权在未经承租人同意的条件下，在不影响承租人对所拥有的设备的使用权的前提下，可以将租赁合同规定的全部或部分权利转让给第三者，或提供租赁物件作为抵押。

预提所得税条款。预提所得税是指非本国境内的企业、银行及其他经济组织在将本国所得的利息、股息等汇出本国时需向本国税务机关交纳的所得税。在国际金融租赁中，如果承租人和出租人分属不同国家，出租人在合同条款中往往要求写明由承租人为其代交预提税。

争议解决条款。在履行租赁合同期间，双方当事人在出现争议时，采取何种形式解决，需在合同中明确规定。在国际融资租赁中，解决争议的一般方式为以下三种：双方协商、仲裁、法院审理。

10.3.5 国际租赁程序

在国际租赁融资业务中，租赁的基本程序往往视租赁方式的不同而有所差别，但业务的基本程序还是相同的，按先后顺序可大致归纳如下：

（1）租赁物的选择和申请租赁。承租人可以自己选择，也可以委托租赁公司代为选择或共同选择，同国外制造商商定设备的型号、规格、品种、价格和交货期。先是承租人通过国内的租赁公司向国外租赁公司申请，然后由承租人向国内租赁公司申请租赁。

（2）租赁预约。承租人与租赁公司商定租赁方式和租赁期限，租赁公司向承租人提出租赁费估价单，包括设备的价值、各种税金、银行利息、各种手续费用、租赁费，按协议分次分摊的数额等，承租人经研究后向租赁公司提出预约租赁。

（3）租赁申请的审查。审查是指租赁公司在接受预约租赁后，可让承租人提供有关企业的经济情况资料，如企业的经营情况、财务情况及主管部门的审批情况，结合租赁公司自己掌握的企业资料进行审查。大型租赁还要委托信用调查机构对用户进行信用调查，在认为基本没有风险的情况下确定是否可以租赁。

（4）谈判签约。租赁公司一旦认为可租赁，就可以与承租人进行谈判。在谈判中，承租人要提出可靠的付款保证，若付款不存在问题，双方意见一致，则签约。

（5）租赁物交接与验收。租赁合同签订后，出租人即根据合同中的规定向供应商订货，由供应商根据其与租赁公司的订货合同向承租人直接供货。租赁物交给承租人后，经过一段时间的试用，如果各方面均符合合同要求，承租人即行验收，租赁期由验收之日起计算。

（6）支付设备货款。根据订购设备合同规定的支付条件，租赁公司向卖主交纳货款。若资金不足，租赁公司也可向银行融资，以租金偿还贷款的本息。

（7）租金支付。按合同规定，按季或半年一次，在规定的期初或期末交付租金。承租者除租金外，还应直接负责支付保险费、运杂费和有关手续费。

（8）税金缴纳。按合同规定，出租人和承租人各承担应缴的税金。减免税金则应按有关部门规定或法律规定的范围分别执行，若出租人享受减税利益，承租人也可获得减少租金的优惠。

（9）保险费的缴纳。保险费一般由租赁公司在保险机构办理，与保险机构签订设备的保险合同，并负责支付保费，若在租赁期间发生设备事故，由保险公司向租赁公司提供保险赔偿，承租人也应视事故的原因提供一定的损失赔偿。

（10）设备的维修保养。设备的维修保养及有关费用，根据合同规定而定。有的是由承租人负责，在某种情况下也有由出租人负责的。

（11）合同期满时租赁物件的处理。合同期满后其设备是留购、续租，还是转租或退回租赁公司，可以事先商定或临时协商。

10.4 国际债券融资

国际债券按发行场所和面值一般分为欧洲债券和外国债券。欧洲债券的发行人、发行市场、面值货币分属于三个不同的国家，资金来源比较广泛；而外国债券只涉及两个国家，发行人所在国和面值货币国，发行市场国和面值货币国属于同一个国家。

另外，近年来，国际债券市场出现了一种新的债券形式——全球债券（Global Bonds），此债券可以在全世界各主要资本市场上同时大量发行，并且可以在这些市场内部和市场之间自由交易。全球债券在1989年5月由世界银行首次发行，此后发展迅速。国际清算银行的统计数字显示，到2005年9月，全球债券的发行总值为12.158万亿美元，而到了2020年，国际金融协会（IIF）的数据则显示，全球债务规模已经达到了创纪录的281万亿美元，其中新冠肺炎疫情令全球债务增加了24万亿美元。另据知名市场研究公司Dealogic提供的数据，仅2005年上半年全球债券总体发行量为2.9万亿美元，其中欧洲、中东和亚洲的债券发行量所占比例为42%。全球债券有几个特点：①全球发行，不像外国债券和欧洲债券那样仅仅局限于某一个或某几个国家；②全球交易，流动性极强；③借款人都为政府机构，资信良好。全球债券的发展标志着国际债券市场发展进入了一个新的时期。我国也曾积极利用此债券筹资，于1994年首次发行了1亿美元全球债券。截至2021年3月，中国公司发行的国际债券未偿余额达到12 575.9亿美元。富时罗素2021年3月宣布，中国国债自2021年10月起将会纳入富时世界国债指数（WGBI），为期36个月。

总的来说，国际债券市场上，欧洲债券的垄断地位进一步加强，外国债券也大量增加，此两大类债券仍占主导地位。

20世纪80年代以来，国际金融市场出现了融资证券化趋势，辛迪加贷款已让位于国际债券融资。90年代，证券化趋势进一步加强，国际债券发行量已远远超过了国际贷款的数量，国际债券市场已成为国际资本市场上的主导力量，其占资本市场的比例除1995年外，均在60%以上，其中欧洲债券的发行量超过了外国债券的发行量。本节着重就外国债券和欧洲债券的种类、特性及主要的发行事项做一系统的介绍。

10.4.1 外国债券

外国债券是指由发行人在国外债券市场上发行的债券，其债券的面值货币为该债券发行地国家的货币。外国债券的发行旨在吸引债券市场所在国的货币资金。

外国债券在第二次世界大战前已有所发展，之后进一步流行。它之所以受到筹资、投资者的欢迎，是因为它比传统的信贷方式更为优良：第一，外国债券可于短期内在更广的范围内筹集到数额巨大的长期资金，满足筹资者的需要。第二，外国债券的发行突破了货币币种的限制。当前世界可自由兑换货币一般均可作为外国债券的标价货币并在当地发售。第三，外国债券的承销由发行国国内承销团承购，投资者主要是该国国内居民，它是各国国内债券的延伸。第四，外国债券在安全性、收益性、流动性等多方面提供了多种组合，满足不同投资者的偏好。第五，外国债券的期限较长，为20~30年，期限较长的债券通常会向投资者提供回售保护，即投资者有权在债券到期前要求发行人以一定价格提前赎回该债券。第六，外国债券利率主要取决于发行国国内资本市场利率，它以固定利率发行。

1.外国债券的分类

根据债券的发行方式，可分为公募和私募两种。公募债券是按法定程序发行，经证券主管机构批准在市场上公开发行的债券。债券经公募发行后可申请在证券交易所上市，此债券最大的特点是向社会广大公众募集资金而不是针对特定的投资者。虽然公募债券对发行人的财务状况、经营业绩等审查严格，且发行费用昂贵，但其二级市场发达，筹资额巨大。私募指只向少数特定的机构投资者或关系密切的个人发行债券，债券的发行额、期限、利率、是否可转换、是否可赎回等事项都由双方商定。私募发行时对发行人的财务状况要求松一点，不实行公开呈报制度，发行成本要低于公募债券。但是它发行额较小，能上市流通的也少，由于风险比较集中，只由少数投资者承担，所以利率比公募债券要高，公司行为也经常受到投资人的约束。

1990年，美国证券交易委员会通过了《144A规则》后，在美国债券市场上出现了一种“准公开市场”，这一市场介于公募债券市场和私募债券市场之间，较易进入，但信息透明度低，比私募市场交易活跃。

依据国际惯例，国外金融机构在一国发行债券时，一般以最具有该国特征的代表性物品命名。如外国公司在日本发行的债券称为“武士债券”，在美国发行的债券称为“扬基债券”，还有英国的“猛犬债券”、西班牙的“斗牛士债券”。非日元的亚洲国家或地区在我国香港地区发行的债券则被称为“龙债券”。2005年10月，国际金融公司和亚洲开发银行分别发行了11.3亿元和10亿元的“熊猫债券”；2006年11月，国际金融公司再度发行8.7亿元熊猫债券；2009年12月，亚洲开发银行再次发行10亿元熊猫债券，但上述熊猫债券的发行机构仅限于国际金融机构。而在2013年，梅赛德斯-奔驰（中国）的外方母公司戴姆勒股份公司5亿元人民币定向债务融资工具在我国银行间债券市场成功发行，这也是首家境外非金融企业在我国银行间债券市场发行的首只债务融资工具。2015年9月22日，中国人民银行批复同意香港上海汇丰银行有限公司（简称汇丰香港）和中国银行（香港）有限公司（简称中银香港）在我国银行间债券市场分别发行10亿元和100亿元人民币金融债券，这是国际性商业银行首次获准在银行间债券市场发行人民币债券。

2.外国债券的发行

外国债券的发行与欧洲债券的发行很接近，只是在具体做法上有所不同，这里只简要介绍一下二者的区别，关于欧洲债券发行的详细情况后面专门介绍。

（1）牵头经理人的选择。外国债券发行的牵头经理人及其他中介服务机构只能是债券面值货币发行国的银行、证券公司及其他金融机构。比如日本就规定，只能由证券公司担任牵头经理人，委托银行由商业银行充当，这与日本实行较严格的金融管制有关。日本曾实行证券业务和银行业务分离的制度，规定证券公司不能经营商业银行业务，商业银行也不能公开发售证券。

（2）外国债券发行前必须进行评级，不同国家对评级的要求不一样。美国要求BBB级或以上级别的债券才能在美国国内发行，而日本1995年以前要求只有A级以上（包含A级）的日元债券才可发行，后来降至BB级以上（包括BB级）。

（3）外国债券的公募发行需向当地有关政府部门登记注册，这是外国债券发行过程中不可缺少的环节。

（4）不同面值货币的外国债券在确定发行主要条件如发行额、发行级别、利率、期限等时，都有一些差异。

3.主要的外国债券市场

当前外国债券的主要标价货币有美元、欧元、日元、瑞士法郎等。

（1）美国外国债券市场

美国金融市场上的外国债券是外国发行人（加拿大除外）在美国发行的以美元计价的债券，目的是吸引美国的国内资金，这种债券叫“扬基债券”（Yankee Bonds），美国外国债券市场也叫扬基债券市场。此市场由于受美国1963年征收利息平衡税及后来欧洲美元市场崛起的影响而有所萎缩，但1977年以前它仍是世界上最大的外国债券市场。1978年它被瑞士债券市场所取代，但在国际债券市场上的地位依然举足轻重。美元债券市场之所以能发展到今天的规模，能够得到众多美国投资者的青睐，是因为美元债券市场具有以下特点：①市场供给量大、流动性强。扬基债券发行量每笔都约在1亿美元左右，而且扬基债券可在纽约证券交易所上市。②扬基债券期限长，多为5~10年，也有长达20年，它基本上是一种中长期融资工具。③可提高筹资者的知名度。由于美国的评级审查和证券委员会审批较为严格，发行成本较高，所以发行人都是一些著名的政府机构、国际机构及大银行等，投资者也多是一些大银行及财团。投资者一旦进入扬基债券市场可大大提高其在国际金融市场上的地位。④对债券监管较严、信用好。扬基债券公募发行必须经过美国证券交易委员会的批准，并提供根据美国一般会计原则编制的、经过独立公正的会计师审核的财务报表及有关资料，而且此债券发行必须经过标准普尔和穆迪的评级。一般而言，具有AAA级信誉的发行人才能在扬基债券市场上发行债券，所以说扬基债券市场是一个高信誉等级、低风险的市场。⑤扬基债券市场对外国人的债息收入不征收预扣税，其二级市场通过场外经纪商进行，非常发达。对筹资者而言，与欧洲美元债券相比，可以在短期内以较低成本获取巨额长期资本，投资者也能满足他们对流动性、安全性和收益性的需要。

（2）日本外国债券市场

日本外国债券是指非居民在日本发行的以日元为面值的债券，又称“武士债券”(Samurai Bonds)，日本外国债券市场又称武士债券市场。第一笔武士债券是由亚洲开发银行在1970年12月发行的，此后日元债券市场发展迅速。经合组织资料显示，20世纪70年代中期日本的债券总额相当于525亿美元，少于美国的1 200亿美元，居世界第二位。80年代中期，日本实行金融自由化后，放宽了对发行人资格的限制，规定除国际金融机构和各国政府以外，非官方组织、公司和个人也可以发行日元外国债券，其发行量迅速扩大。1996年，武士债券的发行规模创下历史纪录，达到12万亿日元。1997年，受亚洲金融危机的影响，其发行规模缩减到1.2万亿日元。截至2010年，日本武士债券发行规模达到1万亿日元。

武士债券也分为公募和私募两种。公募发行首先要接受交易所上市资格审查，经过审查认为符合上市标准者再向日本大藏省申请，经批准后方可发行。公募债券发行的牵头经理人必须是山一、大和、日兴、野村四大证券公司之一。为保护投资者利益，日本债券市场要求发行者必须将自身的有关情况准确、迅速地公之于众。私募日元债券则由证券公司和银行共同发行。在日本，发行国际债券必须经过日本的主要信用机构的评级，该评级机构以九个信用等级评定发行人的信用，对不同等级发行人的发行量都有具体规定，如AAA级发行人发行量不受限制，AA级发行人发行额不超过300亿日元，其他等级或无级别者，非经特别批准其发行额不得超过100亿日元。1985年以后，日本政府为了促进日元国际化和金融自由化的发展，取消了对新发行日元债券金额的所有限制，其牵头经理人也不必一定是日本证券公司，辛迪加承销团也允许外国金融机构参与，但外国证券公司认购额不得超过发行额的5%，并只限于在国外发售。

武士债券有一些优点：①武士债券有记名和不记名两种，并且两种债券可以自由转换。②武士债券的利息收入免交预扣税。③期限较长，为5~15年。除上述优点外，武士债券也有一些不足之处：①筹资者发行武士债券必须提供担保，其担保者一般为大银行。②日元外国债券不如欧洲日元债券便利，缺乏灵活性，不易和美元互换，因此流动性比较差。外国筹资者现在多发行双重货币外国债券，主要投资者为日本人，这在一定程度上弥补了日元外国债券的不足。

除“武士”外国债券外，在日本市场上，人们将以公募发行的非日元外国债券称为“将军债券”(Shogun Bonds)，以私募发行的非日元债券叫“艺者债券”(Geisha Bonds)。欧洲经济共同体于1985年首次发行该种债券，总额为5 000万ECU。

(3) 瑞士外国债券市场

20世纪70年代以来，瑞士债券市场发展迅速，1986年外国筹资者在瑞士发行债券达460亿瑞士法郎，瑞士外国债券市场目前已是世界上最大的外国债券市场。瑞士法郎外国债券为息票债券，每年支付一次利息，最低面值为5 000瑞士法郎。

瑞士债券市场之所以获得如此巨大的发展，是因为它有一些独特之处：①瑞士法郎外国债券利率较低，可以降低发行人的融资成本。而且瑞士的苏黎世是世界上有名的金融中心，其证券二级市场和外汇市场相当活跃，发行人可以利用各种外汇交易如互换、掉期获得所需货币或降低瑞士法郎升值所带来的风险。②瑞士中央银行长期坚持低通货膨胀率政策，其实际利率相对较高，有利于吸引资金。③瑞士中央银行禁止发行以瑞士法郎计价的欧洲债券，因此筹资者只有通过发行瑞士外国债券才能获取瑞士法郎，允许经营瑞士法郎外国债券业务的机构仅限于瑞士本国的银行和金融公司。④瑞士国内资金充裕，银行系统保密性世界闻名。⑤瑞士奉行自由贸易政策，其货币可自由兑换，国家通常对资金的流出入不做限制，也没有税收管制，发行手续简便。⑥瑞士银行从业人员素质高，尤其善于组织大额证券的发行和进行大额贷款，其筹资手段先进，筹资结构多样化。⑦非瑞士居民对瑞士法郎外国债券免交利息预扣税。

瑞士法郎外国债券的发行分为私募和公募两种。私募债券的发行量大于公募债券的发行量，可以小额发行，发行手续简便，没有固定的包销团，由牵头银行公开刊登广告推销，并准许债券在二级市场上转让。相比之下以公募发行的瑞士外国债券必须经中央银行批准，债券的发行一般由三大银行（瑞士联合银行、瑞士信贷银行和瑞士银行）之一担任主承销商，负责债券的发行。此债券一律由固定的包销团包销，包销团成员之间的包销比例通常是固定的，其有四个包销团：①瑞士五大银行包销团；②Nordifiom 包销团；③Handelsband 包销团；④Banque Gutzwiller Kwrz Burgener 包销团。不管是公募发行还是私募发行，相对于规模巨大的一级市场而言，瑞士外国债券的流通市场都比较小，这主要是因为大部分债券都存入瑞士各家银行的客户账户中，并且一直存到期满。

（4）欧元债券市场

欧元产生以前，因为德国的经济在第二次世界大战后得到迅猛发展，其在国际贸易中所占的比重不断增大，在德国，债券市场有管理严格、债券种类繁多、参与者都是大商业银行的特点，德国货币马克在外国债券市场上占有举足轻重的地位。

欧元启动以后，代替了如法郎、马克之类的货币在欧元区自由流动。欧元在经历种种考验之后，现已确立并牢固占据了世界第二大货币的地位，对美元的霸权地位形成了挑战。在国际资本市场上，欧元作为国际融资货币的作用也日显突出。1999年，欧元启动当年即一举超越美元，在国际债券发行中居首位。非欧元区居民持有的欧元面额的债券存量已增至8 000亿欧元。欧元债券市场的特点是：①欧元债券的风险性小。欧洲货币一体化将原属不同货币体系的欧洲投资者和发行人集合在一个市场。在欧元启动前，投资者在选购债券时除了要考虑发行人的信贷条件外，还要考虑货币风险。现在，投资者可以享受单一货币带来的流通性及避免货币风险。②发行的规模比较大。对于发行人来说，欧元市场庞大，使他们有机会向广大的投资者融资，而且发行额也可以提高。例如，在1998年，阿根廷就发行了25

亿欧元的债券，而巴西亦发行了5个亿。但就目前来说，由于欧元区债务危机等的存在，欧洲债券的发行进入了前所未有的低谷期。

（5）英国外国债券市场

在英国发行的外国债券称为“猛犬债券”（Bulldog's Bonds），其市场叫猛犬债券市场。1979年10月英国政府完全取消了对外汇的管制后，英国债券市场向外国人开放，英镑外国债券才发展起来。英镑外国债券的发行也分为公募和私募两种。公募债券由伦敦市场的银行组织包销团，可以在伦敦国际证券交易所上市。伦敦因受英国40年外汇管制的影响，未能发展成规模巨大的发行市场，但却是全世界最大的外国债券交易市场。私募英镑外国债券一般由管理集团包销。英镑外国债券期限较长，为5~40年不等，债券利率参照同期限的金边债券的利率。

4.中国外国债券市场

2005年10月，中国债券市场首次引入外资机构发行主体，在我国银行间债券市场发行20亿元人民币债券。依据国际惯例，时任财政部部长金人庆将国际多边金融机构首次在我国发行的人民币债券命名为“熊猫债券”。熊猫债券的发行，是中国债券市场对外开放的重要举措和有益尝试，有着重要的意义。

（1）有利于推动中国债券市场的对外开放。吸引国际发行机构发行人民币债券，不仅可以带来国际上债券发行的先进经验和管理技术，还将进一步促进中国债券市场的快速发展与国际化进程。

（2）有助于改善国内对民营企业的直接融资比重过低的状况，有利于降低国内贷款企业的汇率风险。以往，许多国际多边金融机构主要通过在国外发行外币债券，将筹集的资金通过财政部门或银行以外债转贷款方式贷给国内企业，造成企业汇率变动从而产生汇率风险。现在，由国际多边金融机构直接在中国发行人民币债券，并贷款给国内企业，从而可以降低企业原来购汇还贷时所承担的汇率风险。

（3）允许境外机构在中国境内成功发行人民币债券，还标志着中国在放开资本项目管制进程中迈出了尝试性的步伐。

2005年10月发行的20亿元熊猫债券的用途偏向于对国内民营企业的贷款。

2009年12月，亚洲开发银行确定在中国市场发行总值10亿元人民币的10年期“熊猫债券”，用于支持中国清洁能源项目的发展。

2016年3月，“16越交01/02”发行，首支交易所公募熊猫债发行。

2018年3月，菲律宾中央银行发表声明将在中国债券市场发行熊猫债。

2019年4月，财政部发布通知，明确境外会计师事务所为熊猫债提供审计服务前的报备手续和报备材料。

10.4.2 欧洲债券

欧洲债券是一国（或国际金融机构）以非本国货币为面值（一般是可自由兑换货币），在面值货币发行国和发行人所在国之外国家的金融市场上发行的国际债券。

欧洲债券产生于20世纪60年代。1963年美国颁行利息平衡税（IET，该税于1974年被取消），此税规定，所有在美国市场上由外国借款人所支付的利息，统一征收15%的利息平衡税，目的在于限制资本外流，以改善美国的国际收支。该税的纳税人名义上是美国的投资者，但投资者通过回报率要求转嫁了税收负担，实际税负由债券发行人承担，因此债券融资成本上升，几乎与欧洲借款成本持平，使筹资者逐渐转向了欧洲货币市场。1965年美国又颁布了《自愿限制贷款计划》，授权1968年成立的外国直接投资局（OFDI）对美国银行的信贷额度及美国公司的对外直接投资进行强制性限制。为了获取高利，包括跨国公司在内的美国本土投资者也转向了欧洲货币市场，有力促进了欧洲债券的发展。最早的欧洲债券出现于1963年7月，当时伦敦的一家商业银行同比利时、德国、荷兰的三家银行组成国际银行辛迪加，为控制意大利的一家私营公司发行了一笔1 500万美元的债券，并在伦敦证券市场上市。同一时间，意大利AUTO STOOLE公司也发行了为期15年、金额为1 500万美元的欧洲债券，开了欧洲债券发行的先河。

到1984年，欧洲债券与欧洲银团贷款金额形成了一个反向变化。这一年欧洲债券发行额达到794亿美元，而欧洲银团贷款则降为539亿美元，在欧洲货币市场上第一次出现了债券超过银团贷款的现象。从表10-3中可以看出，自2010年开始，欧元区债务危机的蔓延使得整个欧洲信誉直降，而首当其冲的便是以欧元标价的欧洲债券，受到欧债危机波及，国际债券的发行量受到了很大影响。

表10-3 **国际新兴市场资金来源** 单位：10亿美元

	2007	2008	2009	2010	2011
国际债券	423.2	479.1	547.7	220.4	179.4
国际股票发行	868.1	385.2	470.1	823.8	622.9
银团贷款	356.1	411.3	389.7	404.1	418.8
合计	1 647.4	1 275.6	1 407.5	1 448.3	1 221.1

资料来源：国际货币基金组织数据库。

在欧洲债券市场，欧洲美元债券所占份额最大，其他的标价货币还有欧元、英镑、日元等。欧元的使用使得欧洲债券的发行量大增，债券的流动性增强。中国政府于1994年首次在国际资本市场发行债券以来，迄今已发行多次。2004年成功发行10亿欧元与5亿美元的欧洲债券。10亿欧元的债券偿还期限为10年，票面利率4.25%；5亿美元债券的偿还期限为5年，票面利率为3.75%，创下了中国欧洲债券发行数额的历史纪录。

1.欧洲债券的融资特点

欧洲债券是国际债券的一种，凡是国际债券的融资便利之处，欧洲债券都具有，除此之外欧洲债券还有自身的特点。

（1）以无记名方式发行，它是一种无国籍债券，转让起来极为方便。

（2）不在标价货币发行国政府的管辖范围之内，不必向面值货币发行国和销售市场所在国证券主管部门登记，但每一笔发行都必须遵守它所在销售国的法律和规则。债券发行中应该注明一旦发生纠纷，应以哪国法律为准。

（3）利息收入不征收预扣税。这对筹资者和投资者双方都有好处，加之利息是每年支付一次（浮动利息除外），手续比较简便。

（4）欧洲债券一般由国际包销团（辛迪加）联合承销，它往往是由欧洲债券市场的一家或多家大银行牵头，联合其他银行和金融机构组成承销团对债券进行全球配售。

（5）债券的标价货币对大多数投资者而言是外国货币。欧洲债券的投资者主要是个人，近年来机构投资者如保险公司、养老基金和一些银行纷纷参与进来，它们在市场中的投资地位正日趋重要。

（6）欧洲债券的利率随标价货币发行国国内资本市场利率变化而变化，如欧洲美元债券收益率根据纽约债券市场的收益率而定，多数情况下，欧洲债券的收益率要比相应国内资本市场利率低，并且其差额一直在变动。

2.欧洲债券的种类

欧洲债券可分为普通欧洲债券和创新欧洲债券两类，前者主要是固定利率债券。20世纪70年代以前，大多数欧洲债券是固定利率的欧洲美元债券。20世纪70年代布雷顿森林体系解体以后，浮动利率债券增长较快，1984—1985年间国际金融市场动荡不安，人们无法准确预测利率的变动，因此更加注重吸收浮动利率债券，致使其发行量大幅上升。近些年来，西方国家市场利率不断下跌，固定利率债券又占了上风。二级市场上高风险债券的利差拉大，少数发展中国家采用了浮动利率发行债券，新发行的固定利率债券的期限也在缩短。但总的来说，在国际债券市场上，固定利率债券仍占绝对优势。由于竞争的加剧，欧洲债券市场上的创新不断增多，从而浮动利率类债券发行量比以前有所增加。在品种方面，也出现了可转换债券、延期付款债券、混合利率债券、附认购权证债券、多重货币债券及零息债券等多种形式的创新债券。

除欧洲美元债券之外，还有许多其他币种债券。联邦德国政府于1964年为阻止外国资本流入国内市场，对非居民投资国内债券的利息征税，但并未对马克外国债券征税。在此背景下，1964年首次出现了欧洲马克债券，1970年出现欧洲加元债券，1975年以特别提款权为标价货币的欧洲债券也开始出现，1977年欧洲日元债券首次发行。

欧洲债券按偿还期可分为3年期短期债券、5~7年中期债券及8年或8年以上的长期债券。

(1) 固定利率债券

固定利率债券（Fixed Rate Bond）一般是指利率在债券发行时即已确定，直至到期不再更改的债券。这种债券期限一般为5~10年，发行额在500万到2亿美元之间，票面利率一般以LIBOR加一定的加息率（风险收益率）来确定。加息率根据发行人的风险而定，在其他条件相对稳定的情况下，风险越大，加息率越高。其利息每年征收一次，并且免交利息税。此债券发行后可在世界各主要证券交易所上市，并通过欧洲清算所清算。该种债券适用于经济比较平稳、金融市场利率相对稳定的时期。2020年5月30日至2021年5月30日，我国债券市场发行的固定利率债券总额438 813.51亿元，占债券发行总量的39.91%。

随着经济的发展，固定利率债券的含义越来越广泛，并出现了一系列创新。创新债券主要有：

①零息债券（Zero-Coupon Bonds）。这种债券不支付利息，但以折价方式出售，折价部分比例很大，一般是按票面金额的50%~60%出售，到期按面值偿还。购买零息债券的投资者的目的是获取买卖差价，或者逃避利息所得税。另外还有一种特别零息债券，是由经纪公司经营的债券，这种债券的息票和债券本身是分开的，可分别上市流通，金融市场将其称为猫（指息票）和老虎（指债券本身）。

②高折扣债券（Deep Discount Bond）。这种债券也叫深贴现债券，是一种按低于面值20%以上的折扣额出售的债券。它不同于零息债券，其利息按年支付，一般低于市场利率。

③展期债券（Extendible Bonds）。这是一种短期债券，当债券到期时，投资者有权决定是否延长债券到期日，也就是说，投资者是否愿意再次以新利率给发行人提供融资。它实质上是一笔完全独立的业务，即投资者对该债券的再投资。该债券大大方便了投资者，当投资者认为此债券收益性很好准备再投资时，可以避免各种手续费及其他费用开支，直接得到新债券。

④延期付款债券（Partly Paid Bonds）。投资者购买此债券时只支付面额的20%左右，余额在以后约定时期内支付，如果在约定的日期内，投资者未能支付余额，则先前的债券支付金额概不退还，其目的是扩大债券的销售额。

⑤复合货币债券（Composite Currency Bonds）。它分为双重货币债券和两种以上货币的复合货币债券（多重货币债券）。双重货币债券的还本付息分别使用两种货币，它是最简单的复合货币债券。一般而言，债券发行时以非本币为面值货币，利息以非本币支付，而本金以本币偿还。债券发行人采用这种复合货币债券可以将本金到期的汇率风险转嫁给投资者，而每期利息风险不可消除，为此，债券发行人一般利用金融市场连续运作如远期交易或互换交易，以达到规避利息风险的目的；相反，对投资者而言，本金的风险不可避免。多重货币债券是一种以复合货币计值发行的债券，发行人通过提供多重货币债券，可使汇率波动造成的风险降到最低。

复合货币价值的大小取决于构成复合货币的各货币的权重大小。目前，以复合货币计值的有SDR等。

（2）浮动利率债券

浮动利率债券（Floating Rate Notes，FRNs）是根据市场利率变动状况而定期调整利率的债券，一般是以LIBOR加一定的加息率，每6个月左右调整一次，利率略高于LIBOR。浮动利率出现于20世纪70年代，随着市场风险加大，浮动利率债券发展很快，到1989年达1 590亿美元，1997年比上年增长了3 200亿美元左右。1993年7月到2015年6月，国际债券和票据的未偿余额为206 667.4亿美元，其中浮动利率为51 706.2亿美元，占总额的25.02%，浮动利率发行的国际债券和票据中以美元标价的为15 919.9亿美元，占比30.79%。其他标价货币有英镑、欧元、日元等。此债券期限相对较短，一年展期两次，每半年付息一次。这种债券使筹资者和投资者的成本收益不易确定，这种不确定性有可能是损失也可能是收益。浮动利率债券一般可分为上限锁定债券、下限锁定债券、上下限锁定债券、自由浮动利率债券及附卖出期权的浮动利率债券等。

①上限锁定债券。这种债券的利率有一上限（最高利率），当市场利率超过这一上限时，发行人按最高利率付息，它是对发行人的一种保护。

②下限锁定债券。债券的利率有一下限（最低利率），当市场利率低于此下限时，发行人必须按最低利率付息，形成对投资者的一种保护。

③上下限锁定债券。它综合了以上两种债券的特点，即如果利率在规定的最高利率和最低利率之间浮动，发行人支付浮动利息，一旦利率超过上限或低于下限，债券自动转换为按上限或下限利率支付的固定利率债券，直到期满为止。这是对交易双方的一种保护。

④自由浮动利率债券。这种债券在整个计息期内其利率均为自由浮动，没有上下限，筹资和投资双方的风险大大增加。

⑤附卖出期权的浮动利率债券（FRNs with Put Option）。这种债券赋予投资者在某一规定的时间或债券到期日之前以平价赎回其债券的选择权，这种选择权一般为每年一次。

（3）可转换债券

①可转换债券的含义

可转换债券是指债券持有人在规定时间内可以按规定的转换价格（转换比率）、转换数量把债券兑换成发行者公司的其他有价证券。可转换债券一般分为债券转换债券和股权转换债券两种。债券转换债券是指一种债券可以转化为另一种债券的债券，如混合利率债券。混合利率债券以浮动利率发行，但它允许投资者在市场利率降低到某一规定值时，自动地将浮动利率债券转换为固定利率债券。股权转换债券（Equity Linked Bonds）指一种可以转换为发行公司股票的债券，这种债券发行时利率较低，但在股价上涨到转换成本之上时极具吸引力，权利是否执行取决于投资者个人偏好和市场上股票的价格变动。

②可转换债券的标价和种类

可转换债券的标价货币主要有美元和瑞士法郎。早在1995年，美元可转换债券的发行额约为130亿美元，约合80亿美元的瑞士法郎。其他标价货币的可转换债券如欧元、日元、英镑等近年来都有不同程度的下跌。国际可转换债券的发行主要集中在伦敦和瑞士，按国际惯例，将前者称为欧洲可转换债券，后者称为瑞士可转换债券，二者除标价货币有差异外，还有以下重要区别：

• 欧洲可转换债券由国际上大的金融机构担任牵头经理人并做全球配售，而瑞士可转换债券由在瑞士注册的银行担任牵头经理人和组织承销团，债券发行对象主要是针对以瑞士为基地的国际投资者，其发行要受瑞士有关当局监管。

• 瑞士可转换债券利率水平低，发行人成本低廉，而欧洲可转换债券利率相对较高。

• 瑞士可转换债券的发行费用（占发行总额的1.5%~2.5%）大大低于欧洲可转换债券的发行费用（3%以上），其他各项有关费用也低于后者。

• 瑞士可转换债券的发行量小于欧洲可转换债券，欧洲可转换债券发行量占国际可转换债券总额的40%左右，而前者则只占26.6%。在亚洲国家中，日本偏重发行瑞士可转换债券，占其发行可转换债券的50%左右。

除以上两种外，近年来出现了一种新型的可转换债券Alpine，Alpine债券融合了上述两种债券的特点，它以美元标价，但受瑞士法律约束，是一种在瑞士发行并在瑞士配售的新型可转换债券。

③可转换债券的主要指标

• 转换价格（PC），指在可转换债券的有效转换期内，债券持有者可将此债券转换成公司普通股或优先股时所用的价格，它是用债券表示的每股价格。比如英镑可转换债券的转换价格为5美元，即每5美元债券可转换为1股股票。转换价格一般以债券发行前一段时期内公司股票的市场价格加上一定百分比来表示，它是公司发行此债券时就确定的，到时可直接按此价格转换。用公式表示为

$$PC=P(1+R)$$

式中：P——债券发行前公司股票的市场价格；

R——转换溢价，其大小视债券利率和发行时机、发行市场等因素而定，国际上一般为5%~20%。

• 转换数量（转换比率R），指每份可转换债券在既定转换价格下可换成股票的数量。其中，R=可转换债券面值（B）/转换价格（PC）。

• 转换价值（C），指可转换债券按当前股票市价转换成股票的价值。

转换价值（C）=转换比率（R）× 股票市价（$P_{市}$）
=可转换债券面值（Par Value）× 股票市价（$P_{市}$）/ 转换价格（PC）
=$B \times P_{市} / P(1+R)$

● 转换升贴水，指可转换债券的债券面值或相应的转换价值高于或低于股票市价的比率。其含义是债券持有者将债券换成股票时股价必须上涨或下跌的幅度。一般用百分比表示，其大小由下式得到。

如果用A表示升贴水，则

$$A=[P(1+R)/P_{市}-1]\times 100\%$$

A=0时，为平价转换；A>0时，为升水转换；A<0时，为贴水转换。

由于我们这里所讨论的是欧洲可转换债券，债券发行人所在国和债券面值货币发行国分别属于不同的国家，因此，债券转换时必须考虑到汇率因素。由此，可将上式做如下调整

$$A=[P(1+R)E_1/P_{市}\times E_2-1]\times 100\%$$

式中：E_1——发行日汇率；

E_2——转换日汇率。

在国际市场上，债券并不一定按平价发行，按照债券票面利率与发行日金融市场利率关系可将债券发行分为平价发行、折价发行、溢价发行三种。平价发行指按100%的面值出售，它适用于票面利率和市场利率持平时；折价发行指低于面值发行，它适用于市场利率远高于债券利率时；溢价发行正好相反。可转换债券的发售利率一般比普通利率低，多用折价发行。考虑到此因素，可将转换升贴水A表示如下

$$A=[P(1+R)\times E_1\times R_1/(P_{市}\times E_2\times 100)-1]\times 100\%$$

式中：R_1——折价或平价发行时债券售价与面值的比，用点数表示（$0<R_1<100$），平价发行时$R_1=100$。

● 债券利率，指可转换债券的票面利率。可转换债券是以固定利率付息的，低于普通债券利率，差额大小与发行市场和发行时间有关，国际上一般约低2%左右。从理论上讲，可转换债券利率越高，转换溢价也越高，转换溢价相当于获得可转换权利所付出的代价。

● 转换期限，指可转换债券行使转换权的时间限制。有四种情况：一是可转换债券整个有效期内均可转换；二是发行日到债券到期日前某特定日；三是发行后某特定日至到期日；四是债券有效期间（不包括发行日和到期日）的某两个特定日之间的时间。

● 盈亏平衡年限（Break-Even Year，BE），指在股价不变情况下，债券持有者的收益与将债券转换成股票产生的收益相同时所需要的年限。用公式表示为

$$BE=A/(BY-DY)$$

式中：BY——债券收益率；

DY——股票收益率。

④可转换债券的融资特点

• 发行人的赎回权（Right of Redemption）。前面已经提到，可转换债券规定在转换有效期内，公司连续若干个交易日（一般为30个）的股票市场价值大于转换价格一定比例（一般为130%~150%）时，发行人执行赎回权，即以面值购回未转换的债券。这种赎回权称为软赎回权，它保护了发行人的利益并且往往在股价上扬时加速了债券的转换，因此也叫加速条款。另外，可转换债券是否转换取决于投资者的意愿，这种意愿与公司股市行情、发行人的财务状况、经济增长等因素相关。如果投资者基于上述考虑在有效期内未将债券转换成公司的股票，公司在债券到期时必须偿还本金，也即赎回债券。这种赎回权叫硬赎回权，公司必须执行。此时该债券与一般的债券无区别，这相当于投资者自愿放弃了转换的权利。公司以怎样的价格赎回可转换债券，取决于不同的赎回条件。一般而言，股市上扬时，投资者乐于进行转换，此时，若发行人执行赎回权，赎回价格要高一点，并且离债券到期日越近，赎回价格越高；反之，亦反。赎回价格一般为债券面值的101%~110%，而且每年向下调整一定的幅度，如1%。

• 投资者回售权（Put Option）。回售权使投资者有机会在债券到期之前的某特定日期（一般为发行后3年）要求发行人按一定百分比的回报率将债券买回，此回报率相当于投资者未使用转换权的一定补偿。如此看来，它与回购协议有一定的相似之处。附有回售权的可转换债券与一般的可转换债券相比，公司可以较低的利率和较高的溢价水平发行债券。这种溢价在市场利率下跌时保护了筹资者的利益，在利率上扬时则保护了投资者的利益。

• 可调整的转换价格。转换价格是以公司发行可转换债券发行日或以前公司股票市价为基准确定的，转换价格一旦确定，一般不做更改。但为了投资者的利益，转换价格在下面三种情况下应适当调整：

第一，公司股票总数变动（包括扩股、配股、送股、新股发行）时，如果新股发行价或配股价低于转换价格一定比例，转换价格应相应下调，变为新股发行价或配股价。

第二，当公司由于财务因素或产权变动如公司的兼并和资产重组使公司股价低于上述行为发生时股价的一定比例时，转换价格应相应下调。

第三，由于其他因素，比如政治、经济的短期内波动使股价明显低于未发生此类变动前的股价时，转换价格也应相应下调。这种情况在发展中国家屡见不鲜，因为发展中国家股市比较脆弱，而且市场利率、汇率的频繁波动对股价的影响往往很大。

为了保护投资者的利益，原则上转换价格在股价受并股、分红或其他因素影响上扬时，也应相应上调。

⑤可转换债券的利与弊

可转换债券的利弊是相对而言的，对发行人有利的一面对投资者就是损失。因此，我们就从这两个角度进行分析。

对投资者而言，其有利之处在于：可转换债券具有债权和股权两重特性，它既可以提供给投资者固定的利息收入和还本保证，也赋予投资者一种转换权。当发行公司股票增长势头良好时，投资者即可行使转换权，将债权转换为股权，成为公司的一名股东。

对投资者而言，其不利之处在于：可转换债券获得固定利息且利率比一般的债券要低，这是因为投资者要获得转换权必须付出代价，但如果在整个转换期内，转换价格一直高于股价，投资者只有放弃此权利，取得较低的利息。对投资人而言是一种损失，即使是附有回售权的可转换债券，投资者所得仍低于普通债券所得。

对筹资者而言，其有利之处在于：

• 可转换债券票面利率一般低于银行贷款利率及普通债券利率。一方面，在国际资本市场利率低于本国利率或本国信贷紧缩时，发行人通过可转换债券可以降低融资成本；另一方面，对一个风险回避型企业而言，实行固定利率支付制，当市场利率大幅上升或波动很大时，可以减少发行人的融资成本，回避风险，但同时也失去了风险收益。

• 获得转换溢价收入。可转换债券转换价格是债券发行日股价加一定百分比的溢价。也就是说，可转换债券提供了将来以高于目前股价的价格售出股票的可能性，尤其当股市低迷时，发行人可以扩大发行量。

• 可转换债券在实现全部或部分转换后，公司就将债务转换成了资本金，降低了公司的负债率和偿债率，增加了公司进一步使用债务融资的可能性，也减轻了还本付息的压力，改善了公司的财务结构。

• 保护现有股东权益。可转换债券持有人不会在发行日之后立即转换，因此不会立即分享公司的税后盈利，公司反而可以利用低成本融资所带来的额外利润向现有股东派发红利，增加现有股东的财富总额，因此颇受欢迎。

另外，发行可转换债券还有一些其他好处。比如在国际上发行境外可转换债券，使持有债券的国际投资者更多地了解发行人，长期同发行人合作并最终成为公司股东，这可大大提高公司在国际市场上的声誉，为公司以后的筹资奠定良好的基础。

对筹资者而言，其不利之处在于：可转换债券对发行公司的技术要求比较高，公司必须根据世界市场行情制定合理的转换价格并适时调整，以免造成投资者集中转换而使股票骤然增多，或者投资者不愿转换，使公司的偿债压力增大而降低企业的融资能力。

（4）附认购权证欧洲债券

附认购权证欧洲债券（Euro Bonds with Warrants）是一种“债权+看涨期权”的组合，在发行时附有认购权证，为投资者提供在某些条件下按协议价格购买某些资产的选择权。认购权证通常和债券本身是分离的，所以债券持有者可以单独卖掉认购权证，金融市场利率越低，股票的价格就越高，从而增加了认购权证的价值；反之则相反。在国际债券市场中，可转换债券与附认购权证债券占有相当的比重，约为18%~31%。

认购权证种类有债券认购权证、股权认购权证、无字认购权证（Harmless Warrants）、联系认购权证等。下面介绍主要的两种：

①债券认购权证（Debt Warrants）。债券认购权证向投资者提供了购买其他债券的权利，其主要类型有：认购主体债券权证（Warrants into HostBonds），凭此权证可以购买与之连接的债券。认购支撑债券权证（Warrants into BalkBonds），该权证与主体债券一并发行，但凭此权证可以购买另一种债券。单一认购权证（Naked Warrants），发行时与债券分离，但凭此权证可以购买欧洲债券和美国财政部公债。复合货币认购权证（Call Warrant），其债券的履约货币与债券的计价货币不一致，凭此权证可购买复合货币欧洲债券。

②股权认购权证（Equity Warrants）。它是向投资者提供的一种以固定价格、固定日期购买发行人股票的权利，该证与固定利率相联系。类似的债券也叫附有股权证债券（Bonds with Equity Warrants）。附有股权证债券的特点主要有：息票利率比普通债券的利率低，其差额即为期权费，此种损失可以用投资者拥有的认购权证的价值来抵补；它有看涨期权的一些特点，风险一定，收益无限。

附有股权证的债券有几个要素：履行认购权的履约价格、履约时间、债券的票面利率、债券发行价格、新发股权比率。债券的票面利率和发行价格前面已经有所论述。

新发股权比率=股份数×履约价格×汇率/债权发行总数

公式中的“汇率”是股份公司所在国货币与债券面值货币之间的即期汇率；履约日期为债券发行后3~10年；履约价格为现行股价的95%~115%。

3.主要的欧洲债券市场

欧洲债券市场起源于20世纪60年代，发展极为迅速。据统计，欧洲债券约占目前国际债券的80%左右，已远远超过外国债券。欧洲债券市场已成为跨国公司、外国政府及发展中国家政府筹集资金的重要渠道。欧洲债券的面值货币主要有美元、欧元、日元、英镑、特别提款权等，并据此形成了几个主要的欧洲债券市场，其中欧洲美元债券市场的容量最大。

（1）欧洲美元债券市场。此债券市场相当活跃，是最重要的欧洲货币债券市场。欧洲美元债券期限多在1~9年，以固定利率为主，约占56.62%。债券的发行和推销以欧洲国家为主，且不必到证券委员会申请注册。到2012年，美国公司已经发行了2 740亿美元投资级和高收益企业债，创下历史新高，且发行量呈逐年上升趋势。截至2021年3月，其发行的国际债券未偿余额达到了45 752.3亿美元。

（2）欧洲日元债券市场。欧洲日元债券市场起步较晚，直到1984年日本政府实行金融自由化，放宽对日元市场限制后才发展起来。最早的欧洲日元债券于1977年由欧洲投资银行发行，早期借款者主要是政府及一些信用级别高的公司，目前则以日本企业居多。

（3）欧洲英镑债券市场。第一笔欧洲英镑债券在1972年首次发行，1992年总共发行了99笔，总计135亿英镑，约合205亿美元。而2012—2013年发行1 677亿英镑债券，数目与比例已接近美元债券，这与英国的经济增长与政治趋稳有很大关系。

（4）欧洲特别提款权债券市场。其债券利率由组成SDR的五国金融市场利率加权决定，发行额与以上几种币种相比较小。

此外，还有欧洲加元、欧洲澳元债券市场，由于其发行额较少，对债券市场的影响也比较弱，因此不再一一介绍。

另外，值得一提的是欧洲清算系统。在欧洲债券市场上发行债券比较自由，不受面值货币国的限制，但为了提高其运行效率，减少因延误时机而带来的风险而专门设立了清算体系。欧洲清算系统由两部分组成：一是1968年在布鲁塞尔成立的欧洲清算体系，它的创立人是美国纽约的摩根保证信托公司；二是1970年由77家银行在卢森堡创建的证券清算中心。两个清算体系所清算的债券种类互有所补，几乎涵盖了各种类型的欧洲债券。为了保证清算所需的资金，有时还提供资金的借贷来共同维护债券市场的流通性和健康的营运。欧洲债券清算系统通过交易双方账户的资金借贷办理债券交易的清算。其交割程序大致如下：①当买卖双方成交后，双方填好一个附有交易结算日期及交易方式的表格，呈送清算系统。②清算系统核实后，进行资金的划拨，将卖方的债券借记到买方的账户中，将买方的款项贷记到卖方的账户中。③ 清算结束，双方均收到交割清算单一份，供核查之用。整个清算交易过程均由计算机完成，交割过程没有现实的资金和债券的移动，消除了二级市场交易的主要障碍。布鲁塞尔和卢森堡的清算中心极大地促进了欧洲债券国际交易的发展。

4.外国债券与欧洲债券的区别

（1）发行市场不同。外国债券是在债券标价货币发行国发行的债券，而欧洲债券是在发行人和面值货币所在国以外的第三国发售的债券。

（2）发行货币的选择性不同。外国债券的面值货币仅限于债券发行地国家的货币，债券发行地一旦确定，面值货币自然就确定了。而欧洲债券发行人可视各国不同的汇率、利率、市场经济因素及各国股市行情选择有利于发行人的一种货币。

（3）税收政策不同。外国债券发行人必须根据其债券市场所在国法律纳税，虽然有的国家规定外国投资者持有以本币标价的外国债券可以免交利息预扣税，但发行人的税收不可避免。欧洲债券是一种无国籍债券，债券以不记名方式发行，发行人无须交税，投资者的利息收入也免征预扣税。

（4）发行方式不同。外国债券的发行由市场所在国的金融公司、财务、证券公司等组成承销团承购债券，常常采用公募和私募两种方式发行债券。而欧洲债券的发行往往是由欧洲债券市场上的一家或多家大银行牵头，联合多家金融机构对债券在全球范围内配售。多数欧洲债券采取公募方式发行，债券发售后可申请上市流通。

（5）所受约束不同。外国债券发行和交易一般受市场所在国相应法规法令的限制，这些法令对于国内借款人或进入各国市场的外国借款人来说是有效的。而欧洲债券的无国籍性使发行人可以绕过种种管制，如官方授权的要求、等待发行排队的安排、正式披露公司财务状况、交换上市义务等。

10.4.3 欧洲债券的发行和流通

1.欧洲债券的发行条件

欧洲债券的发行条件包括发行额、票面利率、发行价格、货币币种、债券期限、发行方式、偿还方式和信用评级等。它们由发行人和牵头经理人（行）协商确定。发行条件对筹资成本和发行能否成功关系重大，与投资者的投资收益和投资风险也有密切关系，因此一种新债券在上市时发行条件是很重要的。

（1）发行额

发行额（Amount of Issue）是发行债券的总值，是发行人通过发行一笔债券所能筹集到的资金总额。发行额大小由发行人和牵头经理人（行）共同商定，其主要参考指标有：发行人对资金的需求状况、市场资金的供给状况、市场上与该债券类似的其他债券的发行额度、二级市场的价格、发行人资信状况、发行人是否首次进入发行市场、发行人财务状况等。发行额过大有可能造成债券销售困难，影响债券的发行价格和交易价格，甚至影响发行人的信誉；发行额过小又有可能不能满足发行人对资金的需求。所以，发行额过大或过小都不好。在具体发行欧洲债券时，这些因素都要考虑到。一般而言，如果上述影响发行额的因素趋于良性，则适宜多发；反之则相反。对于初次进入欧洲债券市场的发行人而言，发行额不宜过大，而且最好经过评级并有担保，债券的销售才有保障。典型的欧洲债券的发行额一般在1亿美元左右。

（2）票面利率

票面利率（Coupon Rate）是票面金额与年利息的比率，票面利率也叫名义利率，它是和实际利率相对而言的，并且常常和实际利率不一致。在欧洲债券市场上，票面利率按是否浮动分为固定利率债券和浮动利率债券，前者按固定利率每年或每半年支付一次利息，后者的确定一般以伦敦同业拆借利率（LIBOR）加一浮动的利差，其利差视发行人的不同而不同。债券利率的大小直接影响到发行人的发行成本，是发行人发行债券时考虑的最重要的因素之一。一般而言，债券的利率要略高于银行的存款利率，以便吸引投资者。投资者总是希望利率越高越好，而筹资者却希望利率越低越好，所以债券发行人在确定利率水平时，应考虑如下因素的影响：发行人的偿还能力、投资者的接受程度、发行人的信用级别、市场同类债券的利率、有无偿还担保、是否可转换或附有认购权、世界主要国家货币政策、通货膨胀倾向、汇率因素、发行时机的选择及影响利率波动的其他政治经济因素。通常情况下，筹资者的信用级别高、财务状况良好时，利率可略低一些。

（3）币种选择

面值货币的选择至关重要，目前在欧洲债券市场上，可作为标价货币的有美元、日元、加元、欧元、SDR等。在诸多币种中如何选择，应考虑如下指标：各种货币汇率的走势，利率高低，借款人的资金需求方向，还本付息资金来源等。一般而言，选择硬通货对发行人不利，但发行人可以适当调整价格（见第8章）和利率，或利用外汇交易进行避险操作，比如发行双货币债券或进行互换等。反之，可以适当提高利率。按原则，选择稳中有升的货币作为债券的标价货币较好。

虽然可供选择的货币很多，但在欧洲债券市场上，以美元标价的债券仍占50%以上，这与美国的金融自由化、承销手段先进、技术娴熟有关系。

（4）发行价格

发行价格（Issue Price）指债券出售价格和债券面值的百分比。它包括三种情况，一是平价发行（=100%），二是溢价发行（>100%），三是折价发行（<100%）。目前，债券多数采用溢价或折价发行，平价发行的很少，具体应采用哪种方式发行，与发行日市场利率直接相关。如果票面利率大于市场利率，则采用溢价发行，反之就用折价发行。其差额就是投资者购买此债券的补偿。除了市场利率外，发行价格也与币种及发行人自身的财务资信状况有关，发行价格通常在债券发行前已经确定下来，即使发行日当天发行人觉得价格不妥，发行人也应按原价出售，除非出现特别情况，价格一般不做调整。

（5）债券偿还期限

债券按偿还期（Maturity）不同可分为短期、中期和长期债券，具体应该将期限定在哪种水平，最重要的因素是要看发行人对资金的需求状况。此外，这还与利率期限结构、发行者信用地位、发行日市场行情、资金供应结构、币种、投资收益计划有关系。一般来说，当发行人预测利率不久要上升时，或当发行人信用条件良好、市场行情看涨时，可选择发行较长期的欧洲债券；反之则相反。另外，发行市场不同，债券偿还期也不同，欧洲债券适合于长期集资的需要，常见的欧洲债券多为15年，也可长达30年，在中期范围内，5~10年的欧洲债券与欧洲货币贷款竞争激烈。

（6）债券的发行方式

发行方式分为私募和公募两种。公募发行流动性好，发行额大，要求发行人信用良好，发行条件苛刻，发行费用也较高；私募发行其流动性差，筹资数额有限，但发行手续简便，对债券的审查也相对较松。欧洲债券大多采用公募方式发行，由欧洲金融机构经销的债券主要在伦敦和卢森堡证券交易所登记。

（7）债券的偿还方式

欧洲债券分到期偿还和期中偿还两种：债券发行人在到期日一次还本的偿还方式叫做到期偿还；在到期日之前的某日偿还本金的全部或部分的偿还方式叫做期中偿还，它又可分为定期偿还、任意偿还和购回注销三种。定期偿还是指债券发行后，经过一定的宽展期，每半年或一年偿还一定金额，期满偿还所有余额。期限在7年以上的欧洲债券常采用此法，定期偿还还可通过从二级市场上买回一定数量的债券来偿还本金。任意偿还指宽展期过后，由发行人选择到期日前任意时日偿还债券的一部分或全部。这种不确定性偿还对投资者来说是一种损失，比如固定利率的长期欧洲债券，当利率下跌时，发行人要执行任意偿还，应该付给投资人一定比例的报酬。购回注销指在债券宽展期内发行人趁有利时机从市场上购回已发行的债券，以降低发行人的负债率。

（8）债券的信用评级

债券的信用评级直接影响债券的发行成本及发行是否顺利，通常大多数国家法律并未明文规定必须对欧洲债券进行评级，但考虑到发行状况，一般发行人还是愿意进行评级的。评级的具体程序、内容及影响请参阅10.1。

2.欧洲债券发行程序

欧洲债券的发行一般要经过辛迪加银行集团承购，辛迪加成员主要有牵头经理行、经理集团、包销团、销售团、代理机构、受托银行、担保机构等。除此之外，欧洲债券公募发行时必须按市场所在地法律和规则进行。从欧洲债券发行的实践经验看，各国债券发行的程序大体相同，主要有下列几个步骤：

第一，选择牵头经理行。牵头经理行的选择是至关重要的一步，因为牵头经理行负责债券发行的全过程，全权向发行人负责。具体来说牵头经理行的主要职责有：

（1）与发行人磋商并确定发行条件、发行时机，达成初步协议后负责起草发行文件，内容主要有发行人的财务状况、发行条件及销售条件等。

（2）选择经理银行集团，共同就发行条件及费用进行进一步磋商。

（3）组织承销和销售集团。由经理银行集团成员银行根据牵头经理行的发起文件，分别向有关往来的金融机构发出邀请函，由愿意参加并承诺包销和销售一定数量该债券的金融机构共同组成销售和包销团。在此期间，最后确定发行条件。

（4）帮助发行人寻找理想的代理机构、担保机构、法律顾问及其他中介服务机构，协调各种中介服务机构的良好合作，保持发行人与各中介服务机构的联系。

（5）协助发行人的信用评级，办理上市手续。

（6）组织市场推销活动，分发有关材料，代表和安排发行人同各种机构专业人士联络。

（7）支持二级市场流动性和稳定性。

牵头经理行的选择范围较广，一般的标准为：①与发行人有密切业务往来的银行；②有良好的专业技术和丰富的实践经验及较高推销债券能力的银行，以保证债券顺利发售；③在同业中资信良好、威望较高、实力雄厚的大的金融机构；④具有稳定二级市场债券价格的能力，提出的发行费用比较合理。

第二，进行信用评级。欧洲债券发行虽然没有硬性规定必须进行评级，但委托专业评级机构进行评级有利于顺利推行该债券的发行。但另一方面，信用评级又给债券发行人增加了额外的负担，并且有可能延误发行时机。所以，是否进行评级关键是看债券能否推销出去及二级市场债券价格是否稳定。比如财力雄厚的国际性大银行、信用高的政府机构等就不一定评级，另外发行数额较小时也不一定要进行评级。然而，根据具体情况，欧洲债券市场上不少投资者对低等级或无等级的债券也能接受，比如1993年评级在A级以上的债券发行量仅占当时总发行量的80%左右。

第三，提出发行申请。欧洲债券的发行必须向市场所在国有关机构提出发行申请，填写申请书，未经批准不准擅自发行。申请书内容主要包括：该欧洲债券的名称、发行条件、款项用途及还款计划、以前债券的发行情况等。

第四，发行人同经理团认可的担保机构签订担保合同。担保人一般是国际上著名的金融机构或大公司，初次发行债券的发行人或小公司必须有担保人。

第五，发行人同偿还代理机构签订代付合约，由代理人向发行人收取本息，支付给投资者，支付代理机构一般由主要金融中心的商业银行担任。

第六，委托一家银行（受托银行）管理债券。受托银行在整个债券有效期内履行信托契约，保护投资者利益，一般由非承销团成员担任。

第七，委托法律顾问。法律顾问其中一名是发行人所在国的律师，主要负责审核本次债券发行是否符合本国法律和文件的规定；另一名是市场所在地的律师，主要对发行人是否符合欧洲债券市场的通行惯例和有关规定提出咨询意见。

第八，与其他中介机构一起签署一系列法律文件，包括债券发行说明书、各承销商认购协议书、分销协议书、信托契约。债券发行说明书阐述了发行人基本情况、发行条件以及各种契约、挂牌交易所的名称、承销团姓名及发行费用总额。对于公司借款，说明书中应包含审计过的财务报表；对于政府借款人，说明书中应包括有关国家的财务状况及中央银行的信息。认购协议规定发行人与销售团之间的权利与义务。分销协议书是承销团成员相互之间签订的债券分售比例及收益费用的划分约定。信托契约规定了发行人的义务和违约责任、利息支付方式。

第九，向市场进行推销。由发行人和牵头经理人向包销和销售集团分发宣传材料，并由销售集团进一步分发给投资者，债券上市后，结算最终费用。

3.欧洲债券的收益和风险

（1）欧洲债券发行费用的核算

欧洲债券一般以折价发行，其发行费用随利率、发行价格的不同而不同。欧洲债券发行的总费用可以分为三个部分：最初费用、中间费用、还本手续费。如按债券发行结构来划分，又可分为：

①结构性费用。包括：管理费——发行人付给经理集团管理整个债券发行的费用。包销费——发行人付给经理集团、包销商和销售商的销售费用。包销费用比销售费用略高，因为包销商以事先商定的价格从经理银行手中购得债券，若日后市场行情下跌，达不到预期售价甚至跌破购买价，包销商不能盈利反而有可能亏损。而销售商则不同，如果日后债券售不出去，其可以将债券全部退还给经理集团而不承担任何风险。如果经理集团集管理者、销售者和推销者于一身，则同时可获得三种费用补偿。

各种债券的结构性费用不等，比如固定利率欧洲债券的结构性费用占发行额的2%~2.5%，浮动利率债券为1.25%~1.75%，可转换欧洲债券一般为2.5%，其中管理费用0.5%，包销费0.5%，推销费1.5%。下面举一例说明：

假如面值为10 000美元的债券，管理费用0.5%，包销费0.5%，推销费1.5%，债券以面值发售出去，则结构性费用如下

管理费：USD10 000×0.5%=USD50，9 800−9 750=USD50

包销费：USD10 000×0.5%=USD50，9 850−9 800=USD50

推销费：USD10 000×1.5%=USD150， 10 000−9 850=USD150

当牵头经理行以10 000美元最终将债券卖出后，扣除上述各种费用后需付给发行人USD10 000−（50+150+50）=USD9 750。

②各种支出费用，包括会计师审核费、律师费、印刷费、上市费、担保费及其他杂项费用，其中律师费为3万~5万美元，上市费2万~3万美元，印刷费5万~7万美元。

③支付给财务代理人的费用（还本付息费）。支付给财务代理人每年约3 000~5 000美元，代理费加每期利息支付手续费占付息金额的0.25%，本金偿还手续费为应偿还本金的0.125%，如果是浮动利率，则另外支付给代理人每年约500美元。

④债券和息票的注销手续费。每张债券的注销费约为0.05美元，每张息票注销费为0.03美元。

此外，由于牵头经理行在债券发行后负责债券整个有效期内的监管工作，因此每年还需另付牵头经理行一定额度的管理费用。

（2）欧洲债券的收益分析

欧洲债券的投资收益主要来自几个方面：①债券的名义利息：它是直接根据票面利率计算出来的，即名义利率与债券面值的乘积。②资本损益：指债券买入价与卖出价或买入价与到期偿还额之间的差额。③再投资收益：指投资债券所获现金流量再投资的利息收入。

债券的投资收益率是指债券投资收益与债券本金的比率，一般有以下三种：

①简单到期收益率（Simple Yield of Maturity）。它由本期收益率和资本增值两部分组成。其公式为

$$R_s=\frac{C}{P_c}+\frac{100-P_c}{TP_c}$$

式中：R_s——简单收益率；

P_c——债券公平价格；

T——债券期限；

C——利息收益。

简单到期收益率未包含复利因素，而到期收益率可以做到这一点。

②到期收益率（Promised Yield of Maturity）。它是债券的内在收益率和债券的货币加权收益率。可用净现值法导出，公式为

$$P=\frac{1}{(1+R_m/2)^{n/182.5}}\left[\sum_{t=0}^{s-1}\frac{C/2}{(1+R_m/2)^t}+\frac{B}{(1+R_m/2)^{s-1}}\right]$$

式中：P——债券价格（市场价格）；

R_m——货币加权收益率（到期收益率）；

S——利息支付次数，S=2t，当S为奇数时，S=2t+1；

n——债券交易日与下期息票支付日之间的天数。

若将上述公式按每年支付一次利息进行简化，则

$$P=\sum_{t=1}^{2t}\frac{C_t}{(1+R_m/2)^t}+\frac{B}{(1+R_m/2)^{2t}}$$

③债券持有期收益率（Holding Period Yield）。它是债券持有期间已实现的平均收益率，亦称再投资收益率（Reinvestment Yield），它包括了债券展期利率（Roll-over Rate）或息票收益再投资利率的变化。展期利率小于收益率的风险称为再投资风险。

假设债券在息票支付日购入，且利息支付次数为偶数。这样持有期收益率可以用公式表示为

$$R_h=2\times\left\{\frac{\left[C/2(1+R_1/2)^{2t-1}+\cdots+C/2+P_0\right]^{1/2t}}{P}-1\right\}$$

式中：R_h——持有期收益率；

R_1、R_2——证券替代利率；

P_0——证券购入价格；

P——证券出售价格。

虽然有三种收益率可供使用，但投资者在选择投资机会或进行投资组合时，要综合衡量，一般以到期收益率作为重要的依据之一。

关键概念

国际贸易融资　国际保理业务　买方信贷　卖方信贷　福费廷　国际项目融资　对销贸易　BOT项目融资　国际租赁融资　国际债券融资　外国债券　欧洲债券

复习思考

（1）什么是国际融资?进行国际融资通常有哪些途径?

（2）国际贸易融资有哪些形式?如何进行分类?

（3）什么是国际保理业务?试述其服务内容和叙做程序。

（4）试分析福费廷业务的利弊及其叙做程序。

（5）项目融资的特征和要素是什么?融资类型有哪些?

（6）什么是BOT项目融资?在BOT项目融资叙做过程中政府对项目发展商的特许权协议有何内容?

（7）国际租赁融资有哪些形式?各有何特点?

（8）某国租赁公司A对一租赁设备订立租赁条件如下：预付10%的保证金，年利率为7.5%，在保证金不从概算成本中扣掉和在概算成本中扣掉两种情况下分别计算平均每期租金、租金总额（保证金抵作最后一期租金的一部分）。

（9）怎样理解可转换债券的特点?

（10）李小姐计划购买某公司发行的债券，该债券的面值为1 000元，期限为3年，息票率为面值的7%，且每年支付一次，若市场利率为3.25%。计算该债券的有效持续期。

（11）债券的有效持续期与债券的到期期限有什么差别?

（12）某债券距到期还剩下一整年，它的市场价格为96.50元，年息为8.75元。计算该债券的到期收益率。

参考文献

［1］赛尔居.国际金融：理论与实务［M］. 蔡鹏，译.北京：中国人民大学出版社，2014.

［2］俞乔，邢晓林，曲和磊.商业银行管理学［M］. 上海：上海人民出版社，2007.

［3］吴俊德，许强，何树勋.外汇交易及资金管理［M］. 北京：中信出版社，2001.

［4］何泽荣.国际金融原理［M］. 成都：西南财经大学出版社，2004.

［5］冯宗宪.国际金融［M］. 西安：西安交通大学出版社，2006.

［6］刘金波.国际金融实务［M］. 北京：中国人民大学出版社，2009.

［7］刘晓宏.外汇风险管理战略［M］. 上海：复旦大学出版社，2009.

［8］周复之.金融工程［M］. 北京：清华大学出版社，2008.

［9］原擒龙.商业银行国际结算与贸易融资业务［M］. 北京：中国金融出版社，2008.

［10］耿明英，密桦.国际金融：理论与实务［M］. 北京：北京大学出版社，2012.

［11］姚莉，张涌泉.国际金融［M］. 北京：中国财政经济出版社，2006.

［12］陈燕.国际金融［M］. 北京：北京大学出版社，2011.

［13］马君潞，陈平，范小云.国际金融［M］. 北京：科学出版社，2005.

［14］贺瑛.国际金融学［M］. 上海：复旦大学出版社，2006.

［15］史燕平.国际金融市场［M］. 北京：中国人民大学出版社，2010.

［16］艾特曼.跨国金融与财务［M］. 贺学会，等译.北京：北京大学出版社，2009.

［17］吴可.金融衍生产品保值与套利技术［M］. 北京：清华大学出版社，2011.

［18］李向科，丁庭栋.数理金融学：金融衍生品定价、对冲和套利分析［M］. 北京：北京大学出版社，2008.

［19］安砚贞.国际融资［M］. 北京：中国人民大学出版社，2011.
［20］格利茨.金融工程学［M］. 唐旭，译.北京：经济科学出版社，2003.
［21］赫尔.期货、期权和其他衍生证券［M］. 张陶伟，译.北京：华夏出版社，2000.
［22］巴特勒.跨国财务［M］. 赵银德，等译.北京：机械工业出版社，2005.
［23］洛尔，博罗多夫斯基.金融风险管理手册［M］. 陈斌，等译.北京：机械工业出版社，2002.
［24］米什金，埃金斯.金融市场与机构［M］. 李国重，改编.北京：中国人民大学出版社，2012.
［25］莲恩.外汇日内交易与波段交易［M］. 魏强斌，等译.太原：山西人民出版社，2012.
［26］马杜拉：金融市场与机构［M］. 何丽芬，译.北京：机械工业出版社，2010.
［27］索尔尼克，麦克利维.国际投资［M］. 张成思，编译.北京：中国人民大学出版社，2010.
［28］许再越，程晓松.外汇市场与交易系统［M］. 杭州：浙江大学出版社，2017.
［29］安毅.金融衍生工具［M］. 北京：清华大学出版社，2017.
［30］德罗萨.外汇期权［M］. 陈佶，译.上海：上海财经大学出版社，2016.
［31］王德河.衍生金融工具［M］. 北京：北京大学出版社，2019.
［32］严行方.货币之王比特币［M］. 山西：山西经济出版社，2014.
［33］巴克利.国际金融［M］. 郭宁，汪涛，译.北京：中国人民大学出版社，2016.
［34］克鲁格曼，奥伯斯法尔德，梅里兹.国际金融［M］. 丁凯，等译.北京：中国人民大学出版社，2016.
［35］皮尔比姆.国际金融［M］. 汪洋，译.北京：机械工业出版社，2015.
［36］龚鸣.区块链社会：解码区块链全球应用与投资案例［M］. 北京：中信出版社，2016.
［37］纳拉亚南，等.区块链：技术驱动金融［M］. 林华，等译.北京：中信出版社，2016.
［38］李赫，何广锋.区块链技术：金融应用实践［M］. 北京：北京航空航天大学出版社，2017.
［39］野口悠纪雄.区块链革命：分布式自律型社会出现［M］. 韩鸽，译.北京：东方出版社，2018.